Vicomte Ch. de LA LANDE de CALAN

LES PERSONNAGES

DE

L'ÉPOPÉE ROMANE

REDON

IMPRIMERIES RÉUNIES A. BOUTELOUP

1900

ary # LES PERSONNAGES

DE

L'ÉPOPÉE ROMANE

Vicomte Ch. de LA LANDE de CALAN

LES PERSONNAGES

DE

L'ÉPOPÉE ROMANE

REDON

IMPRIMERIES RÉUNIES A. BOUTELOUP

1900

PRÉFACE

Tout enfant j'ai aimé le moyen-âge et sa littérature romanesque si originale et si riche. Mais c'est un champ trop vaste et les broussailles y tiennent encore trop de place pour qu'on puisse espérer, au premier labour, le mettre en état d'un bout à l'autre. Aussi me suis-je décidé à détacher, d'une œuvre plus considérable que j'ai entreprise, ce petit livre, où j'ai cherché à faire figurer tous les personnages de l'épopée romane. Il a été composé directement sur les originaux. J'ai peu de livres modernes à citer, n'ayant consulté que l'*Histoire poétique de Charlemagne*, de M. Gaston Paris, les *Epopées françaises*, de M. Léon Gautier, et l'*Histoire littéraire de la France*, tome 26. J'ai de plus feuilleté la collection de la *Romania*, et je dois certaines de mes identifications aux travaux de MM. Jeanroy et Lot. J'ai également profité du mémoire de M. Lot sur *les Lorrains* qui a paru dans les *Etudes dédiées à M. Monod*. Pour tout le reste, il est possible que ce que j'ai cru découvrir ait été déjà dit avant moi : je demande, en ce cas, pardon à mes prédécesseurs de ne pas les avoir cités. Je me serai rencontré avec eux sans les connaître.

Redon, 1er Mars 1900.

INDEX BIBLIOGRAPHIQUE

Je cite toujours *Aie, Doon de Maience, Fierabras, Floovant, Gaidon, Gaufrei, Gui de Bourgogne, Gui de Nanteuil, Huon Capet, Huon de Bordeaux, Otinel, Parise,* d'après les éditions des *Anciens poètes de la France* (1859-1863) ; *Aimeri, Aioul,* le *Couronnement de Louis, Elie,* la *Mort Aimeri,* la *Prise de Cordres, Raoul,* d'après les éditions de la *Société des Anciens Textes* (1878-1896) ; *Girbert,* édité à la suite de *Raoul,* même collection ;

Aquin, éd. Jouon, 1880 ;

Aliscans, éd. Rolin, 1894 ;

Amis et *Jourdain,* éd. Hoffmann, 1852 ;

Anséis, éd. Alton, 1892 ;

Berte, Aigar, Bovon de Comarcis, le Roi Louis, Enfances Ogier, éd. Scheler, 1874-1877 ;

Charroi de Nîmes, Covenant Vivien, Prise d'Orange, éd. Jonckbloet, 1854;

Elias, éd. Hippeau, 1874 ;

Enfances Godefroi et les *Chétifs,* sous le titre *Godefroi,* éd. Hippeau, 1874 ;

Ogier, éd. Barrois, 1842 ;

Galien, éd. Stengel, 1890 ;

Elioxe, éd. Todd, 1889 ;

Esclarmonde, Clarisse, Ide, sous le titre *Esclarmonde.* éd. Schweigel, 1890 ;

La Prise de Rome, éd. Groeber, *Romania*, 1873 ;
Doon de Nanteuil, éd. Meyer, *Romania* ;
Mainet, éd. Pâris, *Romania*, 1875 ;
Enfances Vivien, éd Wahlund et Feilitzen, 1886 ;
Octavien, éd. Volmoller, 1883 ;
Foucon, éd. Tarbé, 1860, complété par le ms. Bibl. nat. fr. 25.518 ;
Girard de Viane, éd. Tarbé, 1850 (colligé avec le ms. Bibl. nat. fr. 1448) ;
Les Lorrains, trad. Pâris, 1862 ;
Girard de Roussillon, trad. Meyer, 1884 ;
Maugis d'Aigremont, *Revue des Langues romanes*, 1892-1893 ;
Renaud, éd. Michelant, 1862 (je cite à part *Bovon d'Aigremont* et *Renaud*, que l'éditeur n'a pas distingués) ;
Roland, éd. Gautier, 1881 ;
Roncevaux, éd Forster, 1883-1886 ;
Les Saisnes, éd. Michel, 1839 ;
Vivien de Monbranc, *Revue des Langues romanes* ;
Auberi, éd. Tarbé, 1840, et Tobler, 1870 ;
Partenopeus, éd. Crapelet, 1834 ;
Blanchandin, éd. Michelant, 1867 ;
Floire, éd. du Méril, 1856 ;
Richard le Beau, éd. Forster, 1874 ;
Robert le Diable, éd. Trébutien, 1837 ;
Le Comte de Poitiers et la *Violette*, éd. Michel, 1831-1834 ;
Guillaume de Palerne, *l'Escoufle*, *la Rose*, *les Sept Sages*, *la Manekine*, *Jean et Blonde*, dans les éditions de la *Société des Anciens Textes*, 1876-1894 ;
Joufroi, éd. Hoffmann et Muncker, 1880 ;
Galeran, éd. Boucherie ;
Amadas, éd. Hippeau, 1863 ;
Ille, éd. Loseth, 1890 ;

Je cite la *Reine Sibile*, d'après le ms. fr. 3351 de l'Arsenal ; les *Narbonnois*, *Guibert d'Andrenas*, d'après le ms. Bibl. nat. fr. 24.369 ; *Aspremont*, d'après les ms. Bibl. nat. fr. 1598 et 25.529 ; *Bovon de Hanstonne,* d'après les ms. Bibl. nat. fr. 12.548 et 25.516 ; *Charlemagne,* d'après le ms. Bibl. nat. fr. 778 ; les *Enfances Guillaume,* d'après la trad. Jonckbloet, 1867, et les ms. Bibl. nat fr. 1.448 et 24.369 ; le *Moniage Guillaume,* d'après le ms. Bibl. nat. fr. 368 ; le *Siège de Barbastre,* la *Bataille Loquifer,* d'après le ms. Bibl. nat. fr. 1448 colligé avec le ms. Bibl. nat. fr. 24.369 ; le *Moniage Renoart,* d'après le ms. Bibl. nat. fr. 1448 ; *Charles le Chauve,* d'après le ms. Bibl. nat. fr. 24.372.

INTRODUCTION

La littérature romanesque du moyen-âge a des sources très diverses : les légendes qu'elle met en œuvre y sont venues converger de points très différents ; elle est l'aboutissement d'une série de courants épiques dont chacun apportait avec lui un groupe plus ou moins important de personnages.

Et d'abord, les souvenirs bibliques, les contes orientaux, les légendes héroïques de la Grèce, les récits de toute provenance sur Alexandre, les œuvres des grands poètes latins, Virgile, Ovide, Stace, ont servi de base à toute une série de poèmes qui ont plus ou moins fidèlement suivi leurs modèles (1).

Un second groupe de romans a son point de départ en des récits originaires des Iles Britanniques. Ce sont des contes mythologiques, autrefois communs aux Bretons et aux Irlandais, ce sont des traditions héroïques sur la lutte soutenue pendant plusieurs siècles contre les conquérants saxons, ou sur l'existence orageuse des envahisseurs danois du IXe et du Xe siècle (2).

---

(1) Ainsi ont été composés les romans d'*Alexandre*, de *Thèbes*, de *Troie*, d'*Enéas*, de *Narcisse*, de *Pyrame*, de *Philomèle*, d'*Orphée*, etc. De là vient mainte allusion à des personnages de la Bible, de la fable ou de l'histoire : Absalon, Samson, Phaéton, Icare, Jules César. On voit aussi, grâce à cette demi-science, les personnages anonymes de tel ou tel conte populaire prendre des noms histotoriques, Salomon, s'il s'agit d'un roi, Galien ou Hippocrate, s'il s'agit d'un médecin, etc.

(2) Ces romans dont plusieurs ont été écrits sur la frontière galloise ou écossaise, par conséquent dans les parties les plus

Le troisième groupe enfin comprend les légendes écloses sur le sol même de la France depuis l'ère mérovingienne jusqu'aux Croisades. Le souvenir des Mérovingiens s'est de bonne heure réduit à peu de chose. Les traditions sur Clovis, que l'on désigne généralement sous les formes Flore et Florent et que l'on fait entrer dans la famille des empereurs romains (1), Octave et Constantin, celles sur son

---

celtiques de l'Angleterre (comme l'indique la forme des noms de personnes) sont généralement hostiles aux Saxons et favorables aux Danois. Ce sont : 1° *Havelok*, qui raconte les efforts d'Anlaf Cuaran † 981, contemporain des rois bretons Constantin d'Ecosse et Owen d'Alclyde, confondus par l'auteur avec des personnages homonymes du cycle artusien, pour reconquérir son royaume danois de Northumbrie sur le roi d'Angleterre Edelsi, l'Athelstan de l'histoire ; 2° *Horn*, consacré au récit des aventures d'un fils imaginaire de ce même Anlaf, qui, après la mort de son père, va chercher un asile chez ses compatriotes, les Danois d'Irlande, où règne un autre Anlaf (Houlac, Finlek dans le poème), cousin-germain de son père ; 3° la *Manekine*, consacré au récit du mariage de ce même roi païen Anlaf avec la fille du roi d'Ecosse Constantin, et qui a subi de multiples altérations par la confusion de ce Constantin avec l'empereur romain son homonyme, ou d'Anlaf avec Alle de Northumbrie † 588 ou avec Offa de Mercie † 791 ; 4° *Gui de Warwick*, le seul poème favorable aux Saxons, consacré au récit légendaire de la guerre d'Athelstan contre les deux Anlaf en 937. Cette confusion de personnages du X° siècle avec d'autres du VI° a amené le recul des légendes relatives au siège de Cirencester par Gormon (879), dont on a fait un contemporain de Cerdic, ainsi qu'à l'invasion de Bagsac † 871, placée au temps de Cenric et de Ceaulin.

(1) Ces mêmes empereurs, Constantin et Héraclius notamment, ont fait le sujet de récits qui rentrent en réalité dans notre épopée, soit par les personnages dont on les entoure, et qui proviennent des cycles de Charles ou d'Artus, soit par le rôle que joue dans le cycle carlingien tel personnage de leur histoire, le roi des Perses Chosroés par exemple, devenu dans beaucoup de nos romans le

fils Floovant, dont les aventures sont copiées sur les siennes, ne sont guère que des romans au sens moderne de ce mot. Bientôt même ce nom de Flore, Floriant, Floris aura perdu toute signification, et l'on en baptisera indifféremment le fils d'un roi de Naples ou de Sicile ou d'un gentilhomme de Thèbes en Grèce. Ciperis (Chilpéric) et Dagobert ne sont dans les œuvres qui leur sont consacrées (*Ciperis de Vinevaux*, *Charles le Chauve*) qu'un prétexte à rajeunir par des noms nouveaux de vieux clichés qui ont déjà servi à d'autres personnages. Le père de Pépin d'Héristal, Anséis, n'a lui non plus laissé qu'un nom, et, quand on a voulu lui faire une légende (*les Saisnes*, *Anséis de Cartage*) on a été chercher, soit dans la légende d'Ogier, soit dans celle de Guillaume, un sarrasin plus ou moins authentique, ici Bréhier, là Isoré, pour en faire son rival.

Pour trouver la véritable épopée, il faut arriver à Charles Martel.

Notre épopée, on le sait, ne distingue pas plus Charles Martel, Charlemagne et Charles le Chauve que Pépin d'Héristal ou Pépin le Bref, que Louis le Pieux, Louis IV ou Louis V. Pour elle, il n'existe, de la fin du VIIe siècle à celle du Xe, que trois princes, Pépin, fils d'Anséis, Charles et Louis, auquel a succédé Huon Capet sur le trône de France, tandis que le frère de Louis, Lohier, allait fonder en Allemagne une dynastie nouvelle, destinée à ceindre un jour la couronne impériale. Ce n'est pas tout. De l'époque mérovingienne il était resté certaines légendes pieuses, sur l'invasion vandale de 406, sur un martyr arlésien plus ou moins authentique du Ve siècle, saint Vezian. On les ramena à l'époque carlingienne. On fit lutter Charles Martel contre les Vandales dans *les Lorrains*, on fit tomber saint Vezian sous les

---

sarrasin Codroé, et qui n'a d'ailleurs gardé de son rôle historique que sa physionomie d'ennemi des chrétiens.

coups du sarrasin Aucebier (Alsamah) envahisseur du midi en 721, puis on confondit cette invasion avec celle de Desramé (Abderame) en 732, et enfin on l'identifia aux luttes soutenues dans cette région par Guillaume de Toulouse de 790 à 806. On modifia de plus le caractère de Vezian pour en faire un chevalier, et l'on altéra son nom en celui de Vivien plus connu dans l'Ouest de la France. Saint Moran, évêque de Rennes au VIIIe siècle, devint lui aussi un guerrier, protecteur du jeune Charles contre Reinfroi, et je suis très porté à voir dans le personnage du comte Amiles ce comte évêque de Nantes Amelius dont une légende a fait, sous le nom d'Emilien, un martyr des Sarrasins.

En mentionnant ici les invasions sarrasines de 721 et de 732, j'ai touché le premier fait épique de notre histoire. Tout le cycle de Vivien en découle, ainsi que les nombreuses allusions du début du *Siège de Barbastre*, de *Renaud de Montauban*, de la fin de *Girard de Viane*, aux luttes du roi Yon d'Aquitaine contre les envahisseurs musulmans.

La lutte de Charles Martel contre le roi mérovingien Heudri, le maire du palais Reinfroi, le roi Oton ou Yon d'Aquitaine et le roi de Frise Radbod, forme le sujet de *Mainet*, et de *Charles Martel*. Elle a produit le type du roi Oton, le beau-père classique des rebelles.

Les adversaires avec lesquels la mort de Charles Martel (741) laissa ses fils aux prises se retrouvent dans notre épopée avec leur caractère. Grifon, son plus jeune fils, le chef de la race des traîtres, le duc de Bavière Odilon, l'Huidelon de notre épopée, transformé en sarrasin, le roi Hunaud d'Aquitaine sont là, fidèles à leurs traditions. Il est curieux cependant de constater que le roi Gaifier d'Aquitaine qui de 745 à 768 lutta si intrépidement contre Pépin, n'a laissé dans nos romans qu'un souvenir vague (1).

---

(1) Dans *Roland* (v. 798) le riche duc Gaifier remplace parmi les

La fuite du comte Ogier chez le roi des Lombards Désier (771), au service duquel il mit inutilement son épée contre Charlemagne, la mort de Roland et d'Olivier à Ronceveaux (778), voilà deux des plus grands évènements épiques de notre histoire. Les différents poèmes sur Ogier d'une part, *Roland*, *Otinel*, *Fierabras* de l'autre, sont là pour en témoigner, sans compter l'introduction de ces héros dans d'autres légendes, dans celle d'Agoland par exemple, ou dans *Girard de Viane*.

Citons encore la guerre contre Guitequin, qui fait le sujet des *Saisnes* (775-785), le complot de Hardré (786) qui a donné

---

douze pairs le gascon Engelier ; il figure encore en cette qualité dans le *Couronnement de Louis* (v. 567) ; *Turpin* fait enterrer à Bordeaux Gaifier roi de cette ville ; *Girard de Viane* (p. 165), *Maugis* (v. 4546), *Gaidon* (v. 4786 et 5482), *Ogier* (laisses 3, 9, p. 259) , *Aspremont* (laisse 3, f°s 31 et 67), les *Enfances Ogier* (v. 514, sous le nom de Gaifier de Valcler), les *Saisnes* (laisses 174 et 188, où il commande les barons du midi), en font un fidèle du roi Charles ; *Gaidon* (v. 232) le fait mourir à Roncevaux. Dans *Aie* (v. 2540), Ganor se dit frère du riche Gaifier. Le roi Gaifier est mentionné dans *Otinel* (v. 1104), et son trésor dans *Gui de Nanteuil* (v. 2974) et dans *Blanchandin* (v. 1560) ; Gaifier et Vivien sont dans *Girbert* (v. 132) les deux fils du comte Isengrin. Il est transporté du midi de la Gaule dans le midi de l'Italie dans le *Couronnement de Louis* (v. 304 etc.) et dans *Girbert* (v. 1678), et devient roi de Spolète. C'est un sarrasin dans la *Prise d'Orange* (v. 1008), le *Covenant Vivien* (v. 565), les *Enfances Guillaume* (ms. 24. 369), *Esclarmonde* (v. 1644), la *Bataille Loquifer* (laisse 14, Gaufier ou Jafar). Le Caïfer de *Mainet* est probablement Caïfas. Enfin il y a identité entre Gaifier et Gadifer, champion des sarrasins dans le *Moniage Renoart* (laisse 172 et suiv.), fils du héros et empereur de Constantinople dans *Theseus de Cologne*.

Le Gaiferos des romances espagnoles, le Gaudifer de l'épopée allemande, sont des décalques de notre Gaifier ou Gadifer.

à notre épopée un nom pour les traîtres qui y pullulent, la nomination du comte Guillaume comme tuteur du jeune roi Louis d'Aquitaine, ses luttes contre les Sarrasins (790-806), sa pieuse mort dans un cloître en 812, son mariage avec Guibour, d'où est sorti le cycle entier de Guillaume, la captivité chez les infidèles du comte Aimeri, élargi seulement en 810, qui a servi de point de départ au cycle d'Aimeri, père légendaire de Guillaume, l'hostilité du roi danois Godfrid † 810, qui, sous la forme Gaufrei, issue d'une confusion entre Godfrid et Galfrid, sert de père au rebelle Ogier ; voilà autant de faits historiques du règne de Charlemagne dont on retrouve à chaque pas la trace dans nos romans. Sa mère, Berte, confondue avec la déesse germanique de ce nom, est à son tour devenue l'héroïne de l'une des versions de ce vieux cliché épique que l'on pourrait appeler l'*Innocente reine persécutée*, et que l'on a également appliqué à la mère de Clovis-Florent.

De Louis le Pieux, si l'on défalque sa légende de pupille du comte Guillaume quand il était roi d'Aquitaine, il ne reste guère que la mention dans *Huon Capet* de sa sépulture à Saint-Ernoul de Metz ; de ses fils Louis et Lohier (Lothaire) le souvenir dans la légende de celui-ci qu'il était l'aîné de son frère ; de ses petits-fils Louis et Lohier, enfants de son fils Lothaire, l'idée que Louis fut empereur et Lohier seulement roi dans la France orientale. En revanche la légende de Charles le Chauve a pris un superbe développement. Presque toute l'épopée des différends de Charlemagne et de ses vassaux en est issue.

Mais elle n'est pas toujours restée conforme à la vérité historique. Bovon et Gilebert furent bien en 840 les ennemis du roi Charles, comme ils le sont dans les *Saisnes*, dans *Bovon d'Aigremont*, Gérard lutta bien à plusieurs reprises contre lui, notamment en 840 et 870, comme il le fait dans *Girard de Frette*, *Girard de Viane*, *Girard de Roussillon*, le comte Hervé se fit bien tuer pour la cause royale en 844 comme dans *Gui de Nanteuil*, et les fils que lui donne la geste des *Lorrains*, Garin et Begon, ont bien en effet lutté pour le roi Charles à l'est et à l'ouest de la France, en 841 et en 843 ; le royaliste Gasselin de l'épopée est bien le Gausbert, comte du Mans en 852, vainqueur de Lambert, et Garnier, frère de ce Lambert, périt la même année en combattant son prince comme dans *Aie* et le passage de la saga de *Charles* relatif à Reinbaud de Frise ; Amauri, comte de Nantes en 850, fut bien réellement le royaliste que nous représente *Huon de Bordeaux*, et le roi de Bretagne Salomon fut, de 863 à 873 notamment, le tributaire indocile que nous représentent les *Saisnes*. Le changement d'allure de Garin qui, fidèle à Pépin I d'Aquitaine, se tourna contre son fils Pépin II, a laissé des traces dans *Girard de Viane* qui a d'ailleurs non seulement réuni ces deux Pépin en un seul, mais les a encore identifiés avec le père de Charlemagne. La mort tragique du jeune roi Charles d'Aquitaine en 866 à l'âge de dix-neuf ans a eu un long retentissement et a fourni le modèle de ces meurtres d'un fils du roi que l'on retrouve dans *Ogier*, dans *Huon de Bordeaux, Renaud, Jourdain, Bovon d'Aigremont, Bovon de Hanstonne*.

Cela est vrai, mais en revanche, lorsque Renaud de Poitiers, dont notre épopée a fait Renaud de Montauban, battait en 843 Erispoé, dont elle a fait Ripes de Ribemont, Renaud était un royaliste et non pas un rebelle, comme le dit notre poème ; lorsqu'en 852 le comte Sanson s'emparait de la personne de Pépin II, ce n'était pas, au rebours de ce que dit *Aie* le comte Garnier, mais lui qui agissait en fidèle serviteur du roi, et Amangis ou Maugis, que ces récits associent également à Renaud et à Sanson, n'est pas plus dans un cas que dans l'autre un rebelle. C'est très bien d'avoir conservé au comte Galeran qui luttait en 850 contre Guillaume et Bernard, fils de Bernard et petits-fils de Guillaume de Toulouse, son caractère de vassal fidèle, mais c'est une erreur d'avoir transformé son compagnon Isenbard en rebelle et en renégat (*le roi Louis*). Des deux rôles que l'on prête à Tibaud ou Tibert dans la légende de Guillaume d'Orange, dans *Aie*, dans *Gui de Nanteuil*, dans *Gaidon*, dans *Girard de Roussillon*, le seul véritable me semble être celui de ce baron chrétien qui, avec Garin, amena en 841 des renforts à l'armée du roi Charles, nullement celui du prétendu roi d'Arabe auquel le Tibaud, comte d'Arles à la fin du IXe siècle, a seul pu prêter quelque vraisemblance. Achard et Gontard, dont on a été jusqu'à faire des sarrasins, soit sous cette forme, soit sous les formes Gontier, Gondré, Gondri, sont deux fidèles du roi Charles, battus en 845 par Pépin II.

Les pirates scandinaves joignaient alors leurs déprédations à celles des musulmans. C'est en succombant sous leurs coups en 845 que Séguin de Bordeaux gagna sa renommée épique : c'est la conversion du pirate Weland qui a servi de base historique à un épisode d'*Aspremont*, la conversion de Balan. Un beau poème est sorti de la victoire remportée à Saucourt en 881 par le roi Louis III sur les bandes de Gormon (*le roi Louis*). Le rôle de Basin † 887, le meurtre de l'évêque de Reims Foucon (900), qui stigmatisa pendant longtemps la mémoire de l'assassin Guinemer et de son instigateur Baudoin, sont encore des évènements épiques de cette fin de siècle qui, s'ils n'ont pas directement créé de poème, ont fourni du moins des personnages nouveaux aux légendes anciennes (1).

---

(1) On peut juger par le nombre de ces personnages et par la manière dont on a déformé à leur égard la vérité historique, combien il est difficile de reconstituer la physionomie réelle de ceux sur lesquels les documents sont à peu près ou même complètement muets : certains noms ont pu être inventés, empruntés à l'onomas-

Au X⁰ siècle, les nouveaux sujets d'épopée sont rares. Un poème sur la défaite des Normands campés en Bretagne, un autre sur la défaite du comte Raoul par les fils d'Herbert de Vermandois, Ibert de Ribemont et son bâtard Bernier (943), où apparaissent quelques personnages contemporains, Bernard de Rethel, Ernaud de Douai, probablement aussi Bernard de Senlis, un poème sur l'avènement de Huon Capet (987) dont l'esquisse, inspirée il est vrai d'un tout autre esprit, se retrouve au début de la *Mort Aimeri*, une allusion dans le *Charroi de Nîmes* à la guerre d'Oton II contre le roi de France (978), c'est à peu près tout le bilan épique. Mais une autre tendance a surgi, elle va rajeunir les cadres en y introduisant de nouveaux per-

---

tique courante par nos romanciers comme ils ont fait de Simon, d'Etienne, etc.

Qui nous dira d'ailleurs en quel endroit il faut lire Engeran et non pas Engelier, Amaufroi et non pas Ermenfroi, Henri ou Guerri et non Tiéri ou Hervi, Amauri et non Aimeri, Richier et non Richard ? Quand Acelin est-il un diminutif d'Antelme, et quand un diminutif d'Achard ? Il y a eu à Bourges un duc Estormi. Mais a-t-il quelque chose à voir avec l'Estormi épique ? Gaidon pourrait être le duc angevin Gaidulf vivant en 755 ? A-t-il fourni autre chose que son nom au roman qui lui est consacré ?

Pour les Sarrasins, c'est bien pis. J'ai cité les musulmans authentiques, Aucebier, Desramé, le paien Guitequin. Que dire de Baligand, Marsile, Agrapard, Sinagon, etc. ? Sont-ce des personnages réels, sont-ce des noms de fantaisie que l'on a pris dans l'onomastique courante, comme on a emprunté à la Bible ceux de Pharaon et de Golias, ou au langage ordinaire ceux de Tempesté et de Tenebré ?

A tout ceci, il faut joindre encore les personnages mythologiques, tels que le forgeron germanique Galan, qui lui du moins reste confiné dans ses attributions métallurgiques, tels aussi Guenes ou Ganelon, le dieu de la mort, où je vois le dieu celtique Gwyn, Elias ou Elinand, l'Heli ou le Belinus de Gaufrei de Monmouth, etc.

sonnages comme en habillant à la nouvelle mode les vieux héros. Veut-on grossir les rangs des mauvais conseillers du roi, voici Agenon, le ministre de Charles le Simple ; ceux de ses fidèles partisans, voici Erluin de Ponlieu (926-946) ; faut-il quelqu'un pour commander les Souabes de Charlemagne, le duc Herman qui les a menés en France en 946 sera tout désigné. Ainsi s'introduiront le duc Richard † 996 pour commander les Normands, Jofroi † 987 pour les Angevins, Baudoin † 917 pour les Flamands, Hoël de Nantes † 981 pour les Bretons, tous chefs de grandes familles féodales établies héréditairement sur un domaine fixe, et ayant très nettement, au rebours des guerriers de l'âge précédent, le caractère territorial.

En contemplant ces nouveaux personnages, les poètes se sentent tout naturellement conduits à prêter aux anciens ce même caractère territorial. Tantôt la fantaisie seule ou le besoin de la rime les guide : ainsi naissent les Lambert de Berri, les Sanson de Bourgogne, les Anséis de Cartage ; ainsi se créent des généalogies qui rattachent les uns aux autres des personnages appartenant à des régions très différentes. Parfois il y a une confusion qui peut être involontaire entre l'ancien héros et un homonyme plus récent qui endosse une partie des exploits de l'autre et lui donne en échange son propre titre féodal. De là viennent Aimeri de Narbonne, Girard de Blaie, Guillaume d'Orange, Landri de Nevers, Droon d'Amiens, Hugues de Broies, Clarenbaud de Vendeuil, Garin de Mâcon, Raoul d'Amiens et de Vermandois, Engeran d'Abbeville, Odon de Bourgogne, Herbert de Troies, et tant d'autres personnages des XIIe et XIIIe siècles qui, au premier abord, déroutent complètement celui qui s'adonne à l'etude de notre vieille littérature épique.

Les Croisades avaient d'abord fait l'objet au XIIe siècle de poèmes historiques, *Antioche*, *Jérusalem*, qui ne diffèrent guère que par la versification de la chronique d'Ambroise ou du poëme anonyme sur Richard Cœur-de-Lion. Bientôt l'épopée s'en mêla avec ses confusions ordinaires ; Baudoin de Sebouic unit en sa personne les traits de Baudoin II du Bourg et de Baudoin IV, auxquels se joignirent de vieux clichés. Ceux-ci finirent même par devenir prédominants : les auteurs de *Parise* et de *Lion* ne firent qu'adapter à la femme imaginaire de Raimond de S. Gilles ou au fils prétendu d'Arpin de Bourges les anciens thèmes légendaires. Les personnages réels de cette époque envahirent les vieux récits : Corbaran, Dodequin, Saladin et son frère Safadin furent appelés à lutter contre les pairs de Charlemagne ; Sanguin prince de Mossoul (1127-1145) apparut, peut-être par la ressemblance de son nom avec celui de Seguin ; Henri de Champagne († 1197) se croisa pour délivrer le comte Guillaume, et le roi innommé de Jérusalem dans l'*Octavien* en octosyllabes prit dans la version en alexandrins le nom d'Amauri (1).

La dernière époque de notre littérature romanesque au moyen-âge présente avec la première un contraste absolu. Ce qui jadis n'obtenait même pas une mention, le titre seigneurial, est devenu la chose principale. Le prénom n'a plus aucune valeur : parfois il est absent, parfois il figure uniquement pour la rime, et il arrive ainsi à des personnages secondaires d'en changer suivant les besoins de la versification. L'intérêt de *Huon Capet* n'est pas tant la lutte du héros, aidé de ses bâtards Henri et Richier, contre les traîtres Savari, Fedri, Asselin, que contre la coalition féodale du comte de Champagne, du duc de Bourgogne, du duc de

---

(1) Citons parmi les personnages réels de cette époque, introduits sans qu'il puisse être question de confusion dans notre épopée : Odon de Troies et son frère Etienne de Blois † 1102 dans *Gui de Nanteuil*, Amédée de Savoie (1103-48) et Raimond Bérengier de Barcelone (1035-76) dans *Girard de Roussillon*, Canut d'Angleterre (1016-1036) dans *Renaud*, David d'Ecosse (1124-53) dans *Aspremont*, **André de Hongrie** (1205-35) dans *Aimeri*.

Bretagne, du comte de Poitou, etc. Déjà dans nos vieux romans des interpolations modernes ont glissé ces grands vassaux anonymes. Au vers 1431-32 de *Floovant* figurent parmi les douze pairs le duc de Bourgogne et le comte de Saint Gilles, à côté des capitaines carlingiens, tels qu'Engelier, et des premiers comtes féodaux, Richard de Normandie et Baudoin de Flandre. *Doon de Maience* offrirait le même spectacle (vv. 7345, 7347, 7350, etc.) et *Huon de Bordeaux* (v 9963), et *Mainet*.

Bref, au fur et à mesure que le temps marche, l'épopée se rapproche de plus en plus du roman. Elle avait commencé par n'être que de l'histoire inconsciemment défigurée ; elle finit par être de propos délibéré fantaisiste. L'auteur d'*Ipomédon* emprunte presque tous ses personnages au roman de *Thèbes* ; mais il n'a pas l'intention de narrer une légende héroïque de la Grèce. *Bovon de Hanstonne* emprunte au récit du meurtre du saint évêque de Liège, Lambert (708), le nom du traître Doon ; mais son Bovon, son Guion, son Tiéri, n'ont rien de commun avec les héros épiques qui ont porté ces noms, pas plus que le Girard et le Jofroi de *la Violette*, quoique l'auteur de ce dernier roman ait emprunté au cycle carlingien la défense de Cologne contre les Saxons par le duc Milon, la lutte de Girard et de Galeran, etc. ; il se complaît beaucoup plus à promener ses personnages sur les rives de la Haute-Loire ou parmi les tournoieurs et les courtisans du règne de Philippe II. L'auteur de la *Rose* se souvient de l'empereur qui épousa la sœur du comte Guillaume ; mais il appelle cet empereur Conrad et non Louis. L'auteur du *Comte d'Anjou* va même jusqu'à laisser anonyme le père de son héroïne. Il ne faudra donc point s'étonner lorsqu'un jour surgiront des poèmes comme *Simon de Pouille*, *Theseus de Cologne* ou *Tristan de Nanteuil*, où l'auteur ne se préoccupera même plus de donner à son héros un nom du cycle carlingien.

CHAPITRE PREMIER

L'ÉPOPÉE MÉROVINGIENNE

Le nom de Clovis paraît rarement dans notre épopée sous sa forme classique Cloevi ou Clovi. A peine peut-on citer *Ogier* (p. 145), *Gaidon* (v. 5890), *Mainet*, les *Saisnes*, *Floovant*. Mais, dans toute une partie de la France dont un habile linguiste pourrait tracer la carte, le *c* initial du radical germanique *Chlod* ou *Chrod* est devenu *f* ; Clotaire a donné Flohier (*Galeran*), Clotilde a donné Flohot (*Aliscans*), Chrodmund a donné Fromond (*les Lorrains*), et l'expression *fils de Clovis*, *Cloovingien* est devenu *Floovant*, l'auteur de ce poème le déclare expressément.

Ce nom propre a subi une autre modification, sous l'influence des mots latins *florens*, *floridus*, *Florianus*, *Florus*. C'est ainsi que Clovis est devenu le roi Flore, le roi Florent, le roi Flori, le roi Florient. Ainsi dans *Floovant* le même personnage s'appelle tantôt Flore (v. 639, 643) et tantôt Floram (v. 1795, 1728).

On sait d'autre part qu'en certaines provinces de la France le *c* initial prend le son du *g* : ainsi s'explique la forme Gloriant que l'on trouve dans certains poèmes (1).

---

(1) Il faut également tenir compte du S. Florent qui fonda en Anjou vers le Vᵉ s. le monastère qui porte aujourd'hui son nom ; on l'invoque dans *Doon de Maience* (v. 6225), dans *Gaufrei* (v. 4309), dans *Anséis* ; et je lis S. Florent sur Loire et non S. Florent sur le Rhin, la Garonne, etc., les SS. Florent, Florentin et même par

— 14 —

Parmi les romans où il figure sous une forme ou sous une autre, celui qui a gardé le plus de souvenirs historiques (combien rares et faibles d'ailleurs) nous a été conservé, à défaut de l'original français, par une saga qui l'appelle Flovent et un roman italien qui l'appelle Fiovo. C'est le premier roi chrétien de France, et ce trait est historique ; mais l'auteur ignore la conversion de Clovis, il le croit chrétien de naissance, fils ou neveu de Constantin, le premier empereur chrétien, dont le souvenir est resté populaire ; cela lui permet de donner aux rois de France une origine impériale et latine, de les rattacher à cet Empire romain qui était resté aux yeux des populations romanes le type de la grandeur et de la puissance : et, comme avant Clovis chrétien il y a un Clovis païen, il imagine d'appeler celui-ci Florent, d'en faire le prédécesseur de son héros.

Dès lors la tenue romanesque du récit était toute trouvée. Clovis devait arriver en libérateur dans le pays de Florent attaqué par des ennemis, comme dans les vieilles légendes grecques Ion, petit-fils d'Hellen, vient offrir au roi d'Athènes Erechteus le secours de son bras contre les Thraces d'Eumolpos ; et quand Florent, comme Erechteus, avait succombé dans la bataille, il épousait sa fille et devenait ainsi l'héritier de son trône. Puis il retournait délivrer Rome, menacée elle

---

erreur Valentin d'*Elias* (v. 4038, 4309), de *Girard de Roussillon* (par. 369) et des *Lorrains* (p. 265). Le S. Flor de *Girard de Roussillon* (par. 66), est plutôt S. Flour, qui doit son nom à un missionnaire auvergnat des premiers siècles, nommé Florus, dont la vie est d'ailleurs fort obscure. Fierabras, dit le poème qui porte son nom (v. 1845, 1851), reçut au baptême le nom de Florien (c'est un nom qu'on donne volontiers aux païens, peut-être à cause de son allure latine) et fut honoré comme saint sous le nom de Floran de Roie. Il s'agit ici de l'abbé angevin, dont la ville de Roie en Picardie prétendait posséder les reliques.

aussi par les païens, succédait à son père et joignait le titre d'empereur à celui de roi.

Ce thème fut, malheureusement pour la clarté du récit, bientôt modifié par un autre, le mariage du héros avec la fille du chef des ennemis, des prisons duquel il s'est échappé grâce à elle. Mais alors comment expliquer que cette union avec la fille d'un vaincu le rendit héritier de la couronne du vainqueur ? Les Italiens s'en sont préoccupés : tantôt Clovis vainqueur se brouille avec son protégé Florent, le bat, le tue, et devient ainsi maître de ses états par la conquête, tantôt on suppose deux rois de Gaule, le roi d'Arles ou de Provence (et non de Provino, comme dit le texte italien des *Reali*) Tiéri (et non Nerino), que Clovis débarrasse de ses ennemis, et le roi de France Florent, auquel Clovis n'avait rendu aucun service, et avec lequel il pouvait beaucoup plus décemment se brouiller.

Enfin, pour expliquer que ce prince italien eut quitté la cour de Rome, on eut recours au thème classique du jeune héros banni pour avoir commis chez son père un méfait quelconque qui a excité la colère de celui-ci.

Le récit dut avoir beaucoup de succès, car on composa sur le fils de Clovis un poème identique, *Floovant*, où l'on se borna à décalquer le roman consacré à son père, rendant ainsi celui-ci plus invraisemblable encore. Banni pour un méfait commis à la cour, le jeune prince se rend dans un pays voisin, où règne un roi appelé également Flore ou Florent (seulement il est roi d'Alsace et non plus de Gaule), il délivre son pays des envahisseurs étrangers, épouse la fille du roi païen qui les conduisait, donne à son écuyer (comme dans *Clovis*) la main de la fille de Florent, lutte (comme dans *Clovis*) contre les fils de celui-ci qui ont abjuré le christianisme, délivre son père (assiégé dans Laon et non plus dans Rome) et ceint la double couronne (non plus impériale et royale, mais de France et d'Alsace, ce qui n'a plus guère d'intérêt). (1)

---

(1) Le Richier, compagnon de Floovant, fils de Joseran (Giovambarone dans la version italienne), est le saint abbé fondateur de Centule, aujourd'hui S. Riquier en Amiénois, au VIIe siècle, et invoqué dans notre épopée sous les formes S. Richier (*Auberi*, éd. Tobler, p. 57, etc. ; *Doon de Maience*, v. 5516 ; *Aimeri*, v. 3415 ; *Berte*, v. 312 ; *Esclarmonde*, v. 276 ; *Gui de Bourgogne*, v. 752 ; *Gaidon*, v. 3048, 3416, 3874, 3738), S. Rikier (*Richard le Beau*, v. 3284 ; *Fierabras*, p. 101 ; *Elioxe*, v. 2453 ; *Elias*, v. 565). Il a été transformé en chevalier et représenté comme l'auxiliaire des héros dans *Gui de Nanteuil*, où il est fils de Ganor, frère germain d'Antoine et frère utérin du héros, dans le remaniement d'*Aspremont* qui nous est parvenu (car je crois qu'il ne figurait pas dans l'original) qui le fait fils de Garnier, dans *Gaidon* qui le dit frère de Bertran et fils de Naimon. L'*Aspremont* italien raconte la trahison dont son frère Bertran se rendit coupable à son égard, et le ms. fr. Bibl. nat. 5003 a conservé l'analyse d'un poème où il luttait contre les parents de Ganelon. Je crois enfin que le Richard associé à Coine (que je lis S. Antoine) et à Pons (S. Pons) dans *Girard de Roussillon* (par. 72, etc.) doit être lu Richier. Dans *Aspremont* en effet on trouve Richier écrit parfois Renier, parfois même Richard de Normandie..

Il est fait allusion à Roger, Renier ou Richier d'Aspremont dans *Roncevaux*, laisse 370 ; au bon vassal Richier dans *Ogier*, laisse 12, au damoiseau Richier, fils Achard, dans *Ogier*, laisse 24 ; au vassal Richier ou Richerin dans *Raoul*, v. 2054, 2716, 2789 ; mais le nom figure généralement pour la rime ; ainsi Salomon et Richier (*Ogier*, laisse 20), Gondeboeuf et son frère Richier (*Galien* f°s 183, 197, 204), Milon et son frère Richier (lisez Renier, *Galien*, p. 125), Savari et Richier (le *Siège de Barbastre* f° 111, lisez avec *Bovon de Comarcis* Renier), Gaudin et son frère Richier (fils de Droon, *Aimeri*, v. 4630). On trouve encore (dans des énumérations ou pour désigner des roturiers) Richier (*Raoul*, v. 7699 ; *Renaud*, laisse 15, deux textes où il est associé au traître Foucon ; *Aioul*, v. 4747, 6668 ; *Elias*, v. 250 ; *Girard de Roussillon*, par. 58, quatre textes où il est mal famé;

— 17 —

L'auteur d'*Octavien* a repris avec quelques variantes le sujet de *Clovis*. Son héros s'appelle Florent, il est fils de l'empereur de Rome, seulement celui-ci n'est pas le premier

---

Godefroi, v. 304 ; *Auberi* éd. Tobler, p. 6 et 153, f°s 55, 68, 69, 85 ; *Doon de Maience*, v. 6086 ; *Otinel*, v. 256 b ; *Anseïs*, v. 4514 c ; *Bovon de Comarcis*, v. 1028 ; *Parise*, v. 2028 ; *Huon Capet*, v. 14 et 2207, où il est à la fois le nom du père et de l'un des fils du héros; *Auberi*, où certains manuscrits en font l'arrière grand-père de Lambert ; *la reine Sibille*, où il est empereur de Constantinople ; les *Enfances Vivien*, v. 4487 et 4490 b ; *Richard le Beau*, v. 5069 ; le *Comte de Poitiers*, v. 1306), et Richard (*Raoul*, v. 786 ; *Girbert*, v. 523 ; *Gaidon* v. 5057 ; *Renaud* laisse 28, où la comparaison avec la laisse 15, montre qu'il faut lire Richier et non Richard de Normandie).

On trouve encore Richier pour Rigaud dans *Gaidon*, pour Gace dans *Girard de Roussillon*.

Fernagu, Galien et Richier sont les seuls personnages communs à toutes les versions du roman. La fille du roi Flore s'appelle Florette dans le texte français, Ulia ou Uliana dans l'italien (c'est l'adjectif *suliane*, la syrienne, par conséquent la païenne, qu'on retrouve dans l'Ulien d'*Aspremont* et sous une autre forme dans la Juliane, nom chrétien de Brandimonde dans *Roland*) ; la fille du roi Florent qui joue le même rôle dans *Clovis* s'appelle de même Florente dans la saga et Soriana dans l'italien. Maugalie, la fille du roi païen, qui est Marsabille dans l'*Octavien* français et Marsibille dans le *Clovis* scandinave, est Brandoia ou Brandoria, nom formé sur le nom d'homme Brandoine, dans le *Clovis* italien et Drugiolina ou Dusolina dans le *Floovant* italien ; ce dernier nom, comme la Josiane ou Drusiane de *Bovon de Hanstonne* et la Rosiane de la *Prise d'Orange* (v. 664) correspond au nom propre rosiane ou roxelane, la russe ou la païenne. Maderan et Madoire, les fils de Flore, sont dans l'italien Lion et Lionel, Urban son sénéchal est devenu Tibaud, Sénéchaul, le maître de Floovant, est le Saluard néerlandais, le Salard italien et se retrouve dans le Saleon du *Clovis* italien, qui joue un rôle analogue. Les compagnons de Clovis portent des vocables non moins classiques, Oton et Jofroi dans la saga, Sanson

empereur chrétien, c'est le premier empereur, Octavianus, Octave Auguste ; il n'est pas banni, mais il est fils de la reine injustement exilée et il est élevé par un marchand qui ignore sa noble origine, deux thèmes devenus courants dans notre littérature romanesque ; il délivre la France de ses envahisseurs, mais le roi qu'il protège est ici Dagobert, un roi mérovingien sans doute, et qui fut père d'un Clovis, mais dont la présence en cette affaire ne laisse pas de surprendre ; et après avoir épousé la fille du soudan vaincu, il retourne chez son père à Rome, comme dans *Clovis*. (1)

---

et Anséis (ou Sanguin) dans l'italien ; de même son adversaire païen, double dans la saga (c'est le roi Corsablin et son général Salatré contre lesquels il se bat sous Paris, l'ennemi qu'il rencontre sous Rome étant anonyme), simple dans l'italien (où c'est juste le contraire, l'adversaire parisien étant anonyme et l'adversaire romain s'appelant Danebrun ou Dinasor). Les personnages d'*Octavien* sont pour la plupart anonymes dans le récit en octosyllabes, et portent dans le poème en alexandrins des noms déjà connus, la reine Florimonde, le soudan Acarin et son général Fernagu, le roi Amauri de Jérusalem (remplacé dans l'italien par Balan). Le père adoptif de Florent porte le nom latin de Climent (Clément) et son frère adoptif, Gladouain ou Clodoïn, n'est qu'un doublet de sa personne, une autre forme du nom de Clovis. Enfin les douze pairs de *Floovant*, spéciaux à la version française, sont un pêle-mêle de noms carlingiens réunis au petit bonheur.

(1) *Floovant* a été édité par MM. Guessard et Michelant, Paris, 1859. On a récemment découvert de nouveaux fragments, et il en existe, à l'état fragmentaire également, une imitation néerlandaise. *L'Octavien* en octosyllabes (la plus ancienne des deux versions françaises) a été édité par M. Volmoller. Une traduction latine de la saga de *Clovis* se trouve à la Bibliothèque nationale sous le n° 8516. Le roman italien de Fiovo, Fioravante et Ottaviano se trouve dans la grande compilation des *Reali* et M. Rajna en a publié une version plus ancienne dans ses *Ricerche*, Bologne, 1872.

Ce n'est pas tout. Quand le roi Artus conquiert la France (Gaufrei de Monmouth, liv. IX, ch. 11), le roi de ce pays s'appelle Flollo, autre variante du nom de Flore ou de Clovis ; quand *Roland* désigne la France, il l'appelle (v. 3241) la terre qui fut au roi Fluri ; *Godefroi* parle (v. 4359) de Florent qui fut roi de France ; le troubadour Bertran de Paris de Rouergue appelle Clovis *Floriven* et dit qu'il fut le premier souverain de France (1). Ce nom appelle si naturellement cette idée que dans *Otinel* (v. 154) l'émir promet la couronne de France à un païen appelé Florient de Sulie. Veut on indiquer que les Carlingiens ont succédé aux Mérovingiens, on fera Gloriant grand-père de Charles Martel dans le roman de ce nom ou Flore beau-père de Pépin dans *Berte*. Puis il semblera impossible que ce beau-père de Pépin soit français, le nom deviendra classique quand il s'agira de désigner un étranger, et l'on aura alors le roi Floire ou Florent d'Aragon gendre de Huon de Bordeaux dans *Esclarmonde* (v. 147, etc.), le roi Florent d'*Aspremont*, fils du roi de Hongrie, l'empereur de Constantinople Florens, père de la reine de Hongrie Florie, fils du roi Flore d'Alsace et de la *belle Jeanne*, le roi Florien de Grèce, beau-père de Constantin dans le lai de *Constant*, le roi Florien de Salonique dans *Aioul* (v. 9993, etc.), le roi de Sicile *Floriant*, le roi de Naples *Flore*, l'amoureux de Blanchefleur, *Floris*, fils d'un vavasseur de Thèbes en Grèce, le prêtre Florans, le châtelain Florent, (*Elias*, v. 1795, 3861) ; Florent père d'Escotard, (*Godefroi de Bouillon*, p. 268,) le roi Gloriant, chef des païens dans *Gaufrei* (v. 154, etc.) , les sarrasins Florien, Glorion, Florion dans *Anséis* (v. 4713), *Aquin* (v. 118), *Aliscans* (v. 373), *Ogier* (p. 505), *Foucon* (p.

---

(1) La *Mort Aimeri*, v. 3316, parle des exploits de Floevent contre Judas (c'est une version de *Floovant* distincte de toutes celles que nous connaissons). *Gaidon* parle v. 6408, sans préciser davantage, du roi Florent.

110 et 117), *Esclarmonde* (v. 2884 etc.), les *Enfances Guillaume* ; c'est un sorcier dans *Méliacin*, un évêque grec dans *Girard de Roussillon* (par. 18 et 19), un interprète dans *Gui de Bourgogne* (v. 112), un chevalier-fée d'Oberon dans *Huon* (v. 3390), un guide dans *Roncevaux* (laisse 361), un chrétien ennemi du héros (*Guide Nanteuil*, v. 595), un comte de Soissons (*Huon Capet*, v. 1206, où ce n'est plus qu'un nom sans importance, amené par la rime). Malgré tout l'idée que ce nom convient esssentiellement à des étrangers persiste dans les noms de femmes puisqu'à côté de la Florette qu'épouse *Floriant*, de la Florente destinée à *Clovis*, de la Florette destinée à *Floovant*, de la Florimonde mère de *Florent*, des chambrières Florentine (la *Violette*, p. 156), Florence, Florette, Florencion (*Guillaume de Palerne*, v. 4426, 7070, etc.), *Anséis* (v. 4905, etc.) appelle Florette la fille du païen Bréhier, et que l'auteur de *Florence* a jugé que pour une impératrice de Rome, il ne pouvait choisir un meilleur nom. (1)

II

S'il fallait en croire une allusion de *Floovant* (y. 2507), celui-ci aurait eu à combattre un autre fils de Clovis, Geté, passé à l'ennemi et devenu roi de Saxe ; mais ce personnage ne nous est connu que par une allusion d'*Aie* (v. 86) au meurtre de Trassus par son compagnon Geté de Loudite,

---

(1) Il existe un poème en alexandrins qui lui est consacré, mais dès le début du XIII° siècle il existait un récit plus ancien sur ce sujet, on le voit par les allusions de la *Violette* (v. 816) et d'*Elioxe* (v. 3098, etc.)

Ajoutez la Florette de *Ciperis*, la Lorette du *Comte de Poitiers*, et les Gloriande de *Charles le Chauve*, *Guillaume de Palerne* (v. 41), *Ogier* et les *Enfances Ogier* (v. 7061).

et il n'y a là probablement qu'une première esquisse des tentatives incessamment renouvelées par les Saxons pour mettre la main sur la France, dans notre épopée du moins. La suite de la dynastie mérovingienne est en effet singulièrement altérée et de façons fort différentes par les trouvères. Floovant, fils de Clovis, est sans doute Clotaire ; mais, comme ils ont confondu en un seul les deux premiers rois mérovingiens de ce nom et omis par conséquent le règne intermédiaire de Chilpéric, ils font régner leur Clotaire ou Floovant de 511 à 628. Après Clotaire II vint Dagobert (628-638) et sur ce point le roman de *Ciperis* est conforme à l'histoire. La grande compilation italienne des *Reali* l'a également dans une certaine mesure respectée, car il est évident qu'il faut lire Dagobert et non Gisbert le nom du fils de Floovant. Dès lors *Octavien* devient plus clair ; on s'aperçoit que dans ce poème les rôles ont été intervertis ; c'est Dagobert qui doit délivrer son père Florent, et non Florent qui doit délivrer Dagobert (1). Presque toujours d'ailleurs ce dernier a un frère, qui va régner sur un autre pays ; dans les versions italiennes Fioravante, roi de France et empereur de Rome, a deux fils : Gisbert (lisez Dagobert), roi de France, et Octavien (Octave Auguste), empereur de Rome. Dans *Ciperis* Clotaire a deux fils : Dagobert, roi de France, et Philippe, dont le nom a été emprunté au roi macédonien père d'Alexandre,

---

(1) Je ne veux pas dire que Dagobert était le héros primitif du poème : c'était, je crois, Gisbert ; mais, en transportant à l'époque mérovingienne avec certaines modifications ce poème relatif à un héros carlingien, auquel *Gaidon* (v. 812) et *Elias* (v. 3695) font allusion, l'auteur a eu l'idée que Gisbert devait tenir la place de Dagobert. De même *Octavien* avait à l'origine pour but de célébrer le premier roi de France, fils du premier empereur romain ; mais, localisé comme il l'a été au VIe siècle, il a dû subir la transformation que j'indique.

roi de Hongrie. Dans *Florence*, Florent a de même, si je ne me trompe, deux fils : Philippe, roi de Hongrie, qui sera à la fois l'oncle et le beau père de Florence, et Oton (1), père de cette dernière qui succède à l'Empire, pendant que son frère est allé régner au loin. Ce Philippe est encore, par son prétendu fils Lothaire, le grand-père du chevalier au cygne, dans une des versions de cette légende. *Charles le Chauve*, qui a fort altéré la légende, en fait non plus le frère, mais par un prétendu Dieudonné, le grand-père de Dagobert ; il n'est plus fils de Clotaire ou de Floovant, mais du saxon Melsiau, roi de France après la mort de Clotaire sous le nom de Charles le Chauve.

Après Dagobert *Ciperis* raconte le règne de Clovis II (638-656) qu'il dédouble en deux princes de ce nom, un fils de Dagobert, mort jeune, et un frère du même roi, époux de Bathilde : c'est notre Clovis II, fils de Dagobert, époux de Bathilde, mort à vingt-neuf ans. Puis vient le règne de Ciperis, fils de Philippe et par conséquent neveu de Dagobert : c'est en réalité Childéric (656-673) qui ne régna d'abord qu'en Austrasie, c'est-à-dire dans l'est, comme Ciperis en Hongrie, et qui était *nié* (petit-fils) de Dagobert, terme que le trouvère moderne a rendu par neveu. A Ciperis succéda Tiéri (673-691), son frère et non son fils, comme dit le roman, puis Clovis III (691-695), fils et non frère de Tiéri. Tout cela est, on le voit, assez historique, et si l'on ajoute quelques faits réels, la fondation du monastère de Corbie par la reine Bathilde, celle de S. Vaast d'Arras par le roi Tiéri, on acquiert la conviction que le trouvère qui composa *Ciperis* travaillait

---

(1) Dans cet Oton il y a un souvenir des trois rois de Germanie de ce nom qui portèrent la couronne impériale, de 962 à 1002. Son mariage avec Police, fille de l'émir de Palerme, nous remet en mémoire Oton de Police (de Spolète), doublet italien du roi Oton ou Yon d'Aquitaine (VIIIe siècle).

sur un fonds d'annales très différent de la tradition poétique dont s'inspirent en général ses confrères. L'auteur du *Charles Martel* lui donne la main sous ce rapport : il sait que les deux derniers rois de la dynastie mérovingienne sont un Tiéri (qu'il appelle Théodorus pour Théodoric) et un Heudri (qu'il appelle Ydrich et qu'on nomme plus communément Childéric), mais il croit à tort le second fils du premier, tandis qu'il était son parent éloigné ; de plus il tend à confondre cet Ydrich avec l'Heudri (ou Chilpéric) qui fut l'ennemi réel de Charles Martel et l'ennemi légendaire de Charles Mainet ; aussi fait-il succéder Charles Martel à Heudri, tandis que celui-ci fut en réalité remplacé par Pépin.

Il faut s'empresser d'ajouter que cette version n'eut rien de populaire. Après Gisbert, lisez après Dagobert (628-638), les compilateurs italiens sautent immédiatement à la dynastie nouvelle, à ce Pépin qui est pour eux Pépin d'Héristal et un peu Pépin le Bref. Ce Pépin avait pour père un Anséis dont l'histoire nous a conservé le nom et auquel l'épopée a fait jouer un rôle aussi important qu'imaginaire ; les Italiens ont remplacé cet Anséis par l'ange Michel, que certaines traditions (conservées dans le manuscrit appelé la *Chronique saintongeoise* et dans *Doon de Maience*, v. 5) mettaient en rapports, dont le détail nous est inconnu, avec Pépin : ils ont fait cet ange fils de Dagobert, ils l'ont même dédoublé en un ange père de Michel père de Pépin, ou en un ange dont le sénéchal, lisez le maire du palais, fut le père de Pépin, ce qui convient très bien à Charles Martel et à son fils Pépin le Bref. Les trouvères français ont imaginé autre chose. Ils ont généralement passé Dagobert sous silence, et n'ont donné à Clotaire ou Floovant, fils de Clovis, qu'une fille. C'est l'idée du chroniqueur Mousket, des *Saisnes* et de l'original perdu de *Charles le Chauve*. Dans les *Saisnes*, cette fille épouse le roi des Saxons Brunamond : de là viennent les prétentions de ces païens sur la France, auxquelles résistent d'abord deux rois électifs, qui ne sont autres que les barons carlingiens Jofroi de Paris et Girard (1) le pouhier ; puis dont triomphe définitivement la glorieuse famille carlingienne, avec Anséis, fils bâtard de Girard, Pépin son fils et Charles son petit-fils. Dans l'original perdu de *Charles le Chauve*, tel qu'on peut le reconstituer en comparant le poème que nous avons sous ce titre et l'allusion de Mousket sur le gendre de Floovant, Clotaire avait également pour successeur un roi païen (hongrois il est vrai et non plus saxon, mais venant en tout cas de l'est comme le roi de Saxe), Melsiau. Celui-ci d'ailleurs se convertissait, recevait au baptême le nom de Charles, mais avait à se défendre contre les perfides entreprises de son conseiller Amauri de Bretagne, imité du traître Amauri, qui dans *Huon* pousse le jeune roi Charles dans une si mauvaise voie : or Amauri ayant, d'après Mousket, épousé la fille de Floovant, convoitait sans doute le trône qui lui semblait devoir appartenir à sa femme, et jalousait le roi Charles, appartenant à une famille distincte de la famille mérovingienne. De même que Brunamond, Melsiau avait d'ailleurs à lutter contre des adversaires réels de Charles le Chauve, Goubaud et Guillaume, transformés en Goubaud de Lausanne et Guillaume de Montfort. (2)

---

(1) Je lis Girard et non Garin ; les deux noms se trouvent dans les manuscrits : et comme il y a un Garin de Pontieu dans Mousket, il y a un Girard le pouhier dans *Raoul*, etc. Mais, comme Jofroi me paraît ici, comme ailleurs, remplacer Josse ou Joibert, le rebelle Girard est beaucoup mieux indiqué pour lui tenir compagnie que le royaliste Garin.

(2) *Ciperis* renferme deux allusions à un poème sur Theseus de Cologne : ce personnage aurait été le frère de la reine Baudour (Bathilde) et il aurait disputé Rome à Guitequin, petit-fils de Ciperis par son père Louis et de l'empereur Orsaire (lis. sans doute Césaire, Jules César) par sa mère. Je n'ai rien trouvé de pareil dans l'ana-

Telle est l'histoire légendaire des Mérovingiens.

---

lyse de ce poème que donne M. Ward dans son Catalogue des manuscrits français du *British Muséum*; Theseus devient bien empereur de Rome et son fils Gadifer empereur de Constantinople : le premier est un Cendrillon masculin, qui sort de sa torpeur pour défendre sa mère, et le second perd ses fils qui sont élevés par un charbonnier ; mais le compétiteur (de Gadifer et non de Theseus) s'appelle Grifon et non Guitequin. Le roman d'ailleurs ne paraît contenir rien de bien neuf ; aucun souvenir non plus de l'époque mérovingienne. Le nom du héros, comme ceux de Lion de Bourges, de Simon de Pouille, de Tristan de Nanteuil, n'appartient même plus au cycle carlingien : c'est un nom de l'épopée antique.

CHAPITRE II.

LE CYCLE DE GUILLAUME

I

Le cycle de Guillaume me paraît être sorti tout entier de deux groupes de récits colportés par des pèlerins. Les uns, passant à S. Guilhem (Hérault), entendirent raconter que le fondateur de l'abbaye était un certain Guillaume, comte de Toulouse et marquis de Gothie de 790 à 806, époux de Guibour, tuteur politique du jeune roi Louis d'Aquitaine, conquérant de Barcelone sur les musulmans en 801 ou 803, et mort en 812 dans le cloître où il était retiré depuis six ans. Telle est la base qui a servi à édifier le *Moniage Guillaume* et le *Couronnement de Louis*, poèmes enrichis l'un et l'autre de nombreux détails légendaires ; on intercala dans le second, en substituant Guillaume à Aïmer, un poème, sans doute relatif au règne de Charles le Chauve, sur les luttes d'Aïmer contre Ernéis et Acelin.

D'autres, passant par Arles, virent dans le cimetière gallo-romain des Aliscans le sarcophage d'un certain Vidianus, martyr plus ou moins authentique du Ve siècle, qu'on leur donna comme ayant péri lors des invasions sarrasines d'Alsamah en 721 et d'Abdérame en 732, que l'on appelait Aucebier et Desramé. On mit ce jeune héros en rapports avec Guillaume, dont on fit son oncle, et ainsi fut composée la première rédaction d'*Aliscans*. Pour trouver un vengeur à Vidianus, devenu Vivian ou Vivien, on alla chercher dans les poèmes sur les guerres de Charles le Chauve un rebelle, Foucon, et un royaliste, Tibaud, celui-ci chef des Bourguignons du royaume d'Arles, pour faire du premier le neveu, de l'autre l'ennemi du jeune martyr ; ainsi fut créé *Foucon de Candie*. Tibaud devint donc tout naturellement l'ennemi de Guillaume.

Je ne crois pas qu'il y ait d'autres éléments historiques certains. La captivité d'Aimeri, qui fait le centre du poème de la *Mort Aimeri*, pourrait avoir sa source dans le fait de la captivité d'un comte de ce nom, relâché en 810 par les mulsumans, mais ce peut être une pure invention de trouvère. Il a pu exister un poème sur les exploits d'Aïmer contre Barcelone et contre Tortose de 800 à 812, un poème sur la mort d'Aïmer, comte de Gênes en 806, ce qui expliquerait le personnage à la fois espagnol et italien de notre Aïmer, mais on peut supposer que tout cela repose simplement sur le fait que les moines de S. Guilhem parlaient d'Aïmer comme d'un fidèle auxiliaire de leur fondateur, notamment dans la conquête de Barcelone.

Les démêlés d'Ernaud et de Borel appartiennent sans doute au cycle de Charles le Chauve ; c'est là encore qu'on eut l'idée d'aller chercher Guillaume, tué en 850 en portant les armes contre le roi, et son frère Bernard, ce qui, par la confusion des deux Guillaume, fit de Bernard un frère de l'oncle de Vivien ; Bovon et Gilebert, qui en 840 et 841 luttèrent eux aussi contre Charles le Chauve, vinrent tout naturellement rejoindre Guillaume et Bernard, mais Gilebert fut, par suite d'une erreur plus ou moins volontaire, transformé en Guibert ; Girard, qui en 870 défendit Vienne contre Charles le Chauve, se trouva suivre son père légendaire Bovon ; mais ce fut un royaliste de 841, Garin, qui par suite de sa position de comte dans le royaume d'Arles, fut choisi comme père de Vivien. Avec Aïmer et Ernaud cela faisait six frères à Guillaume, on lui donna pour neveux, outre Vivien et Girard, Gautier ou Gaudin, un des héros de *Roland*, Bertran, déjà connu comme fils du breton Naimon, Guichard ou Guielin que nos trouvères mettaient en rapports avec Renaud de Nantes et avec Garnier ; Foucon et Huon, ennemis légendaires des comtes nantais Renaud et Amauri ; d'autres bretons encore : Anquetil, fils de Rioul, Ripes, transformé en Rabel, Moran, sans doute Estourmi, des inconnus, comme Soef ou Sohier, Vilard ou Mulard, Savari, des gascons, Sanson et Engelier, Richier, attiré peut-être par Bertran, le fabuleux Drogon, qui venait sans doute de la légende de Girard. On ne s'entendit pas d'ailleurs toujours sur les parentés, Huon et Drogon ou Rogon étant tantôt beaux-frères, tantôt neveux de Guillaume. On donna enfin pour père à celui-ci et à ses frères le comte Aimeri, soit sans motif, soit parce que nos trouvères avaient l'habitude de faire intervenir fréquemment pour la rime, après un nom propre, la mention *qui fut fils Aimeri.*

Puis on identifia Guillaume avec un seigneur d'Orange qui portait ce nom, Ernaud avec un Ernaud de Girone, Aimeri avec un vicomte de Narbonne sur lequel peut-être même on créa de toutes pièces le personnage ; avec quelques noms de villes espagnoles, Barbastre, Lérida, Tarragone, on imagina des exploits entièrement fabuleux de Guibert et de Bovon (*le Siège de Barbastre*, *Guibert d'Andrenas*, *la Prise de Cordres*) ; on fit des poèmes pour expliquer comment Aimeri était devenu seigneur de Narbonne, Guillaume seigneur d'Orange (*Aimeri de Narbonne*, *la Prise d'Orange*) ; on fit le *Charroi de Nîmes* pour relier le *Couronnement de Louis* à la *Prise d'Orange* et on plaqua au début un morceau sur la colère de Guillaume, probablement emprunté à l'*Aliscans* primitif ; on raconta la jeunesse de Guillaume, de Guibert, de Vivien (*Enfances Guillaume*, les *Narbonnois*, *Enfances Vivien*) ; on refit le début d'*Aliscans* qui s'était perdu (*le Covenant Vivien*) ; on remania ce poème en substituant à Foucon comme vengeur du martyr le géant Renoard et sa lignée (*Bataille Loquifer*, *Renier*, *Moniage Renoart*). Enfin, après avoir trouvé à Aimeri des descendants, on lui chercha des ancêtres, et on lui donna pour père et pour grand-père deux des personnages qu'on lui avait attribués comme fils, Ernaud et Garin, dont on changea pour la circonstance le titre féodal (*Garin de Montglane* et *Enfances Garin*), en même temps qu'on le faisait entrer comme neveu de Girard de Vienne dans la légende de ce héros.

II

Je vais donc rapidement passer en revue la vie légendaire de ces personnages.

Le roi Charles ayant pris Narbonne au retour de son expédition d'Espagne, ses barons qui étaient pressés de rentrer chez eux refusèrent tous la seigneurie de cette ville, avec la tâche de la défendre contre les Sarrasins leurs voisins, dont le guet-apens de Roncevaux leur laissait une fâcheuse idée. Seul Aimeri fils d'Ernaud accepta le poste périlleux. Sur le conseil de Huon de Barcelone, il demanda la main d'Ermenjard, fille du roi Désier de Lombardie et sœur du roi Boniface, et l'obtint, malgré l'hostilité d'un comte allemand, Savari, qui s'était déclaré son rival.

Ses fils étant devenus grands, il envoie les quatre aînés, Bernard, Guillaume, Ernaud et Aïmer, à la cour du roi Charles, et marie autour de lui Bovon et Garin. Resté seul avec Guibert, il est attaqué par les Sarrasins ; mais ses fils viennent à son secours et le délivrent.

L'éloignement de ses enfants, qui ont presque tous obtenu des domaines, la mort d'Aïmer, tué au port ou col de Pailhas, dans les Pyrénées, l'absence de Guibert qui guerroie au port ou col d'Ossau, dans le même pays, donnent à l'émir Corsolt ou Corsuble l'idée de tâcher de reprendre Narbonne. Il fait Aimeri prisonnier, mais le vieux comte est chemin faisant délivré par Guibert, et l'émir est complètement battu par l'armée de secours que le roi Louis a levée pour la délivrance de Narbonne. Aimeri voulant purger le pays des Sagittaires ou Centaures qui infestent les environs est tué en combattant ces monstres.

Telle est sa vie d'après les trois poèmes qui lui font la part la plus large (1). Son rôle, dans les *Enfances Guillaume* et dans le *Siège de Barbastre*, quoique encore considérable, n'a pas d'originalité. Dans *Girard de Viane*, il a été introduit par un remanieur. Partout ailleurs on se borne à faire allusion à sa qualité de chef de la famille méridionale (2). Dans les

---

(1) Ce sont : *Aimeri de Narbonne*, les *Narbonnois*, la *Mort Aimeri*. Les deux premiers ne nous sont parvenus que sous une forme remaniée, par un poète qui s'est efforcé de développer la partie comique (les ambassadeurs magnifiques, dans *Aimeri*, le faux sénéchal, dans les *Narbonnois*) et qui a introduit des personnages tout nouveaux (v. g. Roumans). La *Mort Aimeri* a été sans doute également refaite : les Centaures ont remplacé les Sarrasins, et l'on y a plaqué un début, très contradictoire avec le reste, où le roi Louis (ici Louis IV) vivement pressé par Huon Capet (lisez Huon le grand, son père), fait appel au dévouement d'Aimeri, et lui envoie un messager qui le trouve moribond. L'auteur de *Huon Capet* a repris cette histoire : Huon Capet, gendre et successeur du roi Louis, (ici Louis V), fait appel à Aïmer (et non à Aimeri), dont ses messagers apprennent la mort en arrivant au terme de leur voyage.

(2) Par exemple, dans le *Pèlerinage*, v. 739 et 765, *le Charroi de Nîmes*, *la Prise d'Orange*, *Aliscans*, *Enfances Vivien*, *Foucon*, *le Couronnement*, *Garin de Montglane*, *Bovon de Comarcis*, v. 16, etc. ; *Huon Capet*, v. 505, 1074; *Doon de Nanteuil*, v. 73 ; *Elie*, v. 848, 868, etc.; *Esclarmonde*, v. 5377 et suiv.; *Doon de Maience*, v. 6652 ; *Gaufrei*, v. 161, etc. Toutefois le *Moniage Guillaume*, la *Bataille Loquifer* et le *Moniage Renoart* semblent ignorer son existence.

autres poèmes carlingiens ce n'est qu'un figurant ; encore n'y fait-il que de très rares apparitions (1).

Guillaume est le plus célèbre des fils d'Aimeri. Il est l'oncle de Vivien, et, comme tel, il joue dans les six poèmes consacrés à ce personnage ou à sa vengeance un rôle des plus importants, quoique complètement imaginaire. Enflammé d'amour au récit que lui a fait Gilebert, un chrétien échappé des prisons d'Orange, de la beauté d'Orable, sœur de Clariel, femme de Tibaud, belle-mère d'Aragon ou mieux Adrogant, il s'introduit dans la ville, réussit après différentes péripéties à s'en rendre maître, et épouse Orable qui reçoit au baptême le nom de Guibour. Il est devenu duc d'Aquitaine en épousant la fille du duc Gaifier, après avoir débarrassé celui-ci du géant Corsolt. Il enlève au traître Ernaud (plus tard appelé Ernéis (2), par suite de l'influence d'une autre

---

(1) Il figure dans *Renaud* (laisses 15, 87, 121), dans *Bovon d'Aigremont*, dans *Girard de Roussillon* (par. 319), dans le *Comte de Poitiers*, dans *Richard le beau*. Si dans certains poèmes (les *Lorrains*, p. 121, *Gaidon*), il est question d'un Aimeri de Thouars, personnage historique du XIIe siècle, c'est qu'on a voulu introduire un personnage récent, auquel on fait jouer un rôle conforme à sa situation parmi les barons poitevins. Quant à l'Aimeri de Noyon, de *Girard de Roussillon* (par. 107 et suiv.), quant à l'Aimeri d'*Aspremont* (ms. fr. 1598), où il refuse de porter la croix, je ne sais si c'était dans l'original un Aimeri ou un Amauri. La forme Henri qui correspond dans le nord de la France à la forme méridionale Aimeri cache peut-être d'ailleurs en certains endroits l'Aimeri épique ; ainsi le ms. fr. 25. 529 d'*Aspremont* appelle Henri l'Aimeri du ms. 1598, ainsi *Girard de Roussillon* parle (par. 310 et suiv.) d'un comte Henri qui se trouve par rapport à Tiéri dans des liens de parenté assez semblables à ceux d'Aimeri.

(2) Cet Ernéis ou Hernaïs, dont je n'ai pas retrouvé la trace dans l'histoire, est un personnage épique important. Les *Lorrains*, p. 20, etc., en font un comte d'Orléans, fidèle au roi. Le ms. fr. 5003 Bibl. nat., a conservé le résumé d'un récit sur Ernéis, persécuté à

légende) la tutelle du jeune roi Louis d'Aquitaine, et il est resté quelque chose de cet épisode dans le duel de Guillaume et d'Ernaud son frère aux portes d'Orléans dans *Aliscans*. Il s'empare de Barcelone, et dans *Foucon* se retrouve la trace d'un récit où Vivien était tué, non pas près d'Arles ou d'Orange, mais près de Barcelone. Il bat un certain Dagobert, peut-être le rebelle Gobert, Goubaud ou Gondebeuf d'autres romans, à Pierrelate sur le Rhône entre Valence et Avignon. Il tue en champ clos un insolent Northman (plus tard transformé en Normand ou en Breton) qui était venu défier le roi Louis, et il échappe, au retour d'un pèlerinage, au guet-apens que lui avait dressé le père de sa victime. Il bat le roi Gui (dans l'histoire Guiomar de Bretagne, 825, et Gui de Spolète, 888), puis le roi Oton (Oton II d'Allemagne, l'envahisseur de 978) qui voulaient conquérir la France ou dépouiller le roi Louis de la couronne impériale. Il s'empare de la mirmande de Bordeaux, c'est-à-dire du château, dont un remanieur a transformé le nom en un nom d'homme, Marmonde ou Amarmonde. Il bat le comte de St-Gilles, le fabuleux Julien. Tour à tour, il est devenu comte de Poitiers, par confusion avec les nombreux Guillaume qui se succédèrent au duché de Guyenne, ou seigneur de Montreuil, à cause d'un récent personnage de ce nom. Devenu moine, il est enlevé par le roi sarrasin Sinagon, em-

---

l'instigation d'Aïmer par le roi Charlot, défendu par Acelin et vengé par son fils Sanson. *Le roi Louis* en fait le père de Gautier du Mans (v. 11). *Aspremont*, *les Saisnes* (laisses 22 et 40) le mentionnent avec Sanson, Robert, Richard ; Ernais d'Avignon est tué dans le *Moniage Guillaume* en prose ; Ernéis est tué dans *Renaud*, p. 369 ; *Raoul* le donne avec Anteaume pour compagnon de pèlerinage à Guerri (v. 8331), et *Gaidon* le voit tantôt d'un œil hostile (v. 2143, 2159), tantôt d'un œil favorable (v. 5176). Je crois enfin qu'il faut lire dans *Auberi* (éd. Tobler, p. 177) *la Roche Hernéin* et non *la Roche Hervin*.

mené prisonnier à Palerme, retrouvé par Landri, délivré par le roi Louis ; il sort de son cloître pour délivrer Paris assiégé par le géant Isoré et meurt en odeur de sainteté. Dans la *Prise de Cordres*, il est fait prisonnier avec Ernaud et Bertran et délivré par Nubie. Dans le *Siège de Barbastre*, il paraît avoir joué à l'origine un rôle important, mais avoir en grande partie, dans la rédaction actuelle, été supplanté par Guibert. Dans *Elie*, il est fait prisonnier avec Ernaud, Bertran et Bernard, et délivré par Elie. Il figure dans *Guibert* et la *Mort Aimeri*, mais dans une posture tout à fait effacée. Voilà, aussi brièvement résumée que possible, sa riche biographie épique. (1)

---

(1) A part le Guillaume d'Autun, de *Girard de Roussillon* (par. 77 et suiv.), le Guillaume de Montfort de *Charles le Chauve*, et les différents Guillaume qui sous les noms de Blancafort, Boulogne, Montclin, etc. reproduisent dans les *Lorrains* les traits du rebelle Guillaume, à part de nombreuses allusions à Guillaume d'Orange (v. g. *Doon de Maience*, v. 6653 ; *Enfances Ogier*, v. 246 ; *Huon Capet*, v. 1079 ; *Elias*, v. 5862, etc.), à part le Guillaume de Poitiers qui figure tout naturellement parmi les barons de l'ouest que convoque le roi Charles dans *Girard de Roussillon* (par. 231), les autres Guillaume que l'on trouve dans l'épopée ou le roman sont pris au hasard : *Fierabras*, v. 1720 ; *Gaidon*, v. 2197, 4986 ; *Huon Capet*, v. 506, 881 b., 1077 b., 1888, 1889, 1892, 3738 ; *Aioul*, v. 4749, 8856 ; *Parise*, v. 679 ; *Girbert*, v. 158 ; *Elias*, v. 2157 ; *Bovon de Hanstonne*, ms. fr. Bibl. nat. 12.548, f° 82 ; ms. 22.516, f° 34 ; *Ciperis*, dont il est un des fils ; *le Comte de Poitiers*, v. 1315 ; *Jean et Blonde*, v. 5039 ; *Partenopeus*, v. 5561 (Guillemot) ; *Auberi*, f° 89 (Guillemin) ; les héros de *Guillaume de Palerne*, de *la Rose*, de *l'Escoufle*. Il y a eu un Guillaume de Blois au IXe siècle, mais ce n'est pas de lui qu'il s'agit dans *Roland*, v. 3938 ; *Renaud*, laisse 126 ; *Auberi*, éd. Tarbé, p. 127 ; *Aimeri*, v. 1504 ; *Elias*, v. 6218. Il a existé un Guillaume de Montpellier au XIIe siècle : mais la mention de *Gaufrei* (v. 641) ne suffit pas à en faire un personnage épique. Il est tout naturel qu'en souvenir de Guillaume le Conquérant (1066-1087)

Bernard est tout à fait étranger à la légende du Guillaume croisé, il appartient au cycle de son petit-fils, Guillaume, insurgé contre Charles le Chauve, mort en 850. Il y représente son frère Bernard, marquis de Gothie, et il emprunte certains traits, soit à leur père Bernard, mort en 844, soit à un de ses contemporains, Bernard, comte d'Auvergne, fils de Bernard, comte de Poitiers, qui fut à la fois son ennemi et celui de Boson. De là maint personnage épique de ce nom : d'abord notre Bernard, surnommé je ne sais pourquoi de Brusbant, de Busbant, etc. et dont le rôle est absolument nul, sauf dans la version italienne du *Couronnement* où, conformément à l'histoire de Bernard de Septimanie, il est chargé de la garde du jeune roi, et obligé de fuir dans le midi devant la révolte des barons ; puis un Bernard, cousin de *Girard de Roussillon*, qui est tout naturellement un des deux Bernard ennemis de Charles le Chauve, le père ou le fils, puis un Bernard de Naisil, rebelle au roi dans les *Lorrains*, un Bernard de Bourgogne, rebelle au roi dans le *Mainet* italien, un Bernard d'Auvergne rebelle au roi dans le *Girard de Viane* norvégien, un Bernard de Clavent, rebelle au roi dans *Maurin*. Mais, comme Bernard d'Auvergne fut l'un des fidèles du roi Charles et de ses fils Louis et Carloman, il y a presque toujours en face du rebelle un fidèle du même nom, dans le *Mainet* français et le *Mainet* italien, dans *Girard de Roussillon* un Bernard de Tabarie, un Bernard de Rochemaure, un Bernard de Léonois, un Bernard fils Armand. Le fameux Bernard del Carpio dont les Espagnols ont fait le vainqueur

---

on ait donné le nom de Guillaume au roi d'Angleterre qui figure dans *Bovon de Hanstonne* et dans la saga de *Maugis* : mais il n'y a aucun rapport entre eux et le Guillaume de l'histoire. Au lieu de Guillaume le Tosan, il faut lire dans *Girard de Roussillon* (par. 347), Gautier le Toulousan, et Erchenbaud au lieu de Guillaume le pouhier le nom du père de Basin dans *Auberi*.

de Roland, puis de Bueso (Boson), fils de Sanson (Sanche) et neveu du roi Charles avant de l'être du roi d'Espagne Alphonse, est un composé du rebelle Bernard qui fit la guerre au roi, et de Bernard d'Auvergne qui s'enrichit en 880 des dépouilles de Boson; et l'on assiste déjà dans la saga de *Girard de Viane* à un duel entre Roland et Bernard, appelé à tort d'Auvergne. De là vient que Bernard, sans parler des nombreux passages où c'est un simple nom dépourvu de toute signification (1), est tantôt un personnage sympathique, un ami du héros, tantôt un vil compagnon des traîtres. Puis les *Saisnes*, perdant tout souvenir de son rôle véritable, font de Bernard de Clermont un croisé ; *Simon de Pouille* distingue Bernard de Brusbant et Bernard de Clermont ; il est, sans s'en douter, conforme à l'histoire, mais il ne sait point qu'ils furent dans des camps opposés. *Girard de Viane* (p. 23) sait bien que Renaud de Poitiers était du lignage de Bernard (car Renaud fut père de Bernard de Poitiers et grand-père de Bernard d'Auvergne). Le Bernard de Rethel qui figure dans *Raoul de Cambrai* (v. 2044, 2973) est un personnage du Xe siècle, tout à fait distinct de ceux-là, mais le Bernard de Senlis son contemporain qui figure dans le *roi Louis* allemand, dans *Raoul de Cambrai* (sous les formes Berard et Girard de Senlis) et

---

(1) *Anseïs*, v. 3254, (de Valcolor) ; *Vivien de Monbranc* (qui écrit Benard) ; *Aimeri*, v. 1493, 1512 (l'Aubijois), 1546 (d'Amiens) ; *Galien*, p. 336 (de Montagu) ; *Aie*, v. 92 (de Rivier) ; *Aspremont* f° 24 (de Rivier) ; *Siège de Milan* ; *Ogier*, laisses 29 et 34 ; *le roi Louis*, v. 554 ; *Siège de Barbastre*, f° 110 (de Morinville) ; *Raoul*, v. 865. Parfois au lieu de Bernard, il faut lire Bérard ou Hernaut :v. encore S. Benart dans *Gaufrei*, v. 4062. La saga de *Charlemagne* mentionne (I, 37) Bernard fils Otran de Pursals.

(2) *Esclarmonde*, v. 3541, 8328, 8408, etc. ; *Aioul*, v. 4648.

(3) *Auberi*, f° 69 ; *Aioul*, v. 4389, 4750, 4762, 4831, etc., 8856 ; *Gaidon*, v. 5176, 7355 (de Hui), 7577, 8145, 8162 ; *Renaud*.

dans le *Mainet* allemand (sous la forme Hernaud de Senlis) n'est peut-être épique que dans la mesure où le sont Aimeri de Narbonne et Guillaume d'Orange, dont le rôle s'est borné à fournir un surnom territorial à des héros plus anciens qui en étaient dépourvus, mais dont ils n'ont pas modifié la physionomie.

Les exploits du croisé Aïmer ont sans doute fait l'objet d'un poème perdu. Nulle chanson ne lui est exclusivement consacrée. Il a cependant une physionomie très originale. Son père l'a maudit parce qu'il a refusé de se battre avec lui, et les allusions à son rôle de chevalier errant, de guerrier sans patrimoine que l'on ne sait où trouver, à sa mort tragique au col ou port de Paillart dans les Pyrénées, à son mariage avec Soramonde, à sa longue détention, d'où son surnom de chétif (2), en font un personnage beaucoup plus vivant que Bernard, Bovon ou Garin. C'est surtout dans les chansons proprement narbonnoises, les *Enfances Guillaume*, la *Prise de Cordres*, *Guibert d'Andrenas*, où il jouait sans doute à l'origine le rôle attribué dans la rédaction actuelle à Aimeriet, le filleul d'Aimeri, qu'il se distingue. Mais, à côté de cet Aïmer, en dehors de l'Aïmer ou Aimar que citent, comme un simple nom propre divers textes, parfois au lieu d'un Guinemer ou d'un Guimar, il existe dans le cycle des barons rebelles un Aïmar ennemi de *Girard de Roussillon* (par. 481, 505 et suiv.), deux Aïmer ennemis de *Girard de Viane*, un Aïmer ennemi des rebelles dans *Mainet*. Bien

---

(1) En outre des chansons proprement narbonnoises, il est fait allusion à Bernard fils Aimeri dans le *Pèlerinage*, dans *Bovon d'Aigremont*, dans *Elie*, v. 224 et seq., dans *Huon Capet*, v. 1075.

(2) *Fierabras*, p. 63. D'après le chroniqueur Aubri, il aurait été pris en allant au secours du pape Milon assiégé dans Rome par les Sarrasins. Conduit à Venise, il fut sans doute délivré par la princesse Soramonde qui lui donna son cœur et lui livra la ville.

plus, un poème perdu, dont le ms. fr. 5003 de la Bibl. nat. nous a conservé l'analyse, et dont la version actuelle du *Couronnement* s'est longuement inspirée, racontait comment Aïmer, s'étant emparé de l'esprit du jeune roi Charles, fit bannir Ernéis, comment des vassaux de celui-ci le seul Ancelin lui resta fidèle, comment Sanson, fils d'Ernéis, vengea son père et tua Aïmer. Je crois que dans l'allusion que fait *Elie* (v. 66) aux exploits d'Aïmer, il faut lire Ernéis et non Anséis le nom de l'adversaire de celui-ci. Ce second est-il historique comme l'autre? C'est possible, mais ce n'est pas certain.

Qu'il y ait deux Ernaud comme il y a deux Guillaume et deux Aïmer, c'est ce qui paraît sauter aux yeux quand on voit qu'Aimeri de Narbonne est fils d'Ernaud de Beaulande et père d'Ernaud de Gironde. Et cependant rien n'est moins certain, tant ce personnage joue un rôle effacé dans notre poésie épique ; le *Pèlerinage* le mentionne, comme il cite Guillaume, Bertran, Aïmer, et peut-être Bernard ; *Elie* en fait le compagnon de captivité de Guillaume, de Bertran et de Bernard ; la *Prise de Cordres*, celui de Guillaume et de Bertran ; *Aie*, celui de Garin dont la captivité était restée célèbre. Il a eu maille à partir avec Guillaume à propos de

---

(1) *Aioul*, v. 1398 ; *Elie*, v. 167, 1476 ; *Anséis*, v. 6472, 6585 ; *Aimeri*, v. 1778, 1891 ; *Doon de Maience*, v. 10, 599 ; *Girard de Roussillon*, par. 537 et seq. ; *Vivien de Monbranc*. Aïmer le lombard figure dans *Foucon*, p. 60 et dans *Ogier*, p. 182 : c'est peut-être une allusion à l'Aïmer italien, peut-être simplement le résultat de ce fait que l'on donne volontiers aux Italiens des noms de méridionaux. Aïmer (Aymeir) est dans le chroniqueur Jean des Preis le nom du père de Garin de Montglane, que les différentes rédactions du poème consacré à celui-ci appellent tantôt Aimeri, tantôt Savari. Aïmer est un personnage connu du *Pèlerinage*, de *Huon Capet*, p. 42, etc.

la tutelle du jeune roi Louis, il en est resté quelque chose dans le récit de son duel avec Guillaume dans *Aliscans*, dans le poste de sénéchal que lui octroient les *Narbonnois*, dans cette fonction de gonfalonier que lui attribue *Guibert d'Andrenas* au détriment de Guillaume (1) ; mais la plupart du temps on lui a substitué Ernéis pour jouer ce rôle. Un poème perdu racontait comment il avait défendu Girone contre Borel et ses fils ; mais il n'avait probablement pas plus de valeur historique qu'*Aimeri de Narbonne*, et l'on ne peut pas en conclure qu'un des Borel qui gouvernèrent le comté de Barcelone ait eu quelque chose à voir avec Ernaud ; c'était peut-être un adversaire du Guillaume rebelle, qui sera devenu l'adversaire de ses frères. Le rôle que *Turpin* lui fait jouer sous les murs de Pampelune est sorti sans aucun doute tout entier de l'imagination du compilateur latin. Un poème perdu dont on a conservé une rédaction en prose fait d'Ernaud de Beaulande un duc d'Aquitaine, donc tout naturellement le vainqueur et le successeur de Hunaud, dépouillé en 768, près duquel se placent logiquement deux traîtres classiques, Fouchard et Fromond. Il épouse Frégonde, fille du roi Florent : c'est toujours ce malheureux roi Flore, notre Clovis défiguré, que les trouvères ne se lassent pas de représenter comme le beau-père de nos héros. Le mariage d'Ernaud de Gironde et de Béatris dans les *Narbonnois* est quelque chose d'aussi peu épique que celui de son frère Bernard de Brusbant. Dans les *Enfances Ogier* (1), il y a un Ernaud qui se distingue près du jeune roi Charles, la plus ancienne version l'appelle Ernaud de Gironde, la plus récente Ernaud

---

(1) Dans la rédaction en prose des *Enfances Guillaume* (Bibl. nat. ms. fr. 796, f° 63), ce n'est pas avec Bernard, comme dans le poème, mais avec Ernaud que Guillaume a une violente altercation. Y a-t-il là un souvenir de la mésintelligence originelle des deux personnages.

de Clarvent. On retrouve Ernaud de Beaulande dans *Girard de Viane*, dans *Anséis* et dans *Gaufrei* (v. 158 et suiv.), puis Ernaud de Maugenson, ennemi de *Girard de Viane* (p. 109), Ernaud de Senlis, un des fidèles du roi dans le *Mainet* allemand. Dans Hernaut d'Agenois de *Gui de Nanteuil*, dans Hernaut de Moncler de *Maugis*, je lis Hernaud ou Bernard, deux rebelles d'Aquitaine dans l'histoire comme dans la légende, et je n'attache aucune importance à ce fait qu'*Ogier* appelle Ernaud un de ses généraux lombards, ou que les *Lorrains* (p. 164 et suiv.) appellent Ernaud le fils imaginaire de Begon, prince méridional àleurs yeux. (2)

---

(1) Version ancienne, laisses 29 et 32 ; version remaniée, v. 1273.

(2) Outre les allusions à Ernaud de Beaulande de *Doon de Maience*, v. 8746, etc., *Doon de Nanteuil*, v. 72, *Esclarmonde*, v. 5378, voir *Anséis*, v. 4514, Ernaud l'Avalois, *Otinel*, v. 1451, E. l'Aleman, *Aimeri*, v. 1546 et 2780, E. de Mez, les *Saisnes*, laisses 22 A et 112, *Gaidon*, v. 1091 et 5078, *Auberi* éd. Tobler p. 153, *Galien* p. 125. *Gaufrei* donne par distraction, v. 114, le nom d'Ernaud de Gironde à un fils de Doon qui en réalité, comme on le voit par la suite, s'appelle Renier. Enfin *Partenopeus*, v. 7350, appelle un de ses personnages Ernaus ou Gernars de Crête. Dans l'Ernaud de Pontif du *roi Louis*, on peut supposer une mauvaise lecture pour Erluin de Pontieu, mort en 945, mais on peut croire aussi que le véritable héros est l'Ernaud épique, auquel le nom de Pontieu est venu se joindre par suite de la ressemblance des noms d'Ernaud et d'Erluin. Adde E. de Vermandois, *Auberi*, f° 68, E. de Valence, *Bovon d'Aigremont* (ms. de Péterhouse).

Ernoul n'est généralement qu'une mauvaise graphie pour Ernaud. Il y a cependant dans *Partenopeus*, v. 1742, un Ernol, dans *Doon de Maience* un Ernoulin, v. 486. Ernoul est le frère de Baudoin de Beauvais dans les *Chétifs*, le père de *Baudoin de Sebourc* : il y a là

III

Le Garin historique s'est signalé à l'attention des poètes en amenant avec Tibaud en 840 au roi Charles le Chauve les contingents de la vallée du Rhône. Il en est resté beaucoup dans Garin le lorrain, qui est royaliste et lotharingien, très peu dans Garin de Montglane et Garin d'Anséune, qui portent le nom de seigneuries situées dans la vallée du Rhône, l'une, Montglane, étant l'antique Glanum, aujourd'hui S. Remi (dépt des Bouches-du-Rhône), l'autre devant être identifiée avec la terre d'Ancezune dont la famille provençale des ducs de Caderousse portait le nom (1). C'est là que

---

sans doute un souvenir des Baudoin et des Ernoul de Flandre (Ernoul I, père de Baudoin III ; Ernoul II, père de Baudoin IV ; Ernoul et Baudoin, fils de Baudoin VI). La saga de *Charles* cite (I, 37) Baudoin et Ernoul, neveux du roi, Ernoul fils Girard de Defa, Ernoul et Lobier, fils du comte de Los. *Huon Capet* mentionne, v. 521, l'abbaye de S. Ernoul. Ajoutez encore *Huon Capet*, v. 3922 (Iernoul).

(1) Il ne faut pas oublier que les scribes écrivent souvent Garin pour Garnier, et Gérin pour Gérard, et réciproquement. Aux Garin cités dans le texte, il faut ajouter : Garin, roi d'Aragon et père de Florent, *Esclarmonde*, v. 3749 ; Garinet l'écuyer, *Anséis*, v. 4498, *Fierabras*, v. 208 ; Garin, pseudonyme d'Olivier, *Fierabras*, v. 438 ; le médecin Garin, *Gaidon*, v. 1825, le prévôt Garin Bonefoi, *Aie*, v. 2440, 2445, le charbonnier Garin Brun, *Girard de Roussillon*, par. 536 ; le valet Garin, *Aioul*, v. 2154, Guérin de Blois, *Anséis* v. 4514, Garin de Narbonne, *Moniage Guillaume* f°. 274, Garin de S. Omer, *Otinel* v. 1611, *Huon de Bordeaux*, v. 2565 ; Garin de Montsaor, Montessor, Montensor et Moienflour, *Roncevaux*, laisse 341 ; Garin

Turpin, le *Pélerinage*, *Roland*, *Otinel*, le *Couronnement de Louis*, ont été prendre leur Gelin ou Gérin, l'un des douze pairs, là que le chroniqueur Mousket, la *Prise de Rome* et *Fierabras* ont été prendre leur défenseur de Rome, châtelain du château Croissant ou château S. Ange, né tantôt en France, tantôt à Pavie, et transformé en seigneur de Plaisance et d'Ivrée ; le Garin historique qui après avoir combattu en 830 pour Pépin I d'Aquitaine combattit en 842 contre son fils Pépin II est le Garin transfuge de la cause de Pépin dont parle *Girard de Viane* (p. 22). Il est devenu le père de deux barons du Rhône, de Girard en tant que Garin de Montglane, de Vivien en tant que Garin d'Anséune. Quand on a fait de Begon son frère, on a tout naturellement donné à l'un des fils de celui-ci le nom de

---

de la Gastine, *Aliscans*, v. 2747 ; Garin d'Aubefort, *Fierabras*, v. 5795 ; Gérin d'Auçois, *Raoul*, v. 785 ; Garin d'Auvergne, *Roncevaux*, laisse 338, Garin d'Anis, d'Angau ou de Langres, *Anséis*, v. 2554, 5254 ; Garin ou Gérin, *Aiol*, v. 4747, *Raoul*, v. 753, *Girbert*, v. 476, *Auberi* f°. 77, le chambellan Gérin, *Huon Capet*, p. 62 ; le bâtard Gérin, id. v. 6073.

Sur Garin de Montglane, outre le poème qui porte ce nom et *Girard de Viane*, cf. *Doon de Maience*, v. 6 etc., *Gaufrei*, v. 143, etc., *Richard le beau*, v. 3881, *Huon Capet*, v. 2873.

Sur Garin d'Anséune, *Enfances Vivien*, v. 6 etc. ; *Elie*, v. 2496, etc. ; *Aie*, v. 1803 ; *Couronnement de Louis*, v. 823 a et b ; *Siège de Barbastre*, f°. 113, etc. ; *Bovon de Comarcis*, v. 684, etc. ; *Mort Aimeri*, v. 542, etc. ; *Prise de Cordres*, v. 174, etc. : *Huon Capet*, p. 42.

Le Guarin de Rome du *Couronnement de Louis* (v. 1619, encore un italien), est interpolé.

Notre Garin historique fut le père d'Isenbard, mais le chroniqueur Mousket a seul gardé le souvenir de ce fait. Le *roi Louis*, qui a d'ailleurs transformé Isenbard en allié des pirates, le dit fils de Bernard.

Gérin. *Elie* (v. 41) l'a fait gendre de Julien et seigneur de Piereplate, lisez Pierelate sur le Rhône. *Ogier* (p. 141) en a fait un lombard, comme la *Prise de Rome*, seigneur de Plaisance, et père de Benoit, l'écuyer d'Ogier ; *Huon de Bordeaux*, qui l'appelle Garin de S. Omer, le fait de même garde du port de Brindes. Du Rhône on le transporta sur la Garonne : Garin de Pierrelate (ou de Pierrelée, comme disent *Foucon* f° 16 et *Gaidon* v. 2972) devint dans *Elie* Garin de Blaie et par suite d'une confusion fréquente entre Blaie et Blois Garin de Blois.

Son association à Girard fit oublier que c'était essentiellement un royaliste ; on le plaça donc parmi les ennemis du jeune Charles Mainet dans les *Reali*, on alla même jusqu'à le substituer à Rainfroi comme chef des conspirateurs (*Elie*, v. 1980 ; *Godefroi*, v. 1591 ; *Renaud*). *Aioul* s'en est sans doute inspiré pour son prétendu rebelle Garin de Monloon (dont *Aimeri* v. 1541. etc., a recueilli le nom), frère du rebelle Oedon (v. 8395, 8410). Dans *Gaidon* nous trouvons dans le camp rebelle Garin de Pierrelée (v. 2972), dans le camp royaliste Garin de Chartres (v. 5914) et Garin le fils Gondrée (v. 6918). Gaufrei de Monmouth a recueilli ce nom et fait de Gérin de Chartres le chef des douze pairs de France qui participent aux victoires d'Artus. De même Gérin du Mans assiste *Ille* (v. 5893) contre Hoël de Nantes. *Aie* (v. 1844) met très exactement Garin de Macon et son fils Renier dans le même camp que Tibaud : ce qui est inexact, c'est de les avoir associés au rebelle Garnier. Dans *Girard de Roussillon*, Garin d'Escarabele (par. 230, 437, 452, 453) et le Garin qui tue Guintran (par. 146) sont des royalistes, et le rebelle Garin d'Aix (par. 343) paraît interpolé. Les *Saisnes* font mourir Garin d'Anséune (laisse 187), Garin de Pierrebrune ; ils mentionnent Garin le lorrain (laisse 238), puis un Garin de Coartois ou Toartois qui est représenté comme le frère de Gondebuef ou Sorbuef (laisses 33, 78 et 182). Ce dernier est d'ailleurs appelé une fois Garin le pouhier, et ce personnage reparaît (laisses 4 et 97) avec les noms de Bavière, Lancele et Sansuele dans la prétendue histoire des rois mérovingiens. Il est, après Jofroi de Paris, roi élu de France qu'il défend contre l'envahisseur saxon, et Anséis, père de Pépin, est son fils batard. On les a transportés de quelques siècles en arrière, comme dans *Charles le Chauve* on oppose au roi étranger Guillaume de Montfort, Amauri de Bretagne et Goubaud de Lausanne, tous personnages du cycle carlingien.

Je reviens maintenant aux trois principaux Garin de notre épopée. Garin d'Anséune n'a guère d'autre fonction que d'être le père de Vivien : il ne paraît dans l'épopée que pour être pris ou tué. Des versions différentes de sa captivité se rencontrent dans les *Enfances Vivien*, le *Covenant Vivien*, Aie, le *Siège de Barbastre*, les *Nerbonesi*, les romances espagnols, et sa mort n'est pas plus racontée d'une manière identique dans les *Saisnes*, la *Mort Aimeri*, *Huon Capet*, les *Nerbonesi*. On le marie tantôt en Bavière, tantôt en Lombardie, et ni les *Enfances Guillaume* ni les *Narbonnois* ne le comprennent parmi les quatre frères qui se rendent à la cour. On voit par là combien il est étranger à ce que font les membres de sa prétendue famille.

A part l'allusion dont j'ai parlé à son rôle vis-à-vis des deux Pépins d'Aquitaine, le personnage de Garin de Montglane n'est pas plus historique, et le roman qui porte son nom est une œuvre de pure imagination. Le trouvère ne sait même pas que Montglane est en Provence et il la place en Aquitaine. Le principal adversaire de Garin est un Gaufroi, calqué sur le père d'Ogier, c'est-à-dire sur Godfrid de Danemark (mort en 810) : le neveu de Gaufroi, Gaumadras, porte un nom forgé sur celui du sarrasin Maudras. Les noms qu'il donne aux amis de son héros, Bérard de Valcomblée (f° 43), Bernard de Mauregard (f° 50), Guillaume (f° 59),

Pierre d'Agimard (f° 42), Giroard (peut-être Giboard, f° 78), Perdigon (f° 64), Robastre (f° 42) et son père Malabron sont pris dans l'onomastique courante ou inventés par lui, comme ses héroïnes Flandrine ou Florinde, Mabile, Plaisance ; il ne s'est pas mis en peine de n'associer à Garin que de véritables royalistes, pas plus qu'il n'a composé de vrais rebelles le camp de ses adversaires où Robart (f° 56), Sorbaré (frère de Gaufroi et père de Gaumadras, f° 83), Harré (lis. Barré, f° 14), Turvicant (lis. Cornicant, f° 87), Hurard (lisez Evrard, f° 11), Rigaud (f° 25) nous sont déjà connus, où Huon d'Auvergne (le fiancé de Mabile, f° 35), Anciaume (f° 75), Gautier de Pierre aigüe (f° 46), Girard de Beaufort (f° 50), Ernaud (f° 25), Hugues d'Agen (f° 46) et le bourreau Richier (f° 78) n'ont la plupart aucune signification, où Caupelé (f° 109) a sans doute été inventé par lui. Il n'a pas fait de plus grands frais d'imagination lorsqu'il a dénommé Aimeri le père de son héros.

Le trouvère qui nous a laissé un remaniement de cette œuvre, quoiqu'il ait plus logiquement fait combattre Milon d'Aiglent et Jofroi l'angevin (f° 98) contre Huon d'Auvergne et Guion de Limoges, rebelles par leurs noms et méridionaux par leurs domaines, ce qui est doublement logique dans sa pensée où le royaliste Garin conquiert l'Aquitaine, ne s'est pas non plus mis très en frais pour dénommer ses personnages. Le père de Garin est ici Savari (f° 1), un de ses frères porte le même nom que lui, légèrement transformé en celui de Gérin, l'autre s'appelle Antiaume (f° 1) et est censé le père du roi Yon (f° 63) ; or Antoine ou Anteaume est l'ancêtre et le protecteur classique des gens du midi. Le beau-père de Savari est le lorrain Tiéri reculé plus à l'est encore que dans *Garin le lorrain* et transformé en roi de Lombardie (f° 1) ; le bon chevalier Alexandre (f° 5), le bon précepteur Aleaume (f° 23), le traître sénéchal Gaudin (f° 12), le chevalier Galeran, désarçonné par Garin dans un tournoi, le ménestrel Rogier (f° 110) sont des noms à la portée de tous les trouvères ; le sarrasin Narquillus (f° 46) et le traître Archillus (f° 75), comme l'Archillant du *Guillaume en prose*, ont été forgés sur Aquin et Aquilant, le traître Driamadant (f° 72) sur le Triamodes d'*Aspremont*, le comte Jonas de Monserant (f° 206) est un nom biblique qui s'applique aussi bien aux chrétiens mal famés qu'aux sarrasins ; et le bourreau Grignart (f° 199), comme le traître Manion (f° 206) sont de pure invention.

Si je dis que *Garin le lorrrain* est un poème historique, là encore il ne faut pas exagérer. Non seulement en effet ce caractère ne saurait être étendu aux autres poèmes de la geste, *Hervi, Girbert, Anséis, Yon*, mais dans *Garin* lui-même (je suis la division de P. Pàris) l'introduction n'est que le développement d'un récit annalistique sur l'invasion des Vandres ou Vandales en 406, où figurent des saints de cette époque, les évêques Loup, de Troyes, Nicaise, de Reims, Mémie, de Châlons (appelé à tort de Reims), ou d'un âge antérieur, comme S. Maurice, martyrisé à la fin du III° siècle, terminé par un essai d'explication des causes qui enlevèrent Metz à la couronne de France, le roi de ce pays ayant refusé de défendre son vassal contre une invasion de l'ennemi. Le livre VII qui raconte la mort de Garin est une invention de jongleur, comme le livre II, poème géographique où l'intérêt consiste dans la lutte des barons de la France propre, alliés aux Aquitains, contre les Gascons, les Neustriens, les Bourguignons et les Lorrains (entendus au sens d'habitants du royaume lotharingien), autour de Cambrai et de S. Quentin. Les autres parties ont été singulièrement allongées et déformées par cette conception, et il faut en tenir grand compte, si l'on veut reconstituer le poème primitif.

Celui-ci racontait la mort de Begon, tué en 843 sur les rives de la Loire par les gens du comte Lambert. On lui donna pour père Hervi, tué l'année suivante dans les mêmes conditions ; pour beau-père Milon, comte-évêque de Nantes, transféré à Blaie parce que le théâtre des évènements passait de la Loire à la Garonne, et la résidence de Begon de Bouguenais à Belin ; pour frère Garin qui en 840 et 841 soutenait la même cause dans l'est de la France, et qui fut par conséquent considéré comme le gendre de Tiéri, le grand seigneur épique de la Lotharingie, généralement ardenois, ici roi d'Arles ou de Bourgogne ; pour alliés Tibaud (d'Aspremont), compagnon de Garin dans ses campagnes de 840-841, Achard, le vaincu de 844, Auberi, l'ennemi légendaire de Lambert, Ernéis, le père poétique du royaliste Sanson. Si on a donné à Garin pour fils Gilbert de Lorraine (mort en 939), sous le nom de Girbert de Metz, c'est que l'on confondait la grande Lorraine de Lothaire I avec la Lorraine déjà plus petite de Lothaire II, et c'est pure fantaisie d'avoir appelé Ernaud et Gérin les fils de Begon.

Dans l'autre camp furent placés : Hardré, qui n'avait rien à voir en cette affaire, mais qui était mal famé pour avoir tramé en 785 une conspiration contre le roi Charles, conspiration qui avait fait l'objet de récits épiques dont le chroniqueur Aubri nous a conservé l'écho et qui déjà dans *Amis et Amile* était l'ennemi du royaliste Milon ; Aimon de Bordeaux, son frère dans le poème, son fils dans la chronique, personnage mythologique ; Guillaume de Monclin, son fils ou son beau-fils, subdivisé par le poème en trois frères: Guillaume de Monclin, de Blancafort et de Poitiers, qui représente Guillaume, fils de Bernard de Septimanie, lequel a pris lui-même le nom de Bernard de Naisil, frère de Hardré ; Fromond enfin, son fils, subdivisé dans la chronique et dans le poème en Fromond de Boulogne et Fromond de Lens ou de Bordeaux, père de Fromondin, oncle par son frère Guillaume d'un autre Fromond. Quelle est la réalité historique de ce dernier personnage ?

Il doit évidemment l'un de ses titres féodaux à quelque Fromond, comte de Sens (le dernier mourut en 1002), la confusion entre Lens et Sens étant assez facile, mais il est douteux que ce personnage ait été le prototype du nôtre. On pourrait le croire, comme Frohard, Flohier, Flohot, calqué sur Florent. Le nom a été porté par un puissant seigneur breton, qui bâtit et appela de son nom un fort château en la paroisse de S. Herblon près Ancenis, datant au plus tard du XI° siècle. Est-ce lui qui, pour les raisons qui ont fait de Garsire de Retz le Marsile adversaire de Roland, a pénétré dans l'épopée, est-ce un de ses prédécesseurs ? Je penche secrètement vers cette hypothèse, mais j'avoue que je n'ai rien pour l'appuyer.

Ce qui est certain, c'est que l'auteur des *Lorrains* n'a pas emprunté son Fromond à d'autres récits. Le traître Fromond de *Jourdain de Blaie*, celui des *Sept Sages* (p. 52), de *Bovon de Hanstonne* (ms. fr. 22516 f° 2, et ms fr. 12.548 f° 125), le traître Fromond du Gautfeuillu de *Gaidon* (v. 6853), le vague allié de *Raoul* (v. 2495), le vague bordelais associé à Gaifer dans *Ogier* (laisses 3 et 9) ont été pris dans notre geste. Le Fromond de Troies d'*Otinel* (v. 1612, 1867) nous intéresse davantage, son surnom de Droies ou Troies étant fréquemment appliqué à des héros de la marche franco bretonne (1).

Tibaud du Plessis, que je lis Soibaud du Plessis, car celui-ci est un hérupé, tandis que l'autre est un royaliste, Arduin, fils de Hardré, Bouchard frère d'Aimon (p. 36, 37, 41, 229), sont sans doute des personnages historiques du IX° siècle. Lancelin de Verdun est le rebelle breton Lambert, et Henri de Grandpré le rebelle Herric. Le remanieur, croyant devoir mettre, par combinaison géographique, tous les Neustriens

---

(1) Est-ce sur Fromond, est-ce sur Guimer qu'ont été forgés le bon marinier Fromer de *Gaufrei* (vv. 6297 et suiv.), et le traître fils du duc Fromer de *Gaidon* (v. 7037).

dans le camp royaliste, y a mis Garnier qu'il appelle de Dreux ou de Paris, Huon qu'il appelle de Troies ou du Mans, et le roi breton Salomon mort en 874 ; en même temps leur mauvaise réputation ou leur situation géographique lui faisait placer dans le camp des rebelles, qui pour lui sont des traîtres, avec les légendaires et peut-être fabuleux Isoré et Macaire, les royalistes Alori, Amauri (d'Amiens), Hervi (de Lyon).

La grande préoccupation du poète qui transforma la guerre des personnes en une lutte de provinces, fut d'y introduire des seigneurs territoriaux qui eussent réellement existé. Il plaça ainsi en Neustrie Hoël de Nantes (960-981), Jofroi d'Anjou (958-987), Richard de Normandie (943-996), et rattacha Ernéis à la famille seigneuriale de Pithiviers en le faisant frère de l'évêque Odolricus d'Orléans et fils de la dame Héloïs qui vivait à la fin du Xe siècle ; en France Baudoin de Flandre (879-917), Herbert de Roie († 943), Drogon d'Amiens († 1035), Odon de S. Quentin († 1045), Clarenbaud de Vendeuil et Aleaume (lisez Anseaume) de Ribemont, croisés en 1096, Huon de Rethel († 1097), Thomas de Marle († 1130), Robert de Boves († 1108), Engeran de Couci († 1116), Huon de Gournai († 1180) ; en Aquitaine Aimeri de Thouars et Savari de Mauléon ; en Bourgogne Guichard de Beaujeu † 1139 ; en Lorraine Henri de Bar † 1191. Disons toutefois que pour Savari et surtout pour Guichard le rebelle et le royaliste épiques préexistaient peut-être et qu'il y a eu un Guichard dans le poème avant qu'on eût l'idée de l'identifier à Guichard de Beaujeu, comme il y eu un Guillaume avant qu'on le dénommât Guillaume de Poitiers. D'autres paraissent des noms de fantaisie ; l'auteur voulait qu'il y eut parmi ses Français des seigneurs d'Artois, de Montdidier, de Nesle, de Beauvais, de Clermont, parmi ses Lorrains des sires de Cambrai, de Liège, de Hainau ; il leur a donné, sans beaucoup se préoccuper de l'exactitude historique, ou du moins sans que l'on retrouve trace des personnages qui ont pu lui servir de modèles, les noms de Pierre, Garnier, Anseaume ou Bérengier, Tiéri, Huon, Rogier, Huon, Girard, Gautier(1).

Il reste une dernière catégorie de noms propres : ceux donnés aux demi-roturiers qui forment la famille bâtarde des héros. Les uns sont de pure imagination, plutôt mal famés, d'allures mythologiques, comme Mauvoisin et son père Doon, Guirré et son père Fouchier. Le plus important, Rigaud, fils du royaliste Hervi, auquel on a eu tort cependant de donner pour frères les bretons Garnier et Moran, fut sans doute un royaliste, car *Gaidon* (v. 5119, 5260, 5613, 5644, 5798, 5948, 6034, 6855, 7577) en fait également un ennemi des rebelles, et on ne peut dire que c'est parce qu'il avait mauvaise posture dans notre épopée, le messager Rigaud de *Girard de Roussillon* (par. 138), le traître de *Garin de Montglane* (f° 25), le Rigal d'*Anséis* (v. 10.431) et le Rigal de *Galeran de Bretagne* étant absolument dépourvus de signification.

Quelques lignes me suffiront pour achever la très courte biographie épique de Begon. La saga de *Charlemagne* remplace par ce nom le Bovon tué dans *Roland* (v. 1891), et au rebours le poète français appelle Begon (v. 1818) le chef cuisinier que la saga appelle Bovon, et qui n'a pas plus de valeur épique que le fils prétendu du marchand Fiacre dans le *Charroi de Nîmes* (v. 1112), ou le bourgeois Begon Bigal de *Girard de Roussillon* (par. 556). Si le Begon, fils de Bazin et père de Bertran, du même poème (par. 352

---

(1) C'est l'Auberi épique qui a entraîné Basin et Ouri d'Alemagne, quant à Joceran ou Jocelin, sa physionomie est douteuse, mais c'est incontestablement un héros épique.

Ogier est le seul qui ait emprunté aux *Lorrains* certains personnages : Henri de Grandpré, Herbert de Roie, Odon de St-Quentin, Lancelin de Verdun, Pierre d'Artois.

et suiv. et 551 et suiv.) n'est pas imaginaire, c'est peut-être une variante de Bovon, peut-être aussi vient-il là parce qu'on range les Lorrains du côté de Girard. Il ne reste donc que le Begon dont j'ai parlé, adversaire tout naturel du roi Yon, qui devient, par la fusion de la légende du roi d'Aquitaine avec celle du royaliste Renaud, un roi sarrasin de Toulouse, se mesurant contre la vérité historique avec son prédécesseur au comté de Nantes. Ajoutons que *Turpin* le fait mourir avec Auberi, Garin, Lambert et tant d'autres sur le champ de bataille de Roncevaux.

IV

Le plus connu des petits-fils d'Aimeri est Vivien. Il est fils du duc Garin, et d'une fille du duc Naimon. Or celui-ci a tué jadis le père et l'oncle du roi sarrasin Marados, nommés Canard et Cador. Garin étant tombé aux mains de Marados, celui-ci, qui veut venger la mort des siens sur la postérité de Naimon, ne relâche son prisonnier qu'à condition de lui livrer en échange son fils Vivien ; mais, au moment où il s'apprête à le tuer, il est attaqué par son voisin Gormon, dont un soldat fait main basse sur le petit baron chrétien et le vend à la femme du marchand Godefroi. Vainement ces bonnes gens essaient-ils de faire un commerçant de leur enfant adoptif ; le sang chevaleresque se révolte, Vivien préfère les coups aux profits, et la caravane dont il faisait partie ayant eu querelle avec Marados, il le tue, s'empare de sa ville de Luiserne, s'y défend contre Gormon, fait appel au roi Louis, et, après la fin tragique du mauvais conseiller Elias, tué par Bertran, finit par obtenir le secours de l'armée française qui fait lever aux ennemis le siège de la place. Plus tard, ayant voulu tenir tête à l'armée de l'émir Desramé aux Arcans, c'est-à-dire dans la Crau, il est repoussé jusqu'aux Aliscans, aux portes d'Arles, et tué par Aucebier.

Telle est la biographie de Vivien d'Anséune, et je suis convaincu que c'est à quelque récit analogue à la défense de Luiserne ou du château des Arcans que fait allusion le v. 3996 du *Roland*, sur le secours que réclame du roi Charles le roi Vivien assiégé dans Imphe, Vivien portant ici, comme Guibert, le titre royal, par allusion à ses conquêtes en Espagne. Sur son histoire les trouvères du cycle de Doon ont calqué l'histoire de Vivien d'Aigremont, fils de Bovon et petit-fils de Doon, enlevé tout jeune à ses parents par les Sarrasins, d'abord musulman et combattant contre les siens, puis converti, assiégé par les infidèles dans la ville de Monbran qu'il a rangée à la loi du Christ, et, malgré la mauvaise volonté du roi, enfin délivré par les siens.

Ajoutons que la première rédaction de ce poème, telle qu'on peut l'établir en les comparant toutes entre elles, ne connaît d'autres personnages que Guillaume, Bernard et Bertran, et fait résider le premier à Paris et non à Orange. Quand elle fut composée, le travail cyclique était donc relativement peu avancé.

Vivien qui est au moins antérieur de trois cents ans au VIII° siècle où on le fait vivre, est un personnage étranger au monde épique ; les personnages qui suivent, Bertran, Guichard, Estormi, Savari, Sohier, sont inconnus à l'histoire; ils ont dû cependant exister ; mais leur physionomie reste toujours quelque peu imprécise, car nous savons déjà par expérience que les confusions ont été nombreuses dans le domaine que nous étudions. (1)

Bertran a été introduit dans l'épopée, peut-être même créé de toutes pièces par l'auteur d'*Ogier*, qui en fait le fils de Naimon, et il a passé de là dans *Gaidon*, dans *Doon de*

---

(1) On trouve un Vivien fils Isengrin dans *Girbert*, v. 132 ; *Gaufrei*, v. 94, connaît Vivien d'Aigremont. Les allusions à Vivien d'Aliscans sont nombreuses : v. g. *Godefroi* v. 1695.

Nanteuil, et sous la forme erronée fils de Rambaud dans l'*Aspremont* italien où il joue un rôle défavorable (1). Il est devenu neveu de Guillaume, et il est bien rare qu'il ne figure pas aux côtés du héros. On le trouve à Nîmes, à Orange, à Barbastre, à Cordres, dans *Elie*, dans le *Pélerinage*, etc. Parfois même, il est le seul des nombreux neveux qui soit présent. Le *Moniage Guillaume*, le *Moniage Renoart* et l'une des versions du guet-apens de Lyons dans le *Couronnement* sont seules à l'avoir omis (2).

Une fois le nom de Bertran introduit dans l'épopée, on s'en sert pour créer divers personnages de minime importance (*Aie*, v. 65, *Anséis*, v. 4514 A et C, *Girard de Roussillon*, par. 551 et suiv., *Renaud*, laisse 17, les *Lorrains*, p. 23, *Richard le Beau*, v. 3276). (3)

Guichard, ou, comme on l'appelle parfois, Guielin, car je crois que ce dernier nom est le diminutif de l'autre, est tantôt le frère de Vivien, tantôt le frère de Bertran, tantôt celui de Girard. Il est, presque autant que Bertran, l'inséparable de Guillaume, toujours cependant en seconde ligne, parfois absent (*Bataille Loquifer*, *Moniage Guillaume*, *Moniage Renoart*, *Mort Aimeri*, *Enfances Vivien*, 1re rédaction du guet apens de Lyons dans le *Couronnement*), presque toujours inutile et faisant double emploi, à ce point que l'on ne sait trop si tel acte doit lui être imputé ou à l'un de ses frères.

---

(1) Son rôle dans *Ogier* est rappelé dans *Huon de Bordeaux*, v. 102 ; son rôle dans *Doon de Nanteuil* est rappelé dans *Gaufrei*, v. 4708.

(2) Voir en dehors du cycle, une allusion dans *Godefroi*, v. 1708.

(3) Le chevalier innommé qui fut de St-Florent (*Doon de Maience*, v. 6225), s'appelle Bertran dans le résumé de Jean des Preis. Il joue le rôle de Bertran de Léun d'*Aie*. Bertran le puillois est dans *Renaud* l'ennemi des rebelles. La saga de *Charlemagne* (I, 37) cite Bertran et Aimon de Bordeaux (cf. Bertran fils Naimon d'*Ogier*).

Lorsqu'il joue un rôle, c'est dans des poèmes de pure imagination, le *Siège de Barbastre*, le *Covenant Vivien*, *Foucon*. Sans doute il n'est pas restreint au cycle narbonnois, on le trouve dans *Aie* avec Alori parmi les neveux de Garnier, c'est un compagnon de Huon de Bordeaux dans le poème de ce nom, un compagnon d'un autre Hugon dans un vers interpolé d'*Elie*, v. 1477 ; c'est un royaliste dans *Ogier* et dans *Gaidon* (v. 1279, 5146), dans les *Lorrains* (p. 72) et *Girbert* (v. 467) qui l'appellent Guichard de Beaujeu, le confondant avec un personnage historique du XIIe siècle ; c'est au besoin un croisé, un étranger, un nom pris au hasard pour la rime (1).

Gautier figure près de Roland, qui lui donne mission de défendre les sommets des Pyrénées, neveu de Drogon, un incontestable héros aquitain, se mesurant avec le païen Amauri et rappelant avec fierté ses exploits contre Maëlgu. Dans tous les poèmes où il conserve une certaine figure (sauf *Doon de Maience*, v. 3555, qui a pris ce nom comme il en aurait pris un autre), il a l'allure d'un méridional, figure avec Droon, Fouqueré, Huon, Robert, et conserve ce surnom d'Aquitain jusque dans l'épopée germanique où il pénètre, ou tout au moins impose ce surnom à un héros préexistant du Ve siècle. Il est, dit *Gaufrei*, fils de Bérard et de la belle Fleurdépine, fille du païen Machabré. Il est, dit *Doon de Nanteuil*, fils de Bert'an, gendre de Charles, père de Nevelon, petit-fils du duc Naimon par son père et du roi Pépin par sa mère. Sous le nom de Gautier de Termes, il est cité dans *Turpin*. *Esclarmonde* en fait un chevalier bordelais (v. 263, etc.). Sous les noms de Gautier de Toulouse, de Gautier de Termes, de Gautier de Tudelle, de Gautier de

---

(1) *Anséis*, v. 3582, 6537, 6747 ; *Galien*, p. 279 ; *Auberi*, f° 69. C'est un frère de Renaud (cf. *Gaufrei*, v. 92). Dans *Charles le Chauve*, f° 34, il faut lire, je crois, Richard et non Guichard le normand.

Troies, parfois sous son diminutif Gaudin (1), il est de presque tous les récits du cycle narbonnois, en fidèle neveu de Guillaume, dans le *Charroi de Nîmes*, *Aliscans*, *Foucon*, le *Moniage Guillaume* (2), *Guibert*, le *Siège de Barbastre*, la *Prise de Cordres*. Parfois même (*Moniage Renoart*, version picarde du guet-apens de Lyons dans le *Couronnement*, *Mort Aimeri*), il est le seul neveu de Guillaume. Il n'est absent que de la *Prise d'Orange*, de la *bataille Loquifer* et du passage du *Couronnement* relatif à Ernéis. Mais la plupart du temps son rôle est nul : comme Guichard, c'est dans les œuvres créées de toutes pièces (*Foucon*, *Mort Aimeri*, *Siège de Barbastre*, *Bovon de Comarcis*, *Charroi de Nîmes*) qu'il paraît un peu sur le devant de la scène. Dans *Auberi*, un Gautier sauve la vie du héros et paraît à diverses reprises sous le nom de Gautier de Vimer ou de Viesmés, *Girard de Roussillon* connait dans le camp royaliste un important Gautier de Montrabei ou de Montcenis, par. 235 et seq., et l'on trouve dans le même camp un Gautier et son frère Huon, transformés en seigneurs de Hainau et de Cambrésis, dans *les Lorrains*, p. 19 et seq. (1).

Il y a eu en 778 un comte de Bourges du nom de Sturbius, et cela suffit pour expliquer Estourmi de Bourges, mais non pour indiquer si ce personnage est bien celui qui est devenu plus tard petit-fils d'Aimeri ; sa légende est fort maigre ; tout ce qu'on en sait, c'est que dans la deuxième rédaction des *Enfances Vivien*, v. 3595 et seq, il est rossé et dépouillé de ses armes par Bertran, que le même poème, v. 3805, fait allusion à la couardise qu'il montra aux Aliscans, et que le souvenir s'en retrouve sans doute dans le passage de *Foucon* (f°11) sur la poltronnerie de *Cil de Berri*. Aucun autre

---

(1) Gaudin est parfois un nom sarrasin, *Siège de Barbastre*, f° 144, *Elias*, v. 4817, *Mort Aimeri*, v. 2078, *Partenopeus*, v. 7809.

(2) Là il est probablement interpolé, f°. 274.

poème du cycle ne le connaît. *Turpin* le mentionne, mais sans nous apprendre autre chose que son nom. Les *Lorrains* le connaissent, c'est un rebelle, associé par eux à Guimar (p. 157), représenté comme le frère du traître Tibaud du Plessis (p. 166, 173, 242) ; c'est donc pour eux un personnage antipathique. *Gaidon* lui conserve son caractère, et pour cela le fait passer dans le camp royaliste, v. 2122 ; enfin certains manuscrits de *Roland* et *Foucon* lui-même en font un sarrasin.

Savari paraît un peu plus, pas beaucoup. La généalogie des descendants d'Aimeri que donne le poème de ce nom, l'a omis ; mais peut-être faut-il lire son nom au lieu de celui de Sohier du Plessis. Le *Charroi de Nîmes* et la *Prise d'Orange*, *Guibert*, *la Prise de Cordres*, *Aliscans* et la *Mort Aimeri* l'ignorent complètement. On ne le trouve que dans *le Siège de Barbastre*, *Bovon de Comarcis*, et dans certains manuscrits de l'épisode d'Acelin du *Couronnement*. Il est l'objet d'une mention dans *Foucon* (l° 17). D'autres poèmes le rattachent à la famille d'Aimeri, mais tantôt comme son bisaïeul (2ᵉ rédaction de *Garin de Montglane*), tantôt comme son cousin-germain, fils de Milon de Pouille (*Galien*, p. 258), ou de Girard de Viane (p. 43, *Galien*, p. 193). Dans le cycle narbonnois il porte le surnom de Toulouse, et figure comme tel dans *Bovon d'Aigremont*. *Gaidon* en fait un royaliste de naissance (v. 4291), qui abandonne le parti soutenu par son

---

(1) Le *Gautier*, neveu de *Raoul*, emprunte probablement son nom au Gautier épique, son titre à Gautier, châtelain de Cambrai de 995 à 1045, car la partie du récit qui le mentionne ne me paraît pas primitive. La saga de *Charlemagne* (I. 37) cite Huon et Gautier son frère, tous deux fils de Gautier de Termes, puis Gautier, (Vazer) fils de Jofroi de Corlin ou Torlin. Gautier de Mans figure dans le *roi Louis* (v. 10). Hervé est le beau-frère de Gaudin (*Les Lorrains*, p. 19).

père pour sauver le neveu du héros, dans des circonstances qui rappellent l'aide prêtée à Auberi par Gautier, et à Aioul par Anteaume ; mais il y a dans le même poème d'autres Savari royalistes (v. 4291, 4393) et comme tels antipathiques. Les *Saisnes* en parlent, l'envoient en ambassade avec Lambert, le font tuer par Caloré le saxon. Les *Lorrains* qui connaissent des Savari dans les deux camps (p. 61, 109, 126, 207, 315), comme *Aimeri de Narbonne* qui en fait tantôt un Allemand rival du héros pour la main d'Ermenjart (v. 1619 et seq.) (1), tantôt un baron chrétien (v. 1031, 1517, 4202), ne sauraient nous éclairer : ce dernier roman, en lui donnant sous ses deux aspects différents Moran pour frère, atteste à la fois l'identité originelle des deux personnages contradictoires et l'identité probable de Savari et de Sohier du Plessis, frère de Moran d'après les v. 4655, 4656 ; l'autre, parlant de Savari de Mauléon, nous fournit un nouvel exemple d'un héros ancien auquel on fait endosser l'habit d'un personnage récent. Sa nationalité méridionale en fait tout naturellement un chevalier de *Beton*, un portier de Montglane (*Gaufrei*, v. 1356), un neveu de Bernier rattaché aux gestes du midi (*Raoul*, v. 6586, etc.), un compagnon de Droon (id. v. 787), un fils du gascon Engelier dans *Gui de Bourgogne*, compagnon du jeune roi Gui. C'est dans le cycle du midi que l'auteur de la *Prise de Rome* a été le chercher pour en faire un de ses héros, un lombard, comme *Ogier* avait pris

---

(1) C'est là que *Huon Capet* a été chercher, v. 502, etc., son méchant comte de Champagne qui dispute au héros la main de Marie, fille du roi Louis. Cf. encore dans ce poème, v. 1872, Savari, comte de la Roche, dans *Auberi*, éd. Tobler, p. 140, un Savari d'Alemagne, dans *Doon de Maience*, v. 1780, un Savari, frère de Doon et de Girard.

Bovon de Comarcis l'appelle Navari de Toulouse, v. 166, 369, et lui donne un frère, Renier.

dans la famille d'Aimeri ses lombards Aimer et Ernaud, pour le poser en présence de Garin, un autre nom des Narbonnois, comme le type de la bravoure irréfléchie opposée au courage calme (v. 538 et seq.), gardien de la tour de Néron, c'est-à-dire des quartiers de la rive gauche du Tibre dont Garin, du haut du château S. Ange, surveille l'autre bord, demi-italien, demi-germain, et cousin-germain, comme il le serait dans la généalogie du chroniqueur Aubri, du duc Richard de Normandie.

Voici enfin Sohier ou Soef du Plessis ou Plantis, parfois appelé Floire, par une faute évidente du copiste : dans *Aimeri*, dans les manuscrits du *Couronnement* qui le mentionnent, dans *Guibert d'Andrenas*, ce n'est qu'un nom ; *Gaidon* (v. 2315), se borne à lui donner les traits d'un royaliste ; et même en y ajoutant deci delà quelques Lohier (1), on n'arriverait jamais à présenter l'image d'une individualité assez importante pour mériter de longues recherches (2).

Je laisse de côté Bovon, Drogon, Foucon, Gilbert, Girard, Huon, Moran, Richier, Guibert, Malard, Engelier et Sanson, que je retrouverai plus loin à leur véritable place, et j'arrive aux adversaires, Sarrasins authentiques ou prétendus, de la famille narbonnoise.

V

De même qu'il y a divers Guillaume dans le héros épique qui porte ce nom, il y a dans les poèmes différents groupes

---

(1) Ce sont, outre Lohier fils de Louis I (*Mort Aimeri*, v. 12 ; *Aïoul*, v. 9462, 10.040 ; le *roi Louis* allemand) et Lohier fils de Louis IV (*Raoul*, v. 6513), trois personnages insignifiants de *Raoul* (v. 752), d'*Aimeri* (v. 1509) et de la saga de *Charlemagne* (I, 37, Ernoul et son frère Lohier, fils du comte de Los ou Clos).

(2) Peut-être faut-il l'assimiler à Soibaud ou Tibaud du Plessis.

de musulmans. Il y a Tibaud, l'ennemi de Foucon ; il y a les personnages de la légende de Girard, amenés là parce qu'ils ont été localisés sur le Rhône, Clargis ou Clariel, Arpin, Guitran, Otran, Sinagon, Agramar ; il y a Borel, qui ayant été comte de Barcelone, est considéré comme le prédécesseur de Guillaume et a dû, aux yeux des trouvères, être dépouillé par lui, ou qui était considéré comme ayant eu des démêlés avec Ernaud ; il y a les sarrasins authentiques, Aucebier et Desramé, envahisseurs de la Gaule au VIIIe siècle, auteurs prétendus du martyre de Vivien, Mahomet le prophète sous la forme méridionale Baufumé ; il y a le vali sarrasin de Saragosse et de Huesca (778-790), Butor, dont il est tout naturel de faire l'ennemi de personnages qui ont guerroyé en Catalogne ou en Aragon ; il y a des pirates scandinaves, dont les Bretons ou les Aquitains ont gardé le souvenir, ou des divinités du panthéon celto-germanique, Aérofle, Aenré, Baudus et son père Aquin, Martamar, Danebus, et qui viennent, à titre de communs ennemis de nos ancêtres, se ranger fraternellement sous l'étendard de Mahomet. Ainsi se forme le contingent le plus bariolé qu'on puisse voir. Il s'agit maintenant de les reprendre un à un.

Desramé joue tout naturellement le principal rôle dans les poèmes sur Vivien, le *Covenant*, *Aliscans*, *Foucon*, la *Bataille Loquifer*, qui raconte comment il fut tué par Guillaume. De là il a passé dans des poèmes de pure imagination, comme *Aimeri*, les *Narbonnois*, les *Enfances Guillaume*, où l'on a supposé qu'il avait jadis possédé Narbonne et qu'avant d'aller débarquer à l'embouchure du Rhône, il essaya de reprendre son ancienne possession. C'est encore lui qu'a en vue le *Siège de Barbastre*, dans l'émir anonyme

---

(1) Parmi les allusions, v. *Anséis*, le trésor Desramé, v. 6171. Le Désréé d'*Aliscans* (v. 1340) n'est en réalité qu'une variante de Desramé, élevée au rang de personnage distinct.

d'Espagne ou de Cordoue qui, après avoir battu le roi Yon (allusion à la victoire d'Abdérame sur Odon d'Aquitaine à Bordeaux en 732), vient mettre le siège devant Narbonne, et c'est tout à fait à tort que la version en prose lui a donné le nom de Longis, qu'elle a emprunté aux légendes chrétiennes sur la Passion. Malatrie, qui deviendra dans ce dernier poème la femme de Girard, est sa fille.

Aucebier, qui prit Narbonne en 719 ou 720 et fut battu et tué à Toulouse par le roi Yon en 721, n'est pas moins naturellement représenté dans le *Siège de Barbastre* comme le roi païen auquel Charles enleva Narbonne pour la donner à Aimeri, et dans *Aliscans* comme le meurtrier de Vivien, vaincu et tué par le vengeur Renoard. Notre épopée a recueilli ce nom, et s'en est servi pour en décorer deci delà des Sarrasins voués à la mort par l'épée de tel ou tel baron chrétien (1).

Le personnage d'Aérofle ou Arofle est spécial à *Aliscans*, où il est tué par Guillaume, qui lui enlève son cheval Volatile, car c'est là que les *Enfances Guillaume*, poème de pure imagination, ont pris ce personnage. Plutôt qu'un sarrasin, j'y verrais un scandinave, peut-être un Ethelwulf, comme celui que le chroniqueur Odon de Marmoutiers fait tuer sous Paris par Jofroi d'Anjou (2).

Aenré est encore spécial à *Aliscans*, où il commande une

---

(1) *Raoul*, v. 6195 et seq., *Prise d'Orange*, v. 995, *Prise de Cordres*, v. 200, *Gui de Bourgogne*, v. 1977 ; allusions dans *Godefroi*, v. 4812, *Anseïs*, v. 1370, *Doon de Maïence* (écrit à tort Ansehier), v. 4299, 5860. V. encore le mont Aucebier, *Esclarmonde*, v. 3049.

(2) Chose curieuse, le *Covenant Vivien* l'ignore. Deux manuscrits seulement des *Enfances Vivien* le mentionnent dans un vers interpolé. *Foucon* connaît un Ronflant (f° 79) et un Aroflan (f° 99) ; *Maugis*, v. 2534, un Ronflant de Luiserne ou de Valterne ; les *Enfances Guillaume* (ms. 24. 369. f° 146) un Rolvan.

des échelles païennes (v. 4225). C'est encore un nom germanique, un Hagenrad ou Hagenran, car à côté d'Aenré on trouve parfois pour la rime Aenran, comme on rencontre ailleurs Fouqueré et Fouqueran (1).

Baudus et son père Aquin, qui commandent deux échelles sous Desramé, sont encore des Germains, introduits avec Aérofle et Aenré dans la tradition primitive qui ne connaissait sans doute qu'Aucebier et Desramé, mais ils sont beaucoup plus répandus dans l'épopée romane. La caractéristique de Baudus, dans *Aliscans* comme dans *Guibert* et la *Prise de Cordres*, est de se convertir au christianisme, après avoir été vaincu et pris par un héros chrétien. Les *Enfances Guillaume* ont emprunté Baudus fils d'Aquin (2) à *Aliscans*, comme elles lui ont emprunté Aérofle, et *Aïe* (v. 3221 et seq.) a pris Baudus au cycle narbonnois, comme Ernaud et Garin, pour en faire un roi sarrasin de Majorque, vassal et ennemi de Ganor, qui ravage les terres d'Aïe après la mort de son mari Garnier, fait prisonniers Alori et Guichard, ses neveux, et finit par être vaincu et tué par son suzerain, grâce à l'appui que prête à Ganor le jeune Gui de Nanteuil.

Quant à Aquin (3), dans lequel on a vu avec raison, je crois, le scandinave Ingco qui en 931 fit pour quelques années la conquête de la Bretagne tout entière, un poème spécial, qui porte son nom, a été consacré à son expulsion, et cela par un trouvère qui, s'il n'était pas Breton, était du

---

(1) V. 975 et 977 d'*Aliscans* il est certainement interpolé. Cf. Ahenri, *Aïoul*, v. 3303, Aorreis, *Prise de Cordres*, v. 976.

(2) *Foucon* connaît également ce personnage comme fils d'Aquin. V. *Covenant Vivien*, v. 823 ; *Galien*, p. 240. On l'appelle parfois Baudas ou Baudaire pour la rime. Le Baudas du *Siège de Barbastre*, f° 144, est-il Baudus ou Broadas ?

(3) Var. Aiquin, Anquin, Auquin, Aupin, Alkin.

moins fixé en Bretagne et écrivait pour des Bretons sur des traditions bretonnes. De plus Aquin n'est que la forme hypocoristique d'Aquilant, et ce personnage de fantaisie joue un grand rôle dans *Gui de Bourgogne*, où il est roi de la ville de Luiserne vainement assiégée par le roi Charles tant que l'armée des jeunes barons ne l'a pas rejoint, dans les *Enfances Guillaume*, où il est roi de Luiserne et conduit à Tibaud de la part d'Orable le fameux cheval Beaucent, dans la version en prose des *Enfances Vivien*, où il a remplacé Marados comme roi de Luiserne, dans *Maugis*, où il est roi de Majorque, époux d'une sœur de la duchesse d'Aigremont, Isave, qu'il a enlevée, père de Brandoine, ennemi du roi Galafre de Tolède, et, grâce au concours que Maugis prête à ce dernier, vaincu et tué par lui, dans le *Maugis* italien, où sous le nom d'Abilant, il élève le frère de Maugis, Vivien. Enfin, Aquilant n'est pas pour moi distinct d'Agoland, père de cet Eaumond sur lequel Roland dans *Aspremont* conquiert son épée Durendal, et sur la légende duquel *Turpin* a brodé de si curieuses variations (1).

Je lirais volontiers Martamar et je rapprocherais du nom

---

(1) Ajoutons : pour Aquin, *Anséis*, v. 2378 ; *Maugis*, v. 7137; *Siège de Barbastre*, f°. 113, f°. 154 ; *Doon de Maïence*, v. 9667, et des allusions dans *Elias*, v. 4252 ; *Godefroi*, v. 1589 ; pour Abilant, *Enfances Ogier*, v. 4827 ; *Aspremont* ; pour Agouland, *Aimeri*, v. 303, etc. ; *Moniage Renoart* ; *Anséis*, v. 940, 1248 ; *Elias*, v. 2594; *Gaufrei*, v. 1803, et des allusions dans *Godefroi*, v. 1095, 1709, *Gui de Nanteuil*, v. 2210 ; pour Aquilant, Aquilon ou Archillant, *Covenant Vivien*, v. 257, *Anséis*, v. 1060, etc., *Gaufrei*, v. 4656 (c'est une erreur pour Mauquidant), *Galien*, p. 125 et 240, *Prise d'Orange*, v. 1682 (Aguisan), *Siège de Barbastre*, f°. 111, f°. 147, *Guillaume de Palerne*, v. 6613. *Ciperis* parle de la lutte du roi Aquilant de Cypre contre le roi Philippe de Hongrie.

germanique Mortimer un autre personnage d'*Aliscans* dont le nom est écrit Matamars, Maustemars, Mathemars, Martamas, Martamaus, Mothoas (v. 974, 3550), et que l'on ne retrouve que dans le *Covenant Vivien* (v. 854) et dans les *Enfances Guillaume* qui l'ont évidemment emprunté à *Aliscans* (1). Il rentrerait alors dans la catégorie d'Aérofle et d'Aenré.

Un autre, Danebrun ou Danebus, est encore un Germain (v. 1069), il se retrouve dans le *Clovis* italien où il est battu par le héros sous les murs de Rome et dans *Roland* où il est frère de Baligand, blesse Naimon et est tué par le roi Charles (2).

Aérofle, Aenré, Martamar, Danebrun sont peut-être des personnages réels, peut être des noms qu'un trouvère a pris dans la série des noms propres courants d'origine germanique pour leur donner un corps. Pour d'autres, on n'a pas à hésiter. Baufumé, le bon geôlier de la *Prise de Cordres*, le roi païen d'*Aliscans* (v. 462 et seq.), du *Covenant Vivien* (v. 1061, 1751), d'*Aimeri* (v. 302 et seq.), de *Guibert* (f° 167) n'est comme le lutin Maufumé de *Charles le Chauve*, qu'une forme différente du nom de Mahomet. Codroé est devenu Sarrasin à cause du rôle joué au VII° siècle par le roi de Perse Cosroès, le conqué-

---

(1) Les *Enfances Guillaume*, f° 46, hésitent entre Parramas et Pantanas, peut-être à cause du Baudamas des *Saisnes*. Le Barsamin d'*Otinel* (v. 761, 840), a peut-être subi l'influence de Martamars. Le Bartamé de la *Prise d'Orange*, v. 831, est une erreur pour Bertran. Dans les Atanas ou Athamas du *Siège de Barbastre*, f° 117, d'*Aimeri*, v. 3605, de *Fierabras*, v. 1548 (Acenas), 1709, d'*Aliscans*, v. 3552, d'*Anséis*, v. 4196, il y a du Satanas et du Martamas.

(2) *Roland*, v. 3429 et seq., l'appelle Canabeus, mais *Galien* donne au même personnage, p. 336, 342, 343, les noms de Danebru, Danebus, Danebour. *Anséis* distingue Canebel, v. 4657, et Danebus, v. 3304, etc. V. encore *Blanchandin*, v. 4090, les *Enfances Guillaume*, f° 46, *Gaufrei*, v. 83.

rant de Jérusalem et de la vraie croix, le persécuteur des fidèles. Esmeré, Tenébré, Gateblé, Tempesté, Carbouclé, Mautriblé, Aceré et probablement Buheré, ne sont que des adjectifs de la langue romane transformés en noms d'hommes, et si le Mauduis qui joue un si grand rôle dans *Foucon* n'est pas une déformation de Baudus, c'est un vocable du même genre.

On trouvera de même dans la *Prise d'Orange* (v. 1685), et dans le *Charroi de Nîmes* (v. 520, 596), le roi Quinze-paumes ; dans le *Charroi de Nîmes* (v. 1233), dans la *Mort Aimeri* (v. 569), dans *Gaufrei* (v. 7728), dans le *Covenant Vivien* (v. 181), le sénéchal Barré, l'espion Barré, le châtelain Barré, le roi Barré (1). Veut-on leur trouver des pères, on ira chercher dans la Bible Josué ou Matusalé (Mathusalem), comme on y a pris Judas, qui joue comme père d'Agaiete et beau-père de Guibert un si grand rôle dans *Guibert* et la *Prise de Cordres*, Machabré ou Machabrin ou Machabrun (Machabée), tour à tour beau-père d'Elie dans le poème de ce nom ou de Bérard de Mont-Didier dans *Gaufrei*, comme on y prend pour jouer les comparses dans la *Prise d'Orange* et le *Siège de Barbastre*, le roi Faraon ou Feraon (Pharaon).

Je ne sais d'où peut venir Fabur (2). Morgan, qui est dans

---

(1) On trouve encore Baré dans *Aliscans*, v. 6367 d, Carré ou Quaré dans *Covenant Vivien*, v. 1751, la *Prise d'Orange*, v. 835, *Aioul*, v. 4390, dans des énumérations ou pour finir un vers. Barbé dans la *Mort Aimeri* (v. 83) est un adjectif et non pas un nom propre.

Ebron, Embron, Embrun d'*Aliscans*, v. 1035, de la *Prise d'Orange*, v. 1684, de la *Prise de Rome*, v. 1240, de *Guillaume de Palerne*, v. 23, de *Partenopeus*, v. 8144, d *Ogier*, p. 542 (version A), de *Foucon*, p. 119 et 122, du *Moniage Renoart*, laisse 69, des *Enfances Guillaume*, f° 46, de *Vivien de Monbrun*, v. 819, est, soit un adjectif, soit une déformation du nom germanique Maubrun, parfois écrit Mambrin.

(2) Fabur, ou Faubur est écrit Sabur, Gaubru, Saumur,

— 65 —

Foucon le geôlier des prisonniers chrétiens, est un nom celtique. On le retrouve, ayant changé de sexe, dans la fée Morgue du cycle d'Artus (1).

Malaquin, qui dans la saga de *Charlemagne* et dans *Godefroi* (p. 276) est le nom d'un forgeron juif (il faut se souvenir à ce propos que le forgeron Galan de notre épopée était à l'origine un dieu du panthéon germanique) et dont le *Siège de Barbastre* a fait un de ces chambellans, confidents des princesses sarrasines, qui pour l'amour de leurs maitresses risquent leur vie dans d'incessants va-et-vient d'un camp à l'autre (2) ; Malatré ou Malatras, qui sous la forme Salatré,

---

Samul dans *Aliscans* (v. 1777, 1778 d., 4392 Mm, 5447 Mmd), Fabur dans *Aie*, v. 1929, dans *Anséis*, v. 4042, etc., dans *Ogier*, p. 513, dans *Partenopeus*, v. 5561, dans *Floovant*, v. 560, dans *Maugis*, v. 7162, Gauber dans *Covenant Vivien*, v. 261, Gaubu dans la *Prise de Rome*, v. 162, Gambu dans *Foucon*, p. 76, et dans *Aliscans*, v. 5844 M., Gaimbor dans *Aliscans*, v. 5844 m., Jambu dans *Aie*, v. 3284, 3318, 3432, peut-être Tabor dans *Aioul* (v. 4974, 4996) et Tabour dans la *Prise de Rome*, v. 1203. Il ne joue de rôle que dans le *Siège de Barbastre* (f° 149 etc.), où il se convertit au christianisme et devient roi de Pampelune. *Floovant*, peut-être par confusion avec Phébus, en fait un dieu sarrasin. Il y a également un Faburin dans *Anséis*, v. 10. 379, etc., *Partenopeus*, v. 2405, *Elioxe*, v. 1141.

(1) Partout ailleurs c'est un simple nom: *Aliscans*, v. 374, 4394 m.; *Aie*, v. 3285 ; *Ogier*, p. 82 ; *Anséis*, v. 3480, etc. ; *Auberi*, éd. Tobler, p. 147. La fée Morgue du cycle d'Artus paraît dans *Maugis* P., dans *Doon de Nanteuil*, v. 96, dans *Huon de Bordeaux* et dans *Esclarmonde*, v. 3209. On peut se demander si Mordant *(Prise de Rome*, v. 161, 1223 ; *Aliscans*, v. 4395 L. ; *Enfances Guillaume)* et Mordrant (*Elie*, v. 655) n'ont pas été forgés sur Morgan, d'autant que la saga d'*Elie* donne Margan pour variante à Mordrant. Parfois le nom est écrit Mollas, Malant, Morand, Mallart, Mornan, Maugan (*Aliscans*, v. 6366, 6367) : ce sont des erreurs de scribe qui a remplacé le nom par un vocable qui lui paraissait voisin.

(2) Ce rôle est joué dans la *Prise de Cordres* par Baufumé, dans

forgée sur Malatré comme Marados sur Carados et Marsile sur Garsile, joue le même rôle dans *Foucon*, reparaît au premier plan dans des poèmes de pure imagination, comme *Elie* et *Clovis*, et donne son nom, Malatrie ou Salatrie, à la femme de Girard dans le *Siège de Barbastre* ; Malaquin et Malatras, dis-je, sont deux variantes du nom celtique Maelwas, ce dieu de la mort qui, sous les formes Méléagant et Méliadus, joue un si grand rôle dans le cycle d'Artus (1).

Foucon par Salatré et Saligot, dans *Gaufrei* par Lion, dans *Fierabras* par Marmucet. Le nom de Malaquin se retrouve dans *Doon de Maience*, v. 9654, *Anséis*, v. 6351, etc., *Roncevaux* P. (var. de Mercule, v. 3156), *Elias*, v. 6002, *Aliscans*, v. 4179 m., *Moniage Renoart*, laisse 157, *Enfances Guillaume*. Il y a un Malegus, Malargus, Maelgut, Marlagus dans *Roland*, v. 2047, *Foucon*, f° 19, *Moniage Renoart*, f° 31, *Enfances Guillaume*. La *Bataille Loquifer*, laisse 29, l'emploie à tort comme nom de femme dans une variante.

(1) Notre épopée ne le connait que dans *Ogier* (Méliaton, p. 505 et 513), et dans *Huon Capet* (Melidus, v. 3744 ; Melinus, v. 1087, père du roi de Tarse Bovon) ; mais la *Violette* connait Meliaduc, v. 3704, et Méliatir, v. 3959, 3996, etc. ; et *Guillaume de Palerne*, v. 6707 et seq. cite un Meliadus, Meliadon, Melidus ou Melidon. Méliacin est le héros d'un roman d'aventures dû à la plume de Girard d'Amiens.

La forme Malatras se trouve dans *Aliscans*, v. 4394 m. ; Malacras dans le *Covenant Vivien*, v. 260 ; Maletrois dans *Galien*, p. 338 ; Maulatris dans *Godefroi*, v. 1559 ; Maladré dans le *Siège de Barbastre*, f° 117 ; Malatré dans *Galien*, f° 214, et *Gaufrei*, v. 3974 ; Maulatré dans *Floovant*, v. 2334 ; Malarars dans *Elias*, v. 4974. La var. Maraton ou Maratran pour Malatré dans *Galien* prouve qu'on lisait aussi Malaton. L'endroit où fut jeté la tête de Desramé s'appelle, dit la *Bataille Loquifer* (laisse 68), le salt ou malt Malatois, et c'est un lieu fécond en naufrages. Or, d'après une tradition locale que m'a communiquée M. le comte de Laigue, il existe sur les bords de l'Oust, en la commune de Bains près Redon, un rocher dit le rocher Malatan. Un général du même nom y aurait demeuré et sa fille se serait noyée au pied de ce

Margos, Margon et Maugon sont encore des variantes de ce même Maelwas (1)

Le comte Borel, auquel on confiait en 798, dit le chroniqueur du roi Louis appelé l'Astronome, la cité d'Ausone et les châteaux de Cardonne et de Castreserre et qui en 809 protégeait le siège de Tortose avec Aïmer, Isenbard et Béra, ne peut, je crois, être le prototype du guerrier sarrasin de ce nom. Le Borel épique est probablement un adversaire du rebelle Guillaume et des siens, transformé en ennemi de toute la famille narbonnoise et en sarrasin, comme Tibaud, et représenté plus tard comme étant tout particulièrement l'ennemi d'Ernaud, dans le poème aujourd'hui perdu qui racontait, sur des données de pure invention, la conquête de Girone. En dehors de ce récit que nous connaissons par une

---

roc en traversant l'Out pour aller à un rendez-vous d'amour. Ce personnage appartient donc bien au monde mythologique des contes populaires. Ajoutons que le Malarars d'*Elias* est un marchand né en Bretagne. Quant à Salatré, le nom se retrouve dans *Raoul*, v. 7962, *Vivien de Monbran*, v. 817, *Mort Aimeri*, v. 2678 et 3032, *Anséis*, v. 2866, etc., le *Siège de Barbastre*, f° 119, *Gui de Bourgogne*, v. 1416, *Aliscans*, v. 1345, la *Prise d'Orange*, v. 746, 890, *Godefroi*, p. 206, *Auberi*, f°s 65 et 76, *Bataille Loquifer*, laisse 57, *Renaud*, laisse 102. Un des Salatré d'*Elie*, ceux d'*Auberi*, celui de *Renaud* sont des chrétiens.

(1) On trouve Margos ou Margot dans *Aliscans*, v. 4243 et seq., le *Covenant Vivien*, v. 183, 253, 1063, 1580, 1750, les *Enfances Vivien*, v. 4220 et 4261 (rédaction B), v. 4741 (rédaction A), *Otinel*, v. 1173, probablement dans le *Siège de Barbastre*, f°.150, sous la forme Margon, et peut-être dans *Foucon* (f°s 19 et 79 et p. 92) sous la forme Fargoi. Dans *Gui de Nanteuil*, v. 19, dans *Gaufrei*, v. 8698, dans *Aie*, v. 1589, 1623, 2452, 3844, dans les *Enfances Vivien*, v. 35 (rédaction A), c'est un dieu sarrasin. Dans *Aie*, v. 2460 et 3245, Margos ou Margot est une personne, mais associée à un personnage divin, Baratron ou Delias (lis. Helias).

allusion d'*Aimeri* (v. 4571) et du *Siège de Barbastre* (f° 134), il ne figure que dans *Aliscans* et le fragment latin connu sous le nom de fragment de la Haie. Partout ailleurs c'est un simple nom (1).

Si l'émir sarrasin Butor (2) est tué en champ clos par Guibert dans la *Prise de Cordres*, c'est tout simplement parce qu'on savait qu'il y avait eu un Butor, émir de Saragosse et de Huesca de 778 à 790, comme il y avait eu un Desramé et un Aucebier ; ils figuraient déjà côte à côte dans *Aliscans* (v. 3553 et seq). Partout ailleurs ce n'est qu'un nom de sarrasin ou de personnage antipathique, remplaçant par exemple Malaquin comme chambellan de Malatrie dans la version en prose du *Siège de Barbastre* (3).

A cet *Aliscans* relativement primitif, la fantaisie romanesque a ajouté d'autres personnages ; les uns, comme Agrapard, Isenbard ou Isabras, empruntés à d'autres cycles épiques, voire, comme Chapalu, le chat Paluc des conteurs gallois, au cycle d'Artus ; d'autres, comme la géante Flohot formés sur ce vieux thème des noms de la dynastie mérovingienne en Clod qui avait déjà servi pour Flohier, Flohard, Floriant ; d'autres, comme Crucados, très peu répandus et de source incertaine (4) ; d'autres enfin comme Loquifer, Maillefer, Gadifer, vieux vocables celtiques ou germaniques presque purs, que l'on ne comprend plus, car

---

(1) *Anséis*, v. 4771, *Maugis*, v. 4020, 7787, *Covenant Vivien*, v. 182, 498, 1060, *Enfances Vivien*, v. 4739 et 4741 (rédaction A), *Prise d'Orange*, v. 1684.

(2) Parfois appelé Ector, par suite d'une erreur des scribes, qui le confondent avec le héros troyen.

(3) V. les *Saisnes*; *Gaidon*, v. 4297 et 4392 ; les *Lorrains*, p. 16 ; *Auberi*, éd. Tobler, p. 147 ; *Gui de Bourgogne*, v. 3295 ; *Anséis*, v. 2159, etc. ; *Aie*, v. 3227; *Ogier*, p. 125 et 500 ; *Blanchandin*, v. 2202 ; *Foucon*, p. 66 ; les *Narbonnois*, f° 73 ; *Vivien de Monbran*, v. 946.

(4) Cf. *Bovon de Comarcis*, v. 25.

les trouvères en donnent des étymologies certainement inexactes. Loquifer ne veut point dire le porte-loque, c'est un composé des radicaux Lugos et Veros sous une forme voisine de Lugiferos. De même Gadiferos était, assez inexactement d'ailleurs, devenu depuis assez longtemps déjà dans notre langue Gaifier. A ces noms s'accrochent les vieilles histoires incessamment redites du géant sarrasin tué en champ clos, de l'enfant volé à ses parents, élevé par les infidèles et se mesurant dans un duel terrible avec un père qu'il ne connaît pas. Le plus intéressant de ces personnages de l'*Aliscans* remanié n'est pas un héros épique ; c'est un héros de contes populaires, Renoard, dont l'enfance hébétée, qui s'écoule comme celle de Cendrillon près d'un foyer de cuisine, rappelle la torpeur hivernale dont sort brusquement le dieu solaire dans cette mythologie rapetissée qu'on nomme le folklore. Ce porte-massue glouton a la voracité du dieu au marteau des Scandinaves, Thor. Tous deux luttent contre un chat étrange, Renoard chez Morgue, Thor chez Utgard-Loki ; la grosse affaire est de leur dérober leur arme ; quand on sait qu'ils l'ont laissée au logis, Isenbard est aussi rassuré que Géirrod. C'est le règne de l'élément héroï-comique qui a fini par tenir une si grande place dans le cycle méridional, avec les ambassadeurs magnifiques d'*Aimeri*, avec le faux sénéchal des *Narbonnois*, avec le moine brutal et glouton du *Moniage Guillaume*.

Sur les quatre païens des *Enfances Vivien* deux, Cador et Carados, dont notre trouvère a fait Marados, appartiennent au cycle d'Artus, dont Caradoc, roi breton du Ier s. p. C. était réellement le compatriote. Gormon était un pirate scandinave du IXe siècle, baptisé en 878, campé à Cirencester en Angleterre en 879, puis à Fulham près Londres, qui, après avoir passé l'hiver de 880 en Estanglie, et celui de 881 à Gand sur le continent, se fit battre à Saucourt en Vimeu par le roi Louis III en 881 et revint mourir en Angleterre en 890. Un poème français du xi⁰ siècle dont il ne reste qu'un fragment et une version amplifiée en prose allemande célébraient cette victoire(1), pendant que des légendes se formaient d'autre part en Angleterre autour du siège de Cirencester, et se trouvaient, sous la plume de Gaufrei de Monmouth, reculées de deux siècles, au temps de Cerdic, roi breton d'Elmete, mort en 616. Canard ou Chanard est plus difficile à identifier : il se retrouve dans *Anséis*, v. 10.379, *Galien*, p. 181, *Foucon*, p. 23 sous la forme Quanard ou Canard. Le Cenard de *Fierabras*, v. 1549, étant donnée la variante Senart des *Enfances Vivien*, doit être le même nom, mais ce n'est qu'un nom. Une autre variante des *Enfances Vivien*, Eschamard, porte à croire que l'Esquanor de la *Prise d'Orange* (v. 1517, 1519), l'Escanor qui est le héros d'un roman d'aventures du cycle d'Artus composé par Girard d'Amiens, l'Esquanart de *Foucon*, p. 97,

---

(1) Cador se retrouve dans *Aliscans*, v. 29, le *Covenant Vivien*, v. 920, *Aspremont*, f°. 22, *Anseis*, v. 10. 380, *Maugis*, v. 7636, et *Gaufrei*, v. 2768, sous la forme Cadot. Il y a dans *Gaufrei*, v. 4361, un Cadel : c'est encore un nom celtique, porté par des princes gallois du V⁰ et du IX⁰ siècle, à moins que ce ne soit une déformation en vue de la rime du nom de Cador. De même le Catel d'*Aspremont*, f°. 18. Marados se retrouve dans *Esclarmonde*, v. 3826, *Gaufrei*, v. 2890, *Enfances Ogier*, v. 1755, le *Siège de Barbastre*, f°. 150, et sous les formes Marades, *Aliscans*, v. 4179, Maradon, le *Siège de Barbastre*, f°. 149, Maradant, *Anséis*, v. 8745, etc., Maradans, *Godefroi*, v. 16. 97, Maretant, la *Prise d'Orange*, v. 996, Meradus, *Aliscans*, 4395 m.

Parfois, on trouve, au lieu de Marados, Moradas (*Aliscans*, v. 5004 c.). Ce personnage, sous les formes Moradas, Moadras, Moadas, joue un grand rôle dans *Aspremont*, f°ˢ. 18, 39, 50 du ms. 25.529, et 47 du ms. 1.598, et dans *Fierabras*, v. 1548, 1663, etc. V. encore *Enfances Guillaume* laisse dernière, le *Siège de Barbastre*, f° 112, *Anséis*, v. 4183.

l'Estanart du même poème, p. 68, l'Esclamart du *Siège de Barbastre*, f° 120, du *Guillaume* en prose, f° 60, l'Ascanard d'*Otinel*, v. 764 et 814, l'Esclamart ou Esclabault de *Galien*, p. 336, l'Esclamor ou Escamor de *Blanchandin*, v. 2351, etc. et l'Esclamor de la *Violette*, v. 1770, ne sont pas distincts de Canard, mais leur rôle, même important, reste conventionnel (par exemple dans *Otinel*, dans Girard d'Amiens). Il est vrai qu'Escanor me porte à croire que Canard et Ganor n'étaient pas distincts à l'origine, et celui-ci est bien connu comme le second mari d'*Aie*, le protecteur de *Gui de Nanteuil*, deux poèmes relatifs aux guerres civiles de la marche franco-bretonne (1). Corsolt ne soulève pas de pareils problèmes, c'est incontestablement le nom de la ville armoricaine de Corseul. Le héros éponyme de cette cité a été l'objet de légendes conservées dans le *Chronicon Briocense* ; il y est représenté comme l'époux de la déesse éponyme de la cité d'Alet, comme un pirate ennemi des chrétiens, tout à fait dans le goût du Corsolt épique ; seulement le récit se passe, non plus au temps du roi Charles et des Sarrasins, mais du temps de Clotaire, lorsque les Frisons et les Goths ravageaient les côtes de la Gaule. Les Franco-Bretons en ont fait tout naturellement un géant sarrasin ennemi de Guillaume, comme ils firent du dieu éponyme de Carhaix l'adversaire d'Ogier, et c'est dans le *Couronnement* que la *Mort Aimeri* alla chercher Corsolt pour en faire le fils de l'ancien possesseur de

---

(1) Cf. *Siège de Barbastre*, f° 112, *Floovant*, v. 1406 (Ganour), *Gaidon*, v. 5612 et 5799 (Canor et Ganor). La forme Esclamart, si elle n'est pas une pure bévue de scribe, a pu être influencée par des mots tels qu'Esclavon, Esclabarie. Il faut ajouter que parfois au lieu de Quanard, il faut lire Quinard, peut-être Guinan. Outre Escanor et différents Astamor (Malory, XVIII, 3 ; XIX, 11), Hectymere (Malory, XIX, 11) Ascanere (*Merlin and Arthour*) le cycle d'Artus a encore Accanor, fils Orient, surnommé le laid hardi, qui paraît être un personnage important.

Narbonne, celui qui apprenant la mort d'Aimer, l'absence de Guibert et la maladie d'Aimeri, juge le moment favorable pour essayer de rentrer dans ses domaines (1).

Lorsque je vois Sinagon ou Sinagos tour à tour ennemi de Garin de Montglane dans *Girard de Viane* (p. 3) et de Girard de Fratte dans le poème dont le chroniqueur liégeois Jean des Preis nous a conservé le résumé dans son *Myreur des Histoires* (tome III, p. 88 et seq.), j'en conclus tout naturellement que ce personnage, réel ou fabuleux, appartenait aux légendes de la vallée du Rhône, d'où il s'est insinué dans *Aliscans*, avec un rôle d'ailleurs à peu près nul, et de là dans le *Moniage Guillaume* remanié, avec un rôle de pure fantaisie ; il enlève Guillaume dans son ermitage, l'emprisonne dans sa ville de Palerne, et est vaincu et tué par l'armée du roi Louis. Une allusion de la *Prise d'Orange* (v. 484) nous montre que l'on avait songé à en faire, toujours

---

(1) A ce propos, je ferai remarquer combien le nom du véritable conquérant sarrasin de Narbonne a vite disparu de l'épopée. Seule une allusion du *Siège de Barbastre* lui donne son véritable nom d'Aucebier. La *Mort Aimeri* l'appelle Sorbastre, Sorberin ou Sorbrin, nom formé sur celui des Sorabes ou Serbes ou sur celui de l'émir palestinien du XIe siècle Corbaran (dans l'histoire Kerboga). *Aimeri* fait régner sur Narbonne quatre rois, Agoland, Baufumé, etc., dont les noms sont pris à l'onomastique courante de l'épopée.

Quant à Corsolt, la liste serait longue des poèmes où l'on retrouve son nom, parfois allongé, quand on a besoin pour le vers d'un mot de trois syllabes, en Corsuble, Corsabré, Corsabrin, Corsabrun ; on le trouve parfois remplacé par Corbel, Corbaut, Corbon (ainsi dans la version en prose du *Couronnement de Louis*). Il y a peut-être là un personnage distinct, le même qu'on appelle aussi Escorfaut; ou bien Corbel, plus connu en certains pays que Corsolt, l'a remplacé, comme sous la plume de certains scribes, Engeran remplace Engelier.

dans cette même région du bas Rhône, l'adversaire du conquérant épique de Nîmes.

Il en est du possesseur de cette ville comme de l'adversaire ou du vengeur de Roland. Tandis que dans un cas les trouvères hésitent entre Baligand et Garsile, entre Baudoin, Gondebeuf, Oton et Tiéri, et se décident rarement en faveur d'un seul prétendant, ici l'italien donne Arpirot, c'est-à-dire Arpin, le roman en prose Guitran, tandis que le poème du *Charroi de Nîmes* fait jouer tantôt à Arpin tantôt à Otran un rôle qui en réalité ne peut appartenir qu'à l'un des deux à l'exclusion de l'autre. Or Guitran ou Guintran appartient manifestement à la légende de Girard : c'est lui qui rapporte dans *Girard de Roussillon* les reliques de Madeleine (par. 665 et seq.), il paraît encore par. 146, 304, 319 ; c'est un ami de Girard, un personnage de la vallée du Rhône. Peut-être a-t-il servi de modèle au sarrasin Guitant, roi de Grellemont dans *Gaufrei* (v. 2167), et adversaire du roi sarrasin Quinart. Arpin ou Herpin est encore un fidèle de Girard (par. 146), il joue dans le *Comte de Poitiers* (v. 622 et seq.) le rôle assez important, à demi-défavorable, d'un seigneur méridional, neveu du comte, qui, après avoir recueilli la comtesse, cherche à s'en faire épouser, mais c'est plus généralement un obscur Sarrasin, un larron, un ingénieur quelque peu sorcier (2). Otran

---

(1) V. *Otinel*, v. 1797 ; *Covenant Vivien*, v. 253 ; *Bataille Loquifer*, laisse 23 ; *Gui de Bourgogne*, v. 2221 ; *Foucon*, p. 123 ; *Anséis*, v. 987, etc., qui l'appelle fils du roi Otover. Le Sinados de *Simon* n'est probablement qu'une déformation de Sinagos.

(2) *Aliscans*, v. 495, *Aioul*, v. 5807, *Auberi*, éd. Tobler, p. 220, les *Saisnes*. On trouve parfois la variante Elpin ou Helpin, peut-être en souvenir du duc saxon Helpin tué au Xe siècle dans une incursion en France par le comte Renard de Sens : *Aliscans*, v. 495, *Godefroi*, v. 4230, *Ogier*, p. 500, *Aimeri*, v. 1851. Harpin de Bourges, le héros des *Chétifs*, auquel fait allusion *Doon de Maience*, v. 7359, qui le nomme Herpin, se croisa réellement en 1102 et est un personnage

me parait le titulaire le plus probable; dans *Girard de Roussillon* (par. 133, 146, 249, 252, 296, 337, 348, 340), dans *Maugis* (v. 8596), il figure comme un fidèle du roi contre les rebelles, et cela suffisait pour en faire comme de Tibaud, d'Isenbard et de Borel, un ennemi de Guillaume (1).

Négligeant Aragon (2) et remettant à parler de Clargis ou Claris à propos de Girard, il ne me reste plus qu'à parler de Tibaud.

· Ce fut dans l'histoire un des comtes dont le dévouement assura à Charles le Chauve la couronne de France, et tel nous apparait le Tibaud d'Aspremont des *Lorrains* (p. 104, 107) et de *Gaidon*, le Tibert de Vaubeton de *Girard de Roussillon*, le Tibaud de *Maurin*, le Tibaud ou Tibert d'Orion de *Gui de Nanteuil* (v. 261 et 657), le Tiébelin ou Tiecelin d'*Auberi* (éd. Tobler, p. 135). C'est celui-là dont on a fait un sarrasin

---

historique comme Godefroi de Bouillon et Tancrède. *Gaufrei* v. 400 parle du traître Harpin.

(1) On trouve Otran, Otrain, Outran, Otré, Outré. *Maugis*, v. 8668, le dit père de Fagon, *Gaufrei*, v. 1766, parle du duc Otré comme cousin-germain de Doon de Maience. Les *Enfances Vivien*, v. 4739 (rédaction A), le *Covenant Vivien*, v. 1751, *Aliscans*, v. 6365, la *Bataille Loquifer*, laisse 39, *Elias*, v. 3948, en font un simple sarrasin. Il est peu probable que le v. 91 de *Doon de Nanteuil*, qui parle du vieil Antiochus, de Porus et d'Otré, soit exact. *Foucon* parle, p. 92, d étriers fabriqués par Otran à Paris. Les *Saisnes*, laisse 38, parlent du mansel Otran ou Doitran. Il y a un Doitran, Doltran ou Deitran dans *Girard de Roussillon*, par. 133, 146, 252, 296, 337, 340, mais il paraît plutôt du côté de Girard. La saga de *Charlemagne*, I, 37, cite Bernard, fils Otran de Pursals.

(2) Aragon ou Dragonet (dans l'italien) a peut-être quelques rapports avec Drogon. On trouve d'ailleurs un Adragant dans *Otinel*, v. 1779, un Arrogant ou Arrotant dans le *Charroi de Nîmes*, v. 519, un Maragon dans *Aspremont*, f° 22 et 39, une Maragonde dans la *Prise de Rome*, v. 370, une Sarragonde dans *Fierabras*, v. 2175 c.

ennemi de Guillaume, dépouillé par le héros de sa femme Orable et de sa cité d'Orange, s'acharnant contre les fils d'Aimeri dans les *Narbonnois*, les *Enfances Guillaume*, *Foucon*, le *Moniage Renoart*, mais ne jouant dans *Aliscans* qu'un rôle très effacé (1). C'est celui-là qui, mal vu des poèmes féodaux, est devenu une sorte de traître classique, le Tibert persécuteur de *Berte*, v. 187, le Tibert oncle de *Galien*, p. 33, le Tibaud de *Gaufrei*, v. 4001, de *Gui de Bourgogne*, v. 1087, 1150, de *Gaidon*, v. 7013, d'*Aie*, v. 2099, d'*Auberi*, éd. Tarbé, p. 134, généralement associé au traître Alori, le Tibaud d'Oridon de *Charles le Chauve*, f° 35, le Tibaut d'Aspremont de *Parise*, v. 17, de *Doon de Maience*, v. 7735, de *Gaufrei*, v. 4003. Il faut lire dans les *Lorrains* (p. 160 et 308), Soibaud et non Tibaud du Plessis ; si le père de Lambert porte dans *Auberi* (éd. Tobler, p. 255, éd. Tarbé, p. 62) le nom de Tibert ou Tibaud, c'est que Tibaud et Lambert sont tous deux dans la légende des seigneurs d'Oridon ; certains manuscrits d'*Auberi* l'appellent d'ailleurs plus exactement Drogon. On s'explique en tout cas fort bien que Garnier ait pour allié dans *Aie*, v. 898 et 955, un Tibaud d'Aspremont ou de Châlons, soit parce que ce baron rhodanien prête naturellement main forte au propriétaire d'Avignon, soit parce que, dans la première partie du poème, Garnier est représenté à tort comme un bon royaliste. Et c'est par suite de ce

---

(1) On trouvera des allusions à Tibaud l'arabe dans la *Mort Aimeri*, v. 2013, dans *Gui de Nanteuil*, v. 305, dans *Godefroi*, v. 1695. Ce n'est qu'un nom, parfois décoré des épithètes historiques de Tibaud de Champagne, Tibaud de Blois, Tibaud de Provins dans *Roland*, v. 173, etc., dans *Roncevaux*, laisse 351, dans *Ogier*, p. 261, dans *Aspremont*, f°s 37 et 47, dans les *Enfances Vivien*, v. 3813 (2° rédaction), dans *Auberi*, éd. Tarbé p. 136, dans *Doon de Maience*, v. 7358, dans *Elie*, v. 168, dans *Raoul*, v. 48. V. encore le Tibaud, sénéchal du roi Flore dans le *Floovant* italien. La saga de *Charlemagne* (I, 17), cite Tibaud fils Seguin d'Aspremont.

passage que Tibaud d'Aspremont est représenté à tort comme un ami de *Gui de Nanteuil*, v. 44, car, les allusions du poète allemand le Stricker dans sa traduction amplifiée du *Roland* confirment encore notre dire, Tibaud fut le protecteur et l'infatigable champion du roi Charles.

CHAPITRE III

LA LÉGENDE DE ROLAND

La différence de religion n'a pas été, même à ces époques reculées que l'on croit souvent uniquement dominées par le fanatisme, un obstacle insurmontable à des tentatives d'alliance entre chrétiens et musulmans. Pour s'élever du rôle de représentants amovibles du calife de Cordoue à celui de gouverneurs souverains des villes dont ils avaient reçu la garde, les valis sarrasins du nord de l'Espagne n'éprouvaient aucune répugnance à solliciter le protectorat français, à condition bien entendu que cette tutelle restât nominale et ne se transformât pas en une autre dépendance aussi étroite, auquel cas ils se retournaient avec une très grande désinvolture contre l'allié qu'ils sentaient d'humeur à devenir leur maître. Telle fut l'histoire de la campagne entreprise en 778 en Espagne par le roi Charles. L'année précédente, Soleiman, fils de Jectan al Arabi (l'Ebilarbi ou Ibinalarbi des *Annales franques*), gouverneur de Barcelone et de Girone dès 759 ou 760, et Abitaur ou Abutaur, gouverneur de Huesca et de Saragosse jusqu'en 790, (1) s'étaient donnés au roi à l'assemblée de Paderborn. Dès que Charles voulut en 778 prendre effectivement possession de ses nouveaux domaines, il se heurta aux difficultés que je viens de signaler.

---

(1) Vétault, *Charlemagne*, p. 223 et seq. ; Gautier, *les Epopées françaises*, t. III, p. 450-452. Le successeur de Soleiman fut sans doute le Mohammed que l'on trouve en 785, puis le Zatun que l'on trouve en 797 et 801, celui d'Abutaur Azan, mentionné en 799, puis Amoros, mentionné en 809 dans les *Annales*.

Saragosse lui ferma ses portes, Pampelune, dont il s'était rendu maître, montrait des sentiments si peu favorables que le roi jugea prudent d'en faire détruire les murailles ; et comme il rentrait en France, emmenant prisonnier Soleiman qu'il accusait de trahison, son arrière-garde fut détruite, le 15 août 778, au passage des Pyrénées, dans le défilé de Roncevaux. Parmi les guerriers fameux qui trouvèrent la mort dans cette désastreuse affaire se trouvait Roland, marquis de Bretagne, dont le commandement, probablement analogue à celui des premiers Capétiens, devait s'étendre sur tout ce qui fut plus tard le duché de France. Aux yeux des survivants de cette néfaste campagne, le double jeu des musulmans devait nécessairement passer pour une trahison.

Ce sont là les évènements qui ont donné naissance à la légende de Roland. Ce sont eux que je veux étudier dans le poème qui porte le nom du héros, dans ceux d'*Otinel*, de *Fernagu*, de *Gui de Bourgogne*, qui en forment le prélude, d'*Anséis* qui en est la conclusion, de *Fierabras* et de la *Prise de Rome*, œuvres de pure imagination calquées sur les vieilles œuvres légendaires. Partout ailleurs Roland n'est qu'un personnage adventice, placé près d'un Charles qui est en réalité Charles le Chauve, et jusque dans des récits comme *Aspremont* et *Guitequin*, où il semble devoir être le pivot de l'action, puisqu'il s'agit de la conquête de son épée et de son olifant, les évènements postérieurs sont si intimement mêlés aux autres qu'il n'est pas toujours aisé de les séparer.

I

Charles campe sous Pampelune, dont il vient de faire raser les fortifications ; pour savoir quel parti il doit prendre à l'égard de Saragosse et de son roi Marsile qui semble vouloir se défendre, il convoque son conseil, ses douze pairs, j'allais dire ses douze apôtres, Roland, Olivier, Naimon, Ogier,

Gérin, Bérengier, Turpin, Oton, Gautier, Ganelon, Sanson, Engelier. Roland se prononce pour les moyens violents, Ganelon pour les voies pacifiques, et, comme c'est l'avis de Ganelon qui prévaut, Roland opine à le charger de sommer Marsile de se soumettre. La mission est périlleuse, et Ganelon reste convaincu que Roland la lui a fait attribuer pour le faire périr. Il s'acquitte cependant de son message avec une dignité telle que Marsile exaspéré veut le tuer ; mais cédant aux conseils de sa femme Bramimonde ou Brandimonde, il se décide à essayer de la corruption. Moitié par ses cadeaux, moitié en surexcitant les rancunes de Ganelon, il l'amène à vendre ses compatriotes. Le traître revient au camp, et annonce la soumission de Marsile. On se met en route pour rentrer en France : Ogier fait l'avant-garde. Naimon reste au corps de bataille auprès du roi, Ganelon fait confier à Roland, entouré de huit des douze pairs, le commandement des vingt mille Français de l'arrière-garde, et Roland charge Gautier d'occuper les hauteurs afin d'assurer le paisible passage de ses troupes par les défilés.

Les Sarrasins de leur côté se préparent. Marsile réunit ses douze pairs, Valebrun, Climboïn, Grandoine, Aelrot son neveu, Malsarun son frère, Corsablin, Turgis, Estorgant, Escremi, Estramari, Timozel et Margari, et lance les neuf derniers sur les pairs de Roland. Tous sont tués, sauf Margari, qui, grâce à l'absence de Gautier, n'a pas trouvé d'adversaire, et qui court annoncer à Marsile la défaite des siens.

Le roi païen fait alors avancer un second corps de troupes avec Grandoine, Valebrun et Climboïn. Ceux-ci sont encore tués par Roland, Olivier et Turpin, mais après avoir couché dans la poussière quatre ou cinq des pairs français. Avec ses dernières troupes, Marsile en personne tente un dernier effort. Successivement Olivier, Gautier, qui a vu les siens tués jusqu'au dernier en défendant la crête des monts et qui est venu rejoindre son chef, puis Turpin périssent. Il reste à Roland assez de force pour blesser mortellement Marsile et pour tuer son fils Jurfaleu avant d'expirer lui-même le dernier.

Un Français, qui a réussi à échapper au massacre, vient en porter la nouvelle au roi, que Ganelon a empêché de prêter l'oreille aux accents désespérés du cor de Roland. Charles fait rebrousser chemin à son armée et arrive avec elle sur le champ de bataille. La nuit approche. A la prière du roi, Dieu arrête le cours du soleil. Charles poursuit ce qui restait des Sarrasins, les atteint au bord de l'Ebre et les extermine. Ganelon est condamné à mort et exécuté. Roland est enterré à Saint-Romain de Blaie, son épée suspendue au-dessus de sa tombe, et son cor déposé dans le trésor de l'église Saint Sévrin de Bordeaux.

Tel est le résumé de ce que l'on peut considérer comme la première rédaction du *Roland*. Elle ne nous est point parvenue, mais on peut la reconstituer au moyen de la chronique latine faussement attribuée à Turpin (ch. 21 à 30) et composée au XII⁰ siècle, du poème latin de la même date sur la *Proditio Guenonis*, et du poème français en assonances composé vers 1080 et contenu dans le manuscrit d'Oxford (1).

---

(1) M. Gaston Pâris a tracé dans la *Romania*, t. xi, p. 405 et seq., le cadre général de cette reconstitution, où j'ai essayé de m'engager après lui. Les deux récits que représentent, d'une part la chronique latine, de l'autre les poèmes latin et français, ne peuvent pas d'ailleurs être ramenés sur tous les points à l'unité. Dans l'un, les Français sont surpris dans l'ivresse et la débauche, il y a donc plutôt massacre que bataille ; dans l'autre, on assiste à une série de véritables combats ; dans l'un, Roland va mourir, percé de quatre lances et grièvement blessé à coups de pierres, sous un arbre, à l'entrée du col de Cize, en cherchant à rejoindre les siens ; dans l'autre, il va dans la direction opposée, en terre d'Espagne, pour y mourir en conquérant ; dans l'un, il brise son olifant par la force de son souffle, dans l'autre, sur le crâne du païen qui voulait lui

Deux de ces textes, qui représentent cependant les deux versions les plus divergentes, la chronique latine et le poème français, ajoutent à ce récit une péripétie importante. L'innocence de Ganelon est débattue en champ clos, Pinabel la soutient, Tiéri la conteste. C'est celui-ci qui triomphe, et l'épreuve paraît assez concluante pour ordonner le supplice du traître.

Or, ce récit manque dans le poème latin, il manque dans *Galien*, il manque également dans la *saga* norvégienne et la chronique danoise qui reproduisent cependant en général avec une grande fidélité le texte du manuscrit d'Oxford ; il ne faisait donc probablement pas partie du poème primitif.

Il en est de même de l'épisode de Baligand. On admet généralement aujourd'hui que le récit qui s'étend du v. 2609 au v. 3624 du *Roland* est une interpolation. Mais alors pourquoi Turpin mentionne-t-il Baligand, dont il fait le frère de Marsile et le co-seigneur de Saragosse, tandis que le poème français le considère comme son suzerain et le fait

---

enlever Durandal ; dans l'un, tous les chrétiens ont péri, et le roi rebrousse chemin de lui-même ; dans l'autre, un Français a réussi, au moment de la surprise, à échapper aux Sarrasins, et c'est lui qui décide le roi au retour ; dans l'un Turpin ne prend pas part à l'action ; dans l'autre il y est tué avec ses compagnons ; Marsile relève dans l'un du calife abbasside de Bagdad, l'émir de Babylone de Perse ; dans l'autre, du calife fatimite du Caire, l'émir de Babylone d'Egypte, qui s'embarque à Alexandrie ; dans l'un, Saragosse reste au pouvoir des musulmans ; dans l'autre elle est prise par les chrétiens.

Il faut ajouter que dans la chronique, à côté d'un résumé de la vieille chanson, il existe des chapitres qui ont été ajoutés de toutes pièces par le compilateur latin ; tels dans l'épisode d'Agoland les chap. relatifs à Agen et à Saintes, celui où paraît Ibrahim, roi de Séville de 1116 à 1123 (ch. 18), le ch. 19 (relatif à Compostelle), le ch. 20 (portrait de Charles), les ch. 24, 28, 30.

régner à Babylone ? La raison, c'est, je crois, qu'à côté des récits qui donnaient au chef des meurtriers de Roland le nom de Marsile, il y en avait d'autres qui l'appelaient Baligand. Nos poètes ont voulu les fondre ensemble chacun à leur manière ; mais la chronique latine, suivant de préférence ce que j'appellerai la version Marsile, n'a pu donner aucun rôle à Baligand, tandis que le poème français, pour ne pas tomber dans ce défaut, a ajouté l'épisode que je viens de dire. Le poème latin, la *saga*, la chronique danoise, ignorent aussi complètement Baligand que le duel judiciaire entre Pinabel et Tiéri.

Un phénomène du même genre explique, je crois, que le rôle qui devait être exclusivement celui de Tiéri soit joué en partie, dans la chronique latine par Baudoin, dans les remaniements rimés du poème français, par Gondebeuf et par Oton. Il est probable qu'à côté de la version qui appelait Tiéri le vengeur de Roland, il en était d'autres qui attribuaient ce rôle à Baudoin (1), à Gondebeuf, à Oton. Seul le poème en assonances a su choisir ; les autres récits sont, là encore, de maladroites tentatives de conciliation.

D'autres interpolations peuvent être relevées dans le *Roland* d'Oxford. Le personnage d'Aude, la fiancée de Roland, n'existait pas à l'origine, et les beaux vers qui racontent sa mort (3705-3733) sont l'œuvre d'un remanieur. De même dans la version primitive, c'était Charles qui prenait l'initiative des propositions pacifiques : dans le *Roland*, c'est Marsile, et de ce chef les v. 10 - 95 et 120 - 167, ainsi que les différents passages qui mettent en scène Blanchandin sont à supprimer du récit.

De plus, aux yeux des trouvères, le roi Charles s'est emparé de toute l'Espagne, Saragosse seule a résisté à ses armes.

---

(1) D'après le chroniqueur italien Jacques d'Acqui (XIII⁰ s.), c'est Baudoin qui fut l'adversaire de Pinabel.

Quelles villes contient au juste la terre d'Ibérie, ils ne le savent pas, mais ils ne peuvent croire que la campagne ait simplement consisté dans la prise de Pampelune, et voilà pourquoi, soit dans *Roland*, soit dans les autres poèmes, ils feront de nombreuses allusions, soit aux grandes villes arabes du midi, Cordoue, Séville, soit aux villes catalanes autour desquelles s'est créée la légende de Guillaume, comte de Toulouse et marquis de Gothie (790-806), Balaguer, Barbastro, Barcelone (sous la forme Tortelose, confusion de Barcelone et de Tortose), soit à celles qui se trouvent sur le chemin que suivaient les pélerins de Saint-Jacques de Compostelle, Astorga et Léon, soit enfin aux localités voisines de l'Ebre, Logrono ou Najera. Au moment où s'ouvre l'action du *Roland*, ce ne sont plus, sauf dans la chronique latine, les murs de la cité navarraise que Charles est en train de renverser, mais dans le poème latin ceux de la capitale imaginaire du pays more, Morinde, et dans le poème français ceux de la capitale historique du califat, Cordoue ; même si l'on compare la fin du *Gui de Bourgogne* avec le vers 661 du *Roland* (où je corrige *Galerne* non en *Valterne*, comme Gautier, mais en *Luiserne*, ce qui me semble plus en rapport avec l'allusion aux cent ans pendant lesquels cette cité resta déserte), une troisième ville, Luiserne, semble avoir qualité pour revendiquer l'honneur d'avoir été la principale étape de la courte campagne offensive des Français (1).

---

(1) Certaines villes espagnoles, a dit M. Longnon, (*Atlas historique* de Schrader, n° 19), comme Astorga et Tuy, restèrent un siècle environ, de 750 à 850 sans être repeuplées, dans une sorte de marche frontière entre chrétiens et sarrasins, mais Luiserne, Lucerna, me paraît être plutôt un sobriquet roman appliqué à une localité que le nom d'une ville réelle. Le faux Turpin en parle, dans la première partie de sa compilation en des termes qui semblent inspirés de l'histoire des cinq villes de la mer Morte ; et dans cette même partie, rédigée, d'après M. Dozy, à Compostelle

II

Quels personnages rencontrons-nous au cours du récit ?

Ce sont d'abord les douze pairs, dont j'ai déjà donné la liste, mais où l'auteur du *Roland*, qui voulait les faire tous mourir à Roncevaux, a substitué à Naimon, à Ogier et à Ganelon (1), Anséis, le lointain ancêtre des Carlingiens, le fils de Pépin d'Héristal, et deux personnages mythologiques, Ivon et Ivoire (2).

---

par un clerc français à la fin du XIe ou au commencement du XIIe siècle, les murs de Pampelune s'écroulent miraculeusement comme les murs de Luiserne dans *Gui de Bourgogne*.

(1) Je dis que Ganelon devait à l'origine faire partie du collège des douze pairs. Celui-ci ayant évidemment été calqué sur celui des douze apôtres, le nouveau Judas a dû y être compris. Il ne subsiste toutefois en cette qualité que dans un texte récent, la version en prose du *Pèlerinage* contenue dans le manuscrit français 1470, texte de basse époque, mais remontant sans doute à un original plus ancien.

(2) Ivon et Ivoire ne sont pas des êtres réels ; ce sont des êtres divins, communs à la mythologie celtique et à la mythologie germanique, où ils ont la spécialité de conduire les migrations.

1º Guillaume le breton attribue dans sa *Philippide* la fondation de Paris au troyen Ivor, venu de Sicambrie.

2º Gaufrei de Monmouth fait ramener dans leur pays les ancêtres des Gallois de son temps par Ini (lis. Ivi) et Ivor, qu'il rattache à la famille du duc Alain de Bretagne, mort en 952, et reculé par lui jusqu'au VIIe siècle.

3º L'historien des Lombards, Paul, les fait partir de leur pays d'origine sous la conduite d'Ivor et d'Aio, dont l'historien danois Saxo, appliquant ce récit aux Scandinaves, transforme les noms en Ebbo et Aggo.

4º Un des chefs de la migration des Gaëls en Irlande, d'après la

Le rédacteur, ou peut-être un copiste, du texte d'Oxford, a remplacé Gautier par Gérard de Roussillon, qui avait la même initiale, et, cédant à une manie d'allitération dont il a donné d'autres exemples (1), il a ajouté Gérier à Gérin et s'est trouvé dans la nécessité de faire sortir Turpin de la liste des douze, tout en lui laissant son rôle actif dans le combat. Il y a là une erreur certaine. La *saga* rétablit Turpin et Gautier ; il est vrai que, voulant maintenir Gérier, elle s'est trouvée obligée d'expulser Auséis, de même que les remaniements rimés, dédoublant Oton en Estoul et Oton, ont dû supprimer Sanson. Portant ainsi de neuf à douze le nombre des pairs de Charles qui combattirent à Roncevaux, il a fallu augmenter celui des pairs de Marsile dans la même proportion. On a donc exclu du collège des pairs musulmans Grandoine, Valebrun et Climboïn comme on excluait Naimon, Ogier et Ganelon, et l'on a ajouté Chernuble, l'amoraive (l'Almoravide) et l'aumacour. On voit que pour ces deux derniers on ne s'est guère mis en frais d'imagination. On ne s'est même pas donné la peine d'aller chercher des noms propres. Cela sent la hâte, l'inexpérience, la maladresse, et cela a choqué le chroniqueur

---

légende nationale, porte le nom d'Eber et donne au pays et notamment à la partie sud orientale le nom d'Iverio, Hibernia.

Ces deux personnages ne jouent aucun rôle dans *Roland*, pas plus que dans les autres poèmes qui les mentionnent, le *Couronnement de Louis*, *Gui de Bourgogne*, *Gaufrei*, v. 98. Dans sa liste des morts de Roncevaux, Turpin ne cite qu'Ivorius, et omet Ivo.

Le caractère mythologique d'Ivor se retrouve encore dans le fait de sa transformation en prince sarrasin, ce qui est la destinée assez ordinaire des anciens dieux du paganisme (voir *Bovon de Hanstonne*, v. 993, etc., Ivori, *Huon de Bordeaux*, v. 7251, etc., Ivorin, le *Siège de Barbastre*, f° 151, Ivoire).

(1) Basan et Basilie, Ivon et Ivorie, Clarien et Clarifan.

danois dont la liste ne renferme que neuf noms conformes à celle du *Roland* d'Oxford.

Cette même gaucherie se traduit dans le récit du combat. Gérard, Ivon, Ivoire ne jouent aucun rôle, ne se mesurent avec aucun païen et n'apparaissent que pour mourir, dans des vers que l'on peut supprimer sans inconvénient. Roland tue deux païens, Aelrot et Chernuble, ce qui prouve que ce dernier personnage est interpolé, puisqu'aucun autre des douze pairs n'a deux adversaires. Comme on a donné à Anséis un adversaire sérieux, il faut faire lutter Sanson contre ce fantoche qu'on appelle l'aumaçour.

Plus loin, erreur identique. Il ne doit rester à Marsile que trois pairs, et c'est suffisant, Climboïn tue Engelier, Valebrun Sanson, Grandoine Gérin (et peut-être aussi Bérengier et Oton, à moins qu'à l'origine Bérengier ne fut tué par Marsile et qu'Oton ne réussit à s'échapper, car il est remarquable qu'il n'est nulle part fait mention de sa mort). Chacun de ces Sarrasins sera puni par un des trois chefs de premier plan, Olivier, Roland et Turpin. Mais, comme on a ajouté Anséis, il faut, pour le tuer, créer un seizième pair sarrasin, Malquidant, et de nouveau attribuer à Roland deux adversaires, ce qui détruit toute la symétrie, tout le parallélisme que l'auteur primitif semble bien s'être proposé d'établir.

Citons encore, parmi les personnages secondaires, Austoire, très probablement interpolé, Guion qui figure à côté de Bérengier, Bovon qui périt sous les coups de Marsile, jouant peut-être ainsi le rôle que tenait à l'origine Bérengier, du côté des chrétiens ; parmi les Sarrasins, Justin, Esperveri qui n'était peut-être pas au début distinct d'Estramari, Siglorel, Alfaïen, Escababi, Faldrun, Abîme, Timozel qui devrait peut-être remplacer Malprimis dans la liste des douze pairs de Marsile, enfin les conseillers païens de la laisse 5, interpolés comme tout ce passage, et dont les noms, presque tous (sauf Estorgant) différents de ceux des douze pairs, sont empruntés de ci de là à l'onomastique épique.

L'épisode de Baligand lui-même a dû être composé en deux fois. Au premier récit appartient sans doute le squelette suivant : Capamor et Torleu qui conduisent les deux premiers corps païens sont tués par Rabel et Guineman qui jouent le même rôle dans l'armée chrétienne ; Malprime, le fils de l'émir, est tué par Naimon, qui remplit les fonctions de maréchal de bataille, tandis qu'Ogier est gonfalonier ; Canebeus, frère de l'émir, attaque Naimon et le presse ; mais il est tué par Charles qui venge sur l'émir la mort de ses deux capitaines appelés ici Guineman et Giboïn, et non plus Guineman et Rabel (Lorant est une erreur de scribe, le personnage n'existe pas, et Richard une interpolation).

L'armée française se compose alors de deux échelles, la première sous Guineman et Rabel ; la seconde sous Giboïn et l'imaginaire Lorant ; la troisième, que commandent avec le roi Ogier et Naimon.

La seconde version a eu pour but de mettre en lumière ce que j'ai appelé les héros territoriaux, Jofroi d'Anjou † 987, qui tend à remplacer Ogier comme gonfalonier, et déborde en cette qualité en dehors de l'épisode de Baligand, Richard de Normandie, † 996 (interpolé v. 171 et 3470) (1), puis les chefs des contingents qui morcèlent la troisième échelle en huit divisions distinctes, Bavarois, Alemans ou Souabes, Normands,

---

(1) Tibaud de Reims, qui n'est autre que le défenseur de Charles le Chauve en 840, est partout interpolé (v. 173, 1433, 3058), ainsi que son compagnon, appelé suivant les cas et pour la rime Milon ou Oton. Le compagnon de Richard, Henri (v. 171), vient également pour la rime comme on ajoute à Naimon Acelin (v. 2882), Joseran (v. 3023), Antelme (v. 3007), ou à Giboin Oton (v. 2432), Tibaud (v. 2970), Lorant (v. 3469).

Bretons, Aquitains, Frisons, Lotharingiens du royaume de Lothaire (royaume d'Arles et Lorraine haute et basse), Français enfin, avec six chefs dont plusieurs sont des héros territoriaux, Herman de Trace, lisez de Souabe (926-948) (1), Richard de Normandie † 996, Odon de Blois (975-995), représenté par son délégué Nevelon, Joseran, Raimbaud, lisez Radbod de Frise, vivant en 716, et l'Argonnois ou Ardennois Tiéri (2).

Ces dernières identifications ne sont pas les seules que l'on puisse faire des héros de notre épopée, et je vais re-

---

(1) C'est son intervention en France en 946 avec son frère Gui en faveur du roi Louis contre les barons rebelles qui l'a fait introduire dans notre épopée. C'est très logiquement un royaliste dans *Gaidon*, v. 7986, et comme il était l'ennemi de ce héros, il est devenu celui de *Doon de Maience*, v. 4210, celui de *Partenopeus*, v. 7662, et celui de *Galeran* sous son nom correct de Herman de Souabe. Il figure dans les deux camps dans *Girard de Roussillon*, car il est historiquement l'allié du roi, et comme allemand il doit être l'allié du rebelle (par. 57, 146, 223, 259, 275, etc.). *Girbert* en fait tout naturellement un fils d'Orri l'allemand (v. 433 etc.). Comme Fourré, Isoré, Renier, etc., c'est souvent un nom de prêtre ; *Gaidon*, v. 4541 ; *Fierabras*, v. 5089 ; *Galien*, p. 174 ; *Foucon*, p. 96 ; *Bovon d'Aigremont*, p. 23 ; un simple nom (*Huon Capet*, v. 3923 ; *Elias*, v. 2172 ; *Auberi*, f° 79). Dans *Doon de Maience*, v. 2907, et dans *Gaufrei*, v. 5467, je crois qu'il faut lire la *porte Guimer* et la *terre Guinan* au lieu de *Hermer* et *Herman*, de même dans *Auberi*, éd. Tobler, p. 47, je lis Guinan et non Herman. *Girard de Roussillon* et *Partenopeus* donnent la forme *Armand*.

(2) Rien ne montre mieux la précipitation avec laquelle a été rédigé l'épisode de Baligand que la multiplicité des personnages qui jouent près de lui le rôle de sénéchal, de gonfalonier, de conseiller, de compagnon intime, Gemalfin, Marcule, Amboire, Jangleu. N'oublions pas enfin son messager Clarien fils de Maltraïen qu'il a eu l'idée de dédoubler en Clarien et Clarifan, comme il avait fait d'Ivon et d'Ivoire, de Gérin et de Gérier, etc.

prendre à ce point de vue la longue liste de personnages que je viens de dresser.

En ce qui concerne les douze pairs, j'ai déjà signalé dans l'introduction Ogier, le fidèle serviteur de Pépin et de Carloman son fils, réfugié après la mort de celui-ci chez le roi Didier de Lombardie en 771 et devenu par suite en 773-774 l'adversaire de Charles ; Turpin, évêque de Reims au VIIIe siècle, qui a pénétré dans *Roland* par la légende d'Ogier comme Guinemer et Baudoin, qui, en leur qualité de meurtriers de l'évêque de Reims Foucon (900), ont été placés dans la légende du comte rebelle comme son beau-père et son fils et dans la légende de Roland comme oncle et comme fils du traître Ganelon, Bérengier de Toulouse et Gérin d'Auvergne qui s'illustrèrent en combattant en 819 les Gascons du duc Lupus ; Sanson, dont le nom, plus ordinairement traduit Sanche, est très fréquent chez les princes gascons, basques et navarrais, et qui nous est représenté par le poète Ermold (IXe siècle) comme ayant, à tort ou à raison, participé à côté de Guillaume de Toulouse à la prise de Barcelone en 801 ou 803. Le très historique marquis de Bretagne Roland, comte du Mans, dit la chronique de Turpin, ce qui est très vraisemblable, a pour inséparable Olivier ; celui-ci était sans doute un personnage de condition médiocre, subalterne, lié à Roland par le lien étroit du compagnonnage germanique ; peut-être trouva-t-il la mort dans le même combat que le héros. Oton, sur lequel je reviendrai à propos d'Otinel, et Gautier étaient peut-être des personnages analogues. Naimon est sans doute le roi de Bretagne Nominoë † 851. Ganelon, ou mieux Guenes, est un personnage mythologique, le Dieu de la mort (1). Engelier est peut-être un héros

---

(1) C'est, je crois, à l'origine un personnage de la mythologie celtique, le roi des morts Gwyn ou Gwynwas, dont on a assimilé le nom avec le nom d'homme français Guenes, Ganelon. Roland

méridional, mais il est inconnu des historiens (1).

---

succombe ainsi sous ses coups comme Sigfrid dans l'épopée germanique périt frappé par la personnification germanique de la Mort, le dieu Hogni ou Hagen, roi du monde souterrain, de l'autre monde. Hagen, comme Guenes, a fini par devenir, grâce à l'anthropomorphisme, un homme comme les autres. Ce caractère de Guenes me paraît résulter, 1° du rôle qu'il joue dans un poème français de la seconde moitié du Xe siècle sur l'évêque d'Autun S. Léger † 678, où il est dit que le geôlier du saint, nommé Guenes, l'enferma dans un cachot *souterrain* ; 2° du rôle joué dans la version bretonne du martyre de sainte Ursule par les rois païens Guanius et Melga, où M. Rhys a reconnu les dieux celtiques Gwynwas et Maelwas, dieux du meurtre et rois des enfers.

De même qu'ils lui attribuaient une famille selon leurs idées, les Champenois localisèrent Ganelon non loin d'eux. Il est comte de Corbeil en Brie, dit la saga de *Charlemagne*, qui lui attribue également Château-Landon en Gâtinais. Il est né à Ramerupt au diocèse de Troies, dit le chroniqueur Aubri de Trois-Fontaines.

(1) Au point de vue épique, sauf l'Anjorran de Couci des *Lorrains*, p. 61, le personnage épique désigné sous les noms d'Anjorran, Engueran, etc. n'est autre qu'Engelier dont un scribe malavisé a remplacé le nom par un autre qui présentait avec le sien certaines analogies et lui était plus familier. Dans *Roland*, il tue Escremi, puis Esperveri et est tué par Climboïn. Il porte les surnoms d'Engelier de Gascogne et d'Engelier de Bordeaux. Le poème latin le connaît. *Turpin*, dans son catalogue des héros épiques soi-disant morts à Roncevaux, en fait un duc de Guyenne, de race basque, enterré à Bordeaux. *Le Couronnement*, *Gaufrei*, v. 5086, le chroniqueur Jean des Preis, *Otinel* et *Gui de Bourgogne* lui conservent sa place parmi les douze pairs, mais sans lui faire jouer aucun rôle ; il a disparu du *Pèlerinage*, pour faire place aux héros du cycle de Guillaume, et de *Fierabras*, où il s'est effacé devant les héros territoriaux. C'est le seul des douze pairs de Charlemagne dont *Floovant*, par un anachronisme un peu hardi, fasse un des douze pairs de Clovis, et ce poème l'appelle Engelier de Laon, surnom

Un seul des personnages que *Turpin* fait mourir à Roncevaux ne se retrouve pas dans les chansons de geste parmi les barons chrétiens : c'est Arastagnus, roi de Bretagne. Il y a bien un Arestan dans *Aliscans* (v. 4691), un Alaistant dans *Gaufrei* (v. 315, 350), un Alestan dans *Anséis* (v. 2157, 2579, 5298, 7696) ; mais dans ces trois poèmes ce nom est porté par un sarrasin. Faut-il lire Arestanus et non Ares-

---

donné, je ne sais trop pourquoi, à divers héros du midi, à Guillaume dans *Elie*, à Bertran dans *Aie*. *Gui de Bourgogne* en fait le père d'un autre héros méridional, Savari ; *Aimeri de Narbonne* le rattache à trois héros du pays au sud de la Loire, en lui donnant pour père Droon, pour frère Sanson, pour grand-père maternel Aimeri; *Maugis* l'appelle Engeran, mais lui conserve sa nationalité bordelaise, v. 6125 ; *Girard de Roussillon* fait d'Engeran d'Abbeville (par. 110 et seq.) un royaliste, soldat du roi contre les rebelles ; *Gui de Nanteuil*, v. 1629, fait d'Engelier un Aquitain rebelle au roi, comme *Renaud*, laisse 126 ; la saga de *Charles* fait d'Engeran de Rodenborg (liv. 1, ch 2) un ami de Reinfroi, analogue à l'Engeran de Beaufort de *Charlemagne* (f° 28) ; *Foucon* fait d'Engelier de Valtor (p. 73) un compagnon des fils d'Aimeri ; *Huon de Bordeaux* (v. 288), *Aioul* (v. 10.770), *Ogier*, (p. 134 et 323) associent Engelier ou Engerran à des méridionnaux, Gautier, Gerard, Girart, Acart ; *Raoul de Cambrai* (v. 8114) fait baptiser sous le nom d'Aingelier le père adoptif d'un autre méridional, Julien de Saint-Gilles ; *Aimeri* (v. 1495), oubliant qu'il en a fait, v. 4731, le petit-fils de son héros, fait d'Engelier son contemporain ; *Girbert de Metz* (v. 450) fait d'Enjorren le fils du méridional Guirré ; *Bovon d'Aigremont* ajoute au royaliste Engueran de Spolète (p. 4) un autre royaliste (p. 32) et un rebelle (p. 36).

Je ne parle pas bien entendu des endroits où Anjorran vient pour la rime, comme dans les *Saisnes* (Naimon et Anjorren) ; cf. dans *Roland*, v. 2882, Naimon et Asselin. L'Angelier de *Gui de Nanteuil* est là pour la rime, comme l'Enguerran de Moncler de *Berte*, v. 105, et des *Enfances Ogier*, v. 867, l'Enguerran d'*Elias*, v. 2169. Ce dernier poème, v. 5682, mentionne Sanson et Engelier. Engelier paraît dans *Bovon de Comarcis*, v. 368.

tarcus le général qui soumit les Francs révoltés (*Liber hisriæ Francorum*, éd. des *Monumenta*, p. 24)? Faut-il y voir le Drostan celtique que nous appelons Tristan, le Rostagnus qui en 801 ou 803 combattait dans les rangs chrétiens sous les murs de Barcelone, l'Alstagnus qui se trouve dans certains documents être le nom que porte le pirate plus généralement appelé Hasting. Le rôle qu'il joue dans notre épopée est trop minime pour qu'on en puisse rien conclure de plausible (1).

Le personnage de Guenes n'est pas la seule individualité mythologique que renferme notre poème : de même qu'il était à l'origine le dieu de la mort, et que Roland, terrassé par la Mort, a paru succomber sous les coups d'un homme qui portait ce nom ; de même la déesse de la Mort, dans les bras de laquelle on a pu dire qu'il s'endormait, et qui allait être pour l'éternité sa compagne, la germanique Hilde, en langue romane Aude, est devenue sa fiancée, une femme de chair et d'os. Même aventure était arrivée au héros germanique Sigfrid ; son meurtrier n'est autre que le dieu de la mort, Hagen ; ses femmes, sous les différents noms qu'elles portent dans les diverses versions de la légende, Brunhilde, Grimhilde, etc, sont toujours des Hilde, des créatures surnaturelles, Valkyries casquées qui viennent frapper les hommes sur les champs de bataille pour en faire dans l'autre monde leurs maris immortels.

Les trois chefs chrétiens qui figurent dans l'épisode de Baligand, Giboïn, Guineman et Rabel, méritent ici d'attirer notre attention. Ils présentent en commun cette particularité d'être généralement destinés dans notre épopée aux rôles antipathiques. Dans *Raoul*, Giboïn, surnommé le manceau

---

(1) On trouve encore dans *Aliscans*, v. 1034, Alisté ou Aristé. Mais c'est là un pur adjectif, comme le prouve le v. 1517 de *Gaufrei*.

(surnom qui n'a probablement pas plus de valeur que la plupart des autres du même genre), est investi du Cambrésis par le roi au détriment du fils de l'ancien possesseur. Dans la seconde rédaction (A, C et D), des *Enfances Vivien*, Giboïn est représenté comme le chef du contingent lombard, généralement peu estimé des trouvères. Dans *Godin* (*Huon de Bordeaux*, p. xlviii), le roi Giboïn est l'adversaire du héros. *Gaidon* (v. 7983) range Giboïn parmi les traîtres, et Gibouard, dont le nom est calqué sur celui de Giboïn, est dans *Huon de Bordeaux* un Italien, c'est-à-dire un étranger mal famé, un méchant homme, et le beau-père du frère ingrat de Huon.

Parfois le nom est employé pour désigner un sarrasin ; il prend alors la forme Giboé dont les scribes ont fait parfois Griboé ou Guiboué (1).

Quant à Guineman et à Rabel, il faut y voir les deux rois de Bretagne Guiomar † 825 et Ripes (Erispoé) † 857, dont le nom a été modifié, le premier par une confusion avec le Guinemer dont j'ai parlé, le second par une confusion avec Radbod de Frise.

III

Les guerriers païens du *Roland* n'ont absolument rien d'historique. J'entends par là qu'aucun d'eux ne porte le nom d'un de ces émirs sarrasins qui guerroyèrent contre les Français au VIII° siècle. Trois personnages seulement, le calife, l'aumaçour, l'almoravide, portent des noms arabes, encore sont-ce des noms communs, récemment introduits, semble-t-il, dans le poème.

L'auteur a donc dû faire appel à son imagination pour

---

(1) *Aliscans*, v. 4909, *Aimeri*, v. 3610, *Prise d'Orange*, v. 1682, *Bataille Loquifer*, laisses 39 et 57, *Foucon*, p. 38, *Elias*, v. 2695, *Enfances Ogier*, v. 116, *Mainet*, p. 326.

nommer les cinquante Sarrasins ou environ qui, soit directement, soit par voie d'allusion, apparaissent dans ses vers. Il pouvait chercher parmi les ennemis du peuple de Dieu ou les persécuteurs des chrétiens, les démons de la Bible ou les dieux du paganisme, parmi les êtres mythologiques du panthéon celto-germanique, parmi les pirates scandinaves ou les chrétiens sur lesquels telle ou telle circonstance de leur vie avait jeté la défaveur, il pouvait leur appliquer des noms hébreux ou latins, des sobriquets forgés par lui, ou simplement, comme les romanciers modernes, choisis parmi les noms de baptême que l'on donnait autour de lui. Il a fait un peu de tout cela (1).

---

(1) Marsile se retrouve dans *Otinel, Mainet, Maugis, Gaufrei,* v. 2202, *Anséis,* v. 70, etc., *Huon Capet,* v. 3745, la *Prise de Rome,* v. 85, *Aimeri,* v. 119, etc., *Aie* (v. 1610, etc.). *Fierabras* (v. 2738) l'appelle Garsilion. Un Garsile est dans *Charles le Chauve* un des alliés païens de Philippe. Garsile est dans *Elioxe,* v. 3103, et dans *Florence,* l'adversaire de l'époux de l'héroïne, appelé tantôt Milon, tantôt Esmeré. *Le Couronnement* (v. 301, etc.) appelle Garsile le chef des païens, que d'autres manuscrits appellent Galafre. Il y a un Garsile dans le *Moniage Renoart,* laisse 144.

On trouve dans *Anséis* deux Garsion, l'un païen, v. 3888, l'autre chrétien (v. 10.094, etc.), neveu de Guion et petit-fils de Sanson. *Doon de Nanteuil* (v. 58) met Garsiel parmi les traîtres. *Elias* v. 5207, cite un Marsion, le *Siège de Barbastre* (p. 153) un Marsion ou Marsacon. *Ille* (v. 5300) fait de Garsion un fils du héros. Il y a eu en Bretagne parmi les sires de Retz deux Garsire, l'un fils de Geslin, l'autre de Harscouët. Ce nom était donc répandu dans la marche franco-bretonne où commandait justement Roland.

Peut-être faut-il voir Marsile dans le Marcus du chroniqueur italien Jacques d'Acqui. Mais les autres Marcus, Marcon ou Margon de *Jordain* (v. 1356, etc.), de *Ciperis,* d'*Elias* (v. 142), de *Guillaume de Palerne* (v. 5753), des *Sept Sages,* de *Marques de Rome,* du *Siège de Barbastre* (p. 153), proviennent bien plutôt soit du latin Marcus,

Il est bien évident par exemple que Margari, Abîme, Blanchandin, sont des mots de la langue courante employés en guise de sobriquets. Escremi, Estramarin, Esperveri, Espaneli, Falsarun, rentrent peut-être dans la même catégorie,

---

soit du fabuleux roi Marc du cycle d'Artus, soit du Malgo de Gaufrei de Monmouth (le celtique Maelwas).

Le Marcule de *Roland*, le Marsoufle des *Lorrains*, p. 15, sont sans doute forgés sur Marsile.

Peut-être faut-il rapprocher également le Mancion de *Guion de Bourgogne* (version b), le Galcion du *Siège de Barbastre* (f° 149), le Mancion fils de Guillaume d'Esturgon, tué par Dagobert, dans *Charles le Chauve*, le Malcion (var. Maltoulon) d'*Anséis* (v. 1399), le Mancien ou Mencion de la *Reine Sibile* (f°s 355 et 362), écrit Marsion par Jean des Preis, et peut-être, en supposant une erreur de scribe, le Manion de *Galien* (p. 125) et de *Garin de Montglane* (version b). Il a existé d'ailleurs un Mancion, chef gascon, battu et tué en 765, en Narbonnois, par les généraux de Pépin Galeman et Australd.

Quant à Baligand, sur lequel on a forgé Aligan (*Anséis*, v. 7516), Maligan (*Aic*, v. 1514), Saligot (*Foucon*, p. 38, etc., *Anséis*, v. 2548), et le nom de peuple Baligot dans *Aie* (v. 1494), on le retrouve sous sa vraie forme dans *Elie* (v. 100), *Anséis* (v. 1030 et v. 1392), *Maugis*, le *Moniage Renoart* (laisse 180), *Huon Capet* (v. 3745), et sous la forme Babilan dans la *Prise de Rome* (v. 85).

Le Baldigan de *Cléomadès* est sans doute forgé sur Baligand.

Il faut remarquer enfin qu'il y a entre Baligand et Balan le même rapport qu'entre Salot et Saligot.

Beaucoup de ces noms sont spéciaux au *Roland*. Il faut dire toutefois que si on ne les retrouve pas ailleurs, c'est peut-être qu'ici ils ont été mal orthographiés par le scribe. Ainsi je crois qu'il faut lire d'après les variantes, Amboïn et non Amboire, Fernagu et non Gemalfin. Escababi est peut-être Esclarabin ou Esclabarin. Estramarin, Espaneli et Esperveri (Aspremerein), Escremi et Eudropin, Capuel (Capoe et Cadouin) et Machiner (Baticl ou Batuer) n'étaient peut-être pas distincts à l'origine. De même si Clinborin (Cliboïn, Climorin) doit être lu Libanus, il est identique

Eudropin, Justin, Priamun, Maheu, si du moins ces formes sont correctes, viennent de l'hébreu et du latin.

Le plus gros contingent est fourni par les noms propres à physionomie germanique, pour certains je serais tenté

---

au Libanor ou Limbanor, prétendant malheureux à la main de Malatrie, vaincu par Girard et converti dans *le Siège de Barbastre* et *Bovon de Comarcis*.

Marcule ou Merguile pourrait bien n'être que Marsile un peu déformé. De 25 le nombre se trouverait réduit à 15 : Abime (ou Ambori), Aelrot, Brandimonde, Chernuble (Cornuble, Corsuble, Gesmemble, Gernuble, Germible), Dapamor, (Clapamor, Capanor), Esperveri (Aspremerein), Eudropin, Jangleu (Jangles, Juglant), Joïner (Loenel), Jurfaleu, Maheu ou Mattheu, Maltraien, Malpalin, Priamun, Timozel.

On retrouvera ailleurs Borel, Clarin, Corsablin, Malagu, Malbrun, Malduit.

Grandoine figure dans *Gaufrei*, v. 10.542 et dans *Gui de Nanteuil*, v. 1905, Grandoine ou Brandoine dans *Maugis*, v. 3269, Brandonne dans *Elie*, v. 562, *Huon Capet*, v. 6277.

Garlan figure dans *Elie*, v. 2237 et dans les *Enfances Guillaume*. Canabel (forgé sur Canard) se retrouve dans *Godefroi* (ms. fr. Bibl. nat. 12.558, f° 172) et dans *Anséis*, v. 4657. Il faut en rapprocher Danebus.

Alfaïen (forgé sur Aufar) se retrouve sous la forme Alfamion dans *Aie*, v. 1526, etc. et comme nom de femme sous les formes Alfamie (*Otinel*, v. 1113, etc.) et Alfanie (le *Siège de Barbastre*, f° 149).

Blanchandin est le héros d'un roman d'aventures : il a de plus donné le nom de femme Blanchandine dans le *Siège de Barbastre*, f° 149.

Estorgant figure dans *Aioul*, v. 9691, etc., *Anséis*, v. 3483, etc. comme Esturgon dans le *Siège de Barbastre*, f° 117, comme Estorgis dans *Floovant*, v. 1817, la *Prise de Rome*, v. 298, comme Estorgus dans *Aie*, v. 3285, comme Estrogent dans le *Moniage Renoart*, laisse 133.

Falsarun figure dans *Aubcri*, éd. Tobler, p. 147, dans la *Prise*

d'ajouter ou celtique. Turgis, par exemple, est le nom d'un célèbre pirate scandinave qui, après avoir cruellement ravagé l'Irlande, périt en 845 sous les conps des indigènes révoltés. Est-ce le souvenir de ce fait historique qui lui a donné place

---

de Cordres, v. 2211, dans Galien (p. 119 et 338), dans Godefroi (v. 4424), dans Ogier (laisse 19), dans Anséis (v. 3613, etc.), dans Vivien de Monbran, v. 818. On trouve Fasseré dans Fierabras v. 3711, Aliscans v. 374, et Gaufrei, v. 1516, où il est substitué par erreur à Machabré.

Estormarin se retrouve dans Aliscans, v. 1372, Estormarent dans le Moniage Renoart, laisse 167.

Malprime forgé sur Malbrun, se retrouve dans Anséis, v. 10.468, etc..

Malquidant figure dans Elioxe, v. 1728, dans Gaufrei, v. 3729, 9355, dans Bovon de Comarcis, v. 1144, etc., dans Galien, p. 240, dans Aliscans, var. p. 75, dans Charles le Chauve, f° 1, dans les Sept Sages, p. 16. Margari figure dans Fierabras, v. 1664, 1710, le Covenant Vivien, v. 522, etc., Foucon, p 139, Guibert, f° 167 (Magari et Magaron).

Justin reparaît dans Aspremont. On trouve ailleurs Justabel et Justamond, Rustan (p. e. Rustaud), Aioul, v. 1496, etc., Rustin, Bovon de Comarcis, v. 3710, etc.

Turgis figure dans Anséis, v. 3698, Gaufrei, v. 480, la Violette. On trouve Torleu ou Turles sous la forme Turleu dans Anséis, v. 10.583, et dans Gaufrei sous la forme Turlé, v. 2084. Il faut en rapprocher Turfier (Auberi, éd. Tobler, p. 148, Prise d'Orange, v. 997, Elie. v. 1489, 2236, Anséis, v. 5678, la Mort Aimeri, v. 949 c, Gaufrei, v. 5088 et 6614, Galien (qui écrit Tursier) p. 342), Turquant (le Siège de Barbastre, f° 119, Bovon de Hanstonne, ms. 12.548, f° 37); Torgins (Ille, v. 2655), Torcus (Foucon, p. 64) ; Borgis, Bargis Bergis (Aliscans, var. p. 110, Foucon, p. 8) ; Targent (Moniage Renoart, laisse 167).

Valebrun ou Valdabrun se retrouve dans Anséis qui distingue Valebron, v. 5389 et Vadebron, v. 10.493, Galien les confond, p. 338. V. encore Doon de Majence, v. 8204. Pour Malabron, voir Garin de

parmi les ennemis des chrétiens ? Toujours est-il qu'il faut ranger dans la même classe Aelrot (qui est le nom germanique Aethelred), Baligand, Jurfaleu, Malbrun (écrit tantôt Faldrun tantôt Malbien), Valabrun. Canabel a sans doute été formé sur Canard, Estorgant s'inspire peut-être à la fois de Turgis et du nom de lieu espagnol Astorga. D'autres fois, dans un but que j'ignore, l'auteur déforme légèrement le nom des personnages, et, de même qu'on peut hésiter s'il faut lire dans *Roland* Falsarun ou Malsarun, il est bien évident que Grandoine, Marsile, Malduit ou Malduc (écrit à tort Malcud), Valabrun, ne sont pas distincts du Brandoine, du Garsile, du Baldus, du Malabron d'autres poèmes.

Le nom du champion de Ganelon, Pinabel, me semble au même degré que la plupart des noms sarrasins, un nom réel et un personnage de tous points imaginaire, c'est-à-dire qu'on ne sait s'il a existé un Pinabel historique, ou, à son défaut un Pinard ou un Pinel (sur lesquels aurait été formé Pinabel, comme Canabel l'a été sur Canard), qui aurait mérité, par quelque circonstance de sa vie, d'être considéré comme un traître, ou si c'est une pure fantaisie de trouvère qui a été chercher ce nom très répandu en France, parmi les noms courants que l'on donnait autour de lui. Ce qui est certain, c'est que Pinard, Pinel, Pinabel, une fois entrés dans notre épopée, y sont restés sous un jour désavantageux. S'agit-il de dénommer un espion, un brigand, un ennemi

---

Montglane et *Gaufrei* (v. 5326, etc.) qui s'accordent à en faire le père de Robastre, dans *Huon de Bordeaux*, v. 5345, etc., *Esclarmonde*, v. 1143, etc., *Mainet*, p. 329.

Ainsi d'un trouvère ou d'un jongleur à l'autre un nom qui a déjà fait figure se transmet pour les besoins du vers, allongé, raccourci, modifiant pour la rime sa voyelle finale, estropié par des copistes maladroits, souvent en somme peu important et très rarement épique.

du héros, un sarrasin, il se place tout naturellement sur les lèvres des jongleurs. *Aliscans* (v. 29) fait de Pinel un fils de Cador, un sarrasin tué par Guillaume de Toulouse, le *Covenant Vivien* (version c et d, v. 2845) un fonctionnaire royal qui a payé de sa vie une querelle avec la famille de Guillaume. Dans *Foucon*, on voit apparaître Pinel et Pinabel (p. 8 et 111 ; f°s 18, 31, et 104) dans les rangs sarrasins ; de même dans *Floovant* Pinard et Pinel (v. 721, 1406, 1486, 1489, 1676), dans *Anséis* Pinard et Pinabel (v. 4734, 10.447), dans *Vivien de Monbran*, Pinabel de Soralle, v. 693 ; *Parise* (v. 18, 19) et *Aioul* (v. 8177) citent Pinard ou Pinel et Pinabel parmi les traîtres. *Renaud* (laisse 122) fait de Pinel un espion, *Aioul* (v. 5807) un brigand (1). D'autres poèmes parlent en mauvais termes des fils de Pinabel, comme *Aie* (v. 3911, 3979), qui a emprunté tant de personnages au *Roland*, soit d'une manière vague, soit en lui rattachant par un lien de filiation directe (v. 152) deux des principaux traîtres du récit, Auboïn et Milon. Il est donc impossible de se tromper sur le caractère du personnage ; mais cela n'éclaire pas la question de ses origines.

IV

Un tableau épique, le *Pèlerinage*, composé, d'après nos meilleurs romanistes, vers l'an 1060, racontait comment le roi Charles, piqué des éloges que sa femme donnait à l'empereur grec, s'était décidé, après avoir fait un pèlerinage à

---

(1) *Galien*, p. 119 et seq., fait de Pinard le principal adversaire sarrasin de son héros. *Gaufrei*, v. 4001, cite parmi les traîtres Pinabel de Sorenche. *Doon de Nanteuil* cite Pinel (v. 59) et fait de Pinabel (v. 55) le fils du traître Rogon. Les *Lorrains* parlent du traître Pinel d'Aix et mentionnent le val Pinel (p. 77, 173). Enfin le Binard des Narbonnois, f° 73, et le Ginart d'*Aioul* doivent être lus Pinard.

Jérusalem, à s'arrêter à Constantinople, comment les douze pairs avaient après boire fait assaut de vanteries, et comment Dieu, toujours indulgent aux Français, les avait tirés d'affaire en les aidant à accomplir leurs tours de force, la plupart irréalisables sans son intervention Pour relier ce poème au *Roland*, on imagina vers le XIIIe siècle que la princesse grecque dont Olivier avait parié d'obtenir les bonnes grâces, avait donné le jour à un fils, et que celui-ci, s'étant mis à la recherche de son père, arriva juste à temps sur le champ de bataille de Roncevaux pour venger sa mort.

Ce fils reçut le nom de Galien. Est-ce un nom calqué sur Galeran, comme Florien sur Flovenc, Madien sur Maderan, Mibrien sur Maubrun ? Est-ce une imitation du héros breton Galaved, le Galaad des romans artusiens ? A-t-il son origine dans le nom du divin forgeron Galan, de la mythologie germanique, et faut-il trouver un rapport entre Galien et l'émir Galafre du *Mainet* ? Je l'ignore. *Elias* (v. 4246, etc.) en fait un fils du duc Milon, parent de l'empereur Oton, tué par les Saxons tandis qu'il accompagne le héros du poème pour le mettre en possession des domaines de sa femme. Cela tend à donner à ce nom une origine mythologique, et *Galien* y contribue en parlant (p. 13) de la fée Galienne. C'est la fille de Galafre, la femme du roi Charles (*Mainet*, *Doon de Maience*, v. 11. 171, la *Violette*, v. 876). Généralement c'est un nom mal famé : Galien dans *Floovant* est le père de Fernagu tué par le héros, et de Maugalie qui devient son épouse : il tient un moment en prison le fils de Clovis et finit par être tué par lui. *Otinel* en fait un émir sarrasin père du héros et, à ce qu'il semble, frère de Fernagu (v. 235, 1410). Galien est un des cinq rois païens de *Guibert* (f° 167), *Aioul* (v. 6667) en fait un voleur ; les *Enfances Guillaume* parlent de la beauté du roi Galéans d'Averse, et *Elias* (v. 1036), en un passage que le *Bovon de Hanstonne* italien édité par M. Rajna a reproduit parle de l'épée de Galache (Galaço).

Le poème de *Galien* se compose donc de deux parties : d'abord un *Roland* assez différent du nôtre. Marsile y est, comme dans *Turpin*, frère et non vassal de Baligand : il a pour conseiller Blanchandin, mais il n'est pas question de ses douze pairs. L'augalie (le calife) et Fausseron y figurent seuls. Des douze pairs français primitifs j'en retrouve sept, Roland, Olivier, Turpin, Sanson, Bérengier, Ganelon, Estoul ; Ivon et Ivoire remplacent Ogier et Naimon comme dans *Roland* ; Bérard (et non Bertran) et Gilemer se retrouvent dans *Fierabras* ; Gondebeuf est spécial à *Galien*. Je n'ai pas retrouvé le nom du douzième. Richard qui figure parfois dans le récit de la première bataille, est d'ailleurs certainement interpolé, car après l'avoir vu mourir, on le retrouve vivant à la seconde bataille. Le combat contre Baligand donne naissance à un récit plus développé : on y retrouve Canebel sous la forme Danebus, Mauprime et le duel de l'émir et du roi, mais Dapamor et Torleu sont remplacés par quatre personnages, qui, autant que le récit un peu décousu permet d'affirmer quoi que ce soit, paraissent bien être Amaton, Esclamard, Orcanas et Sorbrin. Gondebeuf a réussi seul à s'échapper du champ de bataille, et c'est lui qui accuse Ganelon ; mais il n'y a pas de duel judiciaire, et le rôle de Tiéri consiste simplement à découvrir la retraite de Ganelon qui, comme dans *Roncevaux*, a pris la fuite pour se soustraire au jugement.

Tout le reste est pure imagination : duel de Galien avec Pinard, personnage dont j'ai déjà parlé, et ses neveux Corsuble et Martineau ou Malatré, mariage de Galien et de Guinande (c'est la forme féminine du nom du dieu celtique Gwynwas), nièce de Pinard et dame de Monfusain ou Monsurain, lutte de Galien contre ses oncles Tibert et Tiéri, dont les noms sont empruntés à d'autres romans, sans que l'auteur ait cherché à se conformer à la vérité légendaire des personnages, duel avec Burgaland pour sauver la vie de sa mère. D'autres embellissements ont été encore ajoutés, dont nous trouvons la trace dans les romans en prose, principalement au siège de Monfusain, où l'on voit figurer le bon Mauprin, le portier Durgault, les grands oncles et les parents de Galien, Ernaud, Girard, Milon, Boron, Foucon, Savari, etc.

Le roman italien sur Galerant a-t-il conservé les traces d'un original plus ancien ? On serait tenté de le croire, quand on voit qu'il a reproduit différents traits du thème classique qui met en présence dans des camps opposés un père et un fils né en pays étranger, au cours d'une expédition lointaine, d'une union passagère du héros avec une femme qu'il n'a pas revue depuis : Galien n'est pas un grec, c'est un sarrasin, et, en quittant sa compagne d'une heure, Olivier lui a remis des objets matériels qui doivent servir à l'enfant dont il prévoit la naissance à se faire reconnaître ; une épée, si c'est un garçon, un anneau, si c'est une fille. Mais il a complètement altéré le point de départ du récit en plaçant la scène des vanteries (des *gabs*) des barons français, en Portugal et non à Constantinople. Au fond il était impossible de souder exactement deux récits qui renfermaient des éléments contradictoires : l'un des auteurs a modifié le premier, l'autre a orienté le second dans une direction nouvelle. Il n'y a rien à en conclure sur l'antériorité de l'un par rapport à l'autre (1).

Galien eut un fils du même nom que lui, et ce second Galien fut père d'un certain Malard, cité sous les formes Mulars et Vilars dans *Aimeri* comme un des petits-fils du héros narbonnois (v. 4654). Ce Malard est le héros d'un poème dont il ne reste qu'une traduction en prose allemande, on

---

(1) D'après *Galien*, Charles aurait conquis en Espagne Pampelune, Estorges (écrit Burs et Burges), i. e. Astorga, et Carion (Gautier, t. III, p. 322).

en fait le compagnon de Lohier, fils de Charles et frère du roi empereur Louis, personnage qui représente à la fois l'empereur Lothaire et son fils le roi de Lorraine Lothaire II J'ignore d'ailleurs quel peut être le prototype historique de Malard.

V

La chronique latine faussement attribuée à Turpin raconte en deux de ses chapitres (ch. 16 et 17) deux exploits de Roland, auxquels de fréquentes allusions sont faites dans les poèmes français, quoique les récits en langue romane qui les contenaient ne soient pas parvenus jusqu'à nous : la guerre contre Fourré et le duel avec Fernagu.

Dans le passage de la chronique latine, Fourré est un prince de Navarre qui règne à Montjardin : dans *Gui de Bourgogne* (v. 1854), Fourré règne à Ais en Gascogne, i. e. à Dax, et dans la compilation en prose de David Aubert, c'est un autre personnage, David, frère de Fourré, qui règne à Montjardin. Dans les *Saisnes* (laisse 199), dans *Gui de Bourgogne* (v. 8, 9, en contradiction formelle avec les v. 1854 et 1870), dans *Jean de Lanson*, dans *Aimeri* (v. 282), la mort de Fourré est rapprochée de la prise de Nobles, évènement auquel il est fait allusion d'une manière indépendante de Fourré, dans *Roland* (v. 198, 1775), dans *Gaïdon* (v. 28, 35), dans *Gui de Nanteuil*, v. 2236, (qui imprime Naples), dans *Turpin* et dans la saga (branche 5,) qui tous deux rattachent cette histoire à la guerre de Saxe (1). Parfois Fourré est simplement vaincu par le roi (les *Saisnes*,

---

(1) Dans *Turpin* Bérard est qualifié *de Nublis*. La cité d'Angiers, Nobles et Besançon sont réunies dans *Aioul* (v. 8087) et représentées comme des villes de Bourgogne. *Turpin* l'identifie avec Grenoble.

v. g.), tantôt l'histoire de sa mort est liée à celle du soufflet donné par le roi à Roland ; il aurait mis à mort ou fait tuer Fourré par Olivier (*Jean de Lanson*, David Aubert), malgré l'ordre de son oncle, et, pour effacer les traces de sa désobéissance, il aurait fait laver le pré où avait été commis le meurtre afin d'effacer la trace du sang (1).

Quant à Fernagu, qui est représenté dans *Otinel* (v. 243) comme l'oncle du héros, son duel avec le marquis de Bretagne a été très populaire, si l'on en juge par les allusions d'*Ogier*, de *Huon Capet* (v. 3745), des *Deux Troveors*, de la *Violette* (éd. Michel, p. 99), d'*Erec* (éd. Forster, v. 5779), du *Couronnement de Renart*, etc. Le faux Turpin l'a raconté, mais s'il avait sous les yeux un poème en langue romane, ce qui est douteux, puisqu'il est question du roi de Rome Constantin

---

(1) Ailleurs le soufflet est encore lié à la prise de Nobles, mais il n'est plus question de Fourré, et c'est parce que Roland s'entête à ce siège que son oncle se fâche contre lui (saga, branche 5).

Venger la mort de Fourré (ou Forré) devint une expression proverbiale. On la trouve dans *Gaidon*, v. 1877, dans *Aioul* (v. 958, 2517, 2606, où Fourré, nouvelle variante, est tué sous les murs de Paris), dans *Auberi* (f° 65). L'histoire de Fourré figure parmi celles que chantent les jongleurs dans *Doon de Nanteuil* (v. 96). Dans *Aimeri* (v. 3606), *Aioul* (v. 9973), les *Enfances Vivien* (v. 4741), les *Enfances Guillaume* (ms. 24.369, f° 46), c'est un sarrasin; dans *Gaufrei* (v. 4001), *Gui de Bourgogne* (p. 136), *Gaidon* (v. 4065, 4075), *Gui de Nanteuil* (v. 1207), c'est un traître ; il figure dans *Charlemagne* (f° 30) avec un personnage mal famé. C'est un chapelain dans *Fierabras*, v. 41. Le comte Foras de *Girard de Roussillon* est sans doute Fourré, mais on attendrait un autre nom dans ce passage (par. 327) ; il est vrai qu'il n'est là que pour la rime.

Il y a un Fourré, fils de Géreaume et cousin germain de Charlemagne, qui fut abbé de St-Quentin, et un Fourré qui s'insurgea en 845 en Provence contre l'empereur Lothaire. Mais je ne vois pas de rapport entre ces personnages et le Fourré de notre épopée.

parmi les compagnons de Charlemagne, idée spéciale à ce compilateur latin, ce poème qui mentionne Renaud de Poitiers, mort en 813, et Hoël de Nantes, mort en 981, ne pouvait être très ancien. Fernagu reparaît dans différents poèmes (v. g. dans *Godefroi*, v. 4749, dans *Anséis*, v. 10.177, comme Fernagant ou Fernagon), il joue dans *Floovant* un des rôles principaux, il veut enlever Florette, la fille du roi Flore, il est tué par Floovant, et c'est dans la prison de son père Galien que le fils de Clovis fait la connaissance de la princesse Maugalie, la sœur de Fernagu, qui va devenir sa libératrice et son épouse. C'est le nom de l'adversaire de Florent dans l'*Octavien* en alexandrins, le nom de l'adversaire de *Theseus de Cologne*.

VI

Le roman d'*Otinel* est, de toute la série énumérée plus haut, celui qui par sa simplicité et l'ancienneté de la conception qu'il représente, doit être étudié aussitôt après le *Roland*. Ce n'est pas un chef d'œuvre, loin de là. Il y a dans les évènements qu'on y rencontre une physionomie de banalité assez prononcée. C'est de l'histoire bataille, sans péripéties mouvementées, sans amour, pourrait-on dire, car le mariage du héros n'y tient pas beaucoup de place. Mais la narration est en somme assez brève, et c'est déjà un grand mérite. *Otinel* ne pouvait viser qu'à être une préface, il ne mettait pas en œuvre une légende indépendante du *Roland*.

Le sujet d'*Otinel* est pour ainsi dire double : c'est d'abord un épisode de la guerre des Français contre Garsile ou Marsile. Les deux formes du nom existent ici, suivant la famille de manuscrits à laquelle on se rapporte ; mais il s'agit bien du même personnage, quoiqu'il meure en captivité, à la fin du poème, et non, comme dans *Roland*, de ses blessures dans son lit, à Saragosse ; le Marsile d'*Anséis*, qui est bien évidemment le même que celui du *Roland*, survit au désastre de Roncevaux, et tombe vivant à la fin du poème entre les mains des chrétiens (1). De plus, la ville d'Atilie, dont le siège forme le nœud de l'action, figure déjà dans le *Roland* sous les formes Haltoïe et Haltilie, comme ayant vu s'accomplir un des épisodes de la guerre d'Espagne, le meurtre légendaire des ambassadeurs chrétiens. On m'objectera peut-être que dans *Otinel* Atilie est en Italie ; mais les trouvères ont souvent confondu les guerres dirigées par Charlemagne contre les habitants des deux péninsules : Gui de Bourgogne est représenté dans *Fierabras* comme le lieutenant de Charles en Italie, dans *Anséis*, comme son lieutenant en Espagne ; la chronique de Turpin place en Espagne la guerre contre Agoland qu'*Aspremont* localise en Italie, et les ducs d'Aquitaine, comme Odon et Gaifier, passent facilement de la frontière sud-occidentale à la frontière sud-orientale de l'empire en prenant simplement le titre de ducs de Spolète (voir *Aimeri de Narbonne*, et le *Couronnement Louis*) (2).

Qu'est-ce d'ailleurs qu'Atilie ? Je n'en sais rien. On s'y rend par Ivrée, Verceil, où l'on traverse en bateau une rivière, et le Montferrat. Mais cela peut être emprunté au récit d'une marche des Français sur Pavie, où l'on aura remplacé

---

(1) Un chroniqueur italien du XIIIe s., Jacques d'Acqui, appelle Marsile, suzerain d'Ottonel, Marcus. Il distingue, à tort semble-t-il, Ottonel et Ospinel. Le *Charlemagne* allemand ne connaît qu'Ospinel, prétendant à la main de la fille de Marsile. Le chroniqueur Auberi place Hospinel d'Agabibe parmi les rois vassaux d'Agoland (le passage est imité de *Turpin*).

(2) Garsile est d'ailleurs représenté comme roi d'Espagne, et le début du poème où l'on dit expressément que ce fut lui qui provoqua la trahison de Ganelon contredit la fin qui nous le montre mourant captif des Français, avant l'expédition d'Espagne.

ce dernier nom par la réelle ou fabuleuse Atilie. La ville est située au confluent de deux rivières, la Sogne et la Hastie : ces noms me sont également inconnus, ils peuvent être imaginaires, d'autant qu'entre le camp chrétien, établi à Monpoün ou Munpoune, et la ville païenne, semble couler la rivière du Ton, qui est peut-être le Pô. Les deux autres appartiendraient alors à ce domaine de la géographie traditionnelle qui a fourni par exemple l'île du Rhône sous Vienne, où a lieu le duel de Roland et d'Olivier. Ces combats en champ clos dans des îles appartiennent à l'épopée maritime de ceux des Celtes ou des Germains qui pratiquaient la navigation : ils étaient devenus un lieu commun épique, et les trouvères terriens l'ont conservé, la plupart du temps sans le comprendre. De même avait-on gardé le souvenir de ces camps retranchés dans une position quasi péninsulaire, au confluent de deux rivières, qu'on ne pouvait aborder que d'un côté, et où les Goths, les Huns, les Avares, les Hongrois accumulaient le fruit de leurs rapines, et de même l'a-t-on, sans beaucoup de réflexion, appliqué à des villes d'Espagne ou d'Italie dont la fortification était cependant notablement différente.

En tête de ce récit, un trouvère a jugé bon de placer un cliché très ancien, qui figurait déjà, quelques vingt siècles avant notre ère, dans l'épopée chaldéenne. Le héros principal, toujours un peu divinisé ou sur le point de l'être, a près de lui une sorte d'inséparable de condition inférieure, incapable de parvenir à l'immortalité, souvent encore engagé dans les liens de l'animalité, appartenant à un autre monde, celui des ténèbres, des puissances mauvaises, et qu'il a généralement dû plier par la force à son service. Tel paraît Eabani près du héros chaldéen Gilgamès. Dans notre épopée les êtres malfaisants sont devenus des hommes, des païens ou des rebelles : voilà pourquoi les deux plus fidèles compagnons de Roland ont commencé par être ses adversaires, par se mesurer avec lui dans un terrible combat singulier, Olivier dans *Girart de Viane*, Oton ou Otinel dans le poème dont je parle en ce moment.

Un autre détail, d'origine également mythologique, n'a pas manqué lui non plus d'être utilisé par nos trouvères. On sait que les dieux du paganisme sont généralement pourvus d'une compagne qui est à la fois leur épouse et leur sœur. Le héros qui succombe sous les coups du dieu de la Mort, qui s'endort dans les bras de la déesse de la Mort, périt donc nécessairement sous les coups de son beau-frère ; tel Sigurd dans l'épopée scandinave. Or Roland se trouve épouser la sœur d'Olivier, son compagnon, donc son ancien ennemi, donc une sorte de personnage ténébreux, qui, à Roncevaux, sur le champ de bataille le blesse (sans le reconnaître, il est vrai, car il fallait bien modifier ici la donnée mythologique). Or il en est de même pour Otton ou Ottonel ; dans un chroniqueur italien du XIIIe siècle, Jacques d'Acqui, Otton devient le beau-frère de Roland et Roland le tue par mégarde. La vieille légende a été ici démarquée, Otton prenant, au détriment de Roland, la place prépondérante. Mais on voit combien vivace, malgré certains adoucissements, le thème mythologique avait persisté.

Le poème *d'Otinel* nous permet donc d'affirmer que le personnage d'Oton était étroitement lié dans certains récits à celui de Roland.

Il devait même échapper au désastre de Roncevaux, et, jouant le rôle de Tiéri, contribuer d'une manière décisive à la condamnation de Ganelon. Il est le seul des douze pairs dont la mort ne soit pas racontée dans *Roland*, quoiqu'on joigne son nom dans les énumérations à celui des autres guerriers tués, et l'on voit le roi confier (v. 2432) à Giboïn et à un Oton qui ne peut guère en différer le soin de veiller sur les cadavres. Dans les remaniements rimés, il se jette à la poursuite de Ganelon, qui a réussi à s'échapper, et c'est lui qui, après mainte supercherie de son adversaire, réussit à remettre la main sur lui.

Quelle peut donc être son origine historique ? Est-ce, comme Olivier, un personnage réel, mais que sa modeste condition a laissé ignorer de l'histoire, est-ce un nom de fantaisie ?

Ce qui est certain, c'est qu'il existe dans l'épopée romane un Odon, Oton, Eudon, Yon ou Yvon (sous ces fo)n(((; tinctes en apparence, c'est toujours le même), parfaitement historique, et dans lequel il faut reconnaître le roi ou duc d'Aquitaine Odon, mort en 735, l'allié des Neustriens contre Charles Martel, l'adversaire des Musulmans, le vainqueur d'Alsamah et le vaincu d'Abdérame. Il a conservé dans *Renaud* sa physionomie réelle, il accueille les ennemis du roi de France, il devient même le beau-frère du principal d'entre eux, et, comme il a livré à Charles Martel dans l'histoire le roi Chilpéric qui s'était réfugié près de lui, de même il abandonne Renaud à Charlemagne. Dans ce même poème il lutte péniblement contre les Sarrasins, et n'en triomphe qu'avec l'aide des guerriers du nord, de même qu'à Poitiers il ne vint à bout d'Abdérame qu'avec l'aide de Charles Martel. Il est fait allusion, à la fin de *Girart de Viane* comme au début du *Siège de Barbastre*, à cette même impossibilité où il se trouve de tenir tête aux Musulmans. Dans *Gui de Nanteuil*, c'est le beau-père du héros qui hérite de lui la Gascogne, et dans les *Lorrains*, p. 26, c'est après sa mort que Begon reçoit en fief la Gascogne. Dans *Aioul* le héros, qui arrive de Gascogne, se dit originaire du pays du roi Yon (v. 2086).

De même que la guerre d'Espagne se transforma parfois en une guerre d'Italie, de même le titulaire du duché frontière de la France du sud-ouest, Bordeaux, s'est trouvé transformé en possesseur du duché frontière du sud-est, Spolète, et de là vient Oton d'Apolice (1.) De plus, les rebelles Gascons et les rebelles Lombards se trouvant confondus, Oton a encore changé de résidence et est devenu Oton de Pavie (2). Puis je ne sais trop pourquoi, on en a fait Odon de Langres, peut-être pour la rime, et parfois, pour la même raison, Oton de Berri, Oton de Poitiers (*Aioul,* v. 8014), mais, partout où l'on peut saisir un trait de sa physionomie, il reste toujours identique au vieil Odon d'Aquitaine que je viens de décrire. De même qu'Odon est beau-frère de Renaud et donne son nom à l'un de ses neveux, Oton est dans *Girart de Viane,* p. 43, beau-frère du rebelle Girard, dont un des fils s'appelle Oton ; il est, dans *Charles Martel,* beau-père de Girard de Roussillon, cet autre nom épique du rebelle Girard, et notre *Girart de Roussillon* a conservé des allusions à un Oton de Dijon (par. 470) qui jouait sans doute dans une ancienne version le rôle attribué dans l'ensemble du récit à l'empereur de Constantinople ; Oton est le grand-père de *Jourdain de Blaie* (v. 12), un autre rebelle dont les aventures sont en partie calquées sur celles de Bovon, de Renaud, d'Ogier ; *Aie,* parlant d'un Girard de Rivier qui est encore une forme du rebelle Girard, le rattache au duc Oton par un lien de parenté, et le représente une fois comme son fils (3). Le comte Oton de Pavie, allié de Heudri dans *Charles Martel,* c'est Odon d'Aquitaine, l'allié du roi Chilpéric. Lorsque, comme dans *Girart de Viane* (p. 165), on associe Désier, Gaifier et Oton, l'assimilation est évidente. Dans *Gaidon* (v. 9525), dans *Renaud* (laisse 90), on parle du roi Oton comme d'un ancien roi fort riche, comme on parle de Désier, de Gaifier, de Radbod. *Maugis* fait du roi Otes de Police le chef des rebelles du sud-ouest, *Aimeri* (v. 1547, 4198) un compagnon

---

(1) Et l'Oton d'*Esclarmonde,* v. 6561, etc.
(2) *Foucon,* p. 133 ; *Anséis,* v. 10.081, etc. ; *Gaidon,* v. 5332, etc.
(3) Yvon est le beau-père de Godefroi de Bouillon. (*Godefroi,* v. 336).

du héros méridional, à la famille duquel la *Mort Aimeri* (v. 2084) le rattache tout naturellement. *Renaud* le cite (laisse 60) avec Naimon de Bavière. Ce qu'il y a de bon, c'est que certains trouvères modernes veulent distinguer ces personnages, ainsi *Anséis* parle du chevalier basque Yves, du roi de Gascogne Yon et du roi de Pavie Oton, comme *Gaidon* d'Yves de Bascle (v. 906), d'Oton de Pavie (v. 5332) et d'Odon de Langres (v. 3488). Ce dernier est un personnage complètement dépourvu d'importance. Il ne figure que dans des énumérations (*Ogier*, laisses 3 et 9, *Enfances Ogier*, v. 508, 5145, 5666), ou comme père du héros Estoul (*Turpin, Anséis, Gaufrei*, v. 6111, 6683, *Guion de Bourgogne, Raoul*, v. 789). Hoedon est dans *Auberi* (éd. Tarbé, p. 2 et seq.) l'ennemi du héros, son oncle maternel, soit parce qu'on croit Auberi bourguignon, soit parce qu'Odon est un rebelle ; p. 153 et 227, éd. Tobler, il faut lire Huon et non Huedon de Troie ; Huedon de Langres a un fils qui s'appelle comme lui Huedon (éd. Tobler, p 196). Enfin, le roi Oton était tout désigné pour entrer dans la famille des rebelles, où *Gaufrei*, v. 97, l'a placé, le faisant fils de Doon, frère de Bovon et de Girard, oncle de Renaud et de Huon (1).

---

(1) Je ne parle pas bien entendu de personnages plus récents, comme Odon de Blois († 995), suzerain de la Bretagne dans *Roland*, Odon de Roie, fils d'Herbert de Vermandois dans *Raoul*, personnage du X⁰ siècle, Odon de Saint-Quentin et Odon de Ham, qui vivaient au XI⁰ siècle (*les Lorrains*, p. 54 et sq., *Girbert*, v. 552), Odon de Champagne, de Chartres et de Blois (+ 1037) dans le *roi Louis*, v. 85, *Foucon*, p. 60, et *Girart de Roussillon* (par. 424 et seq.), Odon de Bourgogne (1078-1103) qui n'a pas été sans donner son surnom à des héros carlingiens dans *Raoul* (v. 789), *Aimeri* (v. 424), et a peut-être fourni l'Oton de Dijon de *Girart de Roussillon* (par. 470), l'empereur Oton II, à l'invasion duquel en 978 on trouve des allusions dans le *Charroi de Nîmes* et dont certains Oton épiques ont pris leur surnom d'Aleman : ainsi celui d'*Aïe* qui, comme Oton I, aide le roi contre

Il y a donc un Oton épique, mais c'est toujours un roi ou un duc, et le compagnon de Roland n'est certes point un seigneur de cette importance. Ne serait-ce pas que celui-ci avait un autre nom, Hastoul ou Estoul, dont Haston est la forme hypocoristique, et qu'on a remplacé ce vocable assez spécial par celui beaucoup plus répandu d'Oton qui offrait avec lui certaines analogies ? Estoul est en effet un héros légendaire, un inséparable de Roland, connu du faux Turpin, du chroniqueur Gervais de Tilbury, du biographe de S. Honorat, ainsi que de diverses chansons de geste (*Aspremont, Gui de Bourgogne, Otinel, Gaidon, le Couronnement de Louis, Bovon d'Aigremont, Renaud, Doon de Maience, Gaufrei*, v. 6114, *Anséis, Raoul*, v. 788). Le *Roland* l'ignore, mais le remaniement rimé lui fait une place parmi les douze pairs. Toutefois, comme ce dernier texte n'a pas compris qu'il faisait double emploi avec Oton, il fait jouer à Estoul le rôle de Sanson. De même encore dans *Otinel*, où pour

---

les rebelles, celui d'*Elias*, v. 3012 et 4324, et de *Godefroi*, v. 8, où le roi ou empereur Oton est plutôt le roi de Germanie que le roi d'Aquitaine : c'est là-dessus que doit être calqué le roi ou empereur Oton, volé par Tibaud et Lambert (*Auberi*, éd. Tarbé, p. 62 et 98). L'évêque Oton d'Orléans et le sire Eudon de Grancey dans les *Lorrains* (p. 20 et 83) sont peut-être historiques. L'Odon, fils de Baudoin de Flandre dans *Girbert*, v. 34, etc., le comte Odon qui avec Baudoin s'occupe à la fin de *Girart de Roussillon* (par. 566 et sq.) de délivrer Foucon, ont dû au contraire être inventés par les trouvères, comme Oedes de Montdidier des *Enfances Ogier*, v. 3472, Oton (pour la rime) dans *Auberi*, f°s 69 et 83, Oton, compagnon de Clovis dans le récit scandinave ; Yvon de Suiele figure dans *Elias*, v. 5518, avec Ponchon, parce que c'est un méridional. Le vers d'*Aspremont* (Bibl. nat. ms. fr. 1598) sur Gelimbert et Octo est certainement interpolé. Le duc Otto d'Orléans dans *Aspremont* est encore une variante du roi Yon. L'abbé de Cluny Ouedon dans *Esclarmonde*, v. 925, etc., est une pure invention de trouvère.

conserver Oton (ou Otinel) et Estoul parmi les douze pairs, on a rayé Sanson de la liste. De même encore dans la liste du *Couronnement de Louis*, qui contient Estoul et Hatton, et exclut Sanson. *Doon* et *Gaufrei* le font figurer dans leur liste ainsi que *Renaud*, quoiqu'il y ait des moments (par exemple, *Renaud*, p. 369) où Hatton paraisse, dans des vers interpolés et venant d'ailleurs. à côté d'Estoul. Le *Pèlerinage* et *Fierabras* sont seuls à l'ignorer. Le faux Turpin distingue lui aussi Estoul et Hatton. *Anséis* le fait survivre à Roncevaux et lui donne un commandement (v. 9430, etc.). *Gui* et *Gaidon* le placent dans la catégorie des jeunes héros qui font partie de la seconde génération et combattent volontiers contre leurs pères ; seul *Aioul* (v. 5808) prend le nom d'Estoul dans un sens défavorable. Ultérieurement on l'a surnommé de Langres, et on lui a donné pour père Odon, devenu un type de père, de beau-père ou de grand-père (!).

De là je puis déjà conclure qu'Estoul et Oton jouent absolument le même rôle, et qu'Oton a une tendance persistante à revêtir la forme Hatton De même au vers 200, Otinel est Ostinel. Or Haston se trouve fréquemment dans l'épopée des grands vassaux parmi les royalistes fidèles, et comme tel parmi les personnages antipathiques (*Gui de Nanteuil*, v. 993 ; *Gaidon*, v. 2751, 3512, 5041, 5165, 6854, 6887, associé à Amboïn et à Amauri) d'où le mauvais renom qui s'attache à Haston (*Bovon de Hanstonne*, Bibl. Nat. ms. fr. 12.548 fo. 125 ; 22.516, fo. 2, qui l'associe à Fromont), à Hoton (*Parise*, v 2731, avec Hervé). à Eudon (associé à Hardré, les *Lorrains*, p. 21), à Oedon (*Aioul*, v. 8390), à Oton (associé à Manesier, *Ogier*, p. 329, à Haguenon, *Girart de Viane*, p. 63), qui en fait un Sarrasin (*Aioul*, v. 4973,

---

(1) Estoul de Longres est dans *Ille* un des alliés français du héros, v. 628.
La saga de *Charlemagne*, I, 37, l'appelle Estant fils Hatun.

4978), ou sans le déconsidérer, l'associe à des rebelles, je veux dire, à des personnages généralement considérés comme tels (Hastes et Nevelon, *Aioul*, v. 7915).

Un dernier trait mérite enfin d'être signalé. Notre roi Salomon est représenté dans la chronique de Turpin comme le compagnon d'Estoul. Je ne voudrais pas m'appuyer làdessus pour affirmer qu'Estoul fut notre compatriote. Peutêtre cela vient-il tout bonnement de ce que Salomon est représenté par certains remaniements de *Roland* comme le fils d'Odon, c'est-à-dire de ce comte de Blois, représenté dans l'épisode de Baligand comme le suzerain de la Bretagne. Salomon et Estoul auraient été rapprochés comme fils du même personnage et il n'y aurait rien à tirer de là.

VII

Près de son héros, l'auteur d'*Otinel* groupe naturellement les onze autres pairs, et comme il n'a pas su faire ou rétablir l'identité d'Estoul et d'Oton, il a écarté Sanson de la liste. Les dix autres sont très correctement Roland, Olivier, Naimon, Ogier, Engelier, Turpin, Gérier, Bertoloi (lis. Bérengier) ; Anséis et Girard remplacent à tort, comme ils le faisaient déjà dans *Roland*, Ganelon et Gautier (v. 695 et 19). Ce dernier reparaît d'ailleurs de temps à autre (v. 40, 1595, 1850), sans jouer d'ailleurs un rôle actif et avec des épithètes qui varient suivant la rime et sont par suite absolument dépourvues de valeur. Seul des douze pairs, Estoul porte un nom de terre (v. 101, 697, 1128), ce qui me fait croire que les passages où il figure sont des interpolations récentes. Au premier plan figurent, après Otinel qui sauve Roland et Olivier poursuivis par les païens, tue le champion sarrasin Clarel et contribue plus que tout autre à la prise de Garsile, Ogier, que sa bouillante valeur fait tomber un moment aux mains des musulmans, Naimon, qui, Ogier étant captif, reçoit en sa place l'étendard royal (le v. 1084 qui le fait porter à Sanson est, soit une interpolation, soit une erreur), Roland, le vainqueur d'Otinel, et son compagnon Olivier que l'auteur, ici comme dans *Roland*, appelle (v. 1412) fils de Renier. Les autres ne figuraient peut-être pas dans le récit primitif.

Nous pensons, en effet, nous faire une idée assez exacte de ce qu'était pour ainsi dire la première édition d'*Otinel*, en comparant le texte français à la Saga scandinave qui le traduit et au poème anglais (1) qui l'imite assez fidèlement.

Or, si l'on trouve partout le triple duel de Roland, d'Olivier et d'Ogier contre les rois Ascanard, Balsamin et Corsabré, puis la victoire de Roland sur Carmel (Carpe dans l'anglais) et celle d'Otinel sur Clarel, le reste diffère très sensiblement. Nulle mention dans l'anglais de la triple victoire (v. 926 et seq.) de Roland, d'Olivier et d'Ogier sur Berruier, Balsan et Motier (2) ; le second seul figure dans la Saga (ch. 16) sous la forme Basan. S'il faut restituer le nom du païen qui poursuit Olivier (éd. Guessard, p. 39) et que tue Otinel, appelé Clater dans la saga (ch. 19) et Glanter dans le poème anglais, je ne retrouve pas dans la Saga les exploits d'Engelier, et le poème comme la Saga ignorent Girard (et à plus forte raison Isoré), sa victoire sur Margot (à moins que ce ne soit celle d'Engelier sur Barlot dans l'anglais), sa mort sous les coups d'Arapater et la victoire d'Otinel sur celui-ci de même que les premiers succès de Clarel.

La seconde bataille, celle qui se livre après la mort de Clarel, présente les mêmes divergences. Le récit de la Saga

---

(1) Il a été édité en 1880 par M. Herrtage, à Londres. Un autre poème anglais sur le même sujet a été édité en 1836 par M. Nicholson: la Bibliothèque nationale ne le possède pas.

(2) Serait-ce Maugier tué par Estoul, v. 1128.

paraît très différent, l'anglais offre certaines péripéties analogues (Corsabré est fait prisonnier par un jeune chevalier, Elin paraît avec les Bretons au moment décisif, le sarrasin Balam, notre Corsable, tue un chrétien, Brian, notre Fromond, avant d'être tué par Otinel) tout en laissant de côté, par exemple, le duel de Roland et de Florient, la délivrance de Guineman par Otinel, et en donnant le nom d'Aïmer au jeune chevalier que le texte français appelle Hardoïn (1). Ce texte d'ailleurs est loin d'être clair. Corsabré ou Corsable a été tué p. 29, il reparaît, p. 60, pour être pris, et malgré cela on le voit encore, p. 65, se signaler sous le nom de Corsuble et mourir de nouveau. Au v. 1757 on dit que Roland a tué Sinagon ; or ce duel n'est raconté nulle part, et il faut remplacer Sinagon soit par Ascanard, soit par Florient, soit peut-être par le Connimbre ou Samsonie dont il est question au v. 788 comme ayant été tué sous Pampelune et comme étant frère de Clarel De même, après le refus d'Adragant de tenter une dernière fois la fortune avec les bataillons sarrasins, on voit Lanquedin accepter cette tâche (p. 63), puis il n'est plus question de Lanquedin, et c'est Corsuble (p. 65) qui mène la dernière attaque. Les récits de batailles sont bien souvent fastidieux dans nos trouvères. Ajoutons que, souvent, on vient de le voir, ils n'ont même pas le mérite de la clarté (2).

---

(1) Hardoyn ne se trouve que dans *Gaidon* (v. 4521 et 7009), dans les *Lorrains* (trad. Paris, p. 37, 44, 125, 258, 259) et dans *Raoul* (v. 3203, 5367, 5585), sous un jour défavorable, dans un rôle très secondaire, substitué peut-être à un Auboin ou à un Baudoïn antérieurs par quelque scribe champenois qui avait ouï parler du défenseur de Couci en 958, ou qui trouvait ce nom porté autour lui. C'est aux comtes Rabaud et Ardoin que la chronique de Novalèse attribue la prise du poste sarrasin de Fraxinetum.

(2) On peut dire de plus que ni Fromond ni Girard n'appartiennent au cycle de Roland, mais à celui de Charles le Chauve.

Le breton Hellin ou Elie est le dieu celtique Belinus, en gallois Beli. Garsile vient du *Roland* où nous avons déjà rencontré Corsablin ou Corsabré. Nous retrouvons Clarel et Adragant dans les légendes de Girard et de Guillaume. Ascanard reparaît sous les formes Canard, Esquanor, Ganor, dans les *Enfances Vivien*, dans *Aie* et dans le cycle d'Artus. Barsamin, Balsamé ou Balsamer a chance d'avoir été formé sur le Martamas du cycle de Guillaume, et, jusque parmi les moins importants, Margot, Talot, etc., il n'en est guère qui semble appartenir en propre à notre poème.

De même qu'Otinel n'était en réalité que le prologue de *Roland*, de même un trouvère eut l'idée de composer un prologue d'*Otinel*. Ainsi naquit le *Siège de Milan*. Je n'en dirai qu'un mot. Ce roman ne nous est parvenu que sous la forme d'une imitation anglaise que M. Herrtage a publiée à Londres en 1880, et l'on y sent, à chaque page, avec un esprit clérical très prononcé, l'influence de *Fierabras*, notamment dans les rôles de Richard de Normandie, de Bérard et surtout de Gui de Bourgogne. Il y est naturellement question de Garsile et de son prédécesseur Arabas, nom forgé sans doute sur le mot *Arabe* et près duquel l'auteur peu imaginatif a placé un Arabaunt qui agit comme un personnage distinct. On y voit un Darnadoisse qui rappelle le Darmades de *Foucon*. Gautier et Engelier figurent en première ligne, et le poème semble consacré à l'éloge des Bretons et de leur duc Lionel, dont l'arrivée opportune sur le champ de bataille décide la victoire, et que l'on voit à la fin du poème, marié à la fille du roi et créé duc de Bourgogne.

VIII

Le roman de *Fierabras* présente un tout autre aspect que le *Roland* et l'*Otinel*. Dans ceux-ci les personnages essentiels de l'action appartiennent tous à l'ère carlingienne; les Jofroi d'Anjou, les Richard de Normandie n'y figurent qu'à l'état d'interpolations manifestes : en supprimant les vers ou les laisses qui les concernent, on ne fait qu'ajouter à la clarté du récit. Rien de pareil dans le poème auquel j'arrive. Son but est bien certainement multiple. Il a connu, mais simplement peut-être par allusion, sans avoir entendu le récit qui la contenait, la légende carlingienne du *roi Gui*, et sur ce terrain il a rebâti à neuf, avec des matériaux à lui, une construction en l'honneur de saint Florent, dont on conservait les reliques dans la ville de Roie en Amienois, en l'honneur également des reliques de la Passion, que l'on exposait à Saint-Denis, dans la célèbre foire de l'Endit, et à Compiègne, en l'honneur enfin des Normands et de leur duc Richard, mort en 996, dont le rôle est absolument prépondérant, non seulement dans le texte que nous possédons, mais encore dans le récit antérieur qui a été analysé au XIIIe siècle par le chroniqueur Mousket.

Fierabras, en effet, n'est pas complet; il débute *ex abrupto* en des termes qui supposent que l'on nous a déjà raconté la prise de Rome par l'émir Balan, la conquête des reliques par son fils Fierabras, l'arrivée en Italie de l'armée royale, et, à la suite d'une grande bataille où Olivier a été blessé, des plaisanteries de Charlemagne à l'égard de ses jeunes et téméraires chevaliers qui ont amené la retraite de Roland, nouvel Achille irrité, sous sa tente. Il existe bien un poème, la *Prise de Rome*, où l'on retrouve une partie de ces évènements; mais comme ils n'y sont point tous, on suppose avec raison que ce début a été refait après coup, de mémoire, comme on a écrit le *Covenant Vivien* pour suppléer à la perte du commencement d'*Aliscans*. Les personnages y sont les mêmes, Garin figurait certainement dans le *Fierabras* complet, nous le savons par Mousket, il n'était pas même tué sous les murs de Rome, comme le dit *la Prise*, car il s'enfermait dans le château Croissant ou château Saint-Ange ; Savari y jouait peut être également son rôle, et, au cas contraire, il n'a pas été difficile à trouver parmi les héros de notre épopée. L'antériorité du *Fierabras* est donc un fait incontestable.

Ce roman peut se résumer aisément en quelques lignes ; c'est la fusion de deux clichés : duel d'un baron chrétien, ici Olivier, contre un géant païen, Fierabras, qui est vaincu et se convertit ; captivité d'un autre baron, Gui, et de ses compagnons, les douze pairs, chez un roi païen, Balan, dont la fille, Floripas, se prend d'amour pour lui après l'avoir vu désarçonner son prétendant musulman, et l'aide à se rendre maître de la forteresse dans laquelle il est emprisonné. On l'y assiège ; mais le roi Charles, prévenu par Richard de Normandie, qui a réussi, après mille périls, à franchir les lignes ennemies, le délivre et lui donne, avec la main de la princesse, le royaume du païen.

Il est donc peu original. Fierabras est un sobriquet transformé en nom propre. Floripas, sa sœur, appartient à la famille de Florette, Florence, Florimonde. Lucafer, son fiancé, est fait sur Lucifer. Balan vient d'*Aspremont*, mais comme, dans ce poème, il jouait un rôle tout différent, l'auteur de la *Prise de Rome* a été chercher pour l'émir impénitent le nom biblique de Labam (1). Le géant Agolafre, le geôlier Brutamond, Corsuble, Clarien, Espaulart, Mabon et Maubrun, Margari, Maulrie, Moradas, Tempesté, Tenebré,

---

(1) Il n'a pas d'ailleurs si bien su conduire son récit qu'il ne l'appelle encore de temps en temps Balan (v. 890, 899 v. g.)

se retrouvent partout (1). Le chambellan Marmouset n'a pas demandé de grands frais d'imagination. Il a dû de même emprunter Brullant ou Bruant (2) et Sortibran à des poèmes antérieurs (3), pour leur donner un rôle en dehors de toute proportion avec les anciennes données légendaires qui les concernaient.

Le bataillon des traîtres est au complet. On retrouve là Grifon (p. 137), le frère turbulent de Pépin le Bref, mort les armes à la main en 753, devenu père du mythologique Ganelon, le conspirateur de 786, Hardré (v. 292, 4405, etc.); Alori (id), Sanson, qui livra Pépin II en 852, et son compagnon Amaugis (v. 5585, 5585), Macaire, le légendaire accusateur de la reine, père du comte Hervé, l'ennemi des Bretons en 844, (v. 5730), etc.

Pour les douze pairs, il emploie le même procédé. Il ne conserve que les quatre plus connus de la liste ancienne, Roland, Olivier, Ogier et Naimon qu'il appelle, remarquons-le bien, Namlon. Il tient à y caser Richard de Normandie, et celui-ci appelle tout naturellement son contemporain Jofroi d'Anjou. Il y place Gui, son autre héros, Gilemer, puis Auberi et Basin qu'il emprunte à *Auberi*, Bérard et

---

(1) Tournefier est le seul original. Mais il a pu être calqué sur un autre nom.

(2) Le poète distingue Brullent (v. 1547 et seq.) et Bruant (v. 5547 et seq) ; mais il est fort douteux qu'il ait raison.

(3) Cf. *Prise de Rome*, v. 1240, etc. (Brullent), *Covenant Vivien*, v. 252 (Brullant), *Enfances Vivien* d, v. 4409 (Brujant), *Mort Aimeri* a, b et d, v. 949 (Brugant) et sous la forme Bruiant, *Covenant Vivien*, v. 1724, *Aliscans*, v. 4933, *Moniage Renoart*, laisse 144, *Siège de Barbastre*, f° 146, *les Lorrains*, p. 15, *Foucon*, p. 70, *Guibert*, f° 167. Sortibrans ou Fortinbiax se retrouve dans *Renaud*, laisse 112, dans le *Moniage Renoart*, laisse 180, dans *Charles le Chauve*, f° 2 (Soltibran).

Tiéri, qu'il prend aux *Saisnes*, mêlant les cycles et les époques avec une égale désinvolture. Mais où sont les Bretons et les Manceaux ? Ils ont bien droit à une place près des Normands et des Angevins, et voici venir, en sous-ordre d'ailleurs, Hoel de Nantes et Rioul du Mans, dont le premier tout au moins est le contemporain de Richard (1).

Passons à la géographie. Il a gardé quelque souvenir de Rome, autour de laquelle se meut l'action, mais cette vague réminiscence n'aboutit qu'à une seule mention (v. 1049). La résidence de l'émir Balan s'appelle Aigremore : c'est dans *Aie* la résidence du roi Ganor, nom fantaisiste, à ce qu'il semble, et qu'il faut sans doute rapprocher d'Aigremont, la résidence du rebelle Bovon. Morimonde, où campent les Français, est une forme altérée du substantif *miramundi*, la tour de guet, le *miraour* de la *Prise de Rome*, le Mapmonde où règne Seguran dans *Girard de Roussillon* (p. 195), l'Orimonde dont Jordain de Blaie devint roi, la Marmonde conquise par Guillaume dans le *Couronnement de Louis* et que l'auteur de ce dernier roman a prise pour un homme. Le pont de Mautrible porte un nom d'homme, ici même Mautrie, aussi Mautriblé, et je ne vois guère d'identification plausible à proposer de la rivière du Flagot sur laquelle il est jeté. La géographie de la *Prise de Rome* vaut celle de *Fierabras*. L'auteur croit que l'émir d'Espagne et l'émir de Cordoue sont deux personnages distincts, et il a tout à fait oublié que la guerre a pour but la délivrance de Rome et que le duel d'Olivier et de Fierabras a lieu sur les rives du Tibre, car il place formellement Morimonde en Espagne, où Balan, dit-il, était retourné après la prise de Rome. C'est que,

---

(1) Il en est question v. 4589, 4701, 4717, 4724, 4732, 4802, 4819, 4822, 4834, 4935, 4950, 5060, 5098, 5108, 6174. Un scribe a parfois écrit Raoul d'Amiens au lieu de Rioul du Mans, lui substituant ainsi un personnage du XIIe siècle.

je l'ai déjà dit et j'aurai encore bien souvent l'occasion de le répéter, l'Italie et l'Espagne se brouillaient facilement dans l'esprit des trouvères, dont les connaissances géographiques étaient souvent encore inférieures à celles qu'ils retenaient tant bien que mal de l'histoire.

Veut-on de ce fait un nouvel exemple ? Sans sortir de la *Prise de Rome*, on va le trouver. D'autres noms païens que ceux du *Fierabras*, l'auteur n'en avait guère besoin ; il en a pris quelques-uns, pour donner de l'ampleur à ses énumérations, dans le *Covenant Vivien*, auquel il a emprunté l'idée de faire des chrétiens les provocateurs. Mais, quand il a voulu des noms à ses italiens, il a fait comme ceux qui plaçaient à Spolète Odon ou Gaifier d'Aquitaine, il a partagé le commandement entre deux membres de la famille narbonnaise d'Aimeri, Garin et Savari (1), comme l'auteur d'*Ogier* avait appelé Aimer et Garin les généraux lombards qu'il faisait agir. Il n'a d'ailleurs pas apporté beaucoup de soin dans cette dénaturalisation, et son Garin, par exemple, né à Pavie (v. 635), se trouve (v. 1083) né en France. Tout cela est fait à la diable, et cependant de pareilles œuvres sont des créations d'un seul jet, elles n'ont rien à voir avec la lente stratification des légendes véritablement primitives.

Cette banalité dans la contexture générale de l'œuvre a comme contre-partie une certaine originalité dans l'esprit dont elle est animée. Certes, il faut se méfier de ce qui semble le plus individuel, le style ; car, ce n'est bien souvent au

---

(1) Si l'on compare la *Prise* et Mousket, on peut déduire de ce rapprochement que le récit original, que l'un avait sous les yeux et l'autre dans l'esprit, faisait périr Savari, gardien de la tour de Néron et du quartier de Rome à la gauche du Tibre, dans une bataille en dehors des murs près du miréour de Montchevrel, après quoi Garin, auquel était confié le quartier de la rive droite, s'enfermait dans la tour Croissant, aujourd'hui le château Saint-Ange.

moyen-âge qu'une affaire de formules. Du moins, à défaut de sentiments réellement personnels, peut-on en signaler qui peuvent être passés au compte de groupes locaux ou sociaux un peu restreints. Or *Fierabras* déborde d'esprit utilitaire. Son but est avant tout pratique : il est destiné à raconter l'origine de reliques que l'on voit en une foire célèbre. Ses héros sont prudents, dissimulés : à deux reprises Olivier se fabrique un faux état-civil, qui diffère dans chaque cas (v. 438 et 1933), et ce trait est fort rare dans notre épopée. Lorsque le duel semble tourner mal pour Olivier, les chrétiens ont naturellement l'idée de corriger la chance (p. 34) ; c'est un sentiment qu'ailleurs on ne prête qu'aux musulmans ou aux traîtres. Charlemagne lui-même ne semble pas convaincu que Dieu lui prête sans condition son assistance, il marchande avec lui, il va jusqu'à le menacer d'abandonner le christianisme si Olivier est vaincu (p. 28 et 36). Une pareille supposition n'aurait pas seulement semblé monstrueuse, mais absolument invraisemblable à l'auteur du *Roland* ou d'*Otinel*.

IX

Comme *Fierabras*, auquel il ressemble d'ailleurs par le mètre et par le rôle important de Richard de Normandie, *Gui de Bourgogne* est une œuvre de pure imagination qui repose, pour toute donnée ancienne, sur la légende du roi Gui. La modification a consisté à faire de ce héros, non pas un roi vassal d'Italie ou d'Espagne, mais un roi de France, que les jeunes gens du pays, lassés de la longue absence de leurs pères au pays des Sarrasins (on dit généralement sept ans, l'auteur, pour corser son sujet, a porté le chiffre à vingt-sept ans) ont élu de leur propre gré pour maintenir la paix et faire régner la justice. Pareil trait, historique ou légendaire, nous est déjà raconté par Hérodote à propos des Scythes

(IV, 1 et seq). Lorsqu'après vingt-huit ans d'absence, employés à piller méthodiquement l'Asie, ceux-ci voulurent rentrer dans leur pays, ils trouvèrent, rangée en bataille et prête à leur disputer le passage, une nombreuse armée composée des fils de leurs femmes. Le parallélisme est curieux. Dans l'historien grec, comme chez le trouvère, il n'y a d'ailleurs pas de bataille : mais cela tient chez notre auteur à ce que les jeunes hommes sont bien les fils de leurs pères, partagent leurs sentiments et, loin de vouloir leur interdire le retour, ne lèvent une armée que pour leur conduire du renfort. L'action pivote en effet autour du siège de Cordoue ou de Luiserne (j'ai déjà dit que le *Roland* ne distinguait guère ces deux villes, et *Gui de Bourgogne* n'est guère plus exact) : cette conquête doit aux yeux de Charlemagne achever la guerre d'Espagne, dont on nous donne en différents endroits le détail (v. 7, 8, 68 et sq., 82, 1853 et sq.) par une liste de villes, les unes aquitaines, comme Bordeaux et Ais en Gascogne, aujourd'hui Dax, navarraises, comme Estella (l'Estoile) et Pampelune, d'autres léonnaises ou castillanes, Astorga, Logrono, Carrion, d'autres imaginaires, comme Monjardin. Il y a là une énumération géographique qui n'a rien de traditionnel : notre auteur a simplement voulu faire montre de ses connaissances. Il parle encore de la ville de Nobles, si célèbre dans l'épopée et jusqu'ici impossible à identifier, et de la construction de Pamers. De tout cela un seul trait est historique, la prise de Pampelune, un seul légendaire et ancien, la prise de Nobles. Reste donc Cordoue, la capitale, et cependant, quand Luiserne est prise, la besogne conquérante des Français paraît achevée, et ils se mettent en marche pour Roncevaux.

Le roi Charles s'est trompé. Cordoue n'est pas la seule ville demeurée musulmane en Espagne. Il en reste cinq ou six autres, le texte dit cinq, mais l'énumération porte six ; deux d'entre elles d'ailleurs appartiennent au même propriétaire ; ce sont (v. 103 et sq.) Montorgueil et Montesclair, noms évidemment inventés, les villes d'Odilon, Luiserne, où règne Aquilant, Maudrane qui doit son nom à son possesseur Emaudras ou Maudras, enfin Augorie et Carsaude, que notre texte attribue à deux Escorfaut différents, et qui me semblent pour cette raison, par suite de l'expression Boidant de Carsaude (*Raoul*, v. 7813) et du rôle joué par Boidant lors de la prise de cette ville, devoir être attribuées l'une à Escorfaut, l'autre à Boidant. Ce sont les cinq villes dont l'armée de Gui s'empare haut la main.

Leurs possesseurs n'ont rien de sarrasin. Odilon est un duc de Bavière (737-748) qui fut longtemps l'ennemi du roi Pépin et qui, comme tel, méritait de figurer parmi les adversaires de Charlemagne. C'est d'ailleurs le seul poème où il ait ce caractère. Dans *Girart de Roussillon* où il joue un rôle, il est rebelle, mais chrétien. Notre épopée s'est souvenue en général qu'il était bavarois, et comme elle a oublié les luttes de la Bavière contre les princes francs, comme surtout elle a attribué la nationalité bavaroise au fidèle Naimon, elle place en général Odilon parmi les fidèles conseillers du roi (*Galien*, p. 338, *Enfances Ogier*, v. 511, etc.). Il est dans *Renaud* un des douze pairs, comme d'ailleurs Désier qui fut lui aussi notre ennemi. Odilon et son frère Namlon commandent dans *Anséis* (v. 9339, etc.) les peuples de langue germanique ; *Gaidon* l'associe tantôt à Naynmon (v. 3501), à Gaifier son contemporain et presque son allié (v. 5482), à Tiéri, le héros de l'est (v. 5514). Le *Siège de Barbastre*, f° 137, en fait le principal conseiller du roi Louis. Ailleurs, c'est un personnage des temps passés (*Foucon*, f° 102, Oidelon, *Girart de Viane*, éd. Tarbé, p. 20, Eudelon), un ancêtre ou un ami de Gascons en train de passer à la nationalité germanique (*Jordain*, *Gui de Nanteuil*, v. 2052). La Saga de *Charles* (liv. I, ch. 37, où il s'appelle Veler ou Vildri) en fait le frère de Naimon : ailleurs elle le dit son père comme le chroniqueur liégeois Jean des Preis, qui le dit fils de Doon.

Odilon, dans notre poème, est pourvu de deux fils ; l'un, Dragoland, porte un nom forgé sur Adragant et sur Agoland ; l'autre, Danemont, vient d'*Ogier* et se retrouve dans les *Enfances Ogier* (v. 2907, etc.), *Doon de Maience* (v. 8149, etc.), *Godefroi* (Bibl. nat. ms. fr. 12.558 f° 172), *Aliscans* (v. 617), *Anséis* (v. 1400) et *Vivien de Monbran*, v. 895. C'est, comme Danebrun, un de ces noms d'origine germanique que l'on a fort bien pu introduire dans l'épopée sans raison légendaire profonde, peut-être simplement parce qu'on les sentait composés du même radical que les Danois ravageurs de nos côtes. Escorfaut et Boïdant viennent des *Saisnes*, et Aquilant n'est qu'une légère déformation d'Agoland, analogue à celle qui de Fiérebrace a fait Fierabras et de Lucifer Lucafer. Quant à Maudras, c'est encore un exemple curieux du procédé auquel recourent les trouvères pour se procurer des noms propres.

Maudras ou Maudrans (cette seconde forme nous est attestée par le nom de lieu Maudrane) est composé de deux radicaux germaniques, Mad ou Amad et Ran, que l'on retrouve par exemple, le premier dans Matfrid, le second dans Bertran. Suivant les besoins du vers, on peut donc écrire Amaudran ou Maudran, et l'auteur de *Gui de Bourgogne* ne s'en est pas fait faute. Le caprice des scribes ou une différence de prononciation donne Madras ou Modras ; l'influence des noms en Mau provenant de Amal, comme Maugis, amène par une affectation d'archaïsme Maldras et Mauldras ; la rime et peut-être l'influence du Medraut arturien donne Maudrot. Matran est encore une forme correcte du même nom, réduite à Matant par une erreur de scribe, allongée en Madien par le procédé qui a formé Galien sur Galeran, et Florien sur Florenc ; Maudaran ou Mauderan est encore une forme correcte, qui rend le nom très syllabique. A-t-on besoin de le transformer pour la rime, on a les formes hypocoristiques Maudoine et Maudoire qui devient à l'occasion Maudaire, et se transforme peut-être à l'occasion en Sadoine ou en Sidoire comme Maudran en Gaudran. Et je me demande même si Amandon, Mandon, Mandonel, et surtout si Amadas, le héros d'un roman d'aventures, accueilli par l'épopée arturienne et par *Ciperis*, n'ont pas encore été fabriqués sur cet inépuisable vocable qu'une légende ou un caprice a introduit un beau jour dans notre onomastique épique (1).

La constitution du personnel chrétien n'est pas plus originale. Deux groupes sont en présence : les douze pairs d'une part, et de l'autre les fils de ceux qui ne sont pas suffisamment connus pour qu'on soit obligé d'en faire des célibataires, comme il faut bien s'y résigner pour Olivier et Roland. La

---

(1) Pour Matran, voir *Philoména* (cité par Gautier, IV, p. 241), *Barbastre* (f° 146), *Moniage Renoart*, laisses 142 et 143 ; pour Matant, *Aie*, v. 380, *Simon*, *Anséis* (v. 9697, etc.) ; pour Madiant ou Madian, *Anséis* (v. 3770, etc.) et *Barbastre* (f° 110); pour Mauderan et Maudoire, *Floovant*, passim ; pour Maudoine, la *Prise d'Orange*, v. 1260, *Barbastre*, f° 147, *Foucon*, f°s 13 et 15 ; pour Sadoine, *Ogier et Ciperis*, passim, *Gui de Nanteuil*, v. 1908, etc., *Blanchandin*, 2340, etc., pour Sidoire, *Fierabras*, v. 2171 ; pour Maudras, *Floovant*, v. 1268, 1623, *Fierabras*, v. 1549, *Foucon*, f° 79, p. 64, *Mort Aimeri*, v. 644 ; pour Maldras, *Enfances Vivien* a, v. 4740, *Foucon*, p. 158, *Aspremont*, passim ; pour Maudrot, *Aie*, v. 1490 ; pour Gaudras, *Galien*, p. 343, *Barbastre*, f°s 112, 113, 147 ; pour Galdras, *Bovon de Comarcis*, v. 1833, etc. ; pour Amandon, *Gaidon*, v. 9435, *Foucon*, f° 32, *Anséis*, v. 2453 ; *Gaufrei,* v. 606, fait d'Amandon un chrétien, v. 845, un païen ; v. 4508, il parle de la cité d'Amandon ; *Galien*, p. 336, cite un Amatan ; *Vivien de Monbran* a Mandoire, v. 708, et Maudras, v. 946 ; *Maugis* a Maudras, v. 4010, et Amandon, v. 7162. Il y a un Mandron dans l'*Aliscans* en prose (Bibl. nat. ms. fr. 796, f° 243).

vieille génération comprend huit des douze pairs classiques, Roland, Olivier, Ogier, Naimon, Gérin, Engelier, Anséis et Sanson, puis les pères de trois des jeunes héros, Odon, père d'Estoul, Tiéri, père de Bérard qui vient des *Saisnes* et que connaissait déjà *Fierabras*, Basin, père d'Auberi dans le roman qui porte le nom de son fils, enfin Richard qui déjà dans *Fierabras* occupait une place trop importante pour qu'on la lui enlevât.

A Bérard, à Estoul, à Auberi, notre auteur a joint Gui, son héros, qu'il a fait fils de Sanson ou qui l'était déjà à cause de leurs communes attaches à l'Aquitaine, Savari qui, pour la même raison, était tout désigné pour être le fils d'Engelier, Bertran qu'*Ogier* disait déjà fils de Naimon, Turpin, qu'il fallait bien trouver une raison d'introduire en Espagne, Jofroi qui était tout naturellement appelé par Richard, Gilemer qu'avait introduit *Fierabras*, Huon qui a peut-être été attiré par le voisinage de Savari, mais qui se trouve, je ne sais pourquoi, fils d'Anséis (1). Ici comme dans *Fierabras*, cycles et règnes sont confondus. Hardré figure parmi les traîtres à côté de Ganelon, et si le vers qui signale la présence de Tibaud et d'Alori n'a pas été interpolé par quelque scribe, il doit venir en droite ligne du poème de *Gaidon*.

---

(1) J'ai combiné, pour arriver à cette liste, diverses énumérations incomplètes, que les scribes avaient faussées pour les nécessités de la rime, ou sous l'influence de vieux souvenirs (v. 620, 647 et seq., version b, p. 145). Ainsi Terrion et Guérin sont là pour Turpin et Gilemer, dont les initiales sont identiques. Ivon et Ivoire ne jouent aucun rôle. C'est de cet élément surtout que j'ai cru devoir me préoccuper pour corriger les erreurs des copistes.

X

Pas plus que les romans que je viens d'analyser, *Anséis* n'est une œuvre traditionnelle, mais, à la différence de ces œuvres normandes, ce poème pourrait bien être l'œuvre d'un Breton ou d'un Angevin. Je ne voudrais pas insister sur Nantes, considérée par lui comme la capitale de la Bretagne et l'une des étapes principales du voyage des messagers d'Anséis, quoique cette mention soit fort rare dans notre épopée, ni sur la mention d'une sainte poitevine, Pechine, Pazanne, Pexine ou Pezenne (v. 7416), ni sur les rapports étroits qui existent entre *Anséis* et le roman certainement angevin de *Gaidon*, et qui, n'étaient certaines différences, me porteraient à croire que les deux œuvres sont du même auteur. Mais pourquoi faire de son héros un Breton, alors que l'histoire et toutes les traditions plaçaient Anséis en Lotharingie, sur les rives du Rhin, si le poème n'est pas écrit à la gloire de la Bretagne ? Et d'autre part, s'il est l'œuvre d'un Breton, pourquoi enlever ce pays à Salomon, son légitime souverain, et rejeter celui-ci en Grande-Bretagne, pour attribuer la couronne à un problématique Gundebod ? La question, on le voit, reste obscure. Peut-être se résout-elle par l'époque relativement récente où fut composé ce poème. On avait alors peu à peu perdu le souvenir du réel, et les vieux chants composés dans la marche franco-bretonne avaient, pendant leur séjour en Champagne, subi, comme les lais arturiens, de si profondes modifications, que le sens historique était à peu près complètement éteint chez les fabricants d'épopées.

En revanche le sens géographique s'était développé. Suivons la retraite d'Anséis de Morligane sur Luiserne, puis sur Astorga, Léon et Castesoris, qui est sans doute Castrogéris près Burgos, ou la marche des Français de Paris par Poitiers, Blaie, les landes de Belin hors Bordeaux, Dax, Sorges, Pampelune et Fourneaux, ou le voyage des messagers par Dax, Bordeaux, Blaie et Nantes, on retrouve là, à l'exception des deux premières localités qui sont probablement fabuleuses, des traces évidentes d'itinéraires des pèlerins de Saint-Jacques de Compostelle. C'est d'après leurs indications que l'on dresse le plan des opérations militaires que l'on prête au roi Charles qui, de près ni de loin, ne vit jamais Astorga.

L'auteur d'*Anséis* a lu ou entendu beaucoup de nos romans. Il connaît la légende qui fait de Gui de Bourgogne le lieutenant du roi en Espagne, et il fait de lui le lieutenant de son roi Anséis. Il emprunte aux *Saisnes* l'idée de faire de Naimon et de Tiéri, au détriment d'Ogier, les deux conseillers intimes du roi : à ce même roman, à *Mainet*, à *Aspremont*, au cycle des vassaux rebelles, il prend Girard de Laon, Gondebod, Anquetil, Huon d'Auvergne, Moran, Jocelin ; il connait les quatre fils de Garin de Montglane tels que les donnent *Girard de Viane* et *Ogier*, il imite *Roland* dans la composition de ses échelles, il entasse dans ses vers tous les Sarrasins possibles de tous les cycles ; il connait la légende étymologique qui rattache au mot char le nom de Charles, mais il la comprend plutôt comme l'auteur d'*Aquin* que comme celui de *Berte*. La seule innovation consiste, à ce qu'il semble, à donner aux Basques et aux Navarrais auxquels il fait jouer un rôle, et c'est tout naturel, puisque ce sont les plus fermes chrétiens d'Espagne, des noms qu'il croit être du midi, Yon, le grand roi de Gascogne, et Raimond, le prénom quasi-héréditaire des comtes de Toulouse. Encore n'est-il qu'à moitié correct et, en bon Breton, transforme Yon en Yvon.

Je ne veux pas insister sur les nombreux lieux communs, les uns fastidieux, les autres assez bien traités, dont l'auteur a formé son récit. Je ne fais pas ici œuvre de critique littéraire. La trame générale en est fort simple. Marsile n'est pas mort, il s'est réfugié à Morinde, la ville more, que le *Roland* latin lui donnait déjà comme résidence, mais il a perdu toute l'Espagne, où Charles a laissé pour lieutenant et fait couronner roi Anséis, fils de Ripes de Bretagne, notre roi Erispoé (851-857) (1). Anséis veut prendre femme, mais il n'en peut trouver en pays chrétien. Il y a là une double allusion aux empêchements de parenté qui contraignaient souvent les barons féodaux à des alliances lointaines et aux vieilles légendes mythologiques qui nous montrent les héros allant conquérir une femme au pays des ténèbres, devenu ici le pays des païens. Anséis envoie donc son sénéchal Isoré demander la main de la fille de Marsile ; pendant l'absence de son vassal, il succombe aux avances de la fille d'Isoré ; celui-ci, furieux du déshonneur qu'on lui a infligé, se retourne vers les musulmans, abjure le christianisme, se joint à Marsile, enlève à Anséis toutes ses villes, et finit par succomber avec son allié devant le retour offensif de Charlemagne. C'est, on le voit, la légende espagnole qui attribuait la conquête de l'Espagne en 711 au ressentiment de même nature qui arma le comte Julien contre le roi Rodrigue.

Les protagonistes du drame sont, avec Marsile que nous connaissons déjà, Anséis et Isoré. Le premier n'est autre que le fils d'Ernoul, le père de Pépin d'Héristal ; mais, comme pour nos trouvères, Pépin d'Héristal et Pépin le Bref ne forment qu'un seul et même personnage, Anséis devient le père de ce dernier, et, comme à son fils, on lui décerne le titre royal. C'est le premier roi de la dynastie carlingienne, et, comme on a gardé le souvenir de la résidence lotharingienne de ces princes, on met Anséis à Cologne sur le Rhin. Telle est la donnée des *Lorrains* (p. 22,

---

(1) *Gaufrei* (v. 101) a adopté cette donnée.

etc.), qui d'ailleurs ne lui font jouer qu'un rôle fort secondaire. *Aie* sait bien encore qu'il est roi de Cologne, mais ce roman le fait lutter contre les Sarrasins, ce qui est tout à fait invraisemblable.

Un pas encore, et notre *Anséis* ne verra plus en lui qu'un roi de la frontière sud-occidentale de l'empire carlingien, décoré du titre royal de Carthage, où il ne règne pas du reste, mais que l'on sait vaguement située en pays more, et qui d'ailleurs présente la même initiale que Cologne. Désormais, ce n'est plus qu'un nom vague ; qu'il remplace Ganelon dans le collège des douze pairs (*Roland, Otinel, Gui de Bourgogne*), qu'il accompagne Clovis dans ses guerres ou découvre la retraite où le comte Guillaume s'est fait moine (Anséis d'Auvergne, Bibl. nat. ms. fr. 796), qu'il refuse le don de Narbonne (*Aimeri*, v. 520) ou rende compte de l'état des frontières (*Girard de Roussillon*, par. 191), qu'il soit amené par la rime ou figure dans une énumération, il n'y a pas à en tenir compte, il n'a pas de signification, pas de valeur (1).

A l'origine, il n'a pas même dû avoir de légende, car, pour lui en faire une, on a tout simplement démarqué celle d'Ogier. Celui-ci se mesure en effet sous les murs de Laon

---

(1) *Raoul* (v. 725) cite un Anséis. *Elie* (v. 67) fait allusion à un Anséis de Cartage tué par Aïmer : c'est plutôt Ernéis. *Doon de Maience* (v. 10.963) et Jean des Preis dans son analyse de la *Reine Sibile* font d'Anséis un personnage mal famé, parent de Hardré. *Auberi* (éd. Tobler, p. 166, etc.) appelle Anséis le traître châtelain de Vimer, *Doon de Maience* (v. 5030) et *Elias* (v. 318) parlent du temps Anséis comme d'une époque très reculée. On trouve des Anséis dans *Foucon* (f° 17), *Renaud* (laisse 31), *Ogier* (p. 524), *Aspremont* (f°s 20 et 23), *Fierabras* (v. 1720), *Gaidon* (v. 2170), *Raoul* (v. 752), *Auberi* (f° 89), Anséis de Blois, *Moniage Guillaume*, f° 272, Anséis d'Auberive, *Aie*, v. 3051, Anséis de Sessons, *Auberi*, éd. Tarbé, p. 136.

avec Bréhier et Isoré ; or, c'est Bréhier que les *Saisnes* donnent pour adversaire à Anséis dans cette sorte de résumé de l'histoire de France par lequel s'ouvre le poème (1), et c'est Isoré qui dans le roman que j'étudie est son plus terrible ennemi. Peut-être même est-ce à l'influence d'*Ogier* qu'est due l'importance assez grande de Laon, la capitale des Carlingiens au X⁰ siècle, mais qui, dans notre poème, ne supplante ni Paris, ni Aix.

Isoré, est encore un de ces noms germaniques qui se sont introduits, on ne sait comment, dans notre épopée. Tantôt (*Roncevaux*, laisse 341, *Gaufrei*, v. 146, *Auberi*, f° 76, *Aspremont*, Bibl. nat. ms. fr. 25.529, f° 64, *Otinel*, v. 1145, *Raoul*, v. 4320, 7978, *Fierabras*, v. 340), c'est, peut-être pour la rime, un chevalier chrétien sans grande importance, tantôt (*Doon de Maience*, v. 6603) un personnage des temps passés ou un pape (*Amiles*) ; la plupart du temps, c'est un personnage méchant, hostile au héros, un païen, un traître, comme ici, comme dans *Covenant Vivien* (v. 6085), *Foucon* (f° 112), *Aliscans* (v. 3429), *Bataille Loquifer* (laisse 39), *Gaidon* v. 4020, 7574), le *Moniage Renoart*, l. 7, *Ciperis*. Dans l'*Orson de Beauvais* que résume (ann. 779) le chroniqueur Aubri de Troisfontaines, c'est le roi païen qui tient le héros captif ; dans *Ogier*, c'est un des adversaires du héros ; dans le *Moniage Guillaume*, c'est le chef saxon que le comte Guillaume tue sous Paris ; dans les *Lorrains*, c'est un comte de Boulogne dont Begon triomphe en champ clos, également sous Paris. Or, il y avait aux portes de cette ville un tumulus que l'on appelait la tombe Issoire et où certains voyaient le tombeau d'Isoré. On a donc pu, par une fausse conciliation des noms d'Issoire et d'Isoré, forger de toutes pièces la lé-

---

(1) De même que Huon Capet est dans notre épopée petit-fils par sa mère d'un boucher, Anséis est dans ce récit le petit-fils maternel d'un vacher, et de plus, fils bâtard du dernier roi Garin.

gende du géant païen, de même qu'il avait suffi de la vue de la pierre tombale de Vezian au cimetière gallo-romain des Aliscans d'Arles pour créer la légende de Vivien ; mais on a pu aussi bien être amené à cette confusion par l'existence préalable d'un récit épique sur quelque chef saxon de ce nom. Et là encore, on le voit, les recherches les plus scrupuleuses n'aboutissent qu'à l'incertitude. Comme Baligand et Garsile, comme Turgis et Valabrun, Isoré reste suspendu entre l'histoire traditionnelle et le caprice individuel d'un romancier (1).

Avant de quitter *Anséis*, regardons une seconde fois défiler ces beaux escadrons français, ces dix échelles, que nous avons déjà saluées se préparant à venger la mort de Roland. Malheureusement l'auteur et ses copistes ont singulièrement brouillé leurs rangs, et, dans leur hâte à répondre, ils semblent bien plus nombreux que ne l'annonce le texte. Ogier commande le premier corps : c'est là le rôle d'avant-garde qui lui est toujours attribué. Le roi vient le dernier avec son corps d'élite, les barons de la France propre qu'*Anséis* énumère très justement, Flamands et Brabançons, Artésiens et Cambrésins, Vermandois et Beauvaisins, Boulenois, Amiénois, Pohiers. Le neuvième corps a pour chef, comme dans *Roland*, Tiéri d'Ardenne, auquel on ajoute très logiquement, comme dans certains remaniements de *Roland*, le régent du royaume d'Arles, Girard ; les Normands du duc Richard sont là également à leur poste. Mais l'auteur a pris au sérieux le surnom de danois que la légende a donnée à Ogier, et lui fait commander ses prétendus compatriotes ; il ressuscite à tort Estoul et Sanson qui ont péri à Roncevaux,

---

(1) Il faut en rapprocher l'Isoard d'*Ogier* (p. 329), et de *Gui de Bourgogne* (p. 136).

Isoré et Isembard sont l'un et l'autre deux renégats ; tous deux ont donné leurs noms à des *tumuli* célèbres.

pour leur faire commander les Autunois, les Langrois, les Bourguignons, les Champenois, il veut caser les Anglais et les Lombards, mais il leur donne des chefs, Salomon et Oton, qui ne sont pas les leurs, il distingue à tort Girard de Viane et Girard de Laon, la Saissogne (Saxe) et le Soissonnois, la Terasse (Tiérache) et Terascoigne (Tarragone), il veut faire une place à part aux Angevins de Gaidon, dont un poème récent vient d'affirmer l'existence, il ne sait pas distinguer les Alemans et les Bavarois et leur donne un peu au hasard pour chefs, aux Alemans un vrai bavarois, Odilon; aux Bavarois, un compatriote de fantaisie, Namelon. Où mettre Gondebod ? Avec les Frisons, suivant l'usage, ou avec les Bretons, d'après ce qu'il vient d'inventer de sa résidence à Nantes ? Sous quel chef placer les Aquitains ? Sous Yon de Bordeaux ou sous Droon de Poitiers ? Là dedans il s'embourbe, patauge, se contredit et s'enlise. Décidément les hommes, lorsqu'ils aspirent à être complets, ne parviennent qu'à paraître longs.

CHAPITRE IV

LES FILS DE DOON

De même qu'ils avaient créé, avec certains héros plus ou moins heureusement choisis, une famille narbonnaise, les trouvères s'appliquèrent à former, de personnages qui s'étaient en général signalés par leur hostilité à la monarchie carlingienne, une famille qui fut appelé mayençaise. Pour ancêtre on leur donna un personnage assez mal famé, Doon, meurtrier en 708 du saint évêque de Liège Lambert. Autour de lui se groupèrent tout naturellement le roi Odon, Oton ou Yon d'Aquitaine, mort en 735, parfois confondu avec le bavarois Odilon (737-748), Hunaud fils d'Yon qui, plus connu sous le nom de Huon, a fourni une bonne part des traits de notre Huon de Bordeaux, représenté comme l'ennemi du comte de Nantes Amauri (850), personnage fort dévoué à Charles le Chauve, Grifon, fils de Charles Martel qui ne cessa de 741 à 753, époque de sa mort, de susciter des embarras à ses frères, les rois Pépin et Carloman, Ogier, qui fit campagne dans l'armée lombarde contre les Français du roi Charles en 773-774, le roi danois Godefrid, appelé Gaufrei par nos trouvères, mort en 810, le roi breton Guiomar, appelé ici Guion de Nanteuil comme ailleurs Guion de Bourgogne, parfois Guineman ou Guinemer, mort en 825, et dont on fit l'adversaire du comte Hervé tué en 844 en défendant Nantes contre les Bretons, Garnier, mort en 852, frère de Lambert, le fidèle allié de Nominoë, le roi breton Erispoé (851-857), appelé Ripes, parfois Reinbaud et alors confondu avec Radbod ou Rabel, roi de Frise, qui battit en 715 Charles Martel, Seguin, comte de Bordeaux, mort en 845, créature de Pépin II, Bovon qui insurgea la Lorraine en 840, Girard qui en 870 se mit en travers des desseins de Charles le Chauve sur le royaume de Provence. On y ajouta Renaud, comte de Poitiers et de Nantes, fidèle royaliste tué en 843, que l'on transforma en rebelle lorsqu'on s'imagina que le pays au sud de la Loire avait toujours été hostile à nos rois; l'évêque de Rennes Moran (vers 720), que l'on s'était habitué, je ne sais trop pourquoi, à regarder comme un personnage divin, un protecteur surnaturel du jeune Charles ; enfin trois divinités celtiques, Gwyn, Beli et Ivor, que l'on appela Guenes ou Ganelon, Elias ou Elinant et Ivoire.

Aimon, le père légendaire de Renaud, Perron, le prétendu grand-père d'Elias, Gaufrei, Grifon, Girard, Bovon, Ripe, Seguin, Moran, Oton, furent donc représentés comme les fils de Doon. On dédoubla celui-ci en Doon de Nanteuil, et on lui donna ainsi un fils du même nom que lui ; et comme Girard de Vienne avait dans la famille narbonnoise deux frères, Ernaud et Renier, on donna au Girard mayençais un frère qui, au début du poème de *Gaufrei*, auquel j'emprunte cette généalogie, porte le nom d'Ernaud et qui, dans le cours du récit s'appelle Renier. Gaufrei fut père d'Ogier, Grifon, de Guernes, Seguin, de Huon, Oton, d'Ivoire. Doon de Nanteuil fut le père de Garnier et le grand-père de Guion. Enfin le fils prétendu de Raimon de S. Gilles, Hugon, héros d'un pur roman d'aventures, fut considéré comme le petit-fils de Moran.

Telle est la généalogie que contient le poème de *Gaufrei*. Jean des Preis en a recueilli une autre. Il remplace Oton d'Aquitaine par Odilon de Bavière, le roi breton Ripes par son successeur Salomon, il supprime Grifon, Perron, Moran, Ernaud et leur lignée, et les remplace : 1° par deux grands seigneurs féodaux, Baudoin de Flandre (862-879) et Richard de Normandie (943-996) qu'il a mis là plutôt à cause de la situation géographique de leurs domaines dans la

France du nord qu'à cause de la mauvaise réputation que divers évènements avaient pu leur donner ; 2° un personnage mal famé, Erchenbaud, qui a entraîné après lui son fils légendaire Basin et son petit-fils Auberi ; 3° un personnage fabuleux, Carneis (lisez Caroeis), le héros éponyme de la ville bretonne de Carhaix, père d'Agart, à l'origine héros épique, devenu de bonne heure par l'influence d'Aquin un personnage de la mythologie germanique ; ils figurent là tous deux à titre de rois d'Angleterre(1). Il reste maintenant à étudier les légendes qui se sont formées autour de ces divers personnages.

I

Doon est le protagoniste de trois poèmes.

Dans *Bovon de Hanstonne*, pur roman d'aventures dont la scène se passe sur les bords du Rhin, il a conservé son caractère. Il assassine le père du héros et finit, après de longues péripéties, par expier son crime sous la main du fils vengeur.

Dans *Doon de Maience* nous assistons à sa réhabilitation. Ici encore rien de légendaire, rien de primitif. Un pur roman raconte la jeunesse malheureuse de Doon, persécuté par le traître Erchenbaud. Sauf ce dernier nom, sur lequel je reviendrai tout à l'heure, aucun des personnages n'a une couleur légendaire. Quelques individualités antipathiques portent des noms classiques de traîtres ; et c'est tout. Les

---

(1) Richard et Salomon ne figurent qu'à titre de petits-fils ; mais, comme les noms de leurs pères, Bernard et Garin, me paraissent empruntés au cycle narbonnois, il n'y a pas lieu, je crois, d'y attacher de l'importance. Ici, comme pour Garnier et Renaud, c'est la seconde génération qui est importante. Le ms. Bibl. nat. fr. 12.558 f° 100 appelle d'ailleurs Richard fils de Doon.

autres ont été pris, sans propos délibéré, dans l'onomastique courante de nos romans.

La seconde partie entreprend de raconter comment Doon, père d'une famille de rebelles, se battit contre le roi. Dans *Doon de Nanteuil* il s'agit d'une guerre ; ici d'un combat singulier, dont certaines paroles méprisantes tombées de la bouche royale sont le motif. Un ange les réconcilie, et ils vont de concert conquérir la Saxe ; Moncler ou Vauclère, ville éminemment fabuleuse, dont Doon porte parfois le nom, en est la capitale. Les Saxons sont ici appelés Aubigants ou Albigeois, ce qui prouve que notre poème, imité d'ailleurs de *Garin de Montglane*, est postérieur au premier quart du XIIIe siècle. Ils ont pour voisins et ici pour ennemis les Danois, dont le roi Danemond vient en droite ligne des poèmes sur Ogier. On y voit figurer tous les personnages qui d'habitude se meuvent autour de Charlemagne : l'archevêque Turpin y est gonfalonier (v. 8934), mais cet office est attribué (v. 10.690) au duc de Normandie (Richard) qui dans les poèmes récents obtient fréquemment cet honneur. Le comte de Poitiers y joue un grand rôle : la féodalité territoriale tend manifestement à remplacer autour du roi les anciens compagnons de ses guerres.

Il ne nous reste que des fragments de *Doon de Nanteuil*, poème en vers alexandrins avec l'hexasyllabe final, particularité qui ne se rencontre que dans les deux *Garin de Montglane* et le *Siège de Barbastre*. Ce que nous en avons conservé suffit à nous faire voir que ce récit s'inspirait largement des poèmes sur les guerres du roi Charles contre ses barons. Bovon et Girard y figuraient, Bertran allait en ambassade comme dans *Ogier*, Richard de Normandie y portait le gonfanon royal (v. 154), on y voyait paraître le roi Canut d'Angleterre. Là encore, rien de primitif.

A plus forte raison ne faut-il attacher aucune importance aux divers Doon que l'on rencontre çà et là dans notre épopée, qu'il s'agisse de remplir un hémistiche, ou de pourvoir d'un nom quelque nouveau personnage dont a besoin le trouvère. Parfois même certains manuscrits donnent Droon, certains autres Doon, et comme les deux personnages ont une physionomie en beaucoup de points analogue, on est embarrassé lequel choisir, on le serait du moins, si l'un des deux était réellement un personnage épique ; mais on verra qu'il n'en est probablement rien (1).

II

J'ai dit que parmi les personnages de *Doon de Maience* un seul méritait de retenir l'attention, Erchenbaud, le principal traître du roman. Y a-t-il eu un personnage historique de ce nom qui, par suite de quelque trait de sa vie réelle, a mérité de figurer avec cette physionomie dans notre épopée ; a-t-il été inventé comme personnage par un trouvère qui avait besoin d'un traître de roman et qui a pris ce nom dans l'onomastique courante ? Je ne sais, et ce que je dis ici d'Erchenbaud, je le redirai par exemple d'Ertaud ou de Manes-

---

(1) Tels sont : Doon de Vaucler, *Aimeri*, v. 549 ; Doon l'Aleman, *Otinel*, v. 1192, et *Gaufrei*, v. 6113 ; Doon de Maience, *Foucon*, p. 59 ; Doon de Nanteuil, *Ogier*, laisse 15, etc. (ce personnage manque dans les *Enfances Ogier* du trouvère Adenes), la *Reine Sibile*, f° 280, *Galien*, p. 118 ; Dos de Monloon, *Girard de Vienne*, p. 29 et 63 ; Dos de S. Denis, *Raoul de Cambrai*, v. 6198, etc. ; Dos de Boulogne, *Girbert de Metz*, v. 3, etc. ; Do le veneur, *les Lorrains*, p. 169, etc. ; Dos de Courtrai, *Auberi*, éd. Tobler, p. 31 ; Doon, *Renaud*, laisse 109 ; la porte Doon, *Gaidon*, v. 9628. Ce dernier poème, en faisant d'un Huon né à Bordeaux le fils de Doon, v. 8686, semble faire de Huon de Bordeaux le fils et non le petit-fils de Doon. Enfin l'auteur du poème français sur les aventures de Landri, faisant de ce personnage un Allemand, lui a donné tout naturellement pour père un Doon, qu'il appelle pour changer Doon de la Roche.

sier. Toujours est-il qu'il joue en général un rôle antipathique, dans *Jean de Lanson*, dans *Raoul de Cambrai*, dans *Godin*, dans *Gaidon* (v. 4296, 4345, 9275), un rôle ridicule dans *Aimeri* (v. 2447). *Charlemagne* en fait un personnage sympathique (f° 25), mais ce n'est là qu'une mention jetée en passant, il y est d'ailleurs associé au sarrasin Fourré et Girard d'Amiens a fréquemment fait jouer à ses personnages un rôle différent de celui qu'ils jouent partout ailleurs. Certains manuscrits d'*Auberi* (éd. Tarbé, p. 67) et le chroniqueur Jean des Preis en font le père de Basin, mais d'autres donnent à ce père le nom de Guillaume. Souvent ce n'est qu'un nom qui figure dans une liste de personnages, avec une de ces seigneuries dont tout le monde porte le titre : Blois (*Foucon* f° 88), Moriene (*Aspremont* f° 57), du pont de Mine (*Anséis* v. 2430), de Monflor (*Aimeri*), de Montblois (*Doon*), de Pontieu (*Auberi, Jean de Lanson, Raoul*). Engelier, Foucon, Gautier, Huon lui sont associés ; cela ne nous renseigne guère. Le mieux est de le tenir pour un personnage inventé par les romanciers (1).

III

Le roman de *Gaufrei* est une œuvre de pure fantaisie. L'auteur avait la prétention de raconter comment les douze fils de Doon furent pourvus de seigneuries : en réalité il expédie en quelques lignes la conquête du Danemark par Gaufrei, ne souffle mot de quatre des frères, parle peu d'Aimon, de Renier, de Moran, et de telle manière qu'on peut considérer comme interpolés les passages qui s'y rapportent, et

---

(1) Ajoutez *Galien*, p. 363, *Ogier*, laisse 34, *Auberi* (éd. Tobler, p. 140), *Aimeri*, v. 1495. *Foucon* et *Aspremont* écrivent Archenbaud et non Erchenbaud. L'Ernebaud de Jean des Preis est une erreur certaine de scribe.

ne parle guère que du second Doon, de Bovon, de Girard et surtout de Grifon (1). Il a corsé son poème en y faisant entrer plusieurs des héros de *Garin de Montglane*, notamment le fameux charretier Robastre, et il y a joint un morceau sur le mariage de Bérard, un des héros du roman des *Saisnes*. Il paraît s'être largement inspiré d'*Elie de S. Gilles* : il lui a emprunté le nom de Machabré, donné au père de la princesse sarrasine, la rencontre du chevalier blessé qui raconte le combat, le rembarquement des musulmans emmenant leurs prisonniers qu'ils font bâtonner, l'évasion à cheval du héros chrétien prisonnier. Pour le reste, il a peu inventé. Son roi de Hongrie, Gloriant, qui dirige la campagne contre les chrétiens, est une variante du nom de Clovis que, sous des formes diverses, nos trouvères appliquaient, à titre d'ancien roi, à tous les personnages un peu exotiques qu'ils étaient en peine de dénommer. Maprin, le prétendant sarrasin à la main de la princesse est, sous des formes aussi variées (2), un personnage courant de nos romans : c'est

---

(1) On retrouve Grifon ou Grifonnet avec sa figure antipathique dans *Gaidon*, v. 5042, 5165, 5950, 7432, 7575, 8453, 10.757, dans *Bovon d'Aigremont*, dans *Theseus*. Ce n'est guère qu'un nom probablement interpolé dans des énumérations d'*Aspremont* (f° 57), d'*Auberi* (éd. Tarbé, p. 127), de *Doon de Nanteuil* (v. 58). On l'appelle Grifon d'Autefeuille.

(2) Ce sont : Amabrun dans *Aimeri*, v. 3606, *Ogier*, p. 272, *Girbert*, *Foucon*, le *Siège de Barbastre*, Mabrian dans la version scandinave du *Roland* et un roman en prose qui en fait le fils de Renaud de Montauban, Mambrin dans *Aimeri*, v. 3606, Membré dans *Charlemagne*, f° 30, Malpriant ou Maupriam dans *Floovant*, v. 598, *Aliscans*, v. 5447, *Aspremont*, f° 20, *Elias*, v. 5860, le *Siège de Barbastre*, f° 150, *Auberi*, éd. Tobler, p. 205, *Anséis*, v. 2468, *Elie*, Maprin ou Marprin dans *Gaufrei*, v. 1110, etc., Malpris dans *Elie*, Mauprin dans *Anséis*, v. 2459, etc. et dans *Galien*, p. 253, Malprime ou Mauprime, *Roland*, v. 889, etc., 3176, *Galien* p. 347, *Anséis*,

sans doute comme Brunamond, Danemon, Valebron, etc., un de ces noms propres d'origine germanique que l'on donne aux musulmans, sans qu'il y ait à y chercher des adversaires historiques, saxons ou scandinaves, des Français. Le roi sarrasin Quinard est, comme Guenes et Guinan, une des formes que prend chez nous le nom du dieu celtique Gwyn. Lion, le bon chambellan qui se convertit, comme Malaquin dans le *Siège de Barbastre*, pourrait bien appartenir à la même catégorie. On le trouve en effet plutôt dans le cycle d'Artus que dans notre épopée (1).

Si par une confusion des formes Galfrid et Godfrid, le roi danois qui portait ce dernier nom est devenu chez nous Gaufrei de Danemark (2), ce n'est pas qu'il manque dans notre épopée de Godefroi, de Jofroi, de Joifroi, de Joffrès, de Guiffroi, de Gieffroi, de Giffroi, de Gifroi, de Jeffroi. Les uns ont été purement et simplement inventés par les trou-

---

v. 10.468, etc., Mauprison, *Anséis*, v. 2889, Malgré, Malféré, Mabré, Malvé, Marbré, Maugré, Marmé, Mauvé dans *Aliscans*, v. 4393, 4394, 4395, 6866.

(1) On ne le trouve que dans *Gaufrei* sous les formes Lionchel et Lionnel, v. 1699, 9070. Dans le poème anglais du *Siège de Milan*, dont il est un des héros, Lionel est duc de Bretagne et reçoit du roi la Bourgogne. Lion est le fils de Harpin de Bourges et le héros d'un roman récent qui porte son nom. Dans la version italienne de *Floovant* Lion et Lionel sont les fils du roi Flore. Lione ou Lyones est l'écuyer de *Richard le beau*, v. 861. Dans les romans du cycle d'Artus, Lionel est le cousin germain de Lancelot. Comme dans *Gaufrei*, il est question dans la chronique de Baudoin d'Avesnes (ch. 49) de la conversion des saxons Guitequin et Lion.

· On remarquera que Lion est à la fois breton, bourguignon et berrichon.

(2) A part *Doon de Maience, Gaufrei, Ogier* et les *Enfances Ogier*, le nom ne se retrouve que dans *Aimeri*, v. 1511, et dans *Simon de Pouille* f° 142.

vères : tel est le marchand Godefroi, qui recueille et élève le petit Vivien (*Enfances Vivien*), tel le sénéchal Godefroi d'*Aioul* et d'*Elie* ; c'est un simple messager dans *Roncevaux*, *Raoul*, *Aimeri*, *Guibert*, les *Lorrains*, la *Prise de Rome*. Dans *Auberi*, dans la *Mort Aimeri*, dans *Clovis*, dans le *comte de Poitiers*, c'est une invention du poète (1). Parfois même il ne faut pas lire Godefroi, mais Godebeuf.

Sous la forme Jaufre, notre Gaufrei fils de Doon est le héros d'un roman arturien provençal, où rien ne subsiste plus du roi danois Godfrid.

---

(1) La forme Godefroi se trouve dans les *Enfances Vivien*, v. 802, etc., *Huon Capet*, v. 4949, *Floovant*, v. 2160, *Girbert*, v. 156, *Gaidon*, v. 2729, 8654, *Aimeri*, v. 473 c et 1513, *Elie*, v. 2452, etc., *Aioul*, v. 9025, *Berte*, v. 588, 1501, 1524, les *Lorrains*, p. 100, *Ogier*, p. 275, *Renaud*, laisses 58 et 108, *Auberi*, éd. Tobler, p. 153 et 196, f°s 55, 68, 77, 79, 81, 85, *Foucon*, p. 88, *Aspremont*, f° 24, *Simon de Pouille*, f° 142, *Girard de Roussillon*, par. 86, 104, 143. Il faut y ajouter les deux Godefroi de Bouillon, le croisé, *Doon de Maience*, v. 8010, *Gaufrei*, v. 109, et son grand oncle, *Elias*, v. 3018. La forme Gieffroi se trouve dans *Raoul*, v. 871, dans *Auberi*, f°s 69, 85, 97, 98, éd. Tobler, p. 153, 208, 227, éd. Tarbé, p. 127 ; la forme Geoffroi dans *Foucon*, p. 133; la forme Gefroi dans *Renaud*, laisse 17, *Auberi*, éd. Tobler, p. 29 ; la forme Guifroi dans *Auberi*, éd. Tobler, p. 27, *Doon de Maience*, v. 7355 ; la forme Gerfroi dans *Auberi*, éd. Tobler, p. 57 ; la forme Gefrei ou Jeffrei dans *Roland*, v. 106, etc., *Prise de Rome*, v. 1122, la *Reine Sibile*, f° 362 ; Geufroi ou Jeufroi dans *Aimeri*, v. 1522, 1545, 1647, 2782, 4100, 4200, la *Reine Sibile*, f°s 313, 315, 373 ; la forme Guieffroi dans *Galien*, p. 195 ; la forme Joifroi dans *Auberi*, éd. Tobler, p. 131, *Elioxe*, v. 875, 934, *Elias*, v. 4858, *Godefroi*, v. 194, 2600, *Raoul*, v. 754, 760, 864, 871, 886, 892, 1693, 4187, 5056, 5115 ; la forme Gufrei dans *Foucon*, p. 146 ; la forme Joffrès dans les *Lorrains*, p. 224 ; la forme Geoffroi ou Jofroi dans *Galien*, p. 193, *Huon Capet*, v. 3504, *Aioul*, v. 4748, 4753, 6977, 7195, 7855, 8360, 9505, les *Enfances Ogier*, v. 515, etc., les *Lorrains*, p. 20, 29, 42, 46, 107,

IV.

C'est selon toute probabilité à Saint-Faron de Meaux, où on disait qu'il était mort sous l'habit monastique, en un pays où nous savons par la cantilène de Saint-Faron que les esprits avaient le goût de l'épopée, que la légende d'Ogier a dû prendre sa première forme, et ceci explique comment, dans toute la seconde partie, au rebours de la première (les *Enfances*), défalcation faite de certains passages interpolés ou inspirés d'autres sources, Laon reste d'une manière continue la capitale de la France.

Un premier récit, dont il semble bien être resté des traces dans l'épisode de Bréhier (thème du géant gardien du bois), apparenté de très près au récit du *Moniage Ilsan* dans la saga de *Théodoric*, racontait qu'il était sorti de son couvent pour combattre un géant qui désolait le pays.

Un autre récit, analogue au *Moniage Guillaume*, racontait comment il en était sorti pour délivrer la France des envahisseurs païens Bréhier et Isoré, dont l'un devait être l'adversaire d'Anséis et l'autre celui de Guillaume.

Enfin, un troisième récit, fondé sur une vague connaissance

300, etc., *Otinel*, v 1851, *Ogier*, p. 100, etc., *Girard de Viane*, p. 31 et 33, *Anséis*, v. 9612, etc., *Foucon*, p. 73, f° 102, p. 8, 13, 63, 76, 96, f°s 14, 75, 98, 102, les *Saisnes*, laisse 86, *Guibert*, f° 160, le Cte *de Poitiers*, v. 375, *Roncevaux*, laisse 337, *Renaud*, *Simon*, *Gui de Bourgogne*, *Fierabras*, les *Narbonnois*, le *Siège de Barbastre*, *la Violette*.

La *Reine Sibile* connaît Guifroi le danois, chargé de la garde du chien d'Auberi, Geoffroi d'Anjou, et le traître Geffroi de Clarvent.

La saga de *Charlemagne* cite (I, 37) Gautier fils Jofroi de Torlin ou Corlin et Godefroi, fils du comte de Bruxelles.

des démêlés de Charlemagne et d'Ogier, lui avait attribué le meurtre de Charlot, fils de Charles le Chauve, avait fait entrer dans la famille de cet assassin les deux meurtriers de l'évêque Foucon de Reims en 900, Baudoin et Guinemer, et avait substitué au moniage une prison à Reims, où la charité de l'évêque Turpin avait seule empêché le héros de trouver la mort.

Peut-être racontait-on déjà une prétendue guerre contre le roi, dont le Beauvaisis aurait été le théâtre, et à laquelle il est fait des allusions dans le poème que nous possédons, ainsi qu'à une lutte autour de Gaillardon, en Beauce, dont Ogier semble être regardé comme le seigneur (1).

Le remanieur a peu modifié cette partie, que j'appelle la *Prison d'Ogier*. Peut-être est-ce lui qui a ajouté Doon de Nanteuil, Naimon, Salomon, les seuls personnages dont le nom figure assez souvent pour valoir la peine d'être cités.

A côté de ces poèmes, il en existait un autre, composé très probablement sur la frontière bretonne, relatif aux exploits d'Ogier sous les murs de Rome. La légende d'Ogier et celle de Guillaume ont suivi le même développement. Toutes deux font lutter leur héros à la fin de sa vie, et originairement après son entrée au couvent, contre un personnage appelé Isoré. Toutes deux le font auparavant lutter contre un adversaire qui porte le nom d'une ville bretonne, Guillaume contre Corsolt, le géant éponyme de Corseul, Ogier contre Carahes, le géant éponyme de Carhaix.

Cette légende est encore bretonne par le rôle considérable qu'elle fait jouer à Salomon, et si l'on admet l'origine bretonne de celui-ci, à Naimon. Près de lui, on ne peut

---

(1) La présence dans la légende d'Ogier de noms tels que ceux de Benoît, son écuyer, d'Onestais (Anastasius), qui signale sa présence à Turpin, noms dont la physionomie n'est point germanique, mais latine, semble indiquer que les moines ont collaboré à sa rédaction.

guère signaler que Doon ou Droon, Jofroi, Sanson et Odon ou Huon. qne la saga a eu, je crois, le tort de changer en Bovon. Les autres, comme Hoël, sont certainement interpolés. Encore Doon n'est-il pas certain, je crois qu'il ne figure pas dans la saga ; il peut avoir été introduit par l'auteur qui souda les *Enfances* et la *Prison*.

Bretonne ou non, la légende est certainement distincte de celle de la *Prison* ; la capitale du roi, qui était Laon dans le second cas, étant généralement Paris dans le premier.

Le traître Alori fait ici l'office du personnage antipathique, transformé en Lombard. Les principaux Sarrasins sont à côté de Carahès, Sadoine, et dans notre version, Danemond et Brunamond. Le chef est, comme dans les poèmes franco-bretons, un nom forgé sur Corsolt, Corsuble. La version italienne, désirant se rapprocher du texte de la *Prison*, ou reproduisant un original distinct du nôtre, l'appelle Isoré, son Ogier n'ayant à la fin à combattre que Bréhier.

Enfin le poème des *Enfances* rattache Ogier le rebelle à la famille d'un des grands adversaires de Charlemagne, le roi danois Godfrid † 810, que par confusion des noms Godfrid et Galfrid, il appelle Gaufrei. La version italienne des *Enfances* semble ignorer ce fait ; mais, en appelant Ogier *le danois*, ce qui sans cette filiation épique devient incompréhensible, elle semble attester qu'elle s'est préoccupée d'abréger le texte qu'elle avait sous les yeux. L'esprit qui l'anime, très nettement hostile au roi et à son fils, tranche d'ailleurs avec celui de notre auteur, pour qui Charlot est un présomptueux, mais non pas un lâche. Tant que cette version ne sera pas publiée, il sera d'ailleurs difficile de rien affirmer de bien absolu à cet égard.

Entre ces deux poèmes des *Enfances* et de la *Prison* qui sont seuls connus des Italiens, un remanieur entreprit d'intercaler le récit de la guerre de Charles contre Désier, à laquelle il savait que son héros avait été mêlé, peut-être par la légende d'Amile, peut-être par quelque récit annalistique, car il semble bien avoir eu connaissance du fait qu'Ogier avait accompagné en Italie les fils de Carloman (p. 181). Il est vrai qu'en les appelant Lohier et Louis et en parlant d'eux (laisse 42) comme des frères de Charlot, il semble bien confondre ce fait avec les luttes que Charles, fils de Louis, eut à soutenir contre ses frères Louis et Lohier, du vivant de son père, qui fut plusieurs fois obligé de le déshériter, comme dans la chanson Charles en menace Charlot. Quoiqu'il en soit, la précision des itinéraires, le remplacement de Pavie par le vague Châteaufort, les interpolations évidentes de l'épisode de Guion, de celui des traîtres, le pêle-mêle de héros empruntés un peu partout : Tiéri, Bérard, Naimon, Salomon, Guion, Hoël de Nantes, Reinbaud de Frise, Richard de Normandie, Moran de Rivier, la présence des quatre fils de Garin de Montglane, sans parler de certaines interpolations dues à un scribe qui connaissait les *Lorrains*, tous ces traits, joints à la longueur du morceau, sont des indices évidents de sa date récente.

On serait tenté de considérer l'auteur comme un Breton. Il est un personnage qui semble bien inventé par lui, Bertran, qu'il fait fils de Naimon, neveu de Lambert et parent de Salomon. C'est bien un Breton, il est signalé comme tel et je ne comprends pas qu'il s'en défende, si toutefois le vers où il déclare qu'il n'est ni Allemand ni Breton n'est pas une cheville, fort mal placée ici. Quant au ridicule que les Lombards veulent jeter sur les Bretons, il ne prouve pas plus contre ma thèse que les railleries du même genre adressées dans la seconde partie d'*Aioul* par un autre Lombard à un autre Breton, et qui sont si bien réfutées d'un beau coup de lance.

Il a emprunté au cycle méridional les noms de ses Lombards, Gérin, Aïmer, Ernaud.

Deux interpolations enfin, ou plutôt deux séries d'interpolations, les unes relatives à Saint-Omer (dont ne parle pas la saga), les autres destinées à mettre Ogier en rapport avec le Brabant, le Hainau, le pays de Liège, sont à signaler ici.

Le remanieur n'a d'ailleurs pas réussi à donner à son poème l'unité qui lui manquait ; tantôt son héros s'est couvert de gloire contre les Sarrasins, tantôt il n'a rien fait devant Rome ; tantôt il a beaucoup de parents à la cour, tantôt il n'en a pas un seul ; tantôt son écuyer meurt avant lui, tantôt il repose dans le même monastère. Il a du moins su modifier ses sources de manière à ne pas contredire les données d'autres poèmes, il ne fait mourir ni Carahès, sans doute à cause d'*Aspremont*, ni Charlot, auquel il est très sympathique, à cause de *Huon de Bordeaux*, et qu'il remplace par le Lohier de *Bovon d'Aigremont*, de *Jourdain,* et de certaines versions de *Renaud*. Le meurtre de Lohier est parfois même oublié, comme l'insulte aux ambassadeurs, et le seul grief semble être qu'Ogier refuse de payer le chevage qu'il doit, comme dans la légende de Girard où l'on ne sait jamais au fond s'il est question d'une rivalité d'amour ou d'une question d'hommage (1.)

V.

Huon de Bordeaux est un roman très intéressant, mais singulièrement complexe. Le nom du héros lui-même n'est pas assuré, car, ainsi qu'on le verra plus loin, il y a identité légendaire entre Hunaud d'Aquitaine, personnage du VIIIe siècle, et Huon, duc de France et marquis de Neustrie au IXe siècle, à ce point que Huon joue parfois le rôle de

---

(1) Le chroniqueur Auberi, parlant d'Ogier (ann. 753) l'appelle Ogier ou Lohier ; (ann. 805) il l'appelle Ogier ou Rogier.

Hunaud et réciproquement. Joignez à cela que là où le scribe actuel écrit Huon, le trouvère primitif avait peut-être mis l'initiale indicative de Huedon (ou Odon) ou de Hoël.

Ici le caractère du personnage est assez bien marqué. Il ne peut s'agir que des rois Huedon ou Hunaud d'Aquitaine, probablement du dernier. On se souvient qu'il a eu maille à partir avec Charles Martel et avec Charlemagne : cela suffit pour en faire un rebelle.

Pour expliquer cette animosité, on suppose que Huon a tué le fils de Charles. Pareille histoire se retrouve avec des variantes dans *Ogier*, *Renaud*, *Bovon*, *Jordain*, *Gui de Nanteuil*. C'est ici qu'elle est le moins altérée ; et, sauf le remplacement du meurtrier historique par notre Huon, les circonstances du récit se rapportent fort bien, comme l'a démontré M. Longnon, à celles dans lesquelles le jeune roi Charles, fils de Charles le Chauve, reçut en 864 la grave blessure dont il mourut deux ans après.

Près du jeune Charles, on a placé un mauvais conseiller, Amauri. Le roman d'Ernéis donnait le même caractère à Aïmer. Les deux noms commencent par la même initiale. Y a-t-il confusion ? Je ne le crois pas. Amauri est pour moi le fidèle soldat de Charles le Chauve, investi du comté de Nantes en 850 au lieu et place de Lambert, et dont celui-ci le dépouilla avec l'aide de Nominoë. Aux yeux des trouvères bretons, c'était donc, comme Hervé, Renaud, Maugis, Sanson, un adversaire, donc un personnage à peindre sous les plus noires couleurs ; mais, comme à Hervé, au rebours des autres, on lui conserva son caractère royaliste.

On donna à Huon pour frère Girard, rebelle notoire et tout désigné pour être le proche parent d'un rebelle ; on donna à Girard pour beau-père et pour conseiller un personnage mal famé, Gibouard, ailleurs appelé Giboé ou Giboïn, peut-être historique, peut-être mythologique, peut-être imaginaire. On lui donna pour père Seguin, comte de

Bordeaux tué en 845 (c'était indiqué pour Hunaud qui, comme Yon et Gaifier, devait être, en sa qualité de roi ou duc d'Aquitaine, essentiellement le roi de Bordeaux) ; de plus Seguin, créature de Pépin II roi d'Aquitaine, était tout naturellement le père d'un rebelle (1).

Son principal appui lui est fourni par trois personnages, le nain Oberon, qui appartient à la mythologie germanique, et sous la forme Albéric, joue dans les *Nibelungen* et l'*Ortnit* un rôle très important ; le prévôt Guirré, que l'on retrouve dans le cycle d'Artus sous les traits du petit roi Guivré (2) ;

---

(1) La saga de *Charlemagne* (I, 37) cite Tibaud, fils Segun ou Segni d'Aspremont, et Segun de Vegia ou de Fria. *Gaufrei*, qui l'appelle Sevin, v. 102, en fait le fils de Doon. Il figure dans *le roi Louis* (v. 450) où il est cousin germain du roi et tué par Isenbard, soit à cause de sa mort historique sous les coups des Normands, soit parce qu'il figure dans le camp opposé à celui du royaliste Isenbard. Il était tout indiqué comme bordelais et comme rebelle pour jouer un grand rôle dans *Girart de Roussillon*. Dans *Girart de Viane* il annonce tout naturellement au roi l'invasion sarrasine de 732 qui sur son passage prit Bordeaux. Il est resté l'ennemi des royalistes dans *les Lorrains*, p. 76 et 259, dans *Gaidon*, v. 2145, 2171, 2540, 2550, 2559, 2570, 2571, 2606 (le v. 3599 qui est en sens contraire est certainement interpolé). Dans *Aquin*, v. 1021, etc. c'est un sarrasin : peut-être a-t-il été entraîné là par Clarion, compagnon comme lui du rebelle Girard ; peut-être faut-il, comme dans *Anséis*, lire Sanguin, de même que dans *Aspremont* au lieu de Sanguin il faut lire Seguin dans une énumération absolument dénuée d'intérêt d'ailleurs.

(2) Guirré est presque toujours l'ennemi des héros, il n'appartient pas plus qu'Elinan, cette autre divinité celtique, à un camp, rebelle ou royaliste. Dans les *Enfances Vivien*, il est fils de Desramé ; dans *Gaidon*, v. 3640, 6433, 8419, c'est un royaliste, donc un ennemi ; de même dans *Renaud*, laisse 26, où il est associé au breton Guineman, lisez Guiomar ; dans *Ogier*, p. 548, il figure pour la rime, c'est un chrétien tué par les musulmans. De même qu'Alberic

et S. Jérome, dont on a fait un compagnon féodal du héros, de même qu'on a donné S. Richier pour séide au fils de Clovis, S. Hilaire à Aioul, S Moran à Mainet, et qu'on a habillé à la mode chevaleresque S. Julien et S. Vivien (1).

Sa femme Esclarmonde est sortie, elle aussi, de l'imagination d'un romancier, qui sur le nom de Claire ou Clariou, déjà transformé en Clargis, a forgé ce nom, comme d'autres forgeaient Claramonde ou Clarimondet, comme on fabriquait, peut-être sous l'influence du nom commun Escler, Esclaudie sur Claude, Escanor sur Ganor, etc.

Je ne veux point parler longuement des suites de *Huon*. Elles ne mettent pour la plupart en scène que des personnages déjà connus. Une seule est en dehors de ce jugement, malheureusement elle est inédite, et je ne la connais que par le sommaire de M. Guessard en son édition de *Huon de Bordeaux* : elle concerne Godin, représenté comme étant fils de Huon.

Tout enfant, il est volé par un aumaçour (c'est le mot sarrasin Almansor) qui l'emporte à Roches, Rochel ou Roal, nom de lieu où l'on peut supposer, soit le nom commun les Roches, soit la ville de la Rochelle, soit l'île de Roas ou

---

garde le trésor de Sigfrid dans les *Nibelungen*, Guirré garde la forteresse du héros, il est dans *Huon* et dans les *Lorrains* prévôt de Gironville, et sénéchal de Guillaume d'Orange dans le *Moniage Renoart*, laisse 53.

(1) Ce qui prouve qu'il faut lire Jérôme et non Géreaume, c'est qu'à part un vers interpolé d'*Auberi*, f° 101, une mention d'*Anséis*, v. 5320, qui a pris des noms partout au hasard, et un vers de *Guillaume de Palerne* (v. 6599), qui est un roman d'aventures, on ne le trouve que dans *Aioul*, v. 6441, etc. avec Hilaire, un autre saint de l'Eglise latine, et dans *Girart de Roussillon*, se mesurant avec Pons (par 146), autre nom d'origine latine, ou (par. 331) père d'un certain David, dont le nom n'a certes point lui non plus une origine germanique.

Rohès dont parle *Gaufrei*. Ses ennemis sont Erchenbaud, l'adversaire de Basin, un nom classique de traître, Seguin, que l'on est tout étonné de voir là, Regnier dont on ne s'explique pas la présence, Giboin qui a déjà sous la forme Gibouard persécuté Huon, Rohard, fréquemment associé à Erchenbaud, notamment dans *Doon de Maience*, Trompart, sans doute analogue à un personnage de *Cléomadès*, l'enchanteur Crompart. Ses partisans sont complètement inconnus des autres romans, comme Sarsapon, Dinos, où je vois un reflet du Dinas des romans sur Tristan, Bondifer qui ne figure, comme émir de Cordoue et envahisseur de la France, que dans le très moderne *Charles Martel* ; Brunos et Gornant, que je lis Gorhant, sont un peu plus connus, mais encore assez rares et presque toujours considérés comme sarrasins (1). Tout cela sent donc profondément la fantaisie.

Godin est le héros d'un autre poème, mais nous n'en connaissons qu'une version allemande, le *Charles Mainet*. C'est le neveu de Gerfin de Termes, personnage assez difficile à identifier ; il est un des soutiens du jeune roi, et cela concorde assez bien avec sa qualité de fils d'un rebelle, car dans *Mainet*, comme dans *Aie* et dans *Renaud*, ce sont en général les rebelles de l'histoire qui sont représentés comme des royalistes, et vice versâ. Plus tard, il triomphe du païen Orias : c'est encore un nom mythologique, Orian, père du dieu celtique Beli ou *Elias* ; il enlève sa sœur Orie, et son château, Oriette, l'Orion ou l'Oridon de maint roman.

---

(1) Le roi Burnos est l'échanson de Charles dans *Aspremont* (Bibl. nat. ms. fr. 2495, f° 711 ; le ms 1598 l'appelle Brunor et en fait l'écuyer tranchant ; le ms 25.529 n'en parle pas). Burnor est un des cinq rois tués par Baudoin dans les *Saisnes*. On trouve Brunart dans *Bovon de Comarcis*, v. 1280, et Brunolt dans *Partenopeus*, v. 2183. C'est sans doute un nom du cycle d'Artus.

D'ailleurs Godin n'est, je crois, qu'un diminutif, et je serais tenté d'y voir un doublet de Godebouf.

Revenons maintenant à Huon ou Hunaud (1).

---

(1) Hunaud figure dans *Ogier*, laisses 3 et 7, *Aliscans*, v. 8, *Foucon*, f° 103 et p. 73, *Siège de Barbastre*, f° 4 etc., *Bovon de Comarcis*, v. 163, etc., *Anséis*, v. 6797, *Renaud*.

Pour Huon du Mans, v. les *Saisnes*, *Maugis*, v. 8595, *Anséis*, v. 2447 (écrit à tort le dansel pour le mansel), les *Lorrains*, p. 20, *Ogier*, p. 2, etc., *Renaud*, laisses 87 et 142, *Roncevaux*, 1. 351, *Bovon de Comarcis*, v. 983, *Enf. Ogier*, v. 511 etc., *Moniage Guillaume*, f° 272, *Aspremont*, f° 18, etc., *Simon de Pouille* (version a, écrit à tort Huon duc Nayme).

Huon de Nantes, *Ogier*, laisse 3, *Aspremont*, f° 24.

Huon de Mantes, *Simon de Pouille* (version b.)

Huon de Melan, *Anséis*, v. 1033, *Fierabras*, v. 5714, *Aliscans*, v. 237, *Maugis*, v. 6968.

Huon del Blanc, *Ogier*.

Huon qui tint Chartres et Tours, *Aspremont*, f° 24, lisez Heudon.

Huon de Troies, *Gui de Nanteuil*, v. 1483 (c'est là certainement Heudon de Troies fils de Tibaud II et frère d'Etienne de Blois), *Ogier*, laisse 3, etc., *Moniage Guillaume*, f° 272, *Gaidon*, v. 7967, *les Lorrains*, p. 39, etc., *Maugis*, v. 4650, *Foucon*, *Enf. Ogier*, v. 509 etc., *Auberi*, éd. Tobler, p. 153, f°s 68, 81, 89, 91, 97 (*Auberi* écrit tantôt Huon, tantôt Huedon de Troies ; de même *Ogier*).

Huon de Bourges, *Orson de Beauvais*, passim, *Foucon*, p. 73, *Guillaume* en prose.

Huon d'Auvergne, *Gaidon*, v. 5255, etc., *Anséis*, v. 2889, etc., *Charlemagne*, *Garin de Montglane* b.

Hunaud de Saintes, *Aliscans*, v. 18.

Huon de Pierelée, *Gui de Nanteuil*, v. 521, etc., le *comte de Poitiers*, v. 1006.

Huon de Blois, *Auberi*, f°s 89 et 104.

Huon de Bargelone, *Aimeri*, v. 1353, etc., *Siège de Barbastre*, f° 111.

Huon d'Orléans, *Anséis*, v. 7794.

Huon de Clarvent, *Gaidon*, v. 4392, *Otinel*, v. 1226.

Il faut laisser de côté Huon de Bourges, auquel le roi Eudes concéda le comté d'Auvergne et qui se fit tuer en es-

---

Le normand Huon, *Siège de Barbastre*, f° 149.
Le breton Huon, *Auberi*, éd. Tarbé, p. 127.
Huon le poitevin, *Siège de Barbastre*, f° 152.
Huon de Paris, *Elie*, v. 1477.
Huon de S. Omer, *Enf. Ogier*, v. 264, *Gui de Nanteuil*, v. 1255, *Auberi*, f° 74.
Huon d'Etampes, *Moniage Guillaume*, f° 272, *Maugis*, v. 6080.
Huon de S Lis, *Fierabras*, v. 5792.
Huon d'Artois, *Gui de Nanteuil*, v. 758.
Huon de Besançon, *Huon Capet*, p. 50.
Hugon de Vauvenice, roi de Frise, *Huon Capet*, v 303, etc.
Hue de Loon, *Aimeri*, v. 1541.
Huon de Verberie, *Gaidon*, v. 2202.
Huon de Toart, *Gaidon*, v. 2329.
Huon de Bonivent, *Gaidon*, v. 6852.

Il est interpolé v. 7433 de *Gaidon*, v. 6797 d'*Anséis*, f° 239 de *Galien*, v. 3075 d'*Aie*. C'est un simple nom dans *Raoul*, v. 2684 etc.. les *Lorrains*, p 12, *Aimeri*, v. 1497, 1800, les *Enf. Ogier*, v. 115, *Godefroi*, v. 195 et 323, *Aioul*, v. 7580, *Auberi*, éd. Tobler, p. 69, 78, 83, *Elias*, v. 2160, 5150, *Doon de Maience*, v. 2601, 5573, *Gaufrei*, v. 2378, *Esclarmonde*, v. 699, etc.

L'auteur du *Pèlerinage* a donné ce nom à son empereur grec, l'auteur du *Landri* scandinave au père de son héros, l'auteur de *Parise* au fils de son héroïne et au roi de Hongrie qui lui sert de parrain.

Son rôle dans *Auberi* est nul. *Gaidon* emploie ce nom à tort et à travers, pour des rebelles, v. 2202, 2329, 5255, 7764, 8685, etc., pour des royalistes, v. 2143, 4392 (il faut lire Henri), 2907, 6852, 7282, 7433, 7582, 8453, 9435. Parfois au lieu de Huon on trouve Huidelon.

La saga de *Charlemagne* cite (I, ch. 37) Huon et son frère Gautier, fils Gautier de Termes, Huon et son frère Renier, fils Huon de Venise, Benzelin et son frère Todbert, fils Huon de Ponti.

sayant de l'enlever au comte Guillaume : il n'est pas certain que ce soit lui que l'auteur d'*Orson de Beauvais* eût en vue, et les autres Huon de Bourges, fort peu nombreux, s'expliquent fort bien sans son intervention, l'Avergne et le Berri s'appliquant tout aussi naturellement que la Bourgogne ou la Gascogne à n'importe quel personnage épique. Huon Capet n'est pas seulement le héros du poème qui porte son nom : c'est lui qu'il faut selon toute apparence reconnaître dans le Huon ou Huelin qui joue un si grand rôle dans le *roi Louis;* c'est la tradition recueillie par Guillaume de Malmesbury qui confond d'ailleurs le roi de France avec son père, le duc de France du même nom, et le fait ainsi fils d'un Robert qu'il appelle de Montdidier, vague surnom épique qu'ont porté Auberi, Bérard, Droon.

Le véritable Huon épique me paraît être celui des *Saisnes* : c'est Huon, duc de France et marquis de Neustrie (866-886), tout indiqué pour être le chef des barons et des héros de l'ouest. De là il a passé dans *Aspremont* et dans *Ogier*, empruntant sans doute son surnom de manceau à Huon du Mans, personnage du Xe siècle. On s'est habitué à le considérer comme l'ami des Bretons ; de là son rôle dans *Mainet*, d'où il a passé dans *Anséis* et dans *Gaidon*, son rôle dans *Gui de Nanteuil*, dans *Maugis*, dans *Renaud* qui l'associe à Amaufroi et le voit d'un mauvais œil, dans *Girart de Roussillon*, son double rôle dans *Aioul*, où il figure, tantôt comme rebelle, tantôt associé au breton Nevelon comme royaliste, son double rôle dans les *Lorrains*, où il est royaliste comme frère du franco-breton Garnier, et rebelle dans tous ceux de ses rôles qui, comme Huon de Cambrai ou Huon de S. Mihiel, ne sont pas purement imaginaires ; de là son étroite association au rebelle Foucon qui l'entraîne dans la geste narbonnoise, soit comme père de Foucon de Candie (c'est alors Huon de Florenville dans *Foucon et les Narbonnois*), soit comme son contemporain d'âge dans

Aliscans et le *Siège de Barbastre*, à moins qu'ici, comme pour Hunaud, on ne suppose que le véritable prototype du personnage soit le roi d'Aquitaine Hunaud, tout indiqué pour jouer un rôle dans le cycle méridional ou pour conseiller le roi Yon.

VI

Le douzième fils de Doon (*Gaufrei*, v. 115) fut ce comte Girard, qui, après avoir soutenu en 840 la cause de Lothaire contre Charles le Chauve, est surtout resté célèbre aux yeux des trouvères pour avoir gouverné le royaume de Provence au nom du roi Charles, fils de Lothaire, et avoir essayé en 870 d'arrêter devant Vienne la marche offensive de Charles le Chauve pour s'emparer de l'héritage de son neveu décédé, Lothaire, frère et successeur du roi Charles.

Trois poèmes ont été consacrés à cet épisode : *Girart de Roussillon*, *Girart de Viane* et un *Girart de Frete* dont il ne nous est resté qu'une version italienne, un résumé dans la compilation de Jean des Preis et le prologue, je veux parler du roman d'*Aspremont*. Ces trois poèmes ont bien conservé quelques traces de cette idée que Girard prétend ne pas relever du roi de France, mais sur les raisons de cette indépendance, comme sur les motifs de la rupture, ils ont donné libre carrière à leur imagination.

Dans *Girart de Frete*, il est resté des traces d'un refus de Girard d'aider le roi contre les musulmans maîtres de l'Italie, assez analogue au refus de Bovon de faire la guerre de Saxe. Mais, quand Bovon et Girard sont devenus des personnages sympathiques, les poètes n'ont pu se résigner à les laisser trahir ainsi la cause de la chrétienté. Sous sa forme actuelle, *Aspremont* nous montre Girard se ravisant, accompagnant le roi, non comme vassal il est vrai, mais comme allié et se couvrant de gloire sur le champ de bataille.

Parfois le thème est renversé, et il reste dans *Girart de Viane* et *Girart de Frette* des traces d'une version où, le roi ayant refusé de secourir son vassal attaqué par le sarrasin Sinagon, Girard a pu légitimement rènier une suzeraineté inefficace. De même, Charles refuse d'aller délivrer Bovon et Vivien son fils également réduits à la plus complète détresse par les sectateurs de Mahomet.

D'autres ont cru que Girard tenait sa terre en alleu, et que c'était une concession du roi, qui voulait ainsi dédomager Girard du tort qu'il lui avait fait, en épousant dans *Girart de Viane* et dans *Girart de Roussillon* une femme primitivement destinée à Girard. Plus tard la rupture aurait éclaté, soit à cause d'une tentative du roi pour revenir sur sa concession, soit à cause d'une injure faite à Girard par la femme du roi.

Des trois poèmes, *Girart de Viane* est celui qui a le moins altéré les faits. Le comte Girard y possède Vienne, Valence et Lyon ; il n'a aucun droit sur la Bourgogne française, puisqu'il commence les hostilités en s'emparant de Mâcon. Il est donc réduit aux territoires lotharingiens. Le poème se termine d'ailleurs par deux faits historiques, mélangés à tort il est vrai ; 1° le roi Yon de Bordeaux, menacé en 732 dans sa capitale par les musulmans d'Abdérame (1) fait appel à Charles Martel (confondu ici avec Charlemagne, 2° le roi Charles de Provence (853-863), confondu lui aussi avec Charlemagne, confère au comte Girard la régence de ses Etats reculés à tort plus à l'est, et transformés en Alemagne et Bavière.

Pour corser le récit, on y a introduit un duel de Roland et d'Olivier. J'ai déjà fait allusion à ce vieux thème épique en vertu duquel le héros avait dû se mesurer d'abord avec

---

(1) Il est également fait allusion à la prise de Carcassonne (écrit Terrascone) en 725 par les musulmans.

son plus intime ami, avant de l'attacher indissolublement à sa fortune. On rattacha le duel de Roland et d'Olivier à la guerre de Charles contre Girard, Olivier devint le neveu de Girard comme Roland était celui de Charles, son père Renier devint frère du comte rebelle, et le trouvère en profita pour raconter les exploits de Renier contre l'allemand Jofroi qui n'était pas distinct du Godefroi ou Gonbaud contre lequel s'était mesuré Milon ; celui-ci, royaliste comme Renier, et souvent son camarade, devint lui aussi frère du rebelle Girard sous le nom de Milon de Pouille.

Pour rattacher Girard à la famille narbonnoise, on imagina de lui donner pour troisième frère Ernaud, père d'Aimeri.

A l'ambassade des fils de Girard de Frete, menacé par Sinagon, on substitua le voyage à la cour des jeunes gens dont le père a été ruiné par les courses de Sinagos.

Enfin l'on plaça près de Roland un autre marquis de Bretagne, Lambert, celui sans doute qui mourut en 836 et vainquit Guiomar en 825, et on l'habilla en comte de Berri, comme on faisait les bretons Amile et Amauri, et en filleul du roi.

Quant aux allusions communes à *Girart de Viane* et à *Fierabras* sur la famille d'Olivier, la prétendue ingratitude de Garin à l'égard du roi Pépin s'explique par ce fait que ce fidèle serviteur de Pépin I d'Aquitaine fut l'adversaire de son fils Pépin II et l'animosité de Renier à l'égard de Renaud de Poitiers (1) n'est exacte qu'en tant que Renier est supposé frère d'un rebelle, car Renaud se fit tuer en

---

(1) Renaud de Poitiers étant le fils légendaire d'Aimon et le grand-père historique de Bernard d'Auvergne, confondu par l'épopée avec les deux Bernard de Septimanie père et fils qui se trouvaient dans l'autre camp, on s'explique que l'allusion aux démêlés de Bernard et d'Aimon d'Autemure ne soit pas très claire.

843 en défendant les intérêts de Charles le Chauve ; il appartenait donc au même camp que Garin.

Girart de Frete est déjà beaucoup moins historique. Il est bien question d'un siège de Vienne dans la version italienne, mais la version française parle surtout de batailles livrées sous les murs de Paris et de Laon.

On a cherché Frete dans le comté d'Arles ; on l'a même identifié au moyen-âge avec S. Remi, où je vois plutôt le Montglane de notre épopée. Peut-être s'agit-il d'une localité provençale qui aurait changé de nom.

Il y a de nombreuses analogies entre *Girart de Viane* et *Girart de Frete*. Les deux poèmes se passent sous Charlemagne, le roi païen Sinagon y figure, il y a un voyage ou une ambassade à la cour du roi. Ogier y joue un rôle prépondérant avec ses trois chambellans, Benoît, qui vient de sa légende latine, Bareil qui est l'arbalétrier Baire du récit sur sa captivité, et le dieu celtique Elinan, sans doute amené par la rime. L'auteur a emprunté à *Renaud* l'épisode du traître Hervi et non Henri, il fait d'Otinel le gonfalonier royal, parle de Tiéri qui vient de la légende de Girard de Roussillon, comme Bos, Claire et Escorpion, tandis que le quatrième fils de Girard, Renier, est calqué sur Renier frère de Girard de Vienne. Galeran de Montmure, Gui de Dordonne et Richard de Normandie, un royaliste du IXe siècle, un rebelle de la même époque et un baron du Xe siècle commandent les royalistes (1).

Trois sarrasins figurent dans la légende de Girard de Frete : l'un, Anthenoir, est le chef des auxiliaires musulmans appelés par le rebelle. C'est un nom qui vient directement de l'épopée antique ; on le retrouve dans la légende de *Maugis* et dans *Gaufrei* (Atenor, v. 665). Les deux autres,

---

(1) Les principales places de Girard sont Montfort, livré par le traître Henri, et Orbendas.

Sinagon et Agramar, fils d'Agoland l'un et l'autre, sont représentés comme ses adversaires, et ainsi localisés dans la vallée du Rhône ; ils ont tout naturellement passé dans la légende de Guillaume, lorsque celle-ci se cristallisa autour de la ville d'Orange. Sinagon est sans doute un nom celtique, Agramar l'est certainement, car je ne le distingue pas du personnage dont le cycle d'Artus a fait deux héros distincts sous les noms de Sagremor et d'Agravain, dont il ne faut peut-être pas séparer non plus Agloval. On le trouve sous la forme Agrapar, dans le *Charroi de Nîmes*, v. 1299, ce qui indique qu'il y avait une version où il possédait Nîmes, dans *Aliscans*, où il est l'adversaire de Renoard, dans la *Bataille Loquifer*, laisse 51, dans le *Moniage Renoart*, laisse 29 (où il est écrit Agravain), dans *Huon de Bordeaux* (v. 6269 etc.), dans *Esclarmonde* (v. 1963 et 1985, où il est écrit Agrapin et Agripan).

J'arrive à *Girart de Roussillon*, mais avant d'en détailler les nombreux épisodes, il faut étudier la famille de Girard d'après nos différents poèmes (1).

Le père du Girard de l'histoire s'appelait Liutard ; peut-être était-ce lui que l'Astronome fait en 801 comte de Fézensac. Dans *Girart de Frete* il est fils de Bovon, qui fut comme lui en 840 l'ennemi de Charles le Chauve. Ce Bovon, que les scribes ont parfois écrit Boson, est dans *Girart de Viane* le père de sa femme, dans *Girart de Roussillon* son cousin-germain (sous la forme Bos). *Girart de Frete* distingue, d'ailleurs à tort, Bovon, père de Girard, et Boson son neveu, comme *Doon de Nanteuil* distingue Bovon, fils de Girard, et Boson son beau-père. Dans différents récits, Girard de Roussillon est encore le frère de Bovon d'Aigremont. Enfin, lorsqu'on les a transportés dans la famille narbon-

---

(1) Le vers 1653 d'*Anséis* fait allusion à l'Anténor antique.

noise en les faisant seigneurs de Comarcis, on a appelé le père Bovon et le fils Girard.

Dans *Girart de Viane* Girard est le fils de Garin, seigneur de Montglane, aujourd'hui S. Remi, qui fut un défenseur et non un adversaire de Charles le Chauve, mais qui commandait dans la vallée du Rhône où plus tard Girard exerça son autorité.

Gendre du rebelle Bovon dans *Doon de Nanteuil* et *Girart de Viane*, il l'est du roi Oton de Hongrie (lisez du roi Yon d'Aquitaine, ennemi de Charles Martel en 720) dans *Charles Martel*, beau-frère du roi Oton dans *Girart de Viane*, lequel a été transformé en empereur grec par *Girart de Roussillon* (et en un certain comte Hugon de Sens (1) dans la légende latine de ce même Girard de Roussillon), mais Odon, appelé ici Odilon par confusion avec le duc de Bavière ennemi lui aussi des Carlingiens, ne disparaît pas pour cela : il est seulement l'oncle du héros.

Les deux versions latine et française de *Girart de Roussillon* donnent à son père le nom de Drogon. C'est le Rogon de *Doon de Nanteuil* : seulement là il est le frère du héros.

Les noms des quatre fils de Girard de Frete dans *Aspremont* et des quatre fils de Garin de Montglane dans *Girart de Viane* sont absolument identiques ; ce sont de part et d'autre Ernaud, Girard, Milon et Renier (et non Richier, comme on trouve de temps en temps dans *Aspremont*). Girard de Frete a encore deux neveux, Claire et Boson (lis. Bovon) et dans Jean des Preis, où les neveux ont disparu, Ernaud, Girard et Milon ses fils sont remplacés par Claire,

---

(1) Cela provient du mélange de deux idées : le nom de Hugon donné fréquemment à l'empereur grec (le *Pèlerinage*) et la résidence légendaire de certains rois de France à Sens (il y a des chroniques qui font Faramond duc de Sens).

Bos (lis. Bovon) et Escorpion. Le rôle des deux fils de Girard de Vienne, Oton et Savari, est absolument nul.

Enfin *Girart de Roussillon* qui ne fait jouer non plus aucun rôle aux fils du héros, lui donne pour cousins germains Bos d'Escorpion (lis. Bovon et Escorpion), auquel il ajoute les rebelles Bernard, Gilbert, Seguin et Foucon.

Il faut revenir maintenant sur quatre de ces personnages.

Je suis très porté à voir dans Escorpion le résultat de l'influence du nom commun scorpion sur un nom propre tel qu'Escorfaut. On trouve d'ailleurs dans le *Siège de Barbastre*, f° 153, les deux formes Escorfaut et Escorpon. Corpion ou Scorpion ne figure en dehors de ces textes que dans *Floovant*, v. 1716, et dans *Foucon*, f° 19.

De même que Clovis donne Flore, Floris, Florent, Florien, de même Clargis est Claire, Claris, Clarin, Clarel, Clariel, Clarion, Clarien, sur lequel on a créé Esclariel, Clarifan, (*Roland*, v. 2670), Esclaribon ou Esclarimon (*Enfances Vivien*, v. 4215 et 4239 b.). Clarimondès ; mal écrit, c'est Clagis, Ccriel, Cherion, et parfois même Gabriel.

Son rôle est important dans *Otinel* (v. 1766 et seq.), c'est un des principaux chefs des sarrasins, comme Adragant et Sinagon. Comme ceux-ci, il est transporté dans la vallée du Rhône et mis en rapports avec Guillaume d'Orange. Dans les *Narbonnois* il est pris par les chrétiens et se convertit. Dans le *Siège de Barbastre* et dans *Bovon de Comarcis* (v. 800 et suiv.) il délivre les chrétiens prisonniers et les aide à s'emparer de Barbastre. Dans les *Enfances Guillaume* il est le frère d'Orable, la future épouse de Guillaume, et se montre assez favorable aux chrétiens. Dans le *Guillaume* en prose il remplace Aragon comme lieutenant de Tibaud à Orange. Comme Agramar et Escanor, il est devenu, dédoublé en Claris et Laris, le héros d'un roman de la Table Ronde, et je ne serais pas étonné que les noms d'Esclarmonde et de Claramonde aient été forgés sur le même radical.

Qu'il faille identifier l'Adragant d'*Otinel* (v. 1779), l'Arrogant ou Arrotant du *Charroi de Nîmes* (v. 519) et .l'Aragon de la *Prise d'Orange,* c'est ce qui ne me semble pas douteux. Que Rogon et Rogier soient deux formes du même nom, c'est certain. Que Drogon et Rogon soient souvent pris l'un pour l'autre, c'est encore vrai. Faut-il cependant assimiler Adrogant, Drogon et Rogier, en ce sens que ce dernier aurait été pour la rime une modification du premier, et parce qu'il y a des Droard, y rattacher dans la même mesure le nom de Roard ?

Je ne le crois pas. Roard et Rogier me paraissent, comme Flohard et Frohard, provenir d'un autre radical, et n'avoir pas plus d'historicité que le marchand Godefroi des *Enfances Vivien* ou le voyer Simon de *Berte.* Ce sont d'ailleurs des noms mal famés (3).

---

(1) V. *Roland :* Clarin, v. 63, Clarien v. 2670 ; *Anséis,* Clarion, v. 2979, Clarin, v. 5684, Clargis, v. 10.279 ; *Fierabras,* v. 1656, 1899, 3269, Clargis, Claris et Clarien ; *Vivien de Monbran,* Clargis, v. 762, Clarion, v. 816 ; V. encore *Roncevaux,* laisse 361 ; *Charroi de Nîmes,* v. 517 ; *Prise d'Orange,* v. 596 et 1881 ; *Aliscans,* v. 372, etc. ; *Enfances Vivien,* v. 4739 a ; *Covenant Vivien,* v. 819, etc. ; *Bataille Loquifer,* laisses 1 et 50 ; *Moniage Renoart,* laisse 120 ; *Foucon,* p. 73 et 117 ; *Gaufrei,* v. 9444 ; *Elias,* v. 5221 ; *Aquin,* v. 117 ; *Partenopeus,* v. 7346. *Huon Capet,* v. 4390, appelle le soudan Clarvus.

(2) Les formes Maragon d'*Aspremont* (f°s 22 et 39), Maragonde de la *Prise de Rome* (v. 370), Sarragonde de *Fierabras* (v. 2175 c), sans avoir été faites sur Aragon, mais plutôt sur Malagon, ont été influencés par lui.

(3) Roart ou Rohart, *Parise,* v. 2677 et 2730, *Godin, Renaud,* p 420, *Richard le Beau,* v. 3466, *Bovon de Hanstonne,* ms. fr. 12.548, f° 137, 141, 152, et ms fr. 22.516, f°s 46 et 47, *Covenant Vivien,* v. 1581. Rochart, *Galien,* p. 37. Frohart, les *Sept Sages,* p. 51. Floard, *Aioul,* v. 6669, *Foucon,* p. 101, *Gaidon,* v. 4056, *Aie,*

Quant à Drogon ou Rogon, nous trouvons la première forme indiquée comme étant celle du père de Girard de Roussillon, la seconde comme étant celle du frère de Girard de Vienne dans *Doon de Nanteuil*. Comme Bovon, Girard et Gilbert, Drogon ou Rogon est passé dans la famille narbonnoise, il est représenté comme un fils d'Aïmer par *Huon Capet* sous la forme Drogon et par le chroniqueur Auberi sous la forme Rogon ; *Maurin* imitant *Girart de*

---

v. 3911, *Richard le Beau*, v. 3263, *Covenant Vivien*, v. 263. Rogier, *Parise*, v. 18 et 2730, *Esclarmonde*, v. 644 et 7369, les *Lorrains*, p. 61, *Gaidon*, v. 2689, 4299, 4336, 7285, *Doon de Maience*, v. 3778. *Auberi*, éd. Tarbé, p. 103, appelle son nécromancien Rogier. Je crois qu'il faut lire Rogier et non Ogier dans *Gui de Nanteuil*, v. 999 et 1093, Roard et non Roers dans *Parise*, v. 19. Droart est donc une erreur pour Frohard, malgré la variante Droon, *Doon de Maience*, v. 1028. Déjà le mythographe danois Saxo (liv. IV) faisait de Frogier un géant vaincu par le dieu Frotho. J'hésite entre Rogier que donne le v. 4300 de *Doon de Maience* et Richier que donne Jean des Preis, car il s'agit d'un ami du héros. Rogier figure d'ailleurs sans physionomie défavorable dans *Girart de Roussillon* (par. 146, avec la variante Roge), dans *Gaufrei*, v. 6179, dans *Foucon*, f°s 90 et 102 et p. 73. Le Rogier du Rosoi de *Godefroi*, p. 276, est un personnage à part. Le Rogonas d'*Esclarmonde*, v. 839, chevalier méridional, a été forgé sur Rogon, et le Rogomant d'*Auberi*, éd. Tobler, p. 147, me parait un Rodoant mal écrit par un scribe qui avait dans l'oreille le nom de Rogon.
Cependant la saga de *Charlemagne*, à côté du bon archevêque de Trèves Rogier (Rozer), mentionne, liv. I, ch. 2, 4 et 16, parmi les amis de Reinfroi, un Rozer d'Orlenois et un Rozer d'Iricun ou de Ricon qui peuvent donner à réfléchir.
Le traître Rogon et Ragon de *Gaidon*, v. 2685 et 7283, et le traître Rogon de *Parise*, v. 1987, sont sans doute des formes hypocoristiques de Rogier. Il faut enfin en rapprocher la géante Flohot d'*Aliscans*, le Flohier de *Galeran*, le Clohier des *Enfances Vivien*, v. 4221 b., devenu Glohier, v. 4262 b., et Cohier (*Covenant Vivien*, v. 820).

Roussillon le place dans l'armée rebelle, et certains manuscrits *d'Auberi* en font le père du rebelle Lambert. C'est donc un aquitain : *Roland* dit que Gautier était son neveu (v. 2048), et *Aimeri* (v. 4628), lui donne pour fils Gaudin, Engelier, Sanson et Richier. Dès lors on l'appelle Droon de Poitiers et sous ce nom, il figure comme chef des Poitevins dans *Aspremont* et dans *Anséis* (v. 9489, etc.), il est un des onze compagnons de *Simon*, et figure dans *Ogier* (laisses 3, etc.). C'est encore Droon de Barcelone (*Siège de Barbastre*, f° 154), Drogon de Mont-Didier (*Aimeri*, v. 329, etc.), Droon le Tiois (*Foucon*, f° 75), Droon de Normandie (*Foucon*, f° 88), Droon de Laon (*Auberi*, éd. Tarbé, p. 127 et 136), Drevon de Guincent (*Renaud*, laisse 30), Droon le veneur (*Girart de Roussillon*, par. 553 etc.), Drevon le maire (*Auberi*, éd. Tobler, p. 169 et 206). Confondu avec Droon d'Amiens qui mourut en 1035, il figure à un double titre dans les rangs des rebelles dans *les Lorrains*, p. 54, et *Girbert*, v. 188, etc. (1). Souvent ce n'est qu'un simple nom, qui vient là pour la rime, écrit parfois Droant (*Raoul*, v. 4047), remplacé dans certains manuscrits par Doon, qui est peut-être la véritable forme (*Girart de Viane*, p. 20).

---

(1) Il reparait sous ce nom dans *Foucon*, p. 89 et 143 et f° 88. V. encore Drevon de Monchi, croisé en 1096 (Michaud l'appelle Drogon de Monzey), *Elias*, v. 4859, *Godefroi*, p. 276 ; Dreves de S. Ligier, *Auberi*, éd. Tobler, p. 186 ; Droon de Miax, *Raoul*, v. 787.

La saga de *Charlemagne*, I, 37, cite Guillaume, fils du roi Dreu de Poitiers.

VII.

Beaucoup moins historique que Girard de Vienne et Girard de Frete, Girard de Roussillon emprunte son surnom féodal à une commune de l'arrondissement de Vienne où se trouvait peut-être un château habité jadis par les seigneurs du Viennois. Mais deux auteurs ont travaillé à déplacer le théâtre de l'action. L'un, entendant appeler Girard un seigneur de Bourgogne, a pris la Bourgogne impériale pour la Bourgogne française, et a transporté le lieu de la scène près de Châtillon-sur-Seine et d'Avallon. Il a identifié Roussillon avec le mont Laçois, situé près de la première ville, et sachant que Girard était le fondateur des monastères de Pothières et de Vèzelai dans l'Avalonnois, il a placé le théâtre de la grande bataille au lieu de Vaubouton en S. Père sous Vézelai, où la présence de nombreux cercueils gallo-romains faisait croire, comme pour Aliscans, à la rencontre de deux armées.

Un remanieur du sud-ouest entreprit de transporter dans sa région la scène du combat, et trouvant à Civaux, dans l'arrondissement de Montmorillon, les mêmes apparences de bataille qu'à Vaubouton, il ajouta bravement ce nouveau récit à tant d'autres et allongea d'autant le poème primitif.

Parmi les personnages spéciaux qui y figurent, notons du côté de Girard : Amédée de Savoie, qui figure là à titre de seigneur du royaume de Bourgogne, Senebrun, qui fut le héros d'une chanson de geste perdue et après avoir été célébré par les jongleurs viennois fut localisé dans le Bordelais, Coine, où je suis assez porté à voir une variante d'Antoine, Eble, sans doute un des deux comtes de Poitiers de ce nom au IXe siècle ; puis des rebelles de l'ouest, Landri, comte de Saintes pour Pépin II, identifié à

Landri de Nevers (qui mourut en 1028), Guillaume transformé en seigneur d'Autun, des divinités païennes comme Anchier et Guinard, des saints, comme Antoine et non Anteaume, qui dans *Aspremont* joue un si grand rôle près de Girard de Frete, enfin le traître Ertaud. Je reviendrai tout à l'heure sur Landri et sur Ertaud.

Le roi Charles a toujours près de lui ses barons fidèles. Galeran, Alon, Gace, Tiéri, Tibert, Garin, puis les Hérupés habillés encore une fois en défenseurs de sa couronne, Huon, devenu Hugues de Broyes, Lambert, devenu Albert, Aubert ou Arbert de Troies, Godefroi ou Jofroi qui n'est pas, je l'ai dit, distinct de Godebeuf, Henri, Salomon, Guiomar et Gui, habillé en comte de Poitiers, Bérard, Hoël de Nantes, Richard de Normandie, Auberi et la trilogie Aimon, Aimeri et Aimenon, celui-ci spécial à notre poème et qui semble amené par l'allitération et quelque vague souvenir de l'Amauri et de l'Aimenon historiques, enfin Pierre et son père Gautier, qui sont des personnages de pure imagination.

Ajoutons enfin un récit sur la querelle d'Oudin et de Foucon, où celui-ci a pour appui Bertran fils d'Aimon (lisez Naimon et non Begon), les comtes Baudoin et Odon.

Quelques noms ont fait ici leur apparition que je n'avais pas encore étudié. C'est d'abord Evroïn de Cambrai, conseiller de Charles (par. 123, etc.) où je vois Ebroïn, évêque de Poitiers qui en 839 soutint le roi Charles contre Pépin II d'Aquitaine, nom très rare dans l'épopée : *Girart de Viane* dit qu'Aude avait été promise au lombard Evroïn (p. 123), *Charles le Chauve* (f° 35) parle du rebelle Evroïn, *Elioxe* cite une boquillonne nommée Evroïne, v. 2343, etc., et la chronique de Waulsort, le faisant fils de Boron et père d'Herbert de Vermandois, rattache ainsi la geste de Naibonne et la geste de Cambrai.

Eliazar, par. 451, est un nom juif : la tirade est interpolée.

Isenbard, fils de Garin, qui fit campagne contre Tortose

en 810 et 811, et guerroya en 850 contre le rebelle Guillaume dans la marche d'Espagne (1), figure tout naturellement parmi les royalistes (par. 36, 109, 229). *Anséis* a recueilli ce nom (v. 4328) qui était destiné à une singulière fortune.

Soit qu'il ait existé un Isenbard qui ait vécu en fort mauvais termes avec les moines de S Riquier, soit que le tumulus, voisin de cette abbaye, où se tenait une foire très importante, ait reçu indépendamment de ce fait le nom de tombe Isenbard (2), toujours est-il qu'on alla chercher ce nom pour en faire un allié du roi pirate Gormon, battu à Saucourt en Vimeu en 881 par le roi Louis III, un chrétien d'origine qui, ayant eu à se plaindre du roi, aurait pour se venger renoncé à sa foi. Isenbard, que les uns firent fils de Bernard (*le roi Louis*), les autres fils de Garin (Philippe Mousket, v. 14.070) devint ainsi un type de rebelle. Une version du *Pèlerinage* (Bibl. Ars. ms. fr. 3351, f° 195) nous montre Isenbard de Bordeaux, banni également de France, et se retirant, non pas en Angleterre, comme dans le *roi Louis*, mais à Constantinople, où il excite l'empereur grec contre les Français. Les *Enfances Vivien* (v. 4280 b), les *Narbonnois* (f° 72), la *Bataille Loquifer* (laisse 2) donnent ce nom à un sarrasin (3).

Herluin de Boulogne est un comte de Pontieu du Xe siècle, introduit dans l'épopée par la poussée qui y plaça

---

(1) Peut-être est-ce l'Isenbard qui, d'après le moine de S. Gall, aurait sauvé les jours du roi dans une partie de chasse.

(2) On sait que les tombeaux des grands chefs païens ont été le théâtre de jeux funèbres sur lesquels se sont greffées des foires.

(3) On trouve une allusion à Isenbard dans *Huon Capet*, v. 489 et 496.

Je serais assez porté à croire que l'Isacar de *Renaud* n'est pas distinct d'Isenbard. En tout cas l'Isacar de *Charles le Chauve* (f° 35) n'est qu'une erreur pour Aquard ou Achard.

La saga de *Charlemagne* (I, 2) met Isenbard parmi les alliés de Reinfroi et de Heudri.

Baudoin de Flandre. Le sénéchal Arluin de Vallandesc du par. 158 est Ernaud de Beaulandois dont le petit-fils épique, Ernaud de Gironde, est parfois représenté comme sénéchal.

Artaud trahit Girard (par. 496). Ce nom se retrouve dans des énumérations, donc sans signification précise, par. 22, 113, 133. Dans *Charles Martel* les frères Guion et Hurtault de Monpensier reçoivent du roi le château de Roussillon enlevé à Girard, qui le leur reprend plus tard avec l'aide de Bérard. M. Suchier a publié un fragment de *la belle Hélène* qui raconte comment le roi sarrasin Hertaut fut assiégé dans Castres par les rois Henri et Anteaume. *Renaud* (laisse 109), *Gaidon* (v. 4169, 4219, 4227, 4232, 4249. etc.), *Charles le Chauve* (f°⁵ 54 et 55), *Bovon de Hanstonne* (ms. fr. 22.516, f° 46 et ms. cité par Rajna, f° 141) s'accordent à en faire un personnage mal famé (1).

Audefroi est un frère d'Aimon et d'Aimeri. Ce caractère lui est maintenu par *Gaidon* (v. 5243) qui l'utilise pour la rime. Au f° 31 d'*Aspremont* le ms. fr. 1598 remplace également à la rime Godefroi par Andefroi.

Oudin pourrait bien être un personnage imaginaire. Par. 133 il est associé au dieu celtique Elin, par. 164 il est dit frère de l'ardenois Renier, par. 551 et suiv. neveu de Tiéri et ennemi de Foucon (Oldin et Oudin) ; dans les *Lorrains*, le prévôt Oudin de Belin (p. 256), le maire Oudin de Bordeaux (p. 301), le duc Odin de Luxembourg et Odin de Strasbourg (p. 88 et 125) (lorrain lui aussi) sont des royalistes. *Anséis* connaît le sénéchal Odin, v. 8133, et cite, v. 5254, Garin d'Angau et de Poitiers Hordin (2).

---

(1) On trouve dans *Godefroi*, p. 244, et Fochier de Milan et Hertaus de Pavie. Le sarrasin Heraut de *Gaufrei*, sur lequel est conquis Roussillon, est évidemment Hertaud (v. 2992).

(2) La var. Harduin doit être inexacte.

Gaufrei de Monmouth, IX, 12 et X, 9, en fait un roi des Ruteni qui dans son esprit sont les Rouennais. Le roi Oudard d'Ecosse de *Bovon de Hanstonne* est également un personnage mal famé.

On trouve à chaque instant Pons, Ponçon, Ponches, Ponchon, Poinson et même Poinsart (*Gaidon*, v. 2329, 5166, 5148, 5403), c'est là un nom qui n'a pas plus de valeur qu'Antoine, Richier, Hilaire, Félix : c'est un nom de saint du midi dont on a fait un compagnon de Bertran dans *Ogier*, d'*Elias*, très souvent de Huon, nullement un breton, comme le dit *Girart de Roussillon*, ou un nantais, comme le prétend *Gaidon* (1).

Quant à Manesier, il ne figure guère que pour la rime, parfois désigné comme chambellan (*Girart de Roussillon*, *Raoul*), deux fois dans *Gaidon* au cours du vers (v. 2320 et 2330), mais dans des énumérations. Dans *les Lorrains*, p. 357 et seq., il est fils d'Ernaud et tue son oncle Girbert. Dans *Aioul*, c'est un fils du héros (v. 9258, etc.), ou un frère du rebelle Bovon, (v. 8379, etc.). La *Mort Aimeri* en fait un sarrasin, *Ogier*, *Renaud*, *Gaidon* (à quatre reprises sur cinq) lui font jouer un vilain rôle. *Gaidon*, v. 2320, l'associe à Bérard et à Nevelon, *Girart de Roussillon* (par. 66) en fait le fils Raimon, que je lis Naimon.

Landri est certainement un personnage historique, comte de Saintes pour Pépin II d'Aquitaine. Et de fait son ca-

---

(1) *Aioul*, v. 4648 ; *Foucon*, p. 61 ; *Siège de Barbastre*, f° 111 ; *Bovon de Comarcis*, v. 370 et 377 ; *Ogier*, p. 154, etc., 287 ; *Aimeri*, v. 5830 ; *Girart de Roussillon*, par. 47, etc ; *Esclarmonde*, v. 839 ; *Elias*, v. 4797 ; les *Lorrains*, p. 169 et 301 ; *Raoul*, v. 766 ; *Anseis*, v. 4547. *Gaidon*, v. 5148, appelle l'armée des traîtres la mesnie Poinsart. *Ille* place Ponçon dans le camp d'Hoël (v. 756) et Poinçon de Nantes (v. 5892) dans le camp d'Ille. *Bovon d'Aigremont* (p. 32) dit Ponçon de Clarvent neveu de Girard.

ractère lui est conservé. Rebelle au roi dans *Girart de Roussillon* (par. 98, etc. par. 451), dans les *Lorrains* (p. 57, 126, 207, 332), transformé en royaliste dans *Maugis* comme tous les autres rebelles (v. 6072, etc.), puis comme Drogon, Girard, Gilebert, Bovon, transplanté dans la famille de Guillaume, dont il est le neveu dans le *Moniage Guillaume*, cité par le *Couronnement de Louis* (v. 566), il est le héros d'un roman d'aventures dont il nous est parvenu deux versions, une scandinave qui lui donne pour père le rebelle Huon, une française qui le dit fils du rebelle Doon. Dans les deux versions, sa mère, tantôt fille, tantôt sœur de Pépin, s'appelle Olive, et son ennemi est tout naturellement le royaliste Milon ou Tomille, tandis que son ami s'appelle tantôt Euglebert, tantôt Gonteaume, et sa marâtre Aglavia ou Audegour. Le roman scandinave est d'ailleurs chargé d'incidents mythologiques : il va consulter sa nourrice Silivin, il dérobe aux nains une coupe merveilleuse, etc.

Pour achever ce qui concerne le comte Girard, il ne reste plus qu'à passer en revue les différents textes qui le concernent et à dire quelques mots de son frère légendaire Renier. Girard de Roussillon figure dans *Rolan l*, *Ogier*, *Otinel*, *Simon*, *Maugis*, *Bovon d'Aigremont* et *Gaidon*. Si l'on donne au frère d'Isenbard le nom de Girard, c'est parce qu'Isenbard est considéré comme un rebelle. Le régent dont parlent la saga de *Charlemagne* et *Roncevaux*, laisse 354, est notre

---

(1) Monicier de Valée expose les enfants-cygnes, *Elioxe*, v. 1302. V. pour la rime *Gaufrei*, v. 647, *Raoul*, v. 1229, 5115, 5615, *Girart de Viane*, p. 102, *Auberi*, fº 68 (je lis Manecier et non Guinecier), *Ogier*, laisses 3 et 9 et p. 329, la *Mort Aimeri*, v. 949, le *Couronnement de Louis*, v. 566, *Enfances Ogier*, v. 507, les *Lorrains*, p. 169 et 248, *Galien*, p. 125, *Girart de Roussillon*, par. 117, 348 et 621, *Gaidon*, v. 7383, 2690, 4167, *Renaud*, laisses 55 et 83.

La saga de *Charlemagne* (I, 37) cite Manasès, fils du comte de Clermont.

Girard. *Ogier* en fait un lombard. *Aioul* (v. 1616, 3302, 3360, v. 9162, 10.370), comme *Renaud* et *Gaidon*, s'en sert à tort et à travers. *Doon de Maience* appelle Girard (v. 3999) le frère du héros et (v. 4300) un de ses adversaires. *Les Lorrains* (p. 12 etc.) voient en lui avec raison un rebelle, sauf (p. 109) un frère d'Amauri de Nevers dû à l'influence de *la Violette*. Le neveu de Garnier dans *Aie* est le véritable Girard rebelle Gérard de Poitiers et Gérard de Nevers ont été inventés par les auteurs du *Comte de Poitiers* et de la *Violette* ; il a existé des Girard de Blaie (*Amis*, *Jordain*), mais Girard de Blois est copié sur Girard de Blaie. Girard le cygne de la saga est encore le gendre d'un rebelle (Garnier) et le beau-frère du roi Charles (seulement ici il épouse non plus la sœur de la reine, mais celle du roi). Son rôle près de Basin dans la saga est absolument imaginaire, et dans les énumérations d'*Auberi* il est constamment interpolé.

Quant au Giraud qui figure à deux reprises dans *Girart de Roussillon*, c'est un très historique vicomte de Limoges (970-988). L'autre Giraud, adversaire de Girard, est une

---

(1) *Anséis*, v. 4548, et *Aimeri*, v. 1546, citent Landri de Macon. *Maugis* appelle Landri un maître du héros appelé plus loin Baudri. Dans les *Saisnes* on peut hésiter entre Landri et Amauri. On retrouve encore Landri dans les *Lorrains*, p. 12, 20 (frère Hoël de Nantes), 44, 169 (avec Doon le veneur, ce qui explique qu'on l'a mis à tort parmi les royalistes), 173 (avec le traître Pinel), 113, 181, 313 (avec Gui, ce qui explique son changement de camp). Dans *Gaufrei*, v. 9396, c'est un païen.

Quant à Baudri, il est généralement mal famé, *Gaidon*, v. 4296 et 4367 (avec Erchenbaud), *Auberi*, f° 69 (avec Bovon), *Esclarmonde* (v. 3756), moine défroqué dans la *Violette*, v. 510. V. en sens contraire le bon sergent Vuaudri dans *Doon de Maience*, v. 5566, et le Baudri insignifiant des *Lorrains* (p. 301). Un messager païen dans *Gaufrei* s'appelle Baudré (v. 4041).

tautologie, car Girard combat en réalité (par. 506) des rebelles, Huon et Guinemer (1).

---

(1) Pour Girard, v. *Elie*, v. 168, etc., *Raoul*, v. 753, etc., *Aimeri*, v. 1496, *Auberi*, passim, *Girbert*, v. 159, *Elias*, v. 5667, *Godefroi*, v. 2736, *Galien*, p. 125, *Elioxe*, v. 385, *Parise*, v. 489.

Girard d'Aminois, *le Siège de Barbastre*, f° 152 ; Girard d'Aubespin, *Auberi*, f° 77 ; Girard d'Aunoi, *Auberi*, éd. Tobler, p. 240 ; Girard d'Avalois, *Aimeri*, v. 1510 ; Girard de Bavier, *Doon de Maience*, v. 6709 ; Girard de Blaie, *Gaidon*, *Renaud*, *Roncevaux*, laisse 337, *Prise de Cordres*, v. 173, etc., *Guibert*, f°s 158 et 164, *Amis*, v. 2230, *Ogier*, *Aliscans*, v. 7 ; Girard de Blois, *Roncevaux*, laisse 337, *Auberi*, f° 89 ; Girard de Corneillon, *Girart de Roussillon*, par. 347 ; Girard de Comarcis, *Aliscans*, v. 236, *Siège de Barbastre*, f° 111, *Bovon de Comarcis*, v. 59, *Aimeri*, v. 4585, *Foucon*, f° 6 ; Girard de Danemarche, *Foucon*, f° 6 ; Girard de Dijon, *Moniage Guillaume*, p. 274, *Auberi*, f° 98 ; Girard du Donjon, *Godefroi*, p. 276 ; Girard de Dures, *Galien* ; Girard d'Espagne, *Raoul*, v. 3453, *Renaud*, laisse 126 ; Girard de Gascogne, *Aiol*, v. 9162 ; Girard de Gornai, *Godefroi*, p. 117 ; Girard de Laon, *Gaidon*, v. 3489, *Aimeri*, v. 9341, *Moniage Guillaume*, f° 272, *les Saisnes*, laisse 21 ; Girard de Liège, les *Lorrains*, p 20, *Girbert*, v. 442 ; Giraud de Limoges, *Girard de Roussillon*, par. 218 ; Girard de Montdidier, *les Lorrains*, p. 126 ; Girard de Moncler, *Otinel*, v. 1612 ; Girard de Montrevel, *Girard de Roussillon*, par. 336, *Gaidon*, v. 7968 ; Girard de Mâcon, *Auberi*, éd. Tobler, p. 227 ; Girard de Milan, le *Comte de Poitiers*, v. 1299 ; Girard de Nevers, *la Violette*, passim, *Gaidon*, v. 4850, *Doon de Maience*, v. 7360 ; Girard de Nivier, *Gaidon*, v. 5361 ; Girard d'Orliens, *Roncevaux*, laisse 337, *Otinel*, v. 1173 ; Girard de Pavie, *Auberi*, f° 91 ; Girard de Pérone, *Girbert* v. 526 ; Girard de Poitiers, *Girbert*, v. 611 ; Girard le Pohier, *Raoul*, v. 2130 ; Girard de Rivier, *Aie*, v. 297 ; Girard de S. Omer, *Doon*, v. 10.598, *Roncevaux*, laisse 394 ; Girard de S. Lis, *Gui de Nanteuil*, v. 2864 ; Girard de S. Florent, *Auberi*, f° 97 ; Girard de Sancerrois, *Auberi*, f° 69 ; Girard de Spolète, *Amis*, v. 633 ; Girard de Sezile, *Galien*, p. 36 ; Girard de Troies, *Anséis*, v. 2583 ; Girard de Tolose, *Moniage Guillaume*, f° 274 ; Girard de Valsilance, *Aimeri*, v. 1839 ; Girard de Valseri, *Elie*, v. 8552 ;

Renier, qui n'est parfois qu'un simple nom de comte, de chambellan, d'abbé, d'hôte, de charbonnier (1), est généralement un royaliste : tel est le sens de son association à Milon, tel est son rôle dans *Maurin*, v. 68, dans un passage de *Girart de Roussillon*, par. 67, dans le *Mainet* italien en vers, ainsi que dans celui auquel fait allusion le chroniqueur Aubri, et j'y verrais volontiers le Renier qui figurait en 876 dans l'armée du roi Charles avec Alard et Aleran. Le Renier de Trémoigne de *Gaidon* (v. 4849, etc), étant frère de Milon et de Girard, n'est qu'un doublet du frère de Girard de Vienne généralement appelé Renier de Genves, i. e. de Genève, et que déjà *Roland* (sans lui donner, il est vrai, de qualification seigneuriale) faisait père d'Olivier. Si dans *Aie*, v. 1844 et

---

Girard de Valcorant, *Renaud*, laisse 112, *Aie*, v. 1313 ; Girard de Vaucler, *Ogier*. La saga de *Charlemagne* (I, ch. 37) cite les deux frères Girard et Teorfi (Tiéri ou Hervi), puis Ernoul fils Girard de Defa.

La *Reine Sibile*, f⁰ˢ 280 et 282, distingue Gérard de Roussillon et Gérard de Vienne : le premier est le chef de l'ambassade envoyée à Constantinople pour demander la main de la princesse.

(1) Renier, *Otinel*, v. 250 ; *Ogier*, laisses 3, 20 b., p. 329 ; *Renaud*, laisse 12 ; *Elioxe*, v. 3208 ; *Bovon de Comarcis*, v. 369 ; les *Lorrains*, p. 247 ; *Elias*, v. 4296 ; Rainier, *Girard de Roussillon*, par. 531, *Elias*, v. 5667, *Aioul*, v. 1398, etc. ; Raignier, *Elias*, v. 3053 et 4078 ; Renier, *Anseïs*, v. 8265 ; *Auberi*, éd. Tobler, p. 131, 153, 196, 240, 249 et f⁰ˢ 55, 68, 84, 85 ; *Berte*, v. 588 ; *Aimeri*, v. 1498 ; *Galien*, p. 237 ; *Aie*, v. 4014 ; *Raoul*, v. 1493, etc. ; *Prise de Cordres*, v. 89 ; *Girart de Roussillon*, par. 67 ; *Foucon*, p. 73.

Le bon charbonnier Regnier élève les enfants de Gadifer (*Theseus*). En deux passages de la saga de *Charles* (liv. I, ch. 2 et 37), où la var. Renard me parait fautive, on voit apparaître probablement pour la rime Isenbard et son compain Renier, Huon de Venise et son frère Renier. La *Reine Sibile* (f⁰ˢ 280, 282) mentionne Renier de Gennes, au même titre qu'Aimeri et Gérard de Vienne.

suiv., Renier figure dans le même camp que Garnier (et c'est là sans doute ce qui a produit chez le chroniqueur Aubri une erreur identique), c'est qu'il a été entraîné là par son père Garin de Macon, autrement dit Garin de Montglane, père de Renier de Genève, et que Garin et Tibaud sont représentés à tort dans ce poème comme les alliés de Garnier. Si *Girart de Roussillon* fait de Renier d'Ardenne un ennemi du roi, c'est qu'il y a dans ce poème une tendance à ranger dans ce parti les barons de l'est, Germanie et Lotharingie : *Auberi* a d'ailleurs recueilli ce nom, tantôt pour en faire un des fils du traître Henri, tantôt dans certains manuscrits pour en faire le grand-père du rebelle Lambert. Renier remplace Raoul dans *Girbert de Metz* comme père du cambraisin Raoul, et Renier de Dijon remplace Garnier dans *Tristan de Nanteuil* comme père de Parise. Le prétendu petit-fils de Renoard, Renier, héros d'un poème qui porte son nom, est absolument imaginaire, comme le bon vassal Renier de *Jordain*, où il possède Vantamise, comme le duc Renier qui persécute la duchesse de Bouillon et est tué par *Elias*, v. 2908 etc. *Gaufrei* s'est trouvé fort embarrassé : il connaissait au moins deux frères légendaires au Girard épique, Ernaud et Renier, et il ne lui restait qu'une place parmi les douze fils de Doon : il s'est tiré d'affaire en mettant dans la liste Ernaud (qu'il appelle de Gironde alors qu'il devrait l'appeler de Beaulande), et en le remplaçant au cours du poème par Renier (qu'il appelle de Vantamise, v. 4440 etc., afin de le distinguer de Renier de Genève, v. 504, etc.). *Roncevaux* (laisse 274) fait allusion à un récit que nous n'avons plus, où Renier, captif chez Noitier ou Notier, se serait échappé grâce à sa femme Brehas (1).

---

(1) Ajoutez Rainier de Besançon, *Girart de Viane*, p. 33 ; Renier d'Auvilars, *les Lorrains*, p. 77 ; Renier le tiois, *Foucon*,

VIII

En 840. au moment où le comte Girard abandonnait le parti de Charles le Chauve pour passer à celui de Lothaire, les comtes Bovon, Gilebert et Ermanfroi en faisaient autant dans la région située au-delà de l'Ardenne. Voilà le fait historique qui a servi de base à un épisode des *Saisnes*, et au poème de *Bovon d'Aigremont*.

Dans ce dernier récit, Bovon et Girard sont associés, et c'est pour délivrer Troies que le roi Charles vient leur livrer bataille. De fait cette ville joua un grand rôle dans les évènements militaires de 840, notamment dans la campagne dirigée par Charles contre Girard, et il peut y avoir là un souvenir historique. En tout cas le poème s'inspire de *Girart de Roussillon*, car il fait figurer dans l'armée de celui-ci des personnages qui ont été introduits par ce roman dans la légende du comte Girard, comme Foucon, Coine, Amédée. Il s'inspire également des plus récentes traditions sur Doon, car il y fait figurer Doon de Nanteuil. Dans l'armée royale, avec Naimon et Ogier, il met un Galeran qui combattit en effet pour le roi sur la frontière pyrénéenne en 850 et sur la frontière de l'est en 876, puis, suivant l'usage des romanciers franco-bretons, Salomon de Bretagne et Richard de Normandie.

Notre épopée ayant perdu tout souvenir du caractère réel des évènements historiques qu'elle racontait, il a fallu expliquer pourquoi le roi avait fait la guerre à Bovon. C'était, disait-on, parce que celui-ci ne voulait pas se reconnaître

---

p 66 ; Renier de Belcler, id. p. 59 ; Renier le Normand, id., f° 34 ; Renier de la Gaudine, id., f° 71 ; Renier de Sulie, *Enfances Vivien*, v. 3481, etc..

son vassal : c'était encore parce qu'il avait affirmé son indépendance dans une circonstance particulièrement grave, en refusant de fournir son contingent pour une guerre que certains manuscrits disent être la guerre d'Espagne, et d'autres la guerre de Saxe, de même que Girard passait pour avoir refusé de marcher avec Charles contre Agoland. Pour corser la chose, on supposa qu'il avait tué les messagers de l'empereur, d'abord Engeran de Spolète qui ne diffère pas plus d'Engelier de Bordeaux qu'Oton de Spolète ne diffère d'Yon de Bordeaux, mais qu'il n'était peut-être pas beaucoup plus logique de placer dans le camp royaliste que d'y mettre plus loin Savari de Toulouse, puis le propre fils du roi, le jeune Lohier.

On reconnaît là un épisode familier à nos trouvères, et dont la blessure mortelle que reçut par mégarde de la main de l'un de ses comtes en 864 le jeune roi Charles, fils du roi Charles le Chauve, a donné la première idée. *Huon de Bordeaux* est celui qui se rapproche le plus de la vérité : le prince tué s'appelle Charles. Dans l'*Ogier* italien, c'était également un Charles que tuait le grand rebelle : dans le poème français, Charles échappe au courroux d'Ogier, mais celui-ci a préalablement tué le neveu du roi, Lohier. Dans *Bovon*, comme je viens de le dire, et dans *Jordain* qui l'a imité, la victime s'appelle également Lohier, et est fils du roi. Dans *Renaud* son nom varie : c'est tantôt Lohier, tantôt Louis, tous deux fils du roi Charles, tantôt son neveu Bertolai. Dans *Gui de Nanteuil*, c'est un petit-neveu du roi Charles, qui porte le nom de Florian. Enfin dans *Aspremont*, il est fait allusion au meurtre de Lohier, qui n'est ici qu'un duc, par un Boson, neveu de Girard, qui joue dans ce poème le rôle de Bovon. De fait Charles le Chauve eut un neveu appelé Lohier ; de fait encore Louis, Lohier et Charles furent trois frères, fils, non pas, il est vrai, de l'empereur Charles, mais de l'empereur Louis.

La fin du roman est de pure fantaisie et varie d'ailleurs beaucoup selon les manuscrits. Bovon y est attaqué par Grifon, personnage mis au rang des traîtres par ses révoltes continuelles contre ses frères les rois Pépin et Carloman de 741 à 753 ; c'est, on le voit, une pure fantaisie de jongleur, puisque le rebelle Bovon succombe sous les coups du rebelle Grifon.

Dans les *Saisnes* il n'est plus question de Girard, et Bovon a pour auxiliaire Gilebert que l'influence des romans arturiens a fait transformer en Gilemer d'Écosse. Eux non plus ne veulent pas aller à la guerre de Saxe, alléguant que les barons de l'Ouest n'y vont pas : mais quand ceux-ci arrivent, ils ne marchent pas davantage, et il faut les y contraindre par la force. Salomon de Bretagne et Richard de Normandie sont, comme on le voit, en mauvais termes avec eux dans les deux poèmes. Tel qu'il nous est parvenu, le roman des *Saisnes* nous les montre d'ailleurs (peut-être sous l'influence du récit que nous ne connaissons que par la version scandinave) rachetant leur hésitation première par leur bravoure sur le champ de bataille. Il en est de même dans la version actuelle d'*Aspremont*, où Girard finit par se décider à prendre part à la guerre contre Agoland. Ce changement de front a cependant paru un peu bizarre à nos trouvères : aussi se sont-ils généralement tirés d'affaire en distinguant Bovon d'Aigremont le rebelle et Bovon sans barbe, le vainqueur des païens (1).

---

(1) Ce personnage qui, comme on le voit, n'a aucune existence réelle, figure près du roi dans *Gaidon*, dans *Bovon d'Aigremont*, p. 22, dans *Aioul* (v. 9505, 10.708, etc.). Une allusion y est faite dans *Aie* (v. 2729). On trouve dans *Aimeri* (v. 1499) un Bovon le guerrier, dans *Roncevaux*, laisse 361, Bovon le preux et Gui de Montais, dans *Auberi*, éd. Tobler, p. 216, Bovon de Sorrel, chevalier bavarois, dans *Roland* Bovon, seigneur de Beaune et de Dijon.

Doon de Nanteuil connaît également un Bovon, fils de Girard et de Guibour, petit-fils par sa mère du duc Bueson (lis. Bovon), neveu de Rogon et d'Ernaud, v. 55 etc. Il joue tout naturellement son rôle dans le camp des rebelles ; seulement on a modifié sa parenté par rapport à Girard.

Gaufrei (v. 93) fait tout naturellement de Buef d'Aigremont le fils de Doon de Maience ; *Maugis*, pour les raisons que j'ai développées, lui donne pour fils Maugis et Vivien.

Il a été transporté dans la famille narbonnoise : il y est devenu fils d'Aimeri, mais il a conservé pour parent Gilebert et Girard pour fils. On lui a également donné pour fils un Guion, qui est sans doute Guichard, et outre diverses mentions d'*Aimeri*, v. 4576, d'*Elie*, v. 249 etc., de *Foucon*, il joue dans le *Siège de Barbastre* et dans *Bovon de Comarcis* (v. 30 et suiv.) un rôle prépondérant.

Aioul, qui avait mis à tort parmi les royalistes Bovon sans barbe, a mis très logiquement Bovon de Viane parmi les rebelles (v. 8374) ; de même *Auberi* (f° 69). Mais il était beaucoup moins logique à *Parise*, qui n'aime que les adversaires de la monarchie, de faire jouer un vilain rôle à l'évêque Buevon fils de Girat (lis. Girard), v. 660.

Enfin *Bovon de Hanstonne* est un roman d'aventures où le héros porte sans doute ce nom parce que l'auteur voulait que la scène se passât sur les bords du Rhin, et qu'il avait gardé quelque vague souvenir de la nationalité lotharingienne du Bovon historique (1).

Bovon ne figure pas seulement dans notre épopée sous cette forme ; partout où se rencontre la forme Boson, c'est

---

(1) Le Bovon, frère du duc Raimond dans *Parise*, v. 99, est purement imaginaire. *Galien* associe, p. 293, Beuves et Savari : il pense sans doute au Bovon narbonnois. Le Bovon de *Doon de Maience*, v. 6658, est Bovon de Hanstone. Enfin *Auberi* appelle un endroit la Roche-Bovon, f° 80.

Bovon qu'il faut lire. Il n'y a pas de Bovon près de Girard de Frete, ni près de Girard de Roussillon, mais il y a un Boson neveu du premier, un Boson cousin-germain du second, et justement le neveu de Girard de Frete a, tout comme Bovon d'Aigremont, le meurtre d'un Lohier sur la conscience. On trouve d'ailleurs dans certains manuscrits d'*Aspremont* la variante Beuvon, de même que dans *Girart de Viane* l'ancêtre dont Girard prétend tenir son alleu et qui est Boson dans *Doon de Nanteuil*, porte le nom de Bovon. Le Bovon qui avec Gui (le Guielin de la famille narbonnoise) figure près de Girard dans la laisse de *Roncevaux* que j'ai citée, est appelé dans une variante Bos du Lion, et c'est à *Girart de Roussillon* que *Maurin* a pris son Bos del Laus et son messager Boson. Quant au poème de *Gaidon*, il a agi là avec son étourderie habituelle, il a pris Bozon ou Bouzon pour un royaliste (v. 2934, 4647, 4662, 4621), tout bonnement parce que c'était un personnage mal famé, l'associant v. g. à Gonbaud qui fut certainement un rebelle (1).

Puisque j'ai parlé de Gilebert, je veux rapidement achever la biographie de ce personnage.

Je l'ai montré figurant à côté de Bovon dans *les Saisnes* ; on le retrouve dans *Girart de Roussillon*, qui l'appelle Gilbert de Senesgard et en fait le frère de Boson, forme qui, comme je l'ai dit, recouvre dans ce roman la forme réelle Bovon. De même que Bovon et Girard passaient, comme seigneurs de Comarcis, dans la famille narbonnoise, Gilbert y entra, d'abord comme Gilebert de Léon ou de Flandre dans la *Prise d'Orange* (v. 111, etc.), comme Gilebert de Faloise dans le *Charroi de Nîmes*, comme Girbert dans la *Prise de Cordres*, v. 1671, comme Gilbert de Besançon et Gilebert l'anglais de Montloon dans *Foucon* (f° 14 et p. 60),

---

(1) *Partenopeus*, v. 8788, fait figurer un Boson.

comme Gilbert ou Girbert de Tarragone (écrit souvent Tarascon) dans *Guibert*, f⁰ˢ 158, 159, 170, *Aimeri*, v. 1551, *Esclarmonde*, v. 5379, *Girart de Roussillon*, par. 319, comme Guibert d'Andrenas enfin que les romans postérieurs eurent le tort de distinguer de Gilbert de Tarragone, deux personnages qui à l'origine n'en faisaient qu'un, comme le prouve entre autres ce passage du *Sièje de Barbastre* qui place à Tarragone la célébration des noces de Guibert d'Andrenas.

La mauvaise réputation que *les Saisnes* avaient faite à Gilebert fut cause qu'*Ogier* fit de Gilebert de Bonivent (laisse 13 et *Enfances Ogier*, v. 816) le compagnon du couard Alori, qu'*Esclarmonde* appela Guillebert un des adversaires du héros Croissant (v. 7372), et que *Gaidon*, le sachant mal famé, le plaça dans le camp royaliste avec aussi peu de raison que Boson ou Honbaud (v. 2871). On alla jusqu'à faire un poème qui le représentait guerroyant contre Dieu (*Gaidon*, v. 612 ; *Elias*, v. 3695), et les romans italiens, confondant sans doute Gilbert et Dagobert, le placèrent dans la dynastie mérovingienne, comme petit-fils de Clovis, jouant le rôle de frère d'Octavien que l'épopée française fait jouer à Florent.

Anséis l'a naturellement recueilli ; on y trouve un Gerbert l'angevin très naturellement associé au rebelle Yves de Bascle (v. 5280) et un Gilebert de Mâcon (v. 10.473) ; il y a dans les *Enfances Ogier*, v. 508, un Gibert de Montwimer ; je crois que dans *Galien*, p. 338, il vaut mieux lire Gilbert que Guimer le seigneur d'Ardenne ou de Dordon représenté comme le neveu de Tièri. Quant à *Girbert de Metz*, fils de *Garin le Lorrain*, il doit peut-être son surnom au duc de Lorraine Gilbert (916-939) (encore celui-ci était-il duc de la basse et non de la haute Lorraine), et me paraît être pour tout le reste un personnage imaginaire.

Il est tout naturel qu'*Aioul*, poème royaliste, fasse figu-

rer le rebelle Girbert parmi les sauveurs du traître (v. 8441).
Quant au personnage qui réduit le roi Louis à une si fâcheuse détresse, c'est, je crois, Guiomar, mais le poème l'appelle Gilemer, v. 1399, et Gilebert, v. 334.

Dans le cycle méridional où il est le plus jeune des fils d'Aimeri, sous le nom de Guibert, sa légende paraît très riche. A l'origine, et il y a là peut-être un trait celtique, c'était à ce dernier né que son père réservait son héritage. Un autre poème, voulant expliquer pourquoi il était mis en possession de domaines en Espagne, le fit exhéréder par son père au profit d'un filleul, Aimeriet, et il me semble que dans la *Mort Aimeri*, où Guibert joue un grand rôle, où son absence décide les Sarrasins à venir assiéger Narbonne, où il délivre son père prisonnier, il est fait allusion à une querelle qui aurait éclaté entre le père et le fils. Dans les *Narbonnois*, où il est le seul qui soit resté près de son père, son crucifiement et sa délivrance par Aimeri constituent l'épisode le plus dramatique du roman. Dans *Guibert d'Andrenas*, il conquiert Balaguer sur Baudus et Andrenas sur le roi Judas, dont il épouse la fille Agaie ou Agaiete. Dans la *Prise de Cordres*, qui est la suite d'un *Guibert* plus ancien, où Judas n'a pas trouvé la mort dans Andrenas, où d'ailleurs cette ville qui paraît fabuleuse était remplacée par la ville historique de Salerie ou Lérida, Guibert est fait prisonnier le jour de ses noces, mais sa victoire dans un duel en champ clos avec le sarrasin Butor lui rend la liberté, et il finit par conquérir toute l'Espagne avec le titre royal. Ce poème a d'ailleurs ceci de curieux qu'il est le seul où les héros compagnons de Charlemagne, Turpin et Naimon, soient représentés comme les contemporains des fils d'Aimeri ; il ignore d'ailleurs deux de ceux-ci, Bovon et Garin. Le *Siège de Barbastre*, dans la version qui nous est parvenue, mélange deux poèmes : dans l'un Bovon et Girard sont les héros, l'autre est consacré aux exploits de Guibert ;

celui-ci nous est montré comme occupant près du roi Louis la place généralement assignée à Guillaume, exceptionnellement à Ernaud, et lorsque le roi rechigne à aller secourir Bovon assiégé dans la ville qu'il a conquise, Guibert tombe dans la révolte ouverte. Réconcilié avec le roi, il se couvre de gloire en Espagne, fait avec ses neveux Girard et Guion la cour à trois princesses sarrasines, dont à l'origine il en épousait probablement une, Alfanie, délivre Barbastre, conquiert Lérida, Sevane (qui est probablement Séville) et Cordoue, c'est-à-dire les trois villes dont parle la *Prise de Cordres*. L'auteur connaissait d'ailleurs ce dernier poème, car il parle de la capture de Guibert par les Sarrasins le jour de ses noces. Seulement il place celles-ci à Tarragone (1).

Le malheur est que Guibert n'existe pas. C'est sous la forme Gilebert, nom d'un complice de la révolte de Bovon en 840, qu'il a été introduit avec celui-ci dans la famille narbonnoise, où se trouvaient déjà les deux rebelles Bernard et Guillaume. Le *Siège de Barbastre* lui a conservé cette physionomie, car tout en nous le montrant sous les traits d'un rebelle, il est vrai, momentané, il lui donne le nom de Guibert, transformation probable de Guilbert, forme dure de Gilbert ou Gilebert. Ce dernier nom n'a persisté que pour désigner un neveu ou un parent de Guillaume, appelé Gilbert ou Girbert de Tarragone. Toute sa légende est donc purement imaginaire. Il faut remarquer que le *Pèlerinage*, qui connaît Guillaume, Bertran, Ernaud et Aïmer (je ne crois pas que Bernard y soit primitif, et je pense qu'il a remplacé Ganelon qui s'y trouvait au début), ne le mentionne pas. Je n'ai pas retrouvé son nom dans l'histoire. Ses adversaires portent, soit des noms de fantaisie, comme Judas, soit des noms de personnages de poèmes plus anciens,

---

(1) Andrenas n'est peut-être, comme Mirmande ou Gloriette, que le nom d'une tour de Lérida.

d'*Aliscans* v. g., comme Baudus et Butor. Quant à son titre de roi, il le doit à une confusion avec le roi breton Guiomar tué en 825 (c'est notre roi Guion de Bourgogne épique), et la confusion de Guibert et de Gilbert fera que nous retrouverons plus loin le roi Girbert : ce n'est peut-être pas le seul trait de physionomie qu'il ait emprunté à Guiomar (1).

Puisqu'à propos de Bovon, j'ai prononcé le nom de Galeran, je vais achever sa biographie épique.

Galeran ou Galon, Aleran ou Alon est l'ennemi de Garnier dans *Aye*, de *Girard de Frete*, de *Girard de Roussillon*, de *Renaud* (ce qui ne devrait pas être, laisses 87, 144, et p. 420), de *Gaidon* (v. 2900, 5073, 6917, 7074), de *Maugis* (v. 8756), de *Maurin* (v. 716). de Huon dans *Esclarmonde* (v. 385), de Girard de Nevers, qui n'est ici qu'une variante du rebelle Girard, dans la *Violette* ; c'est al rs Aleran de Troiesin, Ales de Dijon, Galeran de Montauban, Alon de Vaubeton, Galeran de Senlis, Galeran de Tors.

Sous le nom de Galeran de Provence, il protège le jeune *Charles Martel*. Cependant, tandis qu'il figurait parmi les adversaires des musulmans dans *Anséis* (Galeran d'Aubespine, v. 2429 ; Galeran de Savoie ou de Pavie, v. 6404), dans *Auberi* (Galeran de Bouillon, éd. Tobler, p. 136), dans *Aspremont* (ms. fr. 1598), dans *Renaud* (ms. fr. 765), dans *Foucon* (Galeran de Meulan, ainsi appelé par suite d'une confusion avec l'un des seigneurs de ce nom qui vécurent au XIe et au XIIe s., Galon de Bavière, f° 17 et p. 23 et 59, Galon père Droon (f° 88), tandis qu'*Esclarmonde* fait de Galeran d'Aubespine (v. 6968) un adversaire des Espagnols, tandis que *Maugis* (v. 5886) et la *Reine Sibile* (f°s 314, 317) se rappelant son véritable caractère, placent Galeran de Bacaire dans le même camp que Maugis, son hostilité à l'égard

---

(1) *Auberi* cite (éd. Tobler, p. 142 et 146) parmi les chevaliers bavarois un Gaubert ou Guibert et un Guibert de Valbetun.

du héros Garnier a jeté sur lui une vilaine nuance aux yeux de trouvères généralement mieux disposés en faveur des royalistes (*Aioul*, v. 8506, etc. ; *Elias*, v. 5997), à ce point qu'on voit Aleran figurer dans *les Enfances Guillaume* (ms. fr. 24. 369, f° 46) parmi les musulmans et le Galeran qui donne son nom à l'une des portes de Cambrai dans *Raoul* porter le surnom espagnol de Tudele (v. 1177) (2).

Galeran est devenu plus tard le héros d'un roman d'aventures composé au XIII° s. sous le nom de *Galeran de Bretagne*. Pour l'auteur, le héros est un breton qui habite Nantes et va faire hommage à Londres au roi d'Angleterre des fiefs qu'il tient de lui : c'est une allusion évidente au comté de Richemont. Mais c'est là tout ce qu'il y a de breton dans le récit ; car je n'appelle pas bretonnes les infiltrations celtiques qui viennent à notre poète des romans français du cycle d'Artus. Quand je le vois d'ailleurs épouser la fille du sire de la Roche Guyon qui possède Mantes, Vernon, Gisors, le val de Rueil, bref tout le pays jusqu'à Rouen, où vit réfugiée sa bien-aimée, je me demande si Galeran de Nan-

---

(1) Dans *Raoul* (v. 757), il figure dans une simple énumération. On voit dans *Girart de Roussillon* Gale de Niort donner des conseils au héros rebelle (par. 178) ; ce qui est contradictoire à son attitude générale : ce n'est peut-être qu'une interpolation. Le plus difficile à expliquer est Aleran le bavier d'Ilefée, gonfalonier du rebelle *Maurin*, tué par le fils du roi (v. 630, etc.). Heureusement *Maurin* n'est pas un poème ancien. Il y a un Galeran dans *Huon Capet*, v. 3922, parmi les rebelles.

(2) Il faut dire toutefois que Tudele est pour la rime, et que le vers ne se retrouve pas dans les meilleurs manuscrits. A côté du traître Galeran de Beaucaire, la *reine Sibille* (f° 280) cite d'ailleurs le conseiller du roi Galeran de Buillon.

Faut-il lire Galon ou Nalon (ou Ganelon), le Valam, Valalin, Vadalin, Vazalin de Breteuil, partisan de Reinfroi dans la saga de *Charlemagne* (I, 2, 4 et 16).

tes est distinct de Galeran de Mantes, et si ce dernier nevient pas directement de Galeran de Meulan. Né en Bretagne d'un certain comte Alibran et d'une comtesse Idain, parfaitement imaginaires, notre héros est élevé à Metz en Lorraine, pays tout indiqué pour Galeran de Bouillon. Il y a là un thème mythologique : pendant son enfance le jeune héros voit le dieu des Ténèbres (Brun de Clarent) régner sur ses Etats de l'ouest, au pays où le soleil se couche, tandis qu'il s'apprête à reparaître à l'est, à la cour du duc Elinan, le dieu solaire Belinus de la mythologie celtique. Son beau père porte le nom de Brundoré, qui n'est qu'une variante de Brun de Clarent, à moins que ce nom s'inspire du sarrasin Brandoine. Ses ennemis sont Guinan d'Autriche, le dieu celtique de la mort Gwynwas, le roi Flochier de Danemark, variante du Lohier épique qui régnait à l'est de la France, le duc Herman, chef naturel des Allemands depuis sa campagne de 946 en France, mais que l'on appelle ici, à cause de personnages des Xe et XIe siècles, duc de Souabe et non duc de Saxe, qui traîne d'ailleurs après lui le duc de Ramborc ou d'Alamborc (i. e. de Limbourg), le comte Palais (lisez d'Alsace) et le duc de Saxe. Ses compagnons portent des noms celtiques : Blandin de la Forêt obscure est sous le nom de Blandin de Cornouaille, le héros d'un roman provençal du cycle d'Artus ; Gorneman de la Male lice, autre forme du dieu Gwynwas, figure dans la légende de Perceval ; Tallas de la Landeronde paraît dans *Jaufre,* dans *Ider*, dans *Durmart,* dans le *Chevalier aux deux épées* et sous les formes Dalus et Salot dans notre épopée carlingienne ; Rigal, fils du forestier Blon, pourrait être le Rigaud des chansons de geste comme Baudon le fils au duc d'Angay, lisez Ausai, pourrait être une forme hypocoristique de Baudoin ; Porfilion du Gué tranchant se retrouve sous la forme Profilias dans l'épopée issue des légendes antiques ; Nathanahors d'Esquanaron ne doit guère différer du Nathanael, Nathaniel ou Nathaniau de *Guillaume de Palerne* (v. 1191, 2888, 3512) calqué lui-même sur le Mathamas carlingien. Le Blond des iles d'aventures enfin n'a pas besoin d'explication.

IX

Si l'on essaie, avec les deux versions française et scandinave des *Saisnes*, de reconstituer ce poème dans son état primitif, on est frappé des analogies qu'il présente avec celui d'*Aspremont*. Dans l'un et l'autre, le roi Charles, ayant à faire une guerre à l'est de ses Etats, est abandonné par les barons de la frontière, ici par les rebelles Bovon et Gilebert, au nord-est ; là, par le rebelle Girard, au sud-est. L'un est le prélude de *Bovon d'Aigremont*, l'autre de *Girart de Frete*, quoique dans les deux cas un remanieur sympathique aux féodaux ait modifié au cours du récit la résolution des rebelles et les ait fait combattre, quoique un peu tard, aux côtés du roi. Dans les deux cas, ce sont les gens de l'ouest et particulièrement les Bretons du roi Salomon qui décident la victoire. Dans les deux cas enfin (quoique cet épisode ait disparu de la version française, qui ignore Roland), il s'agit pour Roland de la conquête, ici de son olifant, là de son épée. Je n'ai donc pas besoin d'insister pour montrer combien à l'origine les *Saisnes* étoient un poème francobreton.

Le héros des *Saisnes*, c'est Baudoin, le frère de Roland. A ce propos je crois la version française, qui s'ouvre au lendemain de Roncevaux, très supérieure à la version scandinave qui fait jouer un rôle à Roland, afin de lui permettre de conquérir l'olifant : car notre *Aspremont* lui fait enlever l'olifant à Eaumond en même temps que l'épée Durandal. C'est lui qui tient principalement tête à Guitequin, le

Witikind de l'histoire. C'est lui qui, après avoir vengé son frère en tuant dans certaines versions de *Roland* le champion de Ganelon, le continue et le remplace.

Qu'est-ce que ce Baudoin ? J'ai supposé que le meurtre de l'évêque de Reims Foucon (900) par Guinemer à l'instigation de Baudoin de Flandre l'avait introduit dans la légende latine d'Ogier et de là dans celle de Ganelon. *Floovant* (v. 1430), *Huon de Bordeaux* (v. 9944), *Doon de Maience* (v. 8006), *Gaufrei* (v. 2549), *Auberi* (éd. Tobler, p. 8), les *Lorrains* (p. 40 etc.), le *Basin* scandinave, *Girart de Roussillon* (par. 155 etc.), *Foucon* (p. 143), *Ogier* (p. 286 et 303), le *Moniage Guillaume* (f° 272) ont en vue le comte de Flandre ou plutôt la série des comtes de Flandre qui ont porté ce nom. J'ajoute que l'honnête Baudoin de *Doon de Maience* (v. 805) est imaginaire, comme le Baudoin de *Girart de Roussillon* (par. 647), qu'au lieu de Baudoin dans *Aspremont* (f° 15 et 17) il faut peut-être lire Auboin, et qu'il ne faut pas attacher grande importance aux énumérations où Baudoin n'est qu'un nom (1), ou ne figure que pour la rime (*Aioul*, v. 5887), *Auberi* (f° 89), et peut-être *Galien* (f° 187).

Mais il y a un autre Baudoin, celui de *Turpin*, du *Siège de Milan*, des *Saisnes*, le Baudoin de Vannes ou de Nantes d'*Aquin*, le Baudoin de Villers ou d'Auvilers d'*Ogier*, le Baudoin de Blois de *Maugis* (v. 6081 c.), le Baudoin le bavier de *Bovon d'Aigremont*, le Baudoin de Biez ou de Clarvent de *Foucon* (p. 29, f°s 65, 76, 92, avec Beraud, 102, avec Gaudin), le Baudoin associé à Lambert par *Otinel* (v. 1742), celui qui avec Odon (*Girart de Roussillon*, par. 566, etc.) fait campagne en faveur de Foucon contre Oudin. Dira-t-on que

---

(1) Ainsi dans *Ogier* (p. 199) et dans *Auberi* (f° 77) avec Girard, dans *Girart de Viane* (p. 69) avec Huon, dans *Auberi* (éd. Tobler, p. 140) avec Gautier ou Gontier, (p. 69) avec Richier et Oton, (p. 76) avec Fouques et Isoré, dans *Gaidon* (v. 5874) avec Auloriet et Gui.

c'est toujours Baudoin de Flandre, puisque dans *Aquin*, on le trouve associé à Ernoul ? Comment alors expliquera-t-on que la réputation de Baudoin de Bretagne ait été telle qu'il ait dans certains romans du cycle d'Artus, notamment dans ceux qui ont été écrits en anglais, remplacé Beduer.

J'en dirai autant du second héros des *Saisnes*, Bérard, quoiqu'on lui ait donné le surnom de Montdidier et que je n'ai pas plus réussi que pour Baudoin, pour Estoul et pour Olivier, à retrouver sa trace dans l'histoire. *Turpin* le cite et l'appelle Bérard de Nobles, *Fierabras*, *Galien* (p. 125 etc.), un vers interpolé de *Renaud* (p. 369), *Doon de Maience* v. 7352), *Gaufrei* (v. 1683) le font figurer parmi les douze pairs. *Fierabras*, la *Reine Sibile* (f° 180), *Gaufrei*, *Elie* (v. 118?) en font le fils de Tiéri d'Ardenne, mais est-ce que Roland n'est pas dans certains poèmes le fils de Tiéri, est-ce que Salomon n'est pas appelé le neveu de ce même personnage ? *Amis* nous donne la même indication en le montrant luttant (v. 224) contre le comte de Nantes avec le breton Nevelon qui est Nominoë : *Gaidon* (v. 2320 et 9360) reproduit la même association, et peu m'importe qu'il y joigne

---

(1) Dans la saga de *Charlemagne* (I, 37) on trouve Baudoin et Ernoul, neveux du roi, puis Baudoin de Blois. Le Baudoin de Beauvais des *Chétifs*, frère lui aussi d'un Ernoul, n'est autre que Baudoin du Bourg, fait prisonnier par les musulmans, confondu avec un Baudoin de Beauvais qui d'après M. Pigeonneau (*le cycle de la Croisade*, p. 148), signa en 1111 une charte du comte Eudes de Corbeil. Baudoin de Beauvais et son prétendu neveu Baudoin de Seboure, héros d'un poème qui porte son nom, ne sont donc qu'un seul et même personnage. Deux Baudoin de Flandre ont eu pour père un Ernoul ; un Baudoin de Hainau fut d'autre part frère d'Ernoul de Flandre.

Baudoin de Faukemberges est un des héros de la croisade dans le ms. Bibl. nat. fr. 12.569.

Mauesier ou Sanson, quoiqu'on retrouve dans *Aie* Bérard ou Béraud (v. 2108, 2156, 2255) en compagnie d'Amaugis et de Sanson. Que le breton Béraud (lis. Bérard) soit dans *Mainet* et dans *Charlemagne* (f° 24, 30, 62, 65) un des compagnons du jeune Charles, c'est encore tout naturel, comme de voir *Foucon* (f° 92) associer comme les *Saisnes* Béraud (lis. Bérard) et Baudoin. *Gui de Bourgogne* en fait un des fils qui vont au-devant de leurs pères et cela explique le rôle que fait jouer *Gaidon* à son Bérard de Montdidier (1) . Le Bérard de Vaucomble qui aide si puissamment *Garin de Montglane* et auquel *Gaufrei* fait allusion (v. 5779) est un personnage imaginaire, peut-être aussi le Bérard de Coblentz qui dans *Charles Martel* aide Girard à reprendre son château de Roussillon à Guionet à Hurtaud (lis. Ertaud) (2)

Son père Tiéri qui sous les formes Tiori et Tuérin (nom qui compte pour trois syllabes tandis que Tiéri ne compte

---

(1) Dans *Ogier* (laisses 29 et 34) on peut hésiter entre Bernard et Berard pour le nom du jeune bachelier qui accompagne Charlot : de même dans *Raoul* (où d'ailleurs cela n'a aucune importance) on peut hésiter (v. 609, 613, 758, 865, avec Sanson de Troies, 3203 avec Harduin, où il faut lire probablement Bernard de Senlis, etc.) entre Berard, Beraud et Bernard. Dans *Gaufrei*, v. 4707, il faut, étant donné ce que nous savons du poème de *Doon de Nanteuil*, lire Bovon plutôt que Bérard. L'abbé Béraud ou Bérard rebelle dans *Maurin* (v. 651, 881, etc.), les traîtres Béraud et Anschier de *Doon de Maience* v, 4299), le chambellan Bérard et le Béraud, frère ou parent de Rigaud dans les *Lorrains* (p. 299, 302, 311, 312), le sarrasin Beraud de Valodru d'*Elie* (v. 2075), n'ont pas grande signification.

(2) Les poèmes anglais qui lui font jouer un grand rôle, comme le *Siège de Milan* et le *Soudan de Babylone*, le subdivisent parfois en différents héros ; ainsi ce dernier poème connait Bérard de Pouille, Bérard de Montlepair (lis. Montdidier) et Bérard de Bretagne, (v. 886 et 3205) trésorier du roi et chargé de conduire à Paris les reliques de la Passion.

que pour deux) figure dans *Aquin*, où il trouve la mort, comme père de Roland et oncle de Salomon, dans *Aspremont* comme oncle de Salomon, dans *Gaidon* (v. 5181, 5189, 5232) comme neveu d'Estoul.

Il a existé un chambrier Tiéri, très bien vu de Charles le Chauve dans les dernières années de son règne, comte de Vermandois, ayant peut-être contribué à la prise de Vienne sur Girard. De là le rôle important qu'il joue dans *Girart de Roussillon* où il est le plus terrible adversaire du rebelle. Bien vite il est devenu un simple nom, Tiéri de Lorraine ou Tiéri d'Alsace, en souvenir de deux comtes de ce nom, l'un de 984 à 1026, l'autre de 1128 à 1168, Tiéri d'Ardenne, parce que c'était un baron de l'est, ou parce que, confondu peut-être avec le roi goth Théodoric, si longtemps banni de son pays, dit l'épopée germanique, on le représentait comme ayant beaucoup vécu dans les bois (*Girart de Roussillon*); on en fit donc tout naturellement le chef du contingent lotharingien (*Roland*, *Anséis*, *Foucon*). Dans les *Saisnes*, Naimon et lui sont les deux vieux conseillers de l'empereur ; Naimon l'accompagne à la guerre, Tiéri garde le pays en son absence. Dans *Ogier* il joue le même rôle ; il est resté à Cologne pendant la campagne d'Italie, et c'est là qu'il adoube le jeune roi Charles avant de l'envoyer à son père Dans les versions française, allemande et scandinave de *Mainet*, il joue un rôle plus ou moins important, et se montre toujours fidèle royaliste.

On retrouve comme l'un des douze pairs, ou comme un des chefs importants, Tiéri d'Ardenne dans *Fierabras*, la *Reine Sibile* (f°s 280 et 282), *Gui de Bourgogne*, *Doon de Maience* (v. 7351), *Anséis* (v. 9351, etc.), *Gaufrei* (v. 6111), *Ogier*, les *Enfances Ogier* (v. 1380, 1562, 5716), *Gaidon* (v. 6588, 7593, 7596, 8467), *Simon de Pouille*, *Renaud* (laisses 15, 19, 61, 83, 87 et p. 369), *Maugis* (v. 6968, etc.). Voici encore Tiéri de Lorraine dans *Aimeri* (v. 1524), Tiéri de

Lovain dans *Elias* (v. 4859), Tiéri de Losane (*Godefroi*, v. 3754) représenté lui aussi comme un banni. Les poèmes qui placent dans la Gaule orientale le théâtre de leur action affectionnent naturellement ce nom. *Bovon de Hanstonne* en fait le fidèle compagnon du héros, *Parise* le comte de Cologne qui donne asile à l'héroïne (v. 929) ; Tiéri dans *Florence* joue le même rôle ; *Guillaume de Palerme* ayant à nommer deux saxons, les appelle l'un et l'autre Terri (v. 2055 et 2099). Il est tout naturel que Garin le lorrain hérite ses biens de son beau-père Tiéri, appelé ici roi de Maurienne (les *Lorrains*, p. 29), diversifié sous les noms de Tiéri d'Alsace (p. 37), de Vienne (p. 207), de Toul (p. 300), de Neuveville (p. 187) (2). Il l'est de même que Tiéri de Termes

---

(1). V. aussi *Galien*, p. 338, *Auberi*, f° 64.

(2) Les autres Tiéri des *Lorrains* (Tiéri de Nesle, p. 61, Tiéri de Lusignan, p. 300, Tiéri, p. 369), sont absolument fantaisistes et interpolés, comme le Tiéri de Vermandois des *Saisnes* (laisse 21), ou celui de *Roncevaux*.

Joignez-y le sénéchal Tiéri (*Raoul*, v. 1991, *Elias*, v. 5947), le chambellan Tiéri (*Berte*, v. 3131), le forestier Tiéri (*Aioul*, v. 1727, etc.), le bon Terri, qui, dans ce dernier poème, sauve les enfants du héros (v. 9202, etc.), le valet et le chambellan Tiéri (*Huon Capet*, v. 1345, 5912), Tiéri, chevalier de Julien (*Elie*, v. 167, etc.), chevalier d'*Elias* (v. 2159), le chapelain Tiéri (*les Lorrains*, p. 256), le messager Thériet de l'Aunoi (*Girbert*, v. 157), Tiorin ou Tionel, fils d'Orri l'alemand (id., v. 431, etc.), Tion, frère de Rigaud (*les Lorrains*, p. 256), le châtelain Tieri (*Aimeri* v. 1524 b.), Tieri, fils de Letise (*Anséis*, v. 11.241), le messager Tieri (*Gaufrei* v. 3751), le traître Tiéri (*Doon de Maience*, v. 5581 ; *Charles le Chauve*, f° 34), le traître Tiéri de Poitiers (*Bovon de Hanstone*, ms. fr. 22.516, f° 43), Tiéri, frère de Sanson (*Bovon de Comarcis*, v. 1816), Tiéri frère d'Odilon (*Enfances Ogier*, v. 1110), Tieri, guide de Charlot (*Ogier*, laisse 29), Tiéri, compagnon d'*Ogier* (p. 275, etc.). V. encore *Gaidon* (v. 5077, 5612), *Aimeri*, v. 1501, *Auberi*, f° 97.

combattre aux côtés du *roi Louis* les bandes du roi pirate Gormon (v. 45).

Le moment est venu de dire un mot de Naimon, ce fidèle conseiller du roi Charles, qui figure sous cette forme dans *Roland*, *Otinel* (v. 1590, 1900), *Gui de Bourgogne*, *Galien* (p. 77, etc), *Aspremont*, *la reine Sibile* (f°s 280, etc.), *Aquin*, *Gui de Nanteuil*, *Gaidon*, *Auberi*, le *Couronnement de Louis*, *Aimeri* (v. 143, etc.), les *Enfances Vivien*, la *Prise de Cordres*, *Maugis*, *Doon de Maience* (v. 7349 etc), *Gaufrei* (v. 4647 etc.), sous la forme Namlon dans *Renaud*, *Ogier* et les *Enfances Ogier* (v. 99, etc.), *Fierabras*, *Anséis* (v. 9419, etc.), *Berte* (v. 237), *Esclarmonde* (v. 6821), enfin sous la forme Nalon dans *Huon de Bordeaux*. Naimon pour moi n'est pas autre chose que le roi breton Nominoé (mort en 851), ou pour parler plus exactement, Nominoé paraît deux fois dans notre épopée, sans que les trouvères s'aperçoivent davantage de ce dédoublement qu'ils ne le font quand ils placent côte à côte Girard de Vienne et Girard de Roussillon ; car il y est à la fois le prototype de Nevelon et de Naimon.

Pour Nevelon, nulle incertitude. Il est dans *Roland* (v. 3057) le chef du contingent breton : dans *Amis* (v. 224), le chef des rebelles bretons. Ce dernier poème l'associe à Bérard, et cela nous vaut deux vers de *Gaidon*, probablement interpolés, en tout cas contradictoires, où ils figurent de concert (v. 2320, 9360) ; *Galien* (p. 247) charge Nevelon (var. Nemelon et Amelon) de Vannes de la garde de Ganelon, et on le retrouve comme messager du roi dans *Roncevaux* (laisse 337). Nevelon est associé au breton Lambert dans *Ogier* (p. 548) ; c'est très exactement un rebelle, associé au breton Guiomar et en tant seulement que breton à Béren gier dans les *Lorrains* (p. 57 et 158, où il est renversé par Moran). *Girart de Roussillon*, qui met les Bretons dans le camp royal, en fait un chevalier du roi sous le surnom de Soissons (par. 241) tandis que *Girart de Viane* (p. 116) en fait un neveu du rebelle. *Foucon* l'associe à Milon dans le commandement d'un corps d'armée sans doute composé de Bretons. Le traître Novelier, dans le *Bovon de Hanstonne* dont M. Rajna cite un fragment (f° 141), étant neveu du duc breton, pourrait bien être forgé sur Nevelon. *Maurin* connaît un abbé Nevelon (v. 715), *Anséis* cite Nevelon (Menelon ou Novillon, v. 3595), et *Aioul* place un peu à tort et contre ses habitudes dans le camp royaliste Nevelon (v. 3303, 3361, 3440, 7195) ; il est vrai qu'il l'associe dans un cas au rebelle Hugon et dans l'autre au breton Bérengier (1). C'est enfin Nevelon (Malon ou Namelon) qui est chargé dans les *Saisnes* (laisse 45) de la construction du perron commémoratif de l'indépendance des barons de l'ouest.

Rien de pareil malheureusement pour Naimon, et le v. 4547 de *Maugis*, qui l'associe à Salomon et à Hoël est, dans un poème aussi récent, un trop faible argument pour que j'y insiste. Il est toutefois certain que le plus breton de nos romans, *Aquin*, a pour Naimon une sympathie toute particulière. De plus Lambert est représenté dans *Ogier* et dans le *Mainet* italien comme parent de Naimon, ce qui semble bien se rapporter à l'alliance historique de Lambert et de Nominoë. Quel serait d'ailleurs, en dehors de Nominoé, le prototype historique de Naimon ? Je ne sache pas qu'on l'ait encore trouvé (2). On m'objectera peut-être que le rebelle Nominoé

---

(1) Dans les fragments de *Doon de Nanteuil* se trouve une note fort obscure de Fauchet, d'où il semble qu'on peut conclure qu'il existait une légende où Nevelon tuait le saxon Justamond. Il y est également question d'un Gautier, fils de Bertran, sans doute identique au Gautier, fils de Bérard de *Gaufrei*, et que Fauchet semble indiquer comme son père.

Le rebelle Nivelart de Losane, fils de Goubaud (*Charles le Chauve*, f°s 34 et 35, appelé une fois Nivart) me parait avoir été forgé sur Nevelon.

(2) Le Nemelon qui figure dans *Maugis* est en réalité Amilon.

n'a pas pu devenir le fidèle Naimon, comme s'il n'était pas flanqué la plupart du temps d'Ogier, qui dans l'histoire ne nous est connu que comme un rebelle. Mais, dira-t-on, c'est un bavarois? Oui, comme Ogier est un danois, Lambert un berrichon, Sanson un bourguignon, c'est-à-dire en aucune manière. *Roland* d'ailleurs ignore tout à fait cette nationalité.

J'arrive aux chefs des barons de l'ouest, des Hérupès, comme dit le poème. C'est d'abord Huon, duc de France et marquis de Neustrie de 866 à 886, quelque peu confondu d'ailleurs avec Huon, comte du Mans en 955 ; ce sont Jofroi d'Anjou et Richard de Normandie, qui ne faisaient pas partie du poème primitif, mais que la situation géographique de leurs possessions a naturellement amenés là, Gui (var. Agis) de Maantes ou de Maiance, qui est notre Guiomar, Lambert (var. Haubert, Herbert ou Auberi) d'Etampes, qui est le Lambert (1) allié de Nominoé, Foucon de Droies, l'ennemi de Renaud, Gacelin, que nous retrouverons en parlant d'*Auberi*, et que je crois être Gauzbert, comte du Mans en 852, Anquetin (2), Amaufroi, (3),

---

(1) Il y a un autre Lambert, celui de Berri, qui est chargé d'aller porter aux Hérupés les ordres du roi. Il s'agit du premier Lambert, marquis de Bretagne, qui mourut en 836.

(2) Je ne sais quel est le prototype historique d'Anquetin ou Anquetil, surnommé dans *Ogier* (l. 15), *Anséis* (v. 2758, etc.) et *Aimeri* (v. 4639), qui en fait un fils du manceau Rioul, Anquetin le normand. Mais sa nationalité bretonne me parait incontestable. Le poème royaliste d'*Auberi* (éd. Tobler, p. 137, 140, 148) fait Anquetin ou Antequin sarrasin et ennemi de son héros, d'où le sarrasin Anquetin du *Covenant Vivien* (v. 1732), et le très inexact royaliste Anquetin de *Gaidon* (v. 9181). *Aspremont* qui lui donne pour père Elie, le dieu celtique Belinus, fait allusion à un *Mainet*, sans doute analogue à celui qui a servi de base à la compilation italienne des *Reali*, où il avait été l'un des plus actifs protecteurs

Ernéis, Huon de Gatinois, Otran ou Doitran le manceau, Ligier de Touraine (1) et surtout Salomon, Soibaud et Gondebeuf.

Le roi de Bretagne Salomon (857-874) est un des personnages les plus importants de notre épopée. Sans parler ici des romans franco-italiens qui lui font tous jouer un rôle, des chroniques espagnoles (*Cronica general*, geste de Fernan Gouzalez) qui le mentionnent, de *Turpin* qui en fait le

---

du jeune Charles. *Ogier* (l. 15) et les *Enfances Ogier* (v. 5077, 5087, 5948) le connaissent. Le chroniqueur liégeois Jean des Preis fait jouer à Vauquetin un grand rôle dans la jeunesse d'Ogier. V. encore le sergent Antequin (*Doon de Maience*, v. 7857 etc.).

(3) Faut-il lire Amaufroi ou Ermenfroi ? Dans les *Saisnes* (laisse 108) on trouve suivant les manuscrits Amaufroi, Ercenfroi et Erenfroi. *Aie* (v. 1312) appelle Amaufroi le personnage que *Renaud* (laisses 30 et 31) appelle Ermenfroi. *Gaidon* (v. 786), *Girart de Roussillon* (par. 135), *Bovon de Hanstone* (ms. fr. 22 515, f° 40), connaissent un Amaufroi ou Aumenfroi ; *Girart de Roussillon* (par. 242), *Aspremont* f° 52, et *Huon Capet*, v. 992, connaissent un Mafroi, Mainfroi ou Maufroi ; *Renaud* (l. 93), *Godefroi* (v. 2908), *Ogier* (p. 275), *Gaidon* (v. 7013) un Ermenfroi ; *Aioul* (v. 9429) un Ermenfroi de Losanne. Dans *Aie* et dans *Renaud* c'est un rebelle, puisque c'est un ennemi de Renaud ; dans *Aioul*, c'est un rebelle ; dans *Gaidon*, c'est un neveu du héros, donc un rebelle (v. 786, etc.) ; dans *Girart de Roussillon*, et, à ce qu'il me semble, dans *Aspremont*, c'est un homme de Girard, donc un rebelle ; *Ogier* le dit parent de Reinbaud de Frise, c'est-à-dire encore d'un rebelle, quel qu'il soit. Faut-il y voir Ermenfroi, qui fut le compagnon de Bovon et de Gilebert dans leur révolte de 840-841 contre le roi Charles ? Celui d'*Aspremont* n'est d'ailleurs pas certain : ce pourrait être comme au f° 31 Audefroi ; de même dans *Gaidon* (v. 7013) où il est associé à Tibaud et représenté comme un royaliste, il faut sans doute lire Erchenbaud du Mez. *Bovon d'Aigremont* (p. 5) associe Dreves et Ermenfroi comme *Aspremont*.

(1) En dehors des *Saisnes*, Ligier écrit Tigier de Sarmois ne se retrouve que dans *Anséis* (v. 4514 a.)

compagnon d'Estoul, il est peu de poèmes français qui l'ignorent. Chef des Bretons dans *Aspremont*, dans *Foucon*, dans *Girart de Roussillon*, dans *Gui de Nanteuil*, des Anglais et des Gallois dans *Anséis* (v. 9349 etc.), il refuse Narbonne (*Aimeri*, v. 452), accourt délivrer la ville assiégée (*les Narbonnois*), combat les rebelles vrais ou faux dans les *Lorrains* (p. 20, etc.), dans *Gui de Nanteuil* (v. 2360, où l'on place d'ailleurs dans l'autre camp, ce qui est logique, puisque Gui est un breton, un Salomon que l'on appelle pour la rime de Besançon, v. 2132), dans *Renaud*, où il est un des douze pairs, dans *Bovon d'Aigremont*, dans *Maugis*, dans *Gaidon* ; on le voit lutter contre les païens dans *Gaufrei* (v. 1766, etc.), dans *Ogier* et les *Enfances Ogier* (v. 506, etc.), dans *Roncevaux*, dans *Galien* (p. 118, etc.), dans *Simon de Pouille* (f° 140). Dans la *Reine Sibile* (f° 365, 367) il se joint à Naimon et à Ogier pour empêcher l'exécution de Varochier. Jean des Preis en fait le petit-fils de Doon de Maience, le fils du rebelle Bernard, le frère du rebelle Huon (1).

Sorbues ou Soibaud (que l'on a parfois remplacé à tort par duc Bues), à moins qu'on ne l'identifie avec le Sces ou Soihier du Plessis d'*Aimeri* et du *Couronnement de Louis*,

---

(1) *Foucon* (f° 13) en fait un chevalier de Guillaume ; *Doon de Maience* (v. 236, etc.) appelle Salomon le méchant précepteur de son héros. *Elias* (v. 7077) parle du chapelain Salomon. *Vivien de Monbran* cite un Salemon d'Egypte (v. 707). Il est souvent question dans notre épopée du roi juif Salomon, de ses infortunes conjugales, *Gaidon*, v. 8825, *Elie*, v. 1793, *le comte de Poitiers*, v. 368, *la Violette*, p. 67, de sa science militaire, *Raoul*, v. 6206, de son habileté comme artiste, de son œuvre, comme l'on dit, *Elias*, v. 1777, *Aie*, v. 2511, *Gaufrei*, v. 8549, *Gaidon*, v. 409, *Foucon*, f° 2, *Blanchandin*, v. 4096, de sa richesse, *Aimeri*, v. 419, du temps reculé où il vivait, *Auberi*, f° 9, *Elias*, v. 2368. *Elioxe*, v. 581, *Roland*, v. 1524 et *Huon Capet*, v. 4674, parlent du temple de Salomon.

ou avec le Tibaud du Plessis des *Lorrains*, ne se trouve que dans *Bovon de Hanstonne*. Je ne sais s'il faut le distinguer du personnage que l'on appelle tantôt Godebeuf, Gondebeuf, Godebues et par erreur Godefroi, quand on a besoin d'un nom de trois syllabes, et Gombaud, Goubaud, Hombaud, Joibert, etc., quand deux syllabes suffisent aux besoins du vers.

J'ai dit que Gondebeuf jouait dans certaines versions du *Roland* (*Roncevaux, Galien*, p. 77, etc., *Gaidon*, laisse 2 b) le rôle de vengeur que d'autres récits attribuaient à Baudoin, à Oton et à Tiéri. Le roman franco-breton d'*Aspremont* lui fait jouer un très grand rôle, mais il le considère comme un étranger, un frison (f° 27, etc.) et il lui donne le commandement de la dernière bataille, celle qui réunit les barons de l'est. Les *Saisnes* lui donnent un commandement identique, mais Salomon de Bretagne l'appelle son frère (1). Pour *Anséis* Gondebeuf le frison est le frère d'Erispoé, il règne à Nantes et commande les Bretons (v. 8985, etc.), *Turpin* connaît Gondebeuf de Frise, le chroniqueur Aubri cite Gondebeuf de Vendeuil, un manuscrit de *Bovon d'Aigremont* fait allusion à ses exploits dans la guerre de Saxe. *Aimeri*, v. 473, parle de Godebeuf ou de Godefroi l'aleman, et je me demande si Jofroi l'aleman de *Girart de Viane* (p. 31) ne lui est pas identique. Un manuscrit de *Simon de Pouille* place parmi les douze compagnons Gieffroi de Frise, un autre Reinbaud le frison. *Girart de Roussillon* (par. 84, etc.), *Maugis* (v. 5088), *Renaud* (laisses 83, avec Tiéri, 91, avec

---

(1) Cf. laisse 194. Mais (l. 169) duc Bues (lis. Sorbues) est appelé le frère de Salomon. On voit encore Gondebeuf (l. 78, avec Garin, 162, 169, 185, avec Jofroi d'Anjou) appelé par une variante erronée Englebeuf. Il y commande les Alemans, mais avec Ripes, i. e. avec le breton Erispoé. Remarquons cet Englebeuf. Il se pourrait que certains Englebert (celui du *Landri* scandinave v. g.) en dérivassent.

Milon, 144, avec Hue de Dancler) le placent dans le camp royaliste.

Gondebeuf est encore Goubaut de Lorraine avec lequel se mesure le royaliste Amile dans *Amis et Amiles* (v. 285), le Goubaud de Lausanne qui avec le rebelle Guillaume s'insurge contre *Charles le Chauve*, l'Humbaut de Liège assassiné par le royaliste Alori dans *Jean de Lanson*. Serait-ce le Guntbold qui en 840 luttait avec le comte Girard contre le roi Charles, et que les Bretons auraient ainsi considéré comme un allié ? Toujours est-il que le nom devint vite mal famé, et, si cela est tout naturel dans *Aioul*, poème royaliste (le voleur Goubaud, v. 6665, etc., le traître Hunbaud, v. 7062, etc.), cela est absolument inexact dans *Gaidon* (Gombaud, v. 2934, 4298, 4345, 7888, Ambaud, v. 4434, Hunbaut, v. 6919, etc., 8062, Rombaud, v. 6974, Gombert, v. 8058, Gobert, v. 2519, Joibert, v. 6858, 7064, 7280). (2) Dans la *Reine Sibile* (f° 291), Gombert de Pierelée est un traître. Goubaud est l'ennemi de *Florence*.

Je n'insiste pas sur Lohot de Frise. Ce personnage ne figure que dans les *Saisnes*, car le manuscrit de *Renaud* qui en parle commet une erreur, et la bonne leçon Reinbaud nous est fournie par un autre manuscrit. C'est d'ailleurs le héros

---

(1) Goubaud ne me parait pas distinct de Godefroi qui parait au v. 529. *Mainet* cite, p. 324, le marinier Gonbaud.

(2) Ce qui prouve que le nom n'a plus aucune signification, c'est que Jobert est dans *Aioul* (v. 4512, etc.) le compagnon du héros. Plus réel et sans doute analogue au Soibaud ou Gombaud dont je viens de parler est le Jobard de Jean des Preis, fils de Hugon et neveu de Salomon. On trouve encore un Gobert de Troies dans le *Guillaume* en prose, où il conseille de faire chercher le héros pour l'opposer à Isoré, et dans le *Chatelain de Couci*. Gaufroi de Monmouth a recueilli ce nom pour en faire l'adversaire constant de ses héros : Imbert est vaincu par Brutus, Imbaud par Conan, Gombert par Trahern, Godbold par Cadwallo.

d'une historiette peu épique, d'une sorte de fableau : aussi serai-je porté à y voir le Lohot fils d'Artus des romans celtiques.

Laissons de côté Tiéri de Vermandois, un doublet de Tiéri d'Ardenne, et Girard de Loon, le rebelle Girard, tous deux interpolés par conséquent, et venons en aux compagnons du très historique Guitequin.

La saga a tellement défiguré les noms qu'il est assez difficile de les reconnaître, je crois cependant qu'on peut identifier Murgalant et Murgafier qui le double comme Turfier double Turles avec Margamar, Escorfaut avec Dorgant et Estorgant, Eschinard (lis. Quinard) avec Claudar et Esclaudard, Cahanin avec Quinquennas, Antipatin (lis. Alifantin) avec Alinbrandin (1). Le poème français mentionne encore Adam, Daire, Aufart, Justamond, Arpin, Boidant, Brunamond, Bruncosté, Baudamas, Caloré (ou Casoré), Fierabras, Fieramor, Dialas. La plupart de ces noms nous sont déjà connus : Daire vient du roman d'*Alexandre*; Cahanin se retrouve dans *Ipomédon* et dans le Caenon d'*Aliscans* (v. 4737) ; Bruncosté, nom commun inventé par le trouvère, ne figure que dans les *Enfances Ogier* (v. 594) ; Adam vient de la Bible, et, à part deux personnages insignifiants d'*Elias* (v. 2570) et de la *Violette* (v. 2511), est restreint à notre roman. Fieramor est encore un nom commun, forgé sur Fierabras. Baudamas est à rapprocher de Baudemond (*Doon de Maience*, v. 8508), de Gaudemer (id., v. 9220), d'Audemer (*Bovon de Hanstonne*, Bibl. nat. ms. fr. 22.516. f° 34, écrit Huidemer

___

(1) Ce n'est pas qu'Estorgant, Quinquinant, Alibran n'existent dans notre épopée et qu'ils n'aient influencé le scribe sur la copie duquel a été faite la version scandinave ; mais il vaut mieux croire qu'il a modifié des noms qu'il lisait mal pour les rapprocher d'autres qu'il connaissait mieux que de les considérer comme distincts dans les deux versions.

dans ms. 12.548, f° 132 ; *Vivien de Monbran*, v. 714, écrit à tort Audemer pour Guiemer). Alifantin est également un nom commun forgé sur le latin elephas et le français olifant. Justamond et Murgalant sont des noms germaniques, peut-être réellement portés par des adversaires des chrétiens. Le sens de Caloré et d'Escorfaut reste douteux (1).

---

(1) On retrouve Alifantin ou Alipatrin dans *Aliscans*, v. 1365 ; Alepantin dans *Foucon*, p. 102, les *Narbonnois*, f° 67, *Ogier*, p. 544 ; Alinpantin dans *Fierabras*, v. 1650 ; Antipatin dans *Aliscans*, v. 5153 d. Celui des *Saisnes* figure à la laisse 185. Gaufroi de Monmouth IX, 1 et 9, met le roi Alifantinam parmi les ennemis du roi Artus. Justamond est généralement représenté dans les *Saisnes*, laisse 3, *Mainet*, p. 329, *Foucon*, f° 11, comme le père de Guitequin, tué par Pépin. Cependant il reparait ici, dans les poèmes et dans la prose de David Aubert. *Berte*, v. 1510, raconte comment il enleva la Saxe au gendre du roi Flore qui fut le beau-père de Pépin. Une note de Fauchet sur un fragment de *Doon de Nanteuil* semble dire qu'il fut tué par Nevelon. V. encore *Anséis*, v. 2545 et 3870, *Galien* en prose, *Siège de Barbastre*.

Sur Murgafier, v. *Bataille Loquifer*, laisse 16 ; *Ogier*, p. 133 ; *Godefroi*, v. 4808 ; *Tristan de Nanteuil*. Sur Murgale, *Godefroi*, p. 207, *Charroi de Nîmes*, v. 521, *Gui de Bourgogne*, v. 3574, *Elie* (simple allusion, v. 1656, 2074), *Esclarmonde* (comme nom de femme, v. 8111), *Enfances Guillaume*. Sur Murgalant, *Gui de Bourgogne*, v. 3354, *Anséis*, v. 3484, *Mort Aimeri*, v. 1284, *Galien*, p. 119 (où il faut lire Baligant), *Maugis*, *Huon de Bordeaux*.

Sur ce nom ont été forgés le Sorgaland de *Maugis*, le Sorgalé d'*Ogier* (p. 90) et de la *Prise d'Orange* (v. 597).

Aliscans (v. 1018) donne Codroé ou Qualoré : Maloré figure dans le *Covenant Vivien*, v. 475, la *Bataille Loquifer*, laisse 64, le *Moniage Renoart*, laisse 144 ; *Doon de Maience*, v. 11.162, parle des monts Maloré.

Pour Aufart, outre les *Saisnes* (laisse 7), v. *Maugis* (v. 8556, var. Oufer), *Ogier*, p. 544, *Anséis*, v. 6542, *Prise d'Orange*, v. 972. On trouve dans *Gaufrei* la roche Aufart, v. 3337, et le sarrasin Aufour,

X

Erispoé, roi de Bretagne de 851 à 857, est représenté sous le nom de Ripeus ou Ripes (*Gaufrei*, v. 100) comme fils de Doon de Maience. *Anséis* lui a été rattaché par un lien de filiation tout à fait imaginaire (*Anséis*, v. 84 ; *Gaufrei*, v. 101). Il fut, nous dit *Anséis* (v. 85), occis en l'herbage sous S. Fagon. *Renaud*, faisant allusion à la victoire de Messac remportée en 843 par Renaud de Poitiers sur Erispoé, a fait de Ripes de Ribemont un des plus acharnés ennemis de son héros. Dans les *Saisnes* (laisse 16?), Ripes se plaint que ses

---

v. 1804. Il ne faut pas le confondre avec Aufos ou Amphons, qui est Alfonse, et figure dans *Maurin* et *Guillaume de Palerne*. Les Italiens l'écrivent Alepardo, et je suis porté à croire que leur Alfari, père de *Berte*, est une autre forme d'Aufart ; quant au nom que porte dans l'épopée germanique le père de Gautier, Alpker, j'hésite entre Aufar et Auquaire ou Anchier. Sur ce nom ont été forgés l'Aufares (var. Auferrant, Auburran de *Maugis*, v. 1900), l'Alfaïen de *Roland* (v. 1511), l'Aufarien des *Saisnes* (laisse 190), l'Affaron et l'Affaronde du *Guillaume* en prose, l'Aufirone du *Guillaume* italien, peut-être l'Alfamion d'*Aie*, v. 1526, etc., à moins qu'il ne soit forgé sur Alfanie. Pour Escorfaut, outre les *Saisnes*, laisse 6, voir encore *Renaud*, laisse 67 ; le *Siège de Barbastre*, f° 153 ; *Foucon*, p. 66, *Gui de Bourgogne*, v. 405 et 3209, où il est tantôt seigneur de Carsaude, tantôt seigneur d'Augorie ; *Floovant*, v. 484, 595, 666, 1379, 1429, où il est tantôt sarrasin tantôt duc de Bretagne et pair de France ; *Gaidon*, v. 5728 ; *Gaufrei*, v. 438, 513 ; *Galien*, p. 240 ; *Maugis*, v. 4059 etc. ; *Bovon de Comarcis*, v. 2180 ; *Covenant Vivien*, v. 259 ; *Enfances Ogier*, v. 1080 ; *Otinel* (v. 764, erreur de scribe pour Ascanard) ; *Bovon de Hanstonne*, où il menace la dame de Séville et est vaincu par le héros (Bibl. nat. ms. fr. 22.516).

gens sont employés aux plus pénibles besognes. Il n'en était pas ainsi, dit-il, du temps de Roland et d'Olivier. Cela indique bien que, malgré son surnom d'Aleman, il se considère comme le chef des Bretons. Dans *Mainet*, p. 316, pour qui les barons de l'ouest et du midi sont les défenseurs de la royauté, Ribeuf de Bretagne et Guimer sont la terreur des ennemis de Charles. Dans *Aie* (v. 3269), Ripeus qui tint Rennes et Nantes se montre tout prêt à appuyer Garnier, ce qui est tout naturel, puisque Garnier fut en 851 son allié. On trouve Rispeu de Nantes parmi les alliés du duc angevin *Gaidon* (v. 646 et 2589), mais étant donné la présence de Jofroi, je crois qu'il vaut mieux lire avec le v. 1237 v. g. Hoël de Nantes.

Ce n'est pas tout. Soit qu'il existât des récits épiques sur Radbod de Frise, qui fut l'ennemi de Pépin d'Héristal et de Charles Martel, soit que, dans les régions où fut transportée l'épopée française, ce personnage fut plus connu que Ripes de Bretagne, toujours est-il que Rabes ou Rabel tendit à remplacer Ripes, et ainsi, dans la version actuelle de *Roland*, ce sont Rabel et Guineman, au lieu de Ripes et de Guiomar qui commandent le premier corps de l'armée française (v. 3014, etc.). Dans le *Charles* du poète alleman le Stricker, Rapot et Guineman (Ripes et Guiomar) font la guerre au roi Charles. Au lieu de Radbod, par suite d'une confusion des deux radicaux germaniques *rad* et *rod* d'une part, *bod* et *bald* de l'autre, on eut parfois Robaud, que l'on ne tarda pas à remplacer par les noms plus connus en certains pays de Robert et de Rotrou. Par la même confusion de *bald* et de *bod*, Radbod se trouvait avoir donné Reibaud, d'où par confusion de ce nom avec le Reinbaud issu du germanique Reginbald, un Reinbaud de Frise épique, d'où encore par confusion avec Raimon certains personnages de ce nom dans notre épopée. Mais la plupart du temps, il ne faut lire ni Rabes, ni Robaud, ni Robert, ni Rotrou, ni

Raibaud, ni Reinbaud, mais bien Ripes, et, dans *Roncevaux*, laisse 351, la véritable leçon est bien Ripes le breton, et non Robert de Brebon, Rambert de Bencon, Herbert de Bordon.

Dans *Auberi* par exemple, poème très hostile au comte Lambert, l'allié historique de Ripes, c'est Ripes qu'il faut lire au lieu de Robert de Biaune (éd. Tobler, p. 169, 181), de Miaune (p. 175), de Troies (p. 227). (1) Certains manuscrits de *Renaud* qui l'appellent Rohaus ou Lohaus, disent qu'il ne voulut pas plus aider le roi dans la guerre de Saxe que Lambert. *Aspremont* en fait sous les noms de Ruban de Nivelle (f° 29) (2) le chef du 2° corps (3).

---

(1) Il n'y a aucune signification à donner aux énumérations où figure Robert de Troies, f°s 97, 98, 99, 100, 101, 104, 106, ni au Robert de S. Louvain du f° 69, ni au Robert des f°s 77 et 81, ni au Robert ou Obert de l'éd. Tobler, p. 138.

(2) Le Rotrou de Niele de *Girard de Roussillon* est sans doute encore notre Ripes (par. 159).

(3) Sur Reinbaud de Frise, considéré comme un homme des anciens temps, v. *Gui de Nanteuil* (v. 2689), *Aie* (v. 361), *Foucon* (f° 26), *Ogier* (p. 225, où je lis à cause de *Roland*, Reibaud et Guineman, et non Raimond et Guineman) ; sur ses luttes contre Charles Martel, voir le résumé de *Doon de Maience* dans le chroniqueur Jean des Preis (qui l'appelle Ralmon), où il est vaincu par Doon, et dans *Girart de Roussillon* (par. 199, Rabeu ou Robrieu), où il est vaincu par Girard ; sur son association à Aimon ou Aimar de Galice, *Roland* (v. 3073) et la saga de *Charlemagne* (liv. I)· Le rôle de Reinbaud de Frise dans *Ogier* est purement imaginaire. *Gaufrei* (v. 2552, 2820) le place dans la famille des barons du nord.

Sur Rabel, v. *Auberi*, (f° 68), *Aimeri* (v. 4653) qui le fait fils d'un Anglais, frère d'Estourmi, petit-fils d'Aimeri, *Bovon de Hanstonne*, où la version anglaise appelle Aroboun, Raban ou Riboun le Gebitus du v. 3414.

Sur Robert, qui a pu être confondu avec le roi Robert, l'ennemi de Charles le Simple en 923 (je ne parle pas du Robert de Boves

Qu'est-ce maintenant que ce S. Fagon, où fut occis Erispoé, au dire d'*Anséis* ? Ce poème, qui y place le parlement où fut couronné Anséis, semble le mettre près de Lion, i. e. de Léon en Espagne, entre Astorga et Castrogeriz près

---

des *Lorrains*, p. 61 et 300, qui est un personnage réel du XIIe siècle) et identifié à Robert duc de Bourgogne † 1075 ou a Robert duc de Normandie † 1035, voir l'empoisonneur Robert (*Ciperis*), Robert de Valbeton, Robert de S. Florent (*Gaidon*, v. 7281, 8061), Robert de Blois et Ernéis (les *Saisnes*, laisse 22 a), Robert de Dijon (*Renaud*, laisse 112) : cf. Rabaus de Dijon du *Bovon de Hanstonne* (f° 141) cité par Rajna dans ses recherches sur les *Reali* (Bologne, 1871), Robert de Clermont (*Gaufrei*, v. 648), Robert (lis. Richard) de Normandie (*Doon de Maience*, v. 6709), Robert de Membis (*Foucon*, p. 55), le héros de *Robert le Diable*, le bâtard Robert (*Huon Capet*, v. 6356), Robert de Ham (*Ogier*, p. 542), Robert de Troies (*Otinel*, v. 1595), Robert fils Guion (*Foucon*, f° 13), Robert de Sicile (*Enfances Vivien*, v. 3375), Robert de Marmonde (*Bovon de Hanstonne*, Bibl. nat. ms. fr. 22 516, f° 47). V. encore dans *Girart de Roussillon*, Robert, Guillaume et Aimenon (par. 252), placés à tort tous trois dans le camp rebelle La saga de *Charlemagne* cite (I, 37) Robert, fils Robert d'Anjou et Pierre fils Robert de Seruni. Faut-il lire au même passage Robert ou Tibert le Todbert, frère Benzelin et fils Huon de Ponti ? *Richard le Beau* (v. 3845) fait jouer au comte Robiers un rôle défavorable.

Aie, v. 1783, parle de Robert l'écuyer et de sa femme Enguelas, qui guérirent de mal leur seigneur Olivier. L'écuyer Robert est dans la *belle Jeanne* le premier mari de l'héroïne.

Robaud est dans *Aioul* (v. 5734, etc.) le maître voleur, dans *Doon de Maience*, v. 485, etc., un traître. Dans la *Chronique de Novalèse*, les comtes Robaud et Arduin, guidés par le transfuge Aimon (cf. l'association de Reinbaud de Frise et d'Aimon de Galice dans *Roland* et la saga de *Charlemagne*) s'emparent du poste sarrasin de Fraxinetum. Sur Rabel et Robert ont été formés Raboan, Roboan, Roboïn, Robean dans *Bovon de Hanstonne*, v. 3386, etc. (la mesure exige cette forme, et non la variante Robaut ou Rodbert)

Burgos. Mais tous les autres textes le considèrent comme un personnage ou une localité de France. Le roman franco-breton d'*Aquin* en fait l'ami intime de Naimon, le roman franco-breton d'*Aspremont* (var. Flameng, Flagon) en fait le gonfalonnier du roi, son sénéchal, son cousin, le neveu de la reine, duc de Normandie, seigneur de Bordeaux, oncle de Raimon. *Maugis* (v. 8668) qui le dit fils Otré, en fait le gonfalonier du roi. Les *Enfances Ogier* (v. 515, 4565, 6068) le font seigneurs de Tours. Il est inconnu des autres poèmes (1).

Quant à S. Fagon, qu'invoquent *Auberi* (éd. Tobler, p. 19 et 93), *Anséis* et *Esclarmonde* (v. 4223, etc.) c'est une localité qui dans les autres passages où nous rencontrons son nom est associée à des héros bretons. C'est au moutier S. Fagon (*Elioxe*, v. 6) qu'aurait été trouvée l'histoire du dieu celtique Beli ou Elias. L'église dédiée aux SS. Facundus et Primitivus fut bâtie, dit *Turpin*, à l'endroit où périt Milon (évêque de Nantes), sur le champ de bataille où le roi Charles, venant de Bayonne, avait vaincu Agoland et l'avait rejeté vers le Léon. Dans *Renaud* (p. 129), Roland, qui se dit fils de Milon, raconte qu'il est né à S. Fagon en Bretagne. *Girart de Roussillon* (par. 554) place S. Fagon près de Roussillon.

Ogier, p. 90, *Girart de Viane*, p. 129, *Gaufrei*, v. 4478, *Anséis*, v. 2716, *Moniage Renoart*, laisse 180. De l'influence du nom Rodoan, émir d'Alep de 1095 à 1113, dérivent Rodoant et Rodoé dans certains manuscrits d'*Ogier*, dans *Elie*, v. 254, etc., dans *Anséis*, v. 3964, dans *Auberi*, éd. Tobler, p. 137, dans *Aspremont*, f° 17 ; mais ils ont pu être forgés sur le Rodant de *Foucon*, f° 19, et de *Maurin*, v. 402, le Rodain d'*Elioxe*, v. 365, le Rodul de *Foucon* (f° 78). Il y a entre ces noms le même rapport qu'entre Gibon, Giboé et Giboïn.

(1) Je lis en effet Begon et non Fegon le père de la duchesse de Bouillon, parent de l'empereur Oton (Bibl. nat. ms. fr. 12.558, f° 100).

Quel est le personnage qui se cache sous ce nom probableblement altéré ? Voilà ce que je n'ai encore pu arriver à découvrir (1).

XI

Le poème de *Renaud de Montauban*, consacré lui aussi à célébrer un prétendu petit-fils de Doon, nous offre l'exemple d'une singulière confusion. Le héros en était ce Renaud, comte de Poitiers, chargé de défendre contre les Bretons le comté de Nantes et qui, après avoir battu Erispoé (le Ripes de Ribemont de notre poème) à Messac en 843, fut quelques jours après battu et tué à Blain par Lambert. Ce qui parfait encore son caractère, c'est qu'il est dans le poème l'ennemi de Guimar, dont j'ai déjà maintes fois signalé l'identité avec le roi breton Guiomar, tué en 825.

Mais Renaud, qui devrait être un royaliste, est ici représenté comme un rebelle. Cela tient sans doute à ce qu'aux yeux de nos trouvères, qui confondaient Charles Martel et Charles le Chauve, tout le pays situé au sud de la Loire avait dû être hostile au second comme au premier, et cela explique comment Renaud, comte de Poitiers, considéré comme vassal du roi Yon d'Aquitaine, fut englobé dans la rébellion de celui-ci et amena par contre la transformation des Bretons ses adversaires de rebelles en royalistes.

Sous le nom de Renaud d'Aubespin, que l'on trouve dans *Turpin*, *Gaidon* lui restitue son véritable caractère de royaliste ennemi des rebelles. Renaud de Montainier figure parmi les croisés du *Siège de Barbastre* (f° 111) et de *Boron de Comarcis* (v. 36.), Renaud de Montdidier parmi

---

(1) Ne serait-ce pas le S. Fagan ou Maugan, dont parle Gaufroi de Monmouth, et qui était honoré en Galles dans le voisinage de Landaf ?

ceux de *Foucon*, p. 73. Dans les énumérations d'*Auberi*, Renaud de Boissele (f° 69), d'Aubespin (f° 89), de Poitiers (id.), de Dijon (f° 104) est interpolé (1). *Auberi*, le *Siège de Barbastre* (f° 153), *Girart de Viane* (p. 22), connaissent Renaud de Poitiers, mais ce poème qui fait à tort de Garin de Montglane et de ses fils des rebelles, oublie tout à fait que Garin et Renaud appartenaient au même parti, tout en signalant avec raison les liens de parenté qui unissaient Renaud à Bernard d'Auvergne. Une autre erreur s'est glissée dans les *Lorrains*, qui à côté du royaliste Renaud de Toul (p. 125) ont placé le rebelle Renaud de Chatel Bagé (p. 72) ; c'est que *Gui de Nanteuil* avait terni la mémoire d'Hervi ; d'où les *Lorrains* l'ont placé à tort parmi les rebelles, et Renaud a suivi le parti de son fils historique Hervi. Peut-être le Renaud de Macon de *Girart de Roussillon* (par. 141 et suiv.) tient-il également à ce que, plaçant les Bretons dans le camp royaliste, on a voulu mettre Renaud dans celui des révoltés. Dans *Aie* enfin (v. 90) il faut je crois lire Renals et non Renars le nom du personnage associé aux trois royalistes Sanson, Amaugis et Gontier, et qui figure là dans la compagnie où l'on s'attend à trouver notre Renaud.

---

(1) Le vers de *Gaidon* et Grifonnet et Renaud et Huon est dans le même cas. Renaud de Poitiers figure dans le conseil royal, la *Reine Sibile*, f° 280.

Renard de Paris figure dans la saga *de Charlemagne* (I, 37).

(1) Outre les allusions à notre Renaud dans *Gaufrei* (v. 91) et *Elias* (v. 3017) et l'existence d'une chanson de toile sur Renaud, on retrouve ce nom à deux reprises dans *Aiout*, v. 4727 et 4648, dans *Huon Capet*, v. 5073, dans le *Comte de Poitiers*, v. 1319. L'épopée germanique a recueilli notre Renaud, et la saga de Théodoric nous le montre gonfalonier du roi du midi : il joue donc près d'Ermanaric le rôle qu'il joue chez nous près d'Yon.

Renaud a pour auxiliaires ses trois frères, Alard, Richard et Guichard et son parent Maugis. Alard ou Aélard figure parmi les partisans du roi Charles en 840, 841, 842, 861, 876, et cela conviendrait très bien au frère de Renaud. Son association à Bérengier et à Sanson dans *Auberi* (éd. Tobler, p. 153) en fait un royaliste ; mais notons que ce n'est là qu'une énumération et sans doute une interpolation, que sa présence dans *Girart de Roussillon* (par. 146) au milieu d'une mêlée confuse de noms propres, son association dans les *Lorrains* à Bancelin de Nevers (p. 44), sa mention dans la saga de *Charlemagne* comme fils et frère d'Evrard, sa transformation en sarrasin dans *Aquin* (v. 1299), son rôle dans *Ciperis*, sa mention dans *Huon Capet* (v. 3738) ne nous apprennent rien. Aussi peu démonstratif est l'arbalétrier Alardin, favori du *roi Louis* et ennemi d'Isenbard. *Esclarmonde* (v. 6975) est un poème trop récent pour qu'on tire un argument quelconque de la présence d'Alard de Logrono à la tête des Espagnols envahisseurs de l'Italie dont triomphe la petite-fille de Huon de Bordeaux.

Il y a dans notre épopée un Richard très célèbre, c'est Richard de Normandie, introduit en même temps que ses contemporains Hoël de Nantes et Jofroi d'Anjou. Mais il est certain qu'il n'a pas servi de prototype au frère de Renaud. Faut-il voir en celui-ci un personnage réel du IXe siècle ? Il y a en 834, 836 et 839 un comte Richard qui joue un rôle important dans les démêlés des fils de l'empereur Louis, mais il paraît attaché à Lothaire. Est-ce une variante du nom de Richier ?

Quoiqu'il en soit, les quatre frères sont représentés comme les fils d'un personnage appelé Aimon, qui figure dans le camp opposé. Pas plus qu'Elinan ou Ganelon, sauf les cas très rares où il serait une forme hypocoristique d'Aïmer ou d'Aimeri, il ne doit être historique. Comme l'Hama, Hamo ou Heimi de l'épopée germanique, protecteur de Théodoric dans la saga de ce prince, ennemi du dieu Frotho et du pirate Regner dans Saxo, c'est une divinité généralement hostile au héros (et l'on sait que c'est souvent le caractère des dieux par rapport à leurs fils). Rebelle dans les *Lorrains* (v. 35, etc.) et l'un des plus importants membres de la geste, puisqu'il est un des cinq ou six dont fait mention le chroniqueur Aubri, il est doublement royaliste comme Aimon d'Autemure (v. 1434) et Aimon le normand (v. 2573) dans *Gui de Nanteuil*.

Son caractère surnaturel explique tout. Aimon montre dans certains manuscrits du *Charroi* (v. 679) à l'égard de la famille de Guillaume la même hostilité qu'Elias dans les *Enfances Vivien* ; son rôle énigmatique dans la saga de *Charlemagne* (s'il faut lire non pas Aïmer, mais Aimon de Galice avce *Roland*, v. 3073, et *Aimeri*, v. 1544) à l'égard de Reinbaud (lis. de Ripes) dont il est successivement l'adversaire et l'ami, est celui d'un personnage mythologique, comme l'Aimon qui dans Jacques d'Acqui délivre Charles captif à Montmélian, grâce à la connivence d'un prétendu comte Anselme, qui recouvre en réalité S. Antoine, comme le transfuge Aimon (sarrasin converti comme l'était tout à l'heure Anselme, lisez personnage mythologique généralement hostile et parfois sympathique) qui

---

(1) La querelle de Bernard et d'Aimon d'Autemure *(Girart de Viane,* p. 23) a peut-être un fondement historique dans les évènements de l'an 878. Il est fait allusion au père de Renaud dans *Girart de Roussillon,* par. 48 (lire Aimon et non Eion ou Yo), dans *Maugis,* dans *Jordain,* dans *Gaufrei* (v. 88 et suiv.) qui, ne lui faisant jouer aucun rôle, semble bien attester son caractère mythologique ; v. encore *Gaidon,* v. 262 (avec Gui de Beaufort), Emon d'Averse dans certains mss. d'*Aliscans,* v. 5155, Aimes (*Aimeri,* v. 4197), *Gui de Nanteuil,* v.1594 où il faut lire Tibaud ; *Maurin,* v. 19 et 20, où le passage est obscur. Ains de Bordele dans *Ogier,* p. 105, doit être lu Gui. La saga de *Charlemagne,* I, 37, cite Eimun de Bordeaux.

d'après la chronique de Novalèse guide vers le repaire sarrasin de Fraxinetum les comtes Arduin et Robaud, auquel l'associent *les Lorrains* et *Roland*. Voyez Aimon ou Aimenon dans *Girart de Roussillon* ; c'est avant tout le personnage qui dans les deux camps héberge les messagers ; si on l'appelle Aimenon, c'est comme pour Ganelon, pour allonger le vers et lui donner un nom réel. S'il figure dans les combats où d'ailleurs il ne trouve pas la mort, c'est soit qu'Aimeri et Audefroi l'ont entraîné pour achever la trilogie des noms commençant par A, soit qu'il faut opposer un rival de même nature aux dieux Anchier et Guinard.

Le seul des adversaires de Renaud dont je veuille ici parler, le plus acharné, puisque ses fils continuent la lutte contre les fils du héros, c'est le personnage identique au fond, quoique avec des surnoms différents, de Foucon de Morillon (laisses 15, 19, 112, etc.) et de Faus ou Faucon de Monjençon (laisses 114 et 117), identique lui-même au comte Maençôs ou Majencort (lis. cil de Majençon) des laisses 112 et 116. Ajoutons qu'il ne paraît pas être distinct de celui que pour la rime on appelle Fouchier (laisse 12) et Foukeran (laisse 28).

Or ce personnage, dont je n'ai pas retrouvé trace dans l'histoire, a une physionomie assez flottante.

Son animosité à l'égard de Renaud a tout naturellement fait placer Foucon de Morillon dans *Parise* (v. 1906) au rang des ennemis de l'héroïne, et dans *Gaufrei* (v. 2555) au rang des traîtres : Fouchard ou Fourcon est un traître dans la *Reine Sibile* (f°s 291 et 367) et Foucon un traître rebelle dans *Charles le Chauve* (f° 54).

Est-ce la même raison qui fait placer par *Gaidon* dans le camp royaliste, parmi les adversaires du héros Forqueré, (v. 2690, 4066, 5799, 7574), Forcon (v. 2952, 3505, 3508, 3815, 4112, 4701, 4736, 4739, 4902, 5042, 5626, 5703, 6872), Fouchier (v. 3831, 4967, 7432), Foucard (v. 3832, 6550), parfois dédoublé dans le même vers (3559 et 4195) en Forcon et Fouchier. L'ennemi de Tibaud qui porte dans *Foucon de Candie* le nom de Foucon et dans *Guibert d'Andrenas* (f⁰ˢ 158, 161, 167, 170) le nom de Fouqueré, est aussi naturellement l'ennemi du royaliste Tibaud que celui du royaliste Renaud et l'on s'explique qu'il soit entré dans la famille narbonnoise comme fils du rebelle Huon. *Maugis* reste fidèle à la donnée de *Renaud* en plaçant son Forcon ou Foucon de Cambrai ou de Cambes parmi les ennemis de son héros. Les *Lorrains* conservent ce caractère au fils du rebelle Bernard (Faucon, Fauconnet, Foucon, Foucard, Fourcon, etc., p. 61, etc.) à l'espion Foucard (p. 114), à Foucon d'Aunis (p. 207), à Fouchier le normand (p. 300), et il est bien évident que, malgré les apparences contraires, il faut en dire autant de Fouqueré de Pierrelate (p. 44, etc.) tué par Amauri qui est un royaliste, de Fouqueré de Bourges (p. 94) qui est le frère du rebelle Garnier ; et si nous laissons de côté Fouchier de Nantes (p. 13), Fouquier, conseiller du roi (p. 30), Fouchier le fils Tiéri (p. 216) qui ne sont classés dans aucun camp, il n'y a parmi les royalistes que le Foucon de la p. 258, appelé par la rime, le Foucard de Strasbourg (p. 125) et le maire Fouché, Fouquier ou Fouqueré (p. 319, etc.) qui sont l'un et l'autre imaginaires. Le seul personnage d'*Aimeri* qui ne soit pas l'objet d'une simple mention (comme Fauques de Mongençon ou Fouques de Monloon, v. 1550, Fouchier, v. 1501, Fouques de Fors, v. 1492, Fou-

---

(1) V. 5072 et 5234 de *Gaidon* il faut lire Ferrans et non Foucon. V. 7940 il est question d'un épieu qui fut au roi Forcaire. Dans *Renaud*, p. 109, une des portes de Montauban est appelée la porte Foucon ou Fouchier ; une des portes d'Oridon est de même appelée la porte Fouchier dans *Auberi* (f⁰ 76). V. *Otinel*, Foques, v. 1741, *Foucon*, Falques le normand, f⁰ 34, le gonfalonier Fouchier de Besançon, p. 60 ; la nef Foucon ou Fouchier, *Anséis*, v. 569, *Siège de Barbastre*, f⁰ 119.

ques de Morillou, v. 1548, Fouques de Poitiers, v. 1852), le messager Fouques, Fourques, Fouquin, Fouqueré (v. 3716, etc.) étant représenté comme le fils du rebelle Garnier, rentre dans la même catégorie. De même Foucon dédoublé en Foucon et Fouchier (ou Foucard et Foucheran) joue le rôle d'un rebelle dans *Girart de Roussillon* et *Maurin* (v. 15, etc., 1251). Le traître Foucon de Bar de *Bovon de Hanstonne* (ms. fr. 22.516, f° 33) a été, comme le traître Foucon de Morillon de *Parise*, copié sur l'ennemi de Renaud, mais on s'explique plus difficilement, sinon par une interpolation, le Fouchier de Vermandois (v. 1480) fait prisonnier par *Gui de Nanteuil*. Comme dans *Bovon de Hanstonne* et dans *Parise*, c'est de *Renaud* qu'a dû s'inspirer *Aioul* pour prendre en mauvaise part le nom de Foucon, Foucart et Fouchié (v. 2359, etc., 7200, etc.), quoique *Aioul*, poème royaliste, fut d'ailleurs tout naturellement antipathique aux rebelles. Mais c'est le roman d'*Auberi* qui embrouille le problème : au début, quand le héros lutte contre le rebelle Odon, Foucard, Fouchier, Foucon ou Fouqueré est son adversaire, puis il se rallie au héros et le seconde contre le rebelle Lambert : ce serait donc plutôt un royaliste ; et les *Saisnes*, qui rangent (l. 37 et 181, etc.) Forcon de Droies parmi les barons de l'ouest, nous renseignent médiocrement à son sujet (1) puis-

---

(1) La saga de *Charlemagne* (I, 37) cite Foucon, fils du roi de Spolite. Fouchard figure dans ce même document parmi les partisans de Reinfroi (ch. 2, 4 et 16) comme seigneur de Pierrepont.

Il est tout naturel que Foucon de Candie, fils de Huon, ait donné Foucon, défenseur de Huon dans *Esclarmonde*, v. 797, etc. ; le Foucon mal famé se retrouve dans le saxon Fochard de Rivier d'*Elias*, v. 4299, dans le Fochier de Milan associé à Ertaud de Pavie par *Godefroi*, p. 244, dans le Fouchier le barbé du *Gui de Bourgogne* remanié, p 136. Le Fouques de Tol d'*Ogier*, p. 189 et 302, est emprunté aux *Lorrains*, comme le montre le contexte. *Aquilon de*

qu'une laisse lui donne pour frère (laisse 21 a) le rebelle Landri, et une autre le royaliste Amauri (laisse 181) (1).

Je voudrais en terminant dire quelques mots de la manière dont a été composé le poème que nous possédons aujourd'hui. Il en faut d'abord éliminer tout ce qui se rattache à Bovon d'Aigremont, récit tout à fait indépendant et que les trouvères ont très faussement soudé au reste. Si la mort de Renaud à Cologne et son culte à Trémoigne sont authentiques, ils se rattachent à un autre Renaud tout différent de l'adversaire de Ripes. Le siège de Trémoigne, la croisade en Terre Sainte, dont il nous est parvenu deux récits fort différents dans les manuscrits 775 de Paris (celui qu'a suivi l'éditeur) et de Montpellier, enfin la lutte des fils de Renaud

---

Bavière fait allusion au duel de Roland et de Foulques de Lille, ce qui rapprocherait celui-ci d'Estoul, d'Olivier, d'Otinel. Enfin le Foucon de Milan d'*Aliscans*, v. 8, etc., le Fouchier des *Enfances Vivien* b, le Forqueré du *Siège de Barbastre* (f° 3, etc.) et le Fouchier de Chartres de *Bovon de Comarcis* (v. 3518) sont des variantes de Foucon de Candie.

(1) Dans *Floovant*, Forqueré de Troies figure parmi les douze pairs (v. 1460), et Forqueré de Tudele (v. 1767) est le sobriquet que l'on donne à Maugalie habillée en homme. Le Fochier de Vilance de *Roncevaux*, laisse 323, l'amorois Foucon et le comte Faucon de *Raoul* (v. 769 et 3350), le Fouques de St-Quentin d'*Auberi* (f° 89) et le Fouques interpolé avec Isoré (id., f° 76), le Fouchier d'*Ogier* (laisse 3), le Fouques de *Galien* (p. 237 et 363, qui fait, p. 258, de Foucon de Candie par son père Milon de Pouille le cousin-germain et non plus le petit-fils d'Aimeri), le Foucherée et le Fouchier de Pierelée des *Enfances Ogier* (v. 1274, 2292, 5157), l'ingénieur Fouchier de *Doon de Maience* (v. 3769), l'ambassadeur Fouquier dans *Gaufrei* (v. 10.642) et le Foucon du même poème (v. 1763), le Guion fils Foucier d'*Aliscans* (v. 3960) et le marchand Fouchier des *Enfances Vivien* (v. 1160 d.) n'ont aucune signification.

(1) Cf. encore laisse 37, 114 et 237.

contre les fils de Fouçon, sont dûs uniquement à l'imagination des trouvères. Aussi peu réelle est la cause de la rébellion de Renaud, qui elle-même n'existe pas, imitée du meurtre du fils du roi dont la mort de Charlot (866) avait fourni le prototype. La victime est ici un certain Bertelai, neveu du roi (1), mais il a subsisté des traces d'un état antérieur de la légende où elle s'appelait Louis (laisses 12, 31, 35), ou Lohier (laisse 20), comme dans *Aspremont, Ogier, Jordain, Bovon d'Aigremont*, était fils du roi, comme dans *Bovon, Jordain*, et tombait non sous les coups de Renaud, mais sous ceux de Guichard ou plutôt de Richard son frère. Enfin le récit du siège de Montessor, où Maugis ne figure pas, n'est qu'une répétition du siège de Montauban, que l'on a transporté du midi dans l'est de la France, après avoir transporté la scène des évènements de la Loire sur la Garonne. Ainsi de la frontière bretonne les exploits de Garnier avaient été reportés dans l'Ardenne. La laisse 54 et tout le poème de *Beton* placent la forêt d'Ardenne sur les rives de la Garonne (2). Sans doute quelque jongleur pérégrinant à Trémoigne en aura rapporté des notions sur un S. Renaud qu'il aura confondu avec le comte de Poitiers, et de là sera venue toute la partie orientale du poème (2), sans parler des allusions à une guerre que l'on ne nous raconte pas, et qui se serait passée tantôt en Tiérache (laisse 65), tantôt dans les limites du petit royaume capétien du XIe siècle, entre Orléans et Senlis (laisse 34).

---

(1) Outre *Otinel*, où il faut lire, v. 698, Bérengier et non Bertolai, et *Raoul*, où ce nom est à la fois celui du trouvère auquel est attribuée la chanson (v. 2242) et celui d'un parent de Bernier (v. 2762), ce nom ne se retrouve que dans *Girart de Roussillon*, d'ailleurs sans physionomie bien marquée (par. 37, etc.)

(2) V.g. le fait que le cheval Bayard est jeté dans la Meuse près de Liège.

Une dernière confusion qui n'est pas la moins bizarre, provient de ce fait que Renaud a été changé de camp par les trouvères. Begon était historiquement son lieutenant : il périt comme lui et la même année sous les coups de Lambert ; il était donc tout naturel d'en faire l'ennemi du roi Yon et de son lieutenant Segard (lisez Seguin de Bordeaux), mais, lorsque Renaud fut devenu le général du roi Yon, les trouvères, ignorants de l'histoire, le firent lutter contre son lieutenant, habillé par eux en sarrasin, sans se douter de l'erreur qu'ils commettaient et qui nous stupéfie aujourd'hui.

XII

Quoique cela fut en contradiction formelle avec les données de *Doon de Maience* et de *Jean de Lanson*, le chroniqueur Jean des Preis se décida à faire d'Erchenbaud le fils de Doon et le père de Basin. Cette dernière donnée fut reproduite par certains manuscrits d'*Auberi,* tandis que d'autres appelaient Guillaume le père du célèbre roi de Bourgogne.

Boson, que notre épopée appelle Basin, est un personnage historique. Le roi Charles le Chauve avait épousé sa sœur : lui-même se maria deux fois, comme dans *Auberi*, à la fille du comte Matfrid, puis à la fille de l'empereur Louis II, Ermenjart (l'Hermesent de Torin épique). Il se fit attribuer les dépouilles du comte Girard, Bourges, Mâcon et tout le royaume de Provence. L'orgueil de sa seconde femme (et non, comme le dit *Auberi*, sa trahison) fut cause de sa ruine. Il se fit proclamer le 15 octobre 879 roi de Bourgogne ou de Provence (pays qui comprenait Genève, d'où son surnom de Basin de Genves, et que l'on a confondu à tort avec la Bourgogne française, d'où son surnom de Basin de Dijon). Cela attira sur lui les armes du roi de Lombardie (Charles, fils du roi Louis de Germanie, et non Désier, comme le dit le poème) qui vint assiéger Vienne (880) et fit prisonnière la comtesse Ermenjart (et non comme dans le roman Basin). Basin rentré à Vienne y mourut le 11 janvier 887.

Le roman d'*Auberi*, lorsque, soit tendance générale, soit influence de l'Alberic et des Burgondes de la légende germanique, il transforma son Auberi en Bourguignon, lui donna pour père Basin ; et de là vient, au début de cette œuvre, le récit assez historique que j'ai résumé. Son dévouement à Charles le Chauve l'a fait introduire dans la légende des luttes de Charles Martel contre le maire du palais Reinfroi (saga de *Charlemagne*), qui fut à tort, comme je l'ai dit, remplacé par le Gérin auquel font allusion *Elie* (v. 1980), *Godefroi* (v. 1592) et *Renaud*. Il combat le rebelle *Jean de Lanson*, et, sous le nom de Basin d'Ivorie, le rebelle *Gui de Nanteuil* (v. 2824). Cité par *Aimeri* (v. 1549), par *Roncevaux* (laisse 338), pair de France dans *Fierabras* qui, comme les *Lorrains* (p. 20), en fait le père d'Auberi, il fut, avec son doublet Basilie, considéré par *Roland* (v. 208) et par *Galien* (f° 189) comme régent d'Espagne, messager de paix à Marsile et assassiné par celui-ci.

Le roman d'*Auberi* n'a pas seulement reçu ce prologue : il a été profondément remanié. Le fondement réel en était, je crois, l'hostilité de ses deux neveux épiques, Amauri et Gacelin, contre Lambert ; Amauri fut en effet chassé en 850 par Lambert du comté de Nantes, et Gauzbert, comte du Mans, réussit en 852 à se défaire de la personne du terrible allié de Nominoë (1). Auberi, dont l'histoire ne parle

---

(1) Je ne veux pas dire que Gacelin soit phonétiquement issu de Gauzbert : je veux dire que le Gacelin épique en tient la place, de même que le Gaufrei épique, qui n'est pas Godfrid mais Galfrid, joue cependant le rôle historique de Godfrid.

pas (1), appartenait sans doute au même parti, et Henri, le prétendu frère de son père et son ennemi, doit être l'Herric que l'on trouve en 840 faisant campagne avec Lambert contre le roi dans cette même région.

Dans le poème qui nous a été conservé, le théâtre des évènements a été modifié. Auberi est devenu bourguignon, et le repaire de Lambert a été placé dans la forêt d'Ardenne. On a fait du pré Lambert sous Paris le théâtre du dernier combat qu'il ait livré. Le royaliste bourguignon Auberi, ayant pour adversaire le rebelle Hoedon, autre personnification du roi Yon d'Aquitaine, celui-ci, que l'on considérait comme le frère de sa mère, fut placé à Langres, sur les confins de la Bourgogne ; et il reçut pour allié un Tiébelin ou Tiécelin qui n'est autre que le royaliste Tibaud dont j'ai déjà signalé le rôle important en 840 et 841. Puis on transporta Auberi en Bavière, sans doute par le motif qui y avait fait transférer Naimon, car je crois que c'est parce qu'Auberi était bavarois qu'on a fait de Naimon le petit-fils de sa sœur. Son oncle Henri vint alors occuper sur les frontières de la Bavière, en Osteriche, i. e. en Autriche (éd. Tobler, p. 17) et non à Autun (comme Tarbé, p. 5, comprend Ostenne), la position que Yon occupait à Langres sur les frontières de la Bourgogne. Il existait un saint bavarois du nom d'Odalric, Ouri, Orri ou Ulrich, évêque d'Augsbourg au X⁰ siècle ; on en fit un roi martyrisé par les païens comme Vivien, et prédécesseur d'Auberi. On fit jouer à Auberi près de Baudoin de Flandre le rôle libérateur qu'il jouait près d'Orri, on fit lutter Gacelin contre le dieu celtique Elinan, prétendu fils de Lambert, on accumula les meurtres, en mettant sur la conscience d'Auberi la mort des deux fils d'Henri, des deux fils d'Ouri, puis on lui attribua des aventures galantes, en

---

(1) Le nom fut porté au IX⁰ et au X⁰ s. par plusieurs vicomtes vassaux du duc de France.

Flandre notamment, on raconta qu'il avait dû fuir son pays parce que son inconduite l'avait rendu odieux à tous ses vassaux (éd. Tobler, p. 186) ou pour échapper à la colère du roi de France (p. 17), toutes allusions absolument contradictoires au reste du récit, et qui montre avec quel manque de soin ces allongements de vieux poèmes étaient communément pratiqués.

Dans sa lutte contre Lambert, Auberi a pour auxiliaires ses deux neveux Gasselin ou Garselin et Amauri, fils de Rioul (et non, comme l'écrivent les manuscrits, de Raoul), puis Gautier, fils d'Anséis ; les autres, parmi lesquels figurent beaucoup de rebelles, sont généralement interpolés. Je n'ose en dire autant de Foucon, qui, après l'avoir combattu sous les ordres d'Hoedon, finit par se rallier à lui, et qui dans notre épopée doit être considéré comme un rebelle ; car il paraît bien être un des personnages principaux du récit. Les noms des partisans de Lambert n'offrent aucun intérêt.

Il n'en est pas de même de ceux des partisans d'Odon. On y trouve Robert (lis. Ripes, la variante Raoul étant fautive) qui est tout naturellement, en sa qualité d'Erispoé, l'ennemi de l'ennemi de Lambert, le rebelle Huon, l'ami de Fouqueré, Gui, analogue à l'ami de Foucon Guiomar, enfin les rebelles Joceran et Banselin. Le chef des païens ennemis du roi Ouri, Anquetin et non Antequin, est encore un personnage cher aux romans franco-bretons, *Aspremont*, les *Saisnes*, etc. : c'est donc lui aussi un rebelle authentique.

En dehors de notre roman et des *Lorrains*, où il joue le même rôle d'ennemi des rebelles, et où il figure également comme duc de la Bourgogne française, ayant Dijon pour capitale, Auberi ne paraît que dans la *Reine Sibile*, où, chargé de reconduire à son père la femme du roi Charles, il est assassiné par Macaire et vengé par son lévrier. *Girart de Viane* a conservé de lui un souvenir vague en faisant de sa duchesse de Bourgogne la veuve d'Auberi. Il figure encore avec Bérengier et Foucon, parmi les barons décédés dont le roi Louis offre les terres à Guillaume dans le *Charroi de Nîmes*. Ailleurs, défalcation faite de l'Alberic mythologique, Auberon ou Oberon, qui joue un si grand rôle dans *Huon de Bordeaux* et auquel fait allusion *Gaufrei* (v. 103), ce n'est qu'un nom dans *Aimeri* (v. 1528 c), dans *Anséis* (v. 6861 a) dans *Elias* (v. 6210), dans *Richard le Beau* (v. 860), dans le *Bovon de Hanstonne* italien, dans *Foucon* (Auberi le tiois, f° 79, Auberi le pouhier et non le porchier, p. 73), dans les *Saisnes* (laisse 22 a).

Gacelin de Droies (ou de Dreves) figure dans les *Saisnes* (laisses 36 et 86), Gace de Dreux combat aux côtés du roi dans *Girart de Roussillon* (par. 25, etc.) et *Anséis* cite un Gaselin (ou Giselin) de Ginois, v. 4513. Quant au Jakelin de Blois qui joue un grand rôle dans *Anséis* (v. 4531, 5285, etc.), c'est certainement un baron hérupé, mais j'y verrais plutôt Jocelin.

J'ai déjà montré Amauri, conseiller du roi Charles et ennemi du rebelle Huon dans *Huon de Bordeaux*. Cela a suffi pour en faire un personnage mal famé et si *Gaidon* (v. 5041, 5165, 5902, 10.744) ne l'a pas changé de parti, il n'en a pas toujours été ainsi : car *Charles le Chauve* fait d'Amauri de Bretagne un ennemi du roi. Ce surnom de breton n'a été conservé à Amauri que dans *Raoul* (v. 3352) ; ailleurs, dans le chroniqueur Mousket, dans *Aspremont* (f° 24), dans les *Lorrains*, on l'a transformé en berrichon. Il n'y a naturellement rien à tirer du traître Amauri de *Bovon de Hanstonne* (ms. fr. 12.548, f° 137), du voleur Amauri du *Moniage Renoart* (laisse 21), du vague Esmauri d'*Aimeri* (v. 1519), du lombard Amauri d'*Esclarmonde* (v. 5838), associé à Droon comme dans *Raoul* (v. 769), du fils de *Ciperis*, de l'Amauri d'*Ogier* (laisse 20), des *Enfances Ogier* (v. 1111), de l'Amauri de Sassoigne et de Senlis (v. 324, etc.) de *Bovon de Comarcis*. Dans *Galien* (f° 239) et dans *Aioul*

(v. 4390) il faut sans doute lire Aulori et non Amorri ou Amori.

D'autres sont un peu plus intéressants, et, négligeant ceux qui viennent simplement pour la rime, comme dans *Raoul* (v. 3521), les *Lorrains* (p. 21 et 30), *Ogier* (p. 302, où il est à juste titre dans le camp royaliste, mais où son association à Girard indique bien que l'auteur avait perdu tout souvenir de son rôle véritable), et le comte du Perche de *Huon Capet* (v. 3024), il existe une tendance assez curieuse à en faire en même temps le fils ou le frère du héros dont on parle, et qui est souvent un rebelle (*Galien*, les *Saisnes, Maugis*, v. 6073, *Roncevaux*, laisse 12, *Elie*, v. 198, *Gui de Nanteuil*, v. 325, *Ogier*, p. 275). Amauri, associé il est vrai à Hugon, est fils du breton Milon dans les *Saisnes*, Amauri de Chartres, pair de France dans *Floovant* (v. 1428), est le frère du breton Moran, le royaliste Amauri, qui tint Auvergne et Berri, dit le chroniqueur Mousket qui en fait le gendre de Floovant par allusion à un récit que nous avons perdu mais dont on retrouverait sans doute des traces dans *Charles le Chauve*, est fils du royaliste Alori, le royaliste Amauri tue le breton Guinemer (lis. Guiomar) dans *Maugis*, v. 6032, et est tué dans *Girbert* (v. 690) par le même personnage, appelé ici Guineman. *Roland* habille en sarrasin son Almari de Belferne que la saga appelle Amalri et un des manuscrits du *Roncevaux* Amauri (ou Aumatri) et l'envoie combattre Gautier (v. 812). Esmari ou Almeri refuse dans *Aspremont* (f° 24) d'aller chercher du secours, et je crois bien qu'il faut lire Amauri, et non Aimeri ou Henri, le nom de celui qui plus loin refuse de porter la vraie croix (1).

---

(1) En revanche il faut lire Aimeri de Thouars et non Amauri le personnage qui figure dans *Gaidon* : les *Lorrains*, p. 126, donnent correctement Aimeri de Thouars, et incorrectement, p. 207, Amauri de Thouars. Quant à l'Aimeri de *Girard de Roussillon* (par. 107), ce

Amauri de Roie de *Girbert* se rapproche d'Amauri, frère de Foucon de Droies dans les *Saisnes* (laisse 181 où il est tué par les païens).

Les *Lorrains* se sont trouvés fort embarrassés ; ils auraient dû mettre Amauri dans le camp royaliste, et tel est en effet l'attitude d'Amauri de Nevers (p. 15, 109 et 207) ; mais ils ont pris au sérieux l'existence d'Amauri de Bourges (p. 173) et force leur a bien été de mettre ce personnage avec ses voisins. Dès lors ils n'ont pas hésité à créer un Amauri d'Amiens, qu'ils opposent à Fouqueré et à Auberi (p. 126, 213) et qui est absolument de leur invention.

J'ai dit que le père de Gasselin et d'Amauri, le gendre de Basin, le beau-frère d'Auberi, devait être appelé Rioul et non Raoul, comme l'a imprimé M. Tarbé. Je considère en effet que Raoul, père légendaire de Gauzbert du Mans, doit être le Rioul du Mans qui joue un si grand rôle dans *Gaidon*. On m'objectera peut-être que Rioul du Mans est un rebelle et Raoûl le père de deux royalistes, mais rien dans *Auberi* ne nous indique que le père et les fils aient embrassé le même parti. Sous ce même nom de Raoul du Mans, et comme gendre non plus de Basin, mais d'*Aimeri* (v. 4637), il est le père d'un autre héros franco-breton, aux allures de rebelle

---

n'est pas un Amauri, mais plutôt un Auberi ou un Henri ; les comtes Auberi et Henri, Aïmer et Henri, Aimon et Aimeri jouent en effet assez exactement le même rôle.

La saga de *Charlemagne* (I, 37) cite Anherri de Bourgogne, puis Aumeri de Berri et son frère Lambert. Dans l'un et l'autre cas il faut sans doute lire Amauri.

Dans *Charles le Chauve* Amauri paraît d'abord (f° 54) parmi les rebelles de l'armée de Nivelard ; puis, sous le nom d'Amauri de Bretagne, comte de Lyon (toujours la même confusion entre les vallées de la Loire et du Rhône), il devient le principal ennemi du roi Philippe. On lui impute même la mort du jeune Charles, fils de Charles le Chauve, tué en un pré sous Paris.

celui là, Anquetin le normand. C'est encore Rioul du Mans qui, dans la version originale de *Fierabras*, était associé à Hoël de Nantes (v. 4602, 4732, 4802). Le *Charroi de Nimes* contient un vers (1349) où Guillaume déclare, je ne sais avec quel sous-entendu, qu'il ne s'appelle pas Raoul de Macre (lis. du Mans). Dans *Auberi* même, le personnage généraralement appelé Robert de Biaune figure une fois (éd. Tobler, p. 173) sous le nom de Raoul de Miaune (lisez encore du Mans), comme un ennemi du héros.

Seulement il est arrivé pour ce personnage ce qui s'est produit pour tant d'autres ; pour Ripes par exemple dont le nom peu connu en dehors de Bretagne, a été remplacé par les formes Reinbaud, Rabel et Robert. Le nom de Raoul était beaucoup plus connu que celui de Rioul, c'était celui du héros d'une chanson de geste, tué en 943 dans une bataille livrée aux fils d'Herbert de Vermandois, c'était celui d'un cousin germain du roi Louis VI, sénéchal du royaume de France, comte d'Amiens et de Vermandois, mort en 1152, qui nous a donné le Rioul de Vermandois de *Gui de Nanteuil* (v. 758) et le Raoul d'Amiens qui dans *Fierabras* remplace l'ancien Rioul du Mans ; c'était celui d'un comte de Soissons, mort en 1237, et qu'on retrouve dans *Raoul*, v. 2036. Dès lors Rioul a été oublié, et l'on a écrit Raoul le nom de l'hôte d'*Aioul* (v. 1369), du messager d'*Aimeri* (v. 1494), du tentateur de *la belle Jeanne,* du neveu de l'empereur tué à Cologne par Huon dans *Esclarmonde* (v. 52, etc.), de l'oncle de Doon tué par le père de *Bovon de Hanstonne* (ms. fr. 12.548, f° 82).

J'ai déjà, au cours de ces études, signalé presque tous les passages où figure Lambert, qui, comme Naimon et Ripes, a été transformé en général du roi Charles contre les rebelles, son rôle important dans *Girart de Viane*, dans *Maugis* (v 5849), dans le *Mainet* italien en prose, dans *Girart de Roussillon* sous la forme Arbert, dans les *Saisnes*, tantôt comme messager (Lambert de Berri), tantôt comme seigneur d'Etampes sous les formes Lambert, Aubert, Herbert (laisses 47, 86, 112), dans *Gui de Nanteuil* (tantôt comme duc de Berri, v. 334, tantôt comme Haubers de Nivele, v. 1481), dans *Ogier* (p. 259 et 548), dans *Otinel* (v. 1742), dans *Gaidon*, comme Lambert de Montferrand (v. 9280). Le rebelle Lambert ne conserve son caractère que dans *Auberi*, dans les *Lorrains* (p. 61, etc.), qui l'appellent Lanselin de Verdun et dans le *Guillaume* en prose qui fait de Lambert de Montfort un des ennemis du roi Louis. Ajoutons-y le traître Lambert de *Doon de Maience* (v. 3383), et rappelons-nous que *Turpin* connaît déjà Lambert de Bourges, et sa biographie épique sera terminée (1).

Le Rancelin, dont *Girbert* (v. 60, etc.) fait un des principaux rebelles, n'est sans doute qu'une forme imitée de Lancelin, mais faut-il en dire autant du Benselin, oncle des fils Ouri et du Benselin allié à Odon dans *Auberi* (éd. Tobler, p. 3, 169, 173, 175, 186, cf. f° 77 où Gautier et Benselin sont interpolés), des différents Bancelin très peu caractérisés dans les *Lorrains* (abbé de Gorze, p. 298, chambellan du roi, p. 306, 308 et sans doute 161, seigneur de Nevers avec Alard, p. 44, rebelle avec Hatton, p 126), qui auraient produit le royaliste mal famé Bancelin de *Gaidon* (v. 7068), très mal placé dans ce camp, où d'ailleurs se trouve déjà Lambert, le Buezelin (lis. Benzelin) d'*Esclarmonde*, v. 800, associé comme celui de la p. 126 des *Lorrains* à des chevaliers bordelais ? Faut-il croire que le Baucelin de *Girbert* (v. 463 etc.), fils de Huon de Cambrai, lequel est un personnage imaginaire et mal nommé, puisque c'est un nom de rebelle appliqué à un personnage de la famille fidèle des

---

(1) Aumeri de Berri et Lambert son frère figurent dans la saga de *Charlemagne*, I, 37 ; Ille place Lanselin de Poitiers (v. 5897) parmi les auxiliaires de son héros.

Lorrains, est une erreur pour Bancelin, ou un diminutif de Bauce, forme hypocoristique de Baudoin, qui désigne un personnage historique d'*Anséis, fils de Girbert* (1).

Joceran a pour diminutifs Josse, Jocel et Josselin, et Joceaume n'en est qu'une variante (v. g. *Mort Aimeri*, v. 300, etc., *Maugis*, v. 8596), ou un doublet (*Roland*, v. 3065), quand ce n'est pas un nom de pure fantaisie, amené par le caprice d'un jongleur (*Ogier*, p. 217 ; *Renaud*, laisse 19 ; *Aimeri*, v. 1505 ; *Raoul*, v. 753 ; *Elias*, v. 3024 ; *Auberi*, éd. Tarbé, p. 127 et 136) (2). Il faut ajouter de plus que, soit à cause de la nationalité méridionale qu'on lui prête, soit à cause de l'influence de Josué, on le voit parfois travesti en sarrasin (Goncelin, *Enfances Vivien*, v. 503 ; Gonselin, *Aioul*, v. 6668 ; Josselin de Cologne, *Charles le Chauve* ; Josseran, *Aspremont*, ms. fr. 25.529, f° 34 ; Joce de Tudele, f° 1 ; *Covenant Vivien*, v. 1592 ; Joseré, *Anséis*, v. 2862 ; Joce, *Floovant*, v. 1492). Ce n'est d'ailleurs pas le cas le plus fréquent. Dans *Roland* (v. 3007, etc.) il est chargé avec Naimon de l'organisation des batailles et commande les barons du sud-ouest ; il figure dans *Galien*, p. 241, dans le *Moniage Guillaume* (f°ˢ 272 et 274, sous les formes Jocelan de Verdon et Jocelin le comte) avec Huon ou Gautier de Troies, dans *Foucon* (f°ˢ 65, 90 et p. 89, comme Joces de Clarvent, f° 103, comme Joseran de Berri), dans *Aimeri*, (v. 1547 et 2783), dans *Anséis* (v. 4796, Joseran de Rousie), dans *Foucon* (p. 55), *Anséis* (v. 691) et *Aioul* (v. 8371, etc.) comme Joseran de

---

(1) La saga de *Charlemagne* cite (I, 37) un Benzelin et son frère Todbert fils Huon de Ponti.

(2) Dans ce dernier poème on l'appelle de Rouen ; f° 100, on trouve un Joceaume de Dijon qui est encore le même, et f° 104 un Joceaume d'Avignon qui doit sans doute être lu Anteaume d'Avignon. Il ne faut pas le confondre avec S. Josse, invoqué dans *Richard le Beau*, v. 584.

Paris, dans *Gaufrei* (v. 6115, Joseran de Valence), dans *Ogier* (p. 209, Josien de Pierrelée). Souvent, lorsque nos manuscrits portent Jofroi de Clarvant ou de Paris, c'est Josse qu'il faut lire. Certains manuscrits d'*Aliscans* mettent Josseran et Guineman parmi les sept cousins, neveux de Guillaume ; Josselin et Guineman se retrouvent parmi les chevaliers d'Aimeri dans la *Mort Aimeri*, v. 300, etc., et Josseran, l'un des douze pairs de France dans *Floovant*, y est le père de Guineman et de Richier (v. 1426, etc.), ce qui tend à le rendre identique au Giovambarone des récits italiens sur la dynastie mérovingienne. C'est sans doute comme parent ou ami des Narbonnois que Jocel de Verdun paraît dans *Girart de Roussillon* (par. 319) avec un surnom que lui donnait déjà le *Moniage Guillaume*. Rien à conclure naturellement du bon hôte Jossiel de *Richard le Beau* (v. 1643), du sobriquet de Jocel Maunas de *Girart de Roussillon* (par. 526), du Joseran d'Albigeois de *Girart de Viane* (p. 66), du Joseran d'*Ogier* (p. 224 et 404), de l'hôte de la *Reine Sibille* (f° 327), du bon sarrasin d'*Aioul* (v. 9973), du bon hôte de *Charles le Chauve*, du Josselin de *Huon Capet*, v. 3923.

Le plus intéressant est naturellement celui qui figure dans les poèmes relatifs à nos guerres civiles. *Auberi* le met parmi les rebelles (éd. Tobler, p. 169, 173, 175, 186 ; f° 97) et donne son nom à l'un des fils de Heudon (éd. Tobler p. 196 et 197): il ne faut donc pas faire attention au Joseran de Biauvès du f° 83. *Maugis* est hésitant ; il met Jocelin (avec Béraud, v. 6247) dans le camp royaliste, comme Joceran de Blois (ou Joceaume de Troies, v. 8596), mais il met Joceran d'Orbendele (v. 6266) dans le camp rebelle. Ce Joceran de Blois, qui n'est sans doute pas différent du Jakelin de Blois qui se couvre de gloire dans *Anséis*, v. 4531, etc., reparait sous la forme Josian de Blois et dans le camp rebelle dans le *Bovon d'Aigremont* de Montpellier. *Charlemagne* (f° 25) compte Jocerin de Monteil parmi les amis de Mainet, ce qui, étant donné les procédés habituels à ce roman, tendrait à le ranger parmi les rebelles. *Elias*, qui est hostile à ceux-ci, le met avec Garnier, parmi les Saxons (v. 4927)- Son attitude dans les *Lorrains* est fort difficile à élucider. Je lis Jocelin et non Rocelin le fils de Bernard (p. 109 et 126), et je le trouve dans le même camp que Jocelin, fils de Fromond (p. 140), que le châtelain de Château-Tiéri (p. 292), que Jocelin de Montdidier (associé à Girard, p. 206). Je le trouve encore associé à Fromond et à Guillaume (p. 31), au rebelle Garnier (transformé à tort en royaliste, p. 40), à Hardré et à Landri (p. 44), à un berrichon et à un limousin qui sont géographiquement des rebelles (p. 207); je crois que le Jocelin de Salebruge (p. 125) n'a pas de valeur épique, que l'écuyer Jocelin (p. 212) n'en a pas davantage, et je suis tenté de dire la même chose en ce qui regarde Hatte et Jocelin de Besançon (p. 126). Mais que dire de Jocelin de Macon (p. 72), de Jocelin d'Avignon (p. 74), de Jocelin de Clermont (p 79) ou d'Auvergne (p. 176) ? Jocelin de Mâcon est un rebelle, mais on le voit plus tard s'emparer de Mâcon au nom du roi et dans sa rébellion il a pour prétendus complices de véritables royalistes, Hervé et Renaud ; que Jocelin d'Auvergne soit une faute pour Anteaume, et qu'il ne faille pas en tenir compte, c'est possible, mais on le trouve associé tantôt à Gui de Biais, tantôt à Guichard, et ces deux personnages peuvent être identiques, et ils peuvent être différents, et Guichard peut ne pas être à sa place. Ce qui fait que tout en penchant à voir en lui un rebelle, je n'oserais pas l'affirmer (2).

---

(1) Dans *Aie*, v. 2809, au lieu de Joseran, lire Fouqueran.

(2) La saga de *Charlemagne* (I, 37) cite Josselin de Provence, puis Joceran fils de Ralf d'Utrefs. Le nom appartient à une famille mancelle ; il y a un Gozlin ou Josselin, fils de Rogier comte du Mans, qui fut évêque de cette ville, se montra prélat fort belliqueux, fut

J'ai assimilé l'oncle et l'ennemi d'Auberi, Henri, à cet Herric qui prit en 840 avec Lambert les armes contre le roi Charles. Le rebelle Enri de S. Daire de *Maurin* et le rebelle Henri de Grandpré des *Lorrains* (p. 61, etc.) sont assez conformes à cette donnée, et, d'après ce que j'ai dit du renversement des rôles dans la légende de Mainet, on ne s'étonnera pas de trouver dans les deux versions françaises de la légende Henri et Henri de Bourges parmi les défenseurs du jeune roi. Ailleurs les choses sont moins claires. Dans *Gaidon* je relève trois mentions relatives au rebelle Henri (v. 2145, 2171, 2507), mais j'en trouve onze (v. 4207, 5042, 5164, 5625, 5799, 5902, 5949, 6915, 7576, 7729, 7918, 9256, plus au v. 4392 où il faut lire Henri et non Huon, et au v. 2142 où il faut lire Henri et non Guerri). Dans *Girart de Roussillon* il y a un Henri rebelle (par. 174, 175 et 323, associé à Landri et comme dans *Mainet* à un Guigon qu'il faut sans doute lire Hugon) et un Henri royaliste (par. 310, 380, 389, 546, associé à Auberi ou Aimar). Il ne faut pas évidemment se préoccuper de l'Henri de Champagne du *Moniage Guillaume* (f° 272), personnage du XII° siècle, de l'écuyer Henri et du bâtard Henri de *Huon Capet* (v. 1581, v. 2139, etc.), de l'hôte Henri de Creil, de *Charlemagne* (f° 26), des évêques (les *Lorrains*, p. 25 et 128), chapelains (les *Lorrains*, p. 121 et 180, *Aioul*, v. 10.393), sergents (*Berte*, v. 3130), sénéchaux (*Godefroi*, v. 1888), châtelains (*Auberi*, f° 105, *Aimeri*, v. 1521), garçons (*Auberi*, f° 93), comtes ou chevaliers (*Auberi*, f° 64, *Ciperis*, *Elias*, v. 2168) qui portent ce nom. Souvent d'ailleurs (*Galien*, p. 125, *Enfances Vivien*, v. 124), on peut hésiter entre Henri ou Tiéri qui donnent la même rime, ou se dire que la formule *et Henri* remplace quelque adjectif,

---

chassé puis rétabli par le roi Pépin et mourut en 770. Un autre, fils de Roricon, frère de Gauzbert, comte du Mans, fut évêque de Paris et mourut en 886.

comme le hardi, ou quelque nom de terre qui ferait le même effet (Naimon et Henri, *Renaud*, laisse 15, Jofroi et Henri, les *Saisnes*, laisse 22). Notons cependant que dans *Esclarmonde* (v. 3762), dans le *Moniage Renoart* (laisse 21), dans *Aioul* (v. 5808), dans *Galien* (p. 33) qui imite sans doute *Auberi*, puisqu'il fait de Henri l'oncle de son héros, dans *Huon de Bordeaux*, le nom a tendance, comme dans *Gaidon*, à être pris surtout en mauvaise part. Cependant, lorsque *Girbert* (v. 441, etc.) donne pour fils à Girard de Liège (c'est un lorrain, mais le nom indique un rebelle) Hanri et Guineman (lis. Guiomar), il ne s'écarte pas de la réalité. Trois énumérations de *Raoul* (v. 755, 864, 3450, la seconde pour la rime) rattachent encore à Girard un Henri de Troies, Henri ou Henri de Cenlis, une quatrième (v. 6287) fait figurer ensemble Pierron le preux et Henri d'Aminois, ce qui n'a pas plus de sens que de donner à un des prétendus fils de Bernier le nom d'Henri (v. 7615, etc.) ou de faire pour la rime de Gautelet (v. 3604) le fils d'Henri. Il est de même évident que l'Henri de S. Omer de *Huon de Bordeaux* (v. 9924), un des douze pairs, est de pure fantaisie, comme Henri, fils de Huon de Bordeaux et père, je crois, de Hervi dans les *Lorrains* (1).

---

(1) Dans les *Lorrains*, nous trouvons en face de Henri de Grandpré, dans le camp opposé, Henri de Bar (p. 104) et Henri de Toulouse (p. 126). Le Henri de *Gaufrei* (v. 4646), cousin germain du breton Naimon et beau-père des rebelles Doon et Girard, pourrait bien être l'Herric historique, mais ce peut être aussi le châtelain Henri.

Ou plutôt dans une version des *Lorrains*, car à côté de cette légende qui paraît le rattacher surtout à S. Bertin, bisaïeul maternel de son père, il en est une autre qui appelle son père Tiéri et fait de S. Séverin son bisaïeul maternel.

Qu'est ce que l'Henri d'Olenois ou de Linois qui dans *Girart de Viane*, p. 31, rappelle au roi les services de Renier ? Quelque chose sans doute d'analogue à l'Henri de S. Omer de *Huon de Bordeaux*.

XIII

Aie est un poème très compliqué où plusieurs intrigues s'entrecroisent et s'enchevêtrent.

Pour moi, le héros du poème est Garnier, frère de Lambert, qui suivit son frère dans sa rébellion contre Charles le Chauve, fut pris par les royalistes et mis à mort en 852. Les évènements se passaient à l'origine sur la frontière bretonne ; on les a transportés de la Loire sur le Rhône : la scène se passe à Avignon ; la guerre a pour but la possession de la main d'Aie, fille d'Antoine et héritière de la seigneurie.

L'auteur était un royaliste ; il lui a déplu que son héros eut encouru la disgrâce royale, il le montre bien un moment dans cette situation, mais l'ensemble du poème nous donne l'impression contraire. Donc, il a interverti les rôles de Bérengier, de Milon, d'Auboïn, d'Amaugis, de Sanson, et, de ces personnages qui furent des royalistes, il a fait plutôt des contempteurs de l'autorité royale ; l'auteur de *Renaud* et celui de *Maugis* ont commis la même erreur, dans laquelle ne sont tombés, d'une manière générale, ni l'auteur de *Gui de Nanteuil*, ni celui des *Lorrains*, ni celui d'*Auberi*.

Malheureusement pour la clarté, l'auteur n'est pas resté fidèle à son système. Au rebelle Garnier il a tout naturellement donné comme neveu le rebelle Girard et fait de l'un et de l'autre, également à tort, des royalistes : mais Tibaud et Achard, Guichard et Alori ou Aulori (1), qu'on lui donne

---

(1) Guichard et Alori reparaissent dans *Gaidon* sous la forme Guion et Alori, v. 764, et cette fois dans le camp royaliste. Le chroniqueur Mousket fait Alori père d'Amauri, qui est un royaliste. *Guion de Bourgogne*, v. 1087, 1150, et *Auberi*, éd. Tarbé, p. 134, l'associent à Tibaud, qui est encore un royaliste. Les poèmes sym-

également pour défenseurs, sont, selon toute vraisemblance, des royalistes, qui sont là parce qu'on le croit royaliste. Il est de même inexact de faire d'Auboïn et de Milon les ennemis de Renaud et de ses frères ; ce sont gens du même parti (1).

Que l'on trouve près de Garnier les bretons Guiomar (v. 820, etc.) et Ripes, c'est tout naturel : il l'est tout autant de voir dans le camp adverse Aleran ou Ale qui, soit en 850, soit en 876, combattit pour le roi Charles, Haguenon, le ministre fidèle et détesté des grands sous Charles le Simple, Oton l'aleman qui n'est autre que le roi de Germanie qui vint aider le roi Louis IV contre ses vassaux rebelles, Gontier, personnage mal famé, Renard qui est le traître Rohard ou le royaliste Renaud de Poitiers, Achard qui, v. 635 et 636, vient reprendre sa place dans son véritable camp, Hondré ou Hondrion, personnage mal famé, forgé comme Gontier

---

pathiques aux Bretons en sont arrivés à le considérer comme un lâche (*Ogier*, laisses 7, etc., les *Enfances Ogier*, v. 678), comme un traître (*Parise*, v. 17, *Gaufrei*, v. 2209), d'où l'expression « le lignage Alori » (*Gaidon*, v. 763, *Aie*, v. 1112, le *Couronnement*, v. 1499) pour désigner la geste des traîtres. Il est même arrivé, étant donné sa mauvaise réputation, que les *Lorrains*, poème royaliste, l'ont fait figurer parmi les rebelles, p. 41, 256, etc. *Maurin* se borne à faire allusion à l'orgueil et à la triste fin d'Alaric le roux (v. 773). *Charles le Chauve* (f° 34) met Aleri parmi les rebelles ; Alori de Mâcon est un traître dans la *reine Sibile* (f°s 291, 314, 364, 367).

(1) Non seulement la scène a été transportée sur le Rhône, mais elle a été encore rejetée sur la Meuse et dans l'Ardenne, vers le nord-est. De là vient qu'on voit Charles marcher au secours de Cologne qu'attaquent les Saxons et revenir, ayant pris Tarragone en Espagne. De même au début, il semble qu'on ait mélangé deux poèmes, l'un où Bérengier est le principal adversaire de Garnier, et dont la scène se passe à Laon, l'autre, où il a affaire à Auboïn, et dont la scène se passe à Soissons.

sur le royaliste Gontard, qui fit en 844 avec Achard campagne contre Pépin II. D'autres sont interpolés, Anséis, v. 1301, dont on a pris le nom dans le stock des vocables épiques, avec Gaifier et Seguin, v. 2782. Il n'y a pas plus à se préoccuper dans l'autre camp de Gautier d'Avalon, v. 1845, 1883, 204, Anséis et Droon, v. 951, Savari et Huon, v. 2075, etc. ; Fouqueran ou Foucon et Renier, fils Garin de Mâcon, v. 820, etc., méritent plus d'attention. Il est tout naturel que Foucon figure dans le camp de Garnier ; c'est généralement dans notre légende un rebelle, et comme Huon et Savari ont souvent cette physionomie, qu'ils sont d'ailleurs devenus, comme Foucon, des membres de la famille narbonnoise, leur place est là tout indiquée. *Aie* emploie d'ailleurs beaucoup de personnages de cette geste, Bernard, Bertran, Ernaud de Gironde, Garin d'Anséune, et fait allusion à la mort d'Aimer le chétif. Garin de Mâcon peut figurer là comme royaliste, avec Tibaud et Achard ; il aura entraîné son fils Renier, fils légendaire d'un autre Garin, celui de Montglane. Comment Fouqueran est-il fils de Garin ? Peut-être, parce qu'*Auberi* et *Gaidon* le représentaient comme royaliste, et qu'on a cru devoir le distinguer du rebelle Foucon de *Renaud* et de *Girard de Roussillon*, très logiquement associé ici au rebelle Guiemer (1).

Négligeant les chefs sarrasins Marsile, qui vient du *Roland*, Baudus et Ganor que j'ai rencontrés et étudiés dans

---

(1) C'est parce qu'on les rattache à la famille des traîtres que Bérenger est fils de Ganelon, Achard et Hondré de Macaire, Amaugis d'Alori, Auboïn et Milon fils Pinabel et neveux Ganelon.

Si le Garnier frère de Lambert est identique au Garnier qui en 841 avec Girard, Gondebaud et Ernoul insurgea contre le roi Charles le Chauve le pays entre Seine-et-Meuse, on s'expliquerait la localisation dans le nord-est d'une partie du récit.

la légende de Guillaume, reprenons la biographie des principaux personnages du roman.

Garnier de Quoquenie ou Quoquengne est un des principaux personnages d'*Aquin* : voilà qui atteste son caractère breton. Il est dans les *Lorrains* avec Salomon, Hoël, Jofroi, Richard, un des principaux chefs entre Seine-et-Loire, et on l'appelle Garnier de Dreux, sobriquet attribué à Foucon et à Huon, ou Garnier de Paris, peut-être par suite d'une confusion avec un personnage de ce nom qui vivait en 1067. Etant donné son surnom de Quoquenie, je serais porté à croire que le passage de *Girard de Roussillon* où il est dit que Milon tua sous Quinquenie le père d'Amaile ou Eracle de Ranchopie se rapporte au meurtre de Garnier par Milon. Garnier n'est souvent qu'un simple nom de bourgeois, de vielleur (1), de chevalier ou de seigneur sans importance (2).

---

(1) *Berte*, v. 295, *Aioul*, v. 6270, *Auberi*, f° 76 (Garnier et Salatré), *Otinel*, v. 252.

(2) Prince de Tarente ou Corinthe, *Galien*, p. 279 ; comte de Grée, *Elias*, 6484 ; Garnier ou Garnelin et Renier fils de Guerri, *Raoul*, v. 2409, etc. ; chevalier bordelois, *Esclarmonde*, v. 797, etc. ; Garnier, qui fut né de Comar, otage du roi, *Bovon de Hanstonne*, Bibl. nat. ms. fr. 22.516, f° 47 ; Garnier, le seigneur de Valcaire, *Gaidon*. v. 7397 ; Garnier de Pontelie ou de Valserie, *Anseïs* ; Garnier de Valence ou de Valentin, *les Lorrains*, p. 81 ; Garnier de Lombardie, un des douze dans *Simon de Pouille* ; Garnier de Vavenice, père de *Parise* (appelé Renier de Dijon dans *Tristan de Nanteuil*) ; Garnier, soudoyer de Loon (*Ogier*).

Savari et Garnier, *Foucon*, f° 17 ; compagnons de Bernier, *Raoul*, v 7563, etc. ; Foucon, Guillaume et de Valois Garnier (lire l'Avalois ou d'Avalon), *Foucon*, p. 132 ; le jeune Garnier, *Ogier*, laisse 29 ; Garnier de Danemarche, *Foucon*, f° 90 (il y a dans ce poème un Girard de Danemarche) ; Garnier d'Angers et Huon son parent, *Otinel* b, v. 1226 ; Hue du Mans et Garnier de Paris, *Ogier* b, p. 298 ; Richard du Mans et l'Avalois Garnier, *Ogier* a, laisse 3 ; Amauri et

Parfois c'est une variante de Garin (*Ogier*), de Girard (*Olinel*), de Gautier (*Ogier*, *Anséis*) ou de Renier (*Ogier*). La saga de *Charlemagne* parle d'un Garnier de Montsaragia qui fut le beau-père du rebelle Girard. Garnier de Blaie, fils d'Araive ou d'Aimon, est, dit *Girard de Roussillon*, un parent du héros, mais il figure dans le camp royal ; c'est toujours le même procédé qui place les Bretons dans le camp royaliste, et qui fait de Garnier de Dijon (1), de Garnier et de son fils Milon dans *Jaidon*, v. 3502, 5366, 5482, comme de Garnier dans le *Mainet* dont le chroniqueur Aubri nous donne l'analyse, un défenseur du roi contre les rebelles. *Aspremont*, f° 27 et 31, introduit Garnier par une série d'allusions assez obscures ; on le dit gendre d'Antoine, ce qui concorde avec notre récit, père de Richier (dans notre poème il est le premier mari de la mère de Richier) petit-fils ou neveu de Bérengier, ce qui ne va plus du tout ; mais il ne joue aucun rôle. *Elias*, qui n'aime pas les héros bretons, en fait un saxon, adversaire de son héros (v. 4296, etc.) (2).

Enfin la saga de *Charlemagne* nous parle d'un Garnier de Pierrepont ou de Pierrefond, qui se révolte contre le roi Charles. C'est fort bien. Il enlève à Aïmer le fief que celui-ci a reçu du roi. Cet Aimer est sans doute identique à celui qui pousse Charlot à déposséder Ernéis dans le roman dont le manuscrit 5003 nous a conservé l'analyse. Mais quel est l'adversaire qui triomphe de Garnier ? Reinbaud de Frise, c'est-à-dire un rebelle, qu'il faille y voir Radbod ou Erispoé, assisté d'un personnage mythologique, Aimon de Galice,

---

Garnier, *Ogier* b, laisse 20. Dans *Huon Capet*, il y a un Garnier, v. 1644, et un Garnier de Roussillon qui joue un grand rôle dans le camp rebelle, v. 4635, 4655, 4705, 5941, 6041.

(1) Au v. 3488, il faut lire Garnier et non Gautier de Dijon.

(2) Il faut partout lire Garnier et non Renier.

appelé ici Aïmer, par confusion avec le héros narbonnois.

Auboïn fut en 879 chargé par le roi Louis II sur son lit de mort de remettre à son fils Louis III les insignes de la royauté. *Gaidon* est avec *Aie* le seul poème qui le connaisse, car je ne compte pas la mention, très douteuse par le nombre des variantes, qui figure dans *Aspremont*, f°ˢ 17 et 27. Il est vrai que *Gaidon* lui fait jouer dans le camp royaliste un rôle prépondérant. J'ai relevé vingt fois son nom, v. 572, 3513, 3560, etc., presque toujours sous la forme Amboïn. *Gaufrei* (v. 2554) lui donne place dans la famille des traîtres. C'est tout (1).

Haguenon, le ministre de Charles le Simple, contre lequel se produisit la révolte des seigneurs en 920, figure également dans *Gaidon*, v. 2142 (avec Guerri), et dans *Girart de Viane*, p. 64. De bonne heure d'ailleurs il perdit sa signification ; il en vint à désigner un personnage antipathique, un bourgeois moqueur, un voleur, un traître dans *Aioul* (v. 2587, etc., 6669, 4746, etc., associé à Feran), un traître associé à Hardré dans *Doon de Nanteuil*, v. 59, un mauvais conseiller du roi Yon dans le *Renaud* du ms. fr. Bibl. nat. 775, un des Bretons rebelles qui s'emparent du mont S. Michel dans *Girard de Roussillon* (par. 550) ou le chef d'une des batailles du rebelle Girard (par. 381, etc.).

Le chef gascon Sanson, qui est sans doute le même que Sanche, comte de Navarre de 837 à 857, livra en 852 au roi Charles le Chauve la personne de son compétiteur le roi Pépin II d'Aquitaine. Le Sanson royaliste et traître a passé dans *Parise*, v. 19, dans *Gaidon*, v. 6872, 7433, 7574, 8322, 8452 ; dans *Renaud*, l. 130, Maugis se donne tout naturellement le pseudonyme de Sanson, et le ms. Bibl. nat. fr. 766, laisses 14 et 17, appelle Sanson un ami de Renaud

---

(1) Il est fort probable que le sarrasin Amboire d'Oluferne, *Roland*, v. 3297, doit être lu Amboïn.

que le texte imprimé appelle Soïn. Le Sanson royaliste figure aussi dans *Girbert*, v. 156 etc. Son rôle fut vite oublié, et il n'en resta que sa mauvaise réputation, ou sa nationalité méridionale ; c'est sans doute à ce dernier titre qu'il figure parmi les rebelles dans *Maurin*, v. 716, c'est sans doute au premier qu'il paraît dans le même camp dans *les Lorrains* (p. 258).

Souvent d'ailleurs il figure dans les deux camps : ainsi, dans *Aioul*, v. 2359 et 4390 ; dans ce dernier cas d'ailleurs, quoique royaliste, il protège le traître Maçaire.

Dans *Renaud*, nous ne trouvons pas seulement les Sanson dont j'ai parlé, mais encore Sanson, laisse 142 (il est vrai que c'est pour la rime), Sanson et le comte Otoé (laisses 61 et 72), tous deux dans le camp royaliste, puis un Sanson et un Engelier interpolés, laisse 83.

C'est qu'en effet Sanson, par suite d'un vague souvenir de celui qu'Ermold le noir nous montre prenant part au siège de Barcelone en 801 ou 803, est devenu l'un des douze pairs et figure sous le pseudonyme de Bourgogne (*Anséis*, *Bovon de Comarcis*, *Turpin*, *Gui de Bourgogne*, où il est le père de Gui), et sous divers autres que je retrouverai plus loin, dans la plupart des poèmes qui racontent des guerres en Espagne ou en Italie : *Roland*, *Gui de Bourgogne*, *Otinel*, qui en fait même à tort, v. 1084, le gonfalonier de l'armée royale, *Anséis*, v. 2669, *Siège de Barbastre*, f° 1, *Aimeri*, v. 1542, 1838, 4197 et 4631, où, en sa qualité de méridional, on en fait le petit-fils du héros, *Aspremont* f° 15, etc., *Ogier*, laisse 14 et 15, *Enfances Ogier*, v. 509, etc., où il est frère de Huon de Troies, v. 5837, où c'est une victime de Dauemon, *Bovon de Comarcis*, où il y a un Sanson de Bourges frère de Tiéri, v. 361, etc. et un Sanson de Bourgogne, frère de Navari, v. 165, etc., *Galien*, p. 126 et 338 (1).

---

(1) On trouve Sanson de Bourges dans *Bovon de Comarcis* et

De là le duc Sanson est entré dans *Gaidon* où il ne se confond pas avec le traître Sanson, quoiqu'ils soient du même camp et issus d'une même origine (2). *Maugis* le range à tort parmi les royalistes, il l'a d'ailleurs emprunté aux poèmes sur les guerres d'Espagne.

L'auteur du roman perdu d'*Ernéis*, dont nous connaissons les grandes lignes par le chroniqueur Aubri et par le ms. fr. Bibl. nat. 5003, paraît en avoir fait un rebelle. Le chambellan Sanson d'*Aliscans* (v. 2230, etc.), le défenseur de la mère du héros dans Doon de Maience, v. 1101 le seigneur de Rochebrune, oncle de Naimon, et beau-père de *Gaufrei*, v. 7325, le comte de Flandre dans *Ciperis*, le compagnon de *Fiovo* sont des personnages de pure invention, comme le sont dans *Raoul* :

Sanson de Troies et Bernard le fleuri (v. 865).

W. de Roie, Loéis et Sanson (v. 2914),

Et Loéis alla férir Sanson (v. 3351).

C'est un nom amené là par la rime, ou pour grossir une

Maugis, de Bordelois dans *Renaud*, laisse 14, de Troies dans *Raoul* (v. 86), de Pierrefrete et de Mâcon dans *Renaud* (laisse 142), de Senlis dans *Anséis*, de Beaufort dans *Galien*, de Clarvent dans *Doon de Maience*, d'Orion dans *Parise*, d'Orléans dans *Aimeri*, de Valence dans *Gaidon* (v. 7584) et dans le chroniqueur Aubri qui en parle à propos de son analyse de *Mainet* et lui donne pour fils Renier, qui est un royaliste, et Garnier, qui est un rebelle *Elias* (v. 5682) mentionne Sanson et Engelier. *Huon Capet* (v. 3594) cite un Sanson.

Il ne faut pas le confondre avec le Sanson biblique, à l'histoire duquel on trouve des allusions dans *Auberi*, éd. Tobler, (p 8 et p. 159), la *Mort Aimeri* (v. 3298), *Doon de Maience* (v. 3240), le *Comte de Poitiers*, passim, la *Violette*, p. 67.

(2) Outre ces deux Sanson, il y en a un troisième dans *Gaidon*, v. 9360, associé à Nevelon, qui est en réalité un rebelle ; le vers doit être interpolé.

énumération. On ne se préoccupe même pas de le placer exclusivement dans un camp (1).

Achard est sans doute le comte Eckart qui fut battu et pris en 844 par Pépin II d'Aquitaine, contre lequel il combattait dans les rangs de l'armée de Charles le Chauve. Son nom n'est pas très commun dans notre époque ; il a conservé sa physionomie royaliste dans *les Lorrains*, p. 125, et *Gaidon*, v. 2151 ; il figure dans *Foucon*, p. 117, *Roncevaux*, laisse 12, *Ogier*, p. 323, 548, 254, le *Siège de Barbastre*, f° 150, *Aimeri*, v. 1402, dans de vagues énumérations de héros chrétiens. Dans le *Siège de Barbastre* je me demande s'il ne faut pas lire Richard le normand, au lieu d'Achard le normand. Richard dans *Ogier* (laisse 50), Garin, dans *Girart de Viane* (p. 103) sont dits fils d'Acart, Achard ou Agart (On trouve aussi la forme Angart). Son surnom habituel est Achard de Rivier (*les Lorrains*, *Ogier*, *Aimeri*, *Girard de Viane*), écrit de Mievis dans *Foucon* ; *Roncevaux* l'appelle Achard le mor et l'associe correctement au royaliste Amauri. Seul *Girard de Roussillon*, par. 275 et 398 (car je ne compte pas la mention d'*Ogier*, p. 323, qui est une interpolation évidente) en fait un rebelle ; mais il faut remarquer en premier lieu qu'il figure là dans une simple énumération, en second lieu qu'il est associé à Armand, royaliste en réalité et transformé à tort par le trouvère en rebelle.

---

(1) Nulle attention à faire non plus au Sanson des *Enfances Vivien* b v 124.

V. *Auberi*, éd. Tobler, p. 153, 227, *Raoul*, v. 770, le *Siège de Barbastre*, f° 1 (Sanson et Bérengier, formule qui vient d'Aie), *Roncevaux*, l. 341 (Isoré et Sanson, compagnons d'Oton). Le Sanson de *Fierabras* est interpolé. Le bordelois Sanson d'*Esclarmonde*, v. 798, est là comme méridional, car il ne devrait pas figurer dans le même camp que Huon. Le traître Sanson figure dans la *Reine Sibile*, f° 291, et dans *Charles le Chauve*, f° 54.

Nous savons par l'historien danois Saxo que le dieu de la mort, que l'épopée allemande appelait Hagen, prenait dans les transcriptions latines de la légende les formes Hacon, Aquin, Unguin ; d'autre part ce nom avait été porté par un chef scandinave, Ingco, qui avait conquis un moment la Bretagne au Xe siècle et qui est le héros du roman d'*Aquin*. Aquard, ennemi des Bretons, prit donc naturellement cette couleur mythologique ; ainsi s'explique l'association d'Achard et du dieu celtique Gwynwas ou Guinan dans *Guibert* (1).

Ainsi s'explique le rôle du sarrasin Achard dans *Aspremont* ; ainsi s'explique, lorsque pour la rime on crée le personnage d'Anchier, qui n'est pas plus distinct d'Achard que Fouchier de Fouchard, et dont *Girard de Roussillon* (par. 246) fait tout naturellement le père du royaliste Asselin, qu'Anchier ait été associé à Guinard, autre forme de Guinan dans maint passage de ce même poème (par. 30, etc.), qu'il figure dans *Aioul* comme un personnage mal famé (v. 9428, 10.743), et que sous la forme Anquaire ou Aucaire qui est à Anchier ce que Forcaire est à Fouchier, on le retrouve sous des vêtements sarrasins dans les *Lorrains*, p. 12, et dans la *Mort Aimeri* (2).

Entre une divinité qui habite l'autre monde et un Anglais

---

(1) Acarin, qui est un diminutif, se retrouve dans *Ille*, v. 5299, où il est fils du héros, dans *Elias*, v. 5974, où il est fils de Mirabel, dans *Guillaume de Palerne*, v. 597, où il est le compagnon du héros, dans l'*Octavien* en alexandrins où c'est le nom du Soudan qui assiège Paris.

(2) Dans la version de *Huon de Bordeaux* que nous a conservée le chroniqueur Aubri, nous savons qu'Anchier etait l'un des oncles du héros ; mais nous ignorons quel rôle il y jouait.

Dans *Charles le Chauve*, f° 35, Akard est un traître rebelle, cousin germain de Nivelard.

qui règne au-delà de la mer, il n'y a pas grande différence. Achard devint donc un roi étranger, anglais et beau-père d'*Ogier*, anglais et fils du sarrasin Caroeis dans le chroniqueur liégeois Jean des Preis, anglais, et sinon auxiliaire du roi Charles, du moins exposé aux révoltes des mêmes personnages dans *Maurin* (v. 9, etc.), à la fois roi de Saxe et de Lombardie dans *Auberi* (éd. Tobler, p. 143), qui pense un moment à aller prendre chez lui du service. Agard devint alors Aigar et Edgard, comme Aquin devenait Aiquin. La transformation était complète. Elle n'avait pourtant pas cessé d'être logique.

Dans la bataille où fut pris Achard périt un autre général de Charles le Chauve, Gontard, plus connu sous les formes Gontier et Gondré ou Gondri qui n'en diffèrent pas plus que Fouchier ou Fouqueré ne diffèrent de Fouchard.

Seulement Gontard est assez rare dans notre épopée, c'est simplement un nom mal famé, et si on le donne très logiquement à un royaliste dans *Gaidon*, v. 4388, il n'a aucune signification dans *Ogier* (p. 212 et p. 329), dans *Renaud*, où il est le chapelain du roi Yon, dans *Aioul*, v. 4748, où il est frère d'un rebelle Jofroi, dans les *Enfances Vivien*, v. 500, où il est un valet de bourreau sarrasin, dans *Esclarmonde*. v. 3756, où c'est un voleur, dans *Aimeri*, v. 1838, où c'est un allemand, dans *la Violette*, v. 2693, où c'est un saxon (quoiqu'il soit là l'adversaire de Girard), dans *Elias*, v. 5659, où il est dû à une erreur de scribe.

Gontier n'est pas beaucoup plus important. Le *roi Louis* v. 323 (au v. 542 il est appelé Gontier Guédon) qui en fait le neveu et l'écuyer de Huon, y voit probablement un personnage imaginaire. Le Gontier de Monmiral d'*Ogier*, le Gontier de Louvaigne d'*Auberi*, éd. Tobler, p. 140. doivent être probablement lus Gantier. Le duc Gontier d'*Aioul*, v. 8015, est là pour la rime. Le Gontier d'*Aspremont*, f° 18, figure pour la rime dans une énumération. Dans *Ogier*, p. 330, c'est un traître, dans *Charles le Chauve*, f° 54, c'est un rebelle, dans *Gaidon*, v. 4297 (où il est écrit Huitier) et v. 4436, c'est un personnage antipathique et un royaliste, dans *Dòon de Maience*, v. 6366, Gontier ou Gonteron est un sarrasin, comme le Gontier d'*Elie*, v. 1007, etc. Celui d'*Aie*, v. 90, ne figure que pour la rime et dans une énumération ; il est vrai qu'il est là, comme dans *Gaidon*, dans la compagnie où le met l'histoire.

Gondré ou Gondri figure dans *Aie*, v. 3911, où il est associé à Acard, *Parise*, v. 2677 et 2730, *Renaud*, laisse 15, *Gaufrei*, v. 4000, *Auberi*, f° 76. Ce n'est plus qu'un nom mal famé comme le sarrasin Gondé (lis. Gondré) de *Fierabras*, v. 1548, le sarrasin Gondré du *Charroi de Nimes*, v. 520, de la *Prise d'Orange*, v. 1885, le sarrasin Gondri dans le *Moniage Renoart*, laisse 143, le Gondré de *Partenopeus*, v. 7357, un nom qui sert à désigner une localité en pays étranger, la Roche Gondré, *Elias*, v. 4283, un nom insignifiant amené lui aussi par la rime (*Gui de Bourgogne*, v. 720). Il devient Hondré dans *Aie*, v. 635, dans *Aioul*, v. 2683, dans *Doon de Maience*, v. 1006, dans *Huon de Bordeaux* ; dans le premier cas, c'est un traître, dans le second, un bourgeois moqueur, dans le troisième, une victime d'Erchenbaud, dans le quatrième, un honnête prévôt, nulle part au demeurant un personnage d'importance. Il devient le sarrasin Gondru (la saga écrit Gundrun), dans *Aspremont*, ms. fr. Bibl. nat. 25.529, f° 76, et, quand on a besoin d'un nom de trois syllabes, Hondrion dans *Aie* (v. 696), Gondoin dans *Gaidon* (v. 7351), Gondafre dans *Aspremont* (f° 77) ; Gontable est dans *Elie* (v. 2207) un nom de sarrasin, Gontacle est un nom de voleur dans la *Violette*, v. 503, Pontacle est un traître dans *Gaidon* (v. 2218), comme dans *Parise* Gontacle de Losanne (v. 989) (1).

_____

(1) Dans *Auberi*, éd. Tobler, p. 4, on peut hésiter entre Congré et Gondré comme nom d'un des fils du roi Orri. Gondrée est un

— 243 —

Le personnage de Bérengier est très difficile à élucider. Sans doute il y a un Bérengier, royaliste de fait dans *Renaud*, où il fait campagne à côté du héros (laisse 12) et dans *Gaidon*, où il est toujours représenté comme un ennemi des rebelles (v. 3597, 4171, 4625, 5166, 5873, 5935, 6002, 6012, 6872, 7431, 7573) ; sans doute le rôle antipathique qu'il joue dans *Aie* a amené le traître Bérengier de *Parise*, v. 25, de *Gaufrei*, v. 2208, de *Renaud*, p. 420, et aussi il me semble d'*Ogier*, p. 329 ; dans *Auberi*, éd. Tobler, p. 153, 169, 227, le trouvère a par là été entraîné à le placer dans un autre camp que le sien. Sans doute il n'a pas toujours revêtu ce caractère, ce n'est qu'un nom dans *Turpin*, un des douze pairs dans le *Pèlerinage*, *Roland*, *Otinel*, *Renaud*, le *Couronnement*, d'où il passe, comme un simple nom, associé tantôt à Sanson, tantôt à Haston dans *Raoul de Cambrai*, v. 770, *Foucon*, f° 14, le *Siège de Barbastre*, f° 110, *Bovon de Comarcis*, v. 370, *Aimeri*, v. 1496, fils du bon Géreaume et frère de Haston dans *Aioul*, v. 7195, voire même simple nom de forgeron dans *Doon de Maience*, v. 5852 et dans *Bovon de Hanstonne*, ms. fr. 22.516, f° 41, de précepteur (les *Lorrains*, p. 24) ou de bourgeois (id., p. 236).

Déjà dans plusieurs de ces passages, Bérengier est associé à des rebelles authentiques, à Landri dans *Anséis*, v. 4548, à Drevon et Guibert dans *Auberi* (p. 169). Dans *Aioul* il n'est pas seulement le frère de Haston, il l'est aussi du rebelle Nevelon. Je sais bien que Guion et Seguin, Poin-

---

nom de femme également mal famé dans la *Violette*, v. 502, et sans doute dans *Gaidon*, v. 6918.

Le Gontastre d'*Elias*, v. 5073, doit être un nom sans importance. Le Gonteaume de *Doon de la Roche* (f° 30), de *Foucon* (f° 18) et de *Girard de Roussillon* (par. 534) n'est jamais pris en mauvaise part ; mais c'est soit une variante de Joceaume, soit un nom imaginaire, de nulle importance dans les deux cas.

sart, Fouque, auquel il est associé dans *Gaidon*, v. 3599, 5166, 6872, ne sont pas toujours des rebelles ; que dans *Auberi*, f° 80, il est plutôt royaliste en compagnie de Fouqueré, Droon pouvant bien être pour la rime. Les *Lorrains* sont absolument en sens contraire ; Bérengier y est toujours un rebelle (p. 55, 57, 166. 290, 301, avec Aleaume de Ribemont, avec Foucart, avec Nevelon, Guimar et Estourmi), ou figure (p. 12) en compagnie des rebelles Hugon, Girard, Landri.

Surtout je ne m'explique pas son grand rôle dans *Aspremont* et dans la version italienne en prose de *Mainet*, auquel il est fait allusion dans le *Charroi de Nîmes*. Pour *Aspremont* notamment, il est évident que Bérengier est un héros breton Faut-il donc admettre qu'il y ait eu deux Bérengier, que l'un, fils du comte de Tours qui mourut en 837, après avoir été comte de Toulouse, avoir battu les Gascons en 819, soutenu le roi Louis contre son fils Lothaire et lutté en Septimanie contre Bernard, a servi de modèle au Bérengier d'*Aie*, tandis que l'autre, celui qui en 865 eut maille à partir avec Charles le Chauve, aurait été l'ami de Salomon et le héros d'*Aspremont* ? Faut-il croire qu'il doit son surnom de breton à l'identification que l'on en aurait fait avec Bérengier, comte de Rennes en 890 ? Faut-il croire que Bérengier, étroitement lié à Milon, lequel appartient certainement au VIIIe siècle, a suivi les mêmes destinées, que c'est à l'origine un croisé et non un rebelle, qu'il est devenu chez les Bretons ses compatriotes un protecteur du roi, et que les sentiments royalistes de ceux-ci, contrariés par leur sympathie pour les héros de leurs guerres d'indépendance, ont amené la création des deux Bérengier et des deux Milon ? C'est en dernière analyse ce qui me paraît le plus probable. Le véritable Bérengier

---

(1) Je ne compte pas en effet le Bérengier précepteur des enfants d'*Hervi*.

serait donc le vainqueur des pirates scandinaves de 890 (1).

Je laisse de côté pour un moment Amaugis et Milon que je retrouverai tout à l'heure. Pour terminer ce que j'avais à dire des personnages d'*Aie*, il ne me reste plus à parler que d'Antoine, le père de l'héroïne.

Ce qui s'est passé pour Jérôme, pour Hilaire, pour Julien, pour Richier, pour Vivien, me paraît s'être passé pour Antoine. Le culte de ce saint était très répandu dans la vallée du Rhône, la célèbre abbaye de S. Antoine en Viennois avait même une succursale dans la ville d'Avignon. On n'éprouva donc aucun scrupule à le faire entrer dans l'épopée, surtout comme protecteur des héros de la vallée du Rhône, de Girard par exemple, ou de Garnier, lorsqu'on y transporta ce dernier. Toutefois, de même que l'on avait remplacé Jérôme par Géreaume, on remplaça fort souvent Antoine par le nom d'allure plus germanique, plus répandu dans le nord, d'Anteaume. Leur identité est certaine ; ils se servent réciproquement de variante suivant les manuscrits. Toutefois, Antoine me paraît le plus ancien, si l'on admet qu'Austoire du *Roland* est une bévue de scribe et qu'à cause des manuscrits qui portent Anteaume comme variante, la bonne lecture doit être Antoine.

Antoine figure donc déjà dans *Roland* (v. 1582), qui connaît aussi un seigneur de S. Antoine (v. 1581) et qui a certainement été interpolé en Burgondie, étant donné le rôle qu'il fait jouer à Girard de Roussillon, l'attribution de Beaune et de Dijon à un obscur seigneur qu'il mentionne ; cet Antoine est d'ailleurs lié à la vallée du Rhône, car il y possède Valence (v. 1583). Son rôle dans *Aspremont* est considérable, d'ailleurs d'invention très récente, puisqu'il est toujours lié

---

(1) Il faut cependant remarquer que dans le *Charroi de Nîmes*, Bérengier est mis sur le même pied que Foucon et Auberi, deux personnages royalistes du roman d'*Auberi*.

à Girard qui, à l'origine, ne prenait aucune part à la guerre contre Agoland. *Parise* nous dit que l'Antoine épique fit de grands miracles ; c'est bien encore l'attestation de sa primitive sainteté. Il n'est pas seulement dans *Aie* beau-père de l'héroïne ; un des fils du second mariage de la dame d'Avignon avec le sarrasin converti, Ganor, porte le nom d'Antoine et joue un grand rôle dans *Gui de Nanteuil*. Dans les *Enfances Guillaume*, Antoine ou Antéaume (et non Aimeri, comme le porte le manuscrit suivi par M. Jonckbloet) est un chevalier narbonnois ; de même dans la *Mort Aimeri*, v. 1220, a.b. Dans *Girart de Roussillon*, Antoine ou Antelme de Verdun figure tout naturellement près de ce doublet de Girard de Frete. Antoine de Rivier est tué dans les *Saisnes* ; cela vient du début d'*Aie*. Le chroniqueur italien Jacques d'Acqui rapporte que le roi Charles, ayant été fait prisonnier par le roi Marcus qui est notre Marsile et enfermé à Montmélian, fut délivré grâce à la défection d'un païen nommé Anselme de Mullo qui fit connaître aux douze pairs sa triste situation. Anselme de Mullo est un personnage historique du XIIe siècle qui a remplacé là S. Antoine, à l'intercession duquel, dans la légende primitive, le roi Charles devait sans doute son salut.

Anteaume étant devenu un héros méridional, *Renaud* le choisit pour en faire un des conseillers du roi Yon ; les *Enfances Garin*, un duc d'Aquitaine, frère du héros ; la version remaniée d'*Amile* un comte d'Auvergne, père du héros. *Floovant* en fait un des douze pairs (v. 1426), *Gaidon* (v. 4977) un neveu de Hardré. *Roland*, v. 3007, *Ogier*, p. 261, 302, 323, 329, *Aioul*, v. 7072, etc., *Auberi*, f°s 69, 83, 97 et éd. Tobler, p. 227 et 240, *Bovon de Comarcis*, v. 1878, le *Moniage Guillaume*, f° 274 (le ms. fr. Bibl. nat. 793 écrit Anteaume le breton pour le baron), les *Lorrains*, p. 332, *Girbert*, p. 160,

---

(1) *Galien*, p. 336 et 338, écrit d'ailleurs Antoine ou Anteaume.

Huon Capet, v. 3923, *Raoul*, v. 4209, 8331, 8420, citent divers Anteaume ou Anseaume ; un Antoine de S. Lis figure dans *Girart de Viane* (p. 87) ; un Antoine figure dans *Doon de Nanteuil*, v. 190 ; un Antialme de Roussie et un Antoine figurent parmi les auxiliaires de *Charles le Chauve* (f° 34); le chroniqueur Mousket traduit Adelstan par Anteaume.

Ce n'est pas tout. On trouve dans notre épopée des Aleaume qu'il faut parfois corriger en Anteaume (1). De plus Ansel ou Anseau et Anselin peuvent être souvent des diminutifs d'Anteaume tout aussi bien que des variantes de Gace et de Gasselin (2).

---

(1) Aleaume ne joue guère de rôle que dans la version du *Couronnement de Louis* où il est le neveu du héros et son auxiliaire dans sa guerre contre Asselin. Le chroniqueur Aubri, résumant un *Huon de Bordeaux* différent du nôtre, dit qu'Aleaume était l'oncle du héros, mais c'est tout ce que nous en savons. Aleaume de Chartres (*Aimeri*, v. 1539), Gui et Aleaume (id v. 4196), Aleaume de Pavie (*Anséis*, v. 2504), l'écuyer Aleaume (*Gaufrei*, v. 5352), Aleaume le membré (*Gaufrei*, v. 8609), Aleaume de Berri (*Doon de Maience*, v. 10.599), Aleaume de Namur, neveu de Bernier (*Raoul*, v. 4365, 4401) n'ont aucune signification, Aleaume dans *Aioul* (v. 2359, 3168, 3191, etc.), Aleaume de Vergis, le bourgeois Aleaume, Aleaume de Montnu (*Gaidon*, v. 2154, 2626, 9643) sont des personnages également mal famés ; mais l'un est hostile aux rebelles et l'autre aux royalistes. Il n'y a donc rien à en tirer. Aleaume de Pontieu dans les *Lorrains* (p. 15) est également insignifiant ; p. 44, 126, 207, il s'agit évidemment d'Anteaume et non d'Aleaume, puisqu'il est seigneur d'Avignon ; p. 55, il faut lire Anseaume de Ribemont, personnage historique du XIe s. et non Aleaume ; p. 126, je lirais plutôt Anteaume de Chauni (comme p. 332) qu'Aleaume, enfin le vieil Aleaume de la Roche, p. 207, porte un nom de terre généralement réservé à Simon, et on l'appelle le vieil Aleaume, comme les seigneurs d'Avignon et de Chauni.

(2) Je fais exception pour Asselin, écrit à tort parfois Ancelin, auxiliaire d'Ernéis dans le roman perdu de ce nom, et dans le

XIV

Le prototype du personnage qui porte dans notre épopée les noms d'Amiles et de Milon est, ai-je dit, Amélo, comte évêque de Nantes au commencement du VIIIe siècle. Par ses attaches ecclésiastiques, on s'explique que ce soit sou-

---

Couronnement, d'où il a fourni le traître Asselin de *Huon Capet*, et peut-être les royalistes Asselin de Troies (v. 2498) et Anselin de Rinel (v. 7985) de *Gaidon*, le rebelle Asselin de *Charles le Chauve* (f° 34), le traître Asselin prévôt de Coblentz d'*Elias*, v. 4311, le royaliste Acelin de *Girart de Roussillon* (par. 230 et 246). Tous ceux-là sont des variantes de Gacelin, comme Ace dans *Girart*, par. 259, dans *Aioul*, v. 8541, dans *Aimeri*, v. 2468, est une variante de Gace. L'Asselin du *Moniage Guillaume*, f° 272, est copié sur celui-là ; l'Ace de *Girart*, par. 239, est interpolé, car il est associé au royaliste Tibaud, il ne doit donc pas figurer parmi les amis de Girard. Acelin, qui figure deux fois dans *Roland*, v. 172 et 2882, est une pure cheville ; de même celui d'*Auberi*, f° 68, éd. Tobler, p. 169, le médecin Asselin des *Lorrains*, v. 172, le prieur Ascelin de *Maurin*, v. 399, l'Acelin de *Raoul*, v. 49, l'Anselet de *Partenopeus*, v. 5661, le traître Anselot de *Doon de Maience*, v. 6494.

Ansel, Ensel, Ansiau est une pure cheville ; Ensel d'Orlenois, *Aimeri*, v. 1508, Ansiax le bavier, *Elias*, v. 6494, Ansel le pouhier, *Anséis*, v. 2583, Ansiau de Chartres, les *Saisnes*, laisse 22, le royaliste Ansel (pour la rime), qui tint Ham, *Maugis*, v. 6136, et les royalistes Ansel de Dijon et Ansel de Tubie, *Gaidon*, v. 7987 et 8221, Alon le fils Ansel dans *Girart de Roussillon*, par. 336, où la rime appelle, par. 223, Girard et Ancel (écrit à tort Amel). Le seul Ansel de Gonesse dans *Huon Capet*, v. 946, etc. a de l'importance ; mais c'est un poème tout récent, et le personnage est sans doute imaginaire. La saga de *Charlemagne* (I, 2) cite parmi les alliés de Reinfroi et de Heudri Annzeal ou Andeal de Hoenborg en compagnie de royalistes comme Isenbard et de rebelles comme Guiomar.

vent un nom d'évêque (*Foucon*, p. 46 ; *Fierabras*, v. 1837), de pape (*Mainet*, p. 337, l'*Aimer* résumé par le chroniqueur Aubri, *Ogier, Aspremont*, f° 51, *Godefroi*, v. 2533, version scandinave des *Saisnes*) ou de père d'un pape (*Couronnement*, v. 2705 c) ; par l'époque reculée où il vivait, on s'explique qu'on en parle comme d'un personnage riche et important d'autrefois (*Foucon*, f°s 7 et 15, *Girard de Roussillon*, par. 65 et 336.)

Comme breton il a tout naturellement été représenté comme le père de Roland, comme le grand-père maternel de Guion (*Fierabras*, v. 2783, 3407), encore plus naturellement dans les *Lorrains* (p. 161) comme le beau-père de Begon, défenseur de Nantes contre le rebelle Lambert (1).

De la Loire les *Saisnes* et la *Violette* l'ont transporté sur le Rhin ; il ne défend plus Nantes contre les Bretons, mais Cologne contre les Saxons, et dans les *Saisnes* il y périt.

D'après *Turpin* et le chroniqueur Aubri il périt dans la guerre contre Agoland (rien n'est cependant moins assuré que les mentions d'*Aspremont* sur le duc Milon). Girard d'Amiens le fait enterrer à Vannes, *Turpin* à S. Fagon.

Confondant le Milon de l'épopée avec le martyr autunois Emilien, les habitants de S. Emiland près Autun, après avoir inventé, comme ceux d'Arles, de Vaubouton et de Civaux, à cause de la présence de nombreux sarcophages gallo-romains sur leur territoire, le récit d'une grande bataille qui s'y serait livrée, y ont fait mourir l'évêque de Nantes Milon.

Comme contemporain de Charles Martel, et sans doute au même titre que l'évêque de Rennes Moran, l'auteur de *Mainet*

---

(1) De même dans *Foucon*, p. 60, le duc Milon commande avec Nevelon le 5e corps ; Nevelon est Nominoë ; les surnoms de Milon, Provence ou Bourgogne, sont sans signification.

(p. 316 et 333), suivi en cela par presque tous ses copistes, en a fait un auxiliaire du jeune Mainet.

Dès lors il est devenu l'ennemi des ennemis de Charles le Chauve, de Goubaud ou Godefroi (lis. Godebues), de Bérard et de Nevelon dans *Amile*, de Garnier dans *Aie*, du père d'Amaile ou Eracle dans *Girard de Roussillon* (par. 47), de Huon dans *Orson de Beauvais*, de Landri (sous les formes Milon dans le récit scandinave et Tomile dans le poème français) dans *Doon de la Roche*, de *Gaidon* (v. 572, 2111, 2143, 2194, 2202, 2231, etc.) (1), de *Maurin* (v. 96), de *Girart de Roussillon* (par. 129, 421, 422, 429), de *Girart de Viane* (version scandinave) (2) ; *Roland* (v. 173, etc.) l'associe au royaliste Tibaud, *Roncevaux* (laisse 338) au royaliste Garin.

Il est le gendre du roi Pépin dans *Berte*, v. 3472, dans *Gui de Nanteuil*, v. 1212, et dans *Mainet*, le gendre du roi Charles, dans *Aioul* et dans *Amis*.

Galien, qui est un héros royaliste, est tout naturellement représenté comme son fils dans *Elias*, v. 4334 ; en revanche c'est tout à fait oublier le caractère primitif des deux personnages que de l'associer à Gondebeuf, comme le font le chroniqueur Aubri et *Renaud* (laisses 91 et 144).

C'est sans doute parce que l'un et l'autre étaient considérés à l'origine comme des royalistes que Milon et Renier ont été représentés comme frères. Par là Milon est devenu un tout autre personnage. Son surnom habituel dans l'épopée était Milon d'Aiglent (*Berte, Aioul, Ogier, Parise, Mainet, Foucon, Renaud, Couronnement, Maugis, Maurin, Bovon d'Aigremont, Gui de Nanteuil*), d'Angler (*Fierabras, Renaud*),

---

(1) Comme dans *Gaidon*, Milon et Guion, représentés comme lombards, figurent associés dans *Esclarmonde*, v. 5838, 5848.

(2) Il figure comme royaliste dans la seconde rédaction de *Garin de Montglane*, f° 98, dans *Ogier*, p. 404 ; *Aioul* le fait assassiner par le rebelle Macaire, v. 2287, *Bovon d'Aigremont* le montre près du roi.

d'Aigline, d'Alui et d'Urgel *(Girart de Roussillon)*, d'Auros *(Maurin)*, d'Angiers ou d'Anglens *(Anséis)*, d'Angliers *(Turpin* et chroniqueur Aubri). Cet autre Milon fut appelé Milon de Pouille et devint un rebelle dans *Girart de Viane* (1), Milon fut un des quatre fils de Girard de Frete, et un autre Milon dit l'Allemand, le père de ses neveux Bos et Clarion ; Milon de Trémoigne, frère d'un autre Renier et d'un autre Girard, devint rebelle dans *Gaidon*, v. 4849. Déjà le rôle qu'il jouait dans *Aie* en avait fait un personnage mal famé, et c'est la physionomie qu'il revêt dans *Parise*, v. 41 et 2235, dans *Elias*, v. 2077, dans *Gaufrei*, v. 2554, etc., dans *Florence* (2), dans *Richard le Beau* (v. 3301). Je ne sais pourquoi le chroniqueur Aubri distingue deux Milon, dont l'un (c'est une idée reproduite dans *Gaidon*, v. 3502, et dans *Aimeri*, v. 3344) aurait été le fils du rebelle Garnier.

C'est comme défenseur de la chrétienté qu'il figure dans le *roi Louis* (v. 551) (3), dans *Foucon*, p. 21, dans *Aliscans*, v. 4294, où il est dit seigneur de S. Aostin ou de Monmorentin, dans *Anséis* qui connaît non seulement Milon de Pouille (v. 10.077) et Milon d'Anglens (v. 6797), mais encore Milon de Laon ou de Lion, v. 2963, Milon de Mirabel, v. 2446,

---

(1) Milon de Pouille figure dans *Renaud*, laisse 144, dans *Ogier*, p. 224, dans *Anséis*, v. 10.077, dans *Gaufrei*, v. 506, etc. Il est père de *Simon de Pouille*, et dans *Galien*, p. 258, de Foucon et de Savari. On retrouve Milon et Renier associés dans *Aimeri*, v. 1498.

(2) Je parle de la version qui nous est parvenue ; car dans celle dont *Elioxe*, v. 3101, nous offre le résumé, il est le mari et non le beau-frère de Florence.

(3) Joignons-y, comme tout à fait insignifiants, Milon de Nobloi, *Gaidon*, v. 8654, Milon qui figure pour la rime dans *Auberi*, éd. Tobler, p. 227 et *Foucon*, f° 98, Milon de Lavardin, gendre de Huon de Cambrai et père de Raoul de Cambrai dans les *Lorrains*, p. 333.

Dans *Auberi*, f° 83, il ne faut pas lire Milon, mais Mabrin l'ingénieur.

Milon de Valtorblée, v. 2379, Milon de Valgensor, Milon le palasin ou le poitevin, v. 5189, dans *Galien*, p. 125, comme Milon de Pavie, dans *Elias*, v. 5517, poème d'ailleurs hostile aux rebelles, comme Milon de la Tornele.

Dans *Maugis* il y a deux Milon. Le seul logique est Amelon ou Amiles (v. 5886, 6267, 6405), comte de Morele ou sire de Galos, qui figure dans le même camp que Maugis, puisque ce sont tous deux des royalistes transformés à tort en rebelles ; mais l'idée que Milon était le conseiller du roi a conduit à le placer, v. 5728, dans l'autre camp ; il est vrai qu'on l'y associe à Sanson, qui est lui aussi un royaliste et qui, étant donnée l'allure générale du roman, ne devrait pas figurer là. Il est tout naturel au contraire qu'on le trouve dans *Gui de Nanteuil*, mais il ne devrait pas y être associé à Naimon. Cela prouve qu'en beaucoup de cas ce n'est plus guère qu'un nom qui vient remplir un hémistiche.

Amile est de plus le héros d'un poème, qui, sauf le bref récit de ses luttes contre Gombaud, Bérard et Nevelon, auquel j'ai déjà fait allusion, n'a pas le caractère épique et se compose en réalité de deux contes populaires joints ensemble.

Le premier est celui dont on trouve la forme mythologique dans le mabinogi gallois de *Pwyll*. Un dieu a une mauvaise querelle avec un dieu voisin ; il lui faut, pour triompher, se faire remplacer par un autre. Il prend donc les traits de cet autre, pendant que celui-ci, sous les traits du dieu, gagne pour lui la victoire.

Ici Amile est accusé par le traître Hardré, personnage épique mal famé pour avoir conspiré en 785 contre le roi Charles (1), d'avoir séduit la fille du roi. Il ne peut nier

---

(1) Hardré reparaît comme l'ancêtre des rebelles dans les *Lorrains*, p. 21 et seq. On dit le lignage Hardré pour la geste des traîtres et on retrouve le personnage dans *Ogier*, p. 329, *Gaidon*, v. 1263, le

avoir eu des rapports avec elle ; il succombera donc en champ clos s'il entreprend de faire l'épée au poing la preuve du contraire. Dans sa détresse, il a recours à un ami (comme notre poème est sans doute calqué sur un texte latin, il a pris le mot *amicus* pour un nom propre, et il dit au comte Ami) qui lui ressemble tellement qu'on les prend toujours l'un pour l'autre. Naturellement celui-ci est faussement accusé ; aussi Hardré succombe.

Il y a là pourtant un subterfuge, et Dieu l'en punit en lui infligeant une lèpre. Ici se place le second conte. Pour guérir son ami, Amile égorge ses deux enfants et le baigne dans leur sang ; la lèpre disparaît, et Dieu, pour récompenser cette amitié héroïque, ressuscite les deux enfants.

Amile, qui était à l'origine comte de Nantes, a subi ici une double transformation. Il est devenu auvergnat, et son ami berrichon, soit à cause de l'habitude de nos trouvères de transformer l'Anjou et la Bretagne en Auvergne et Berri, soit parce qu'au vague surnom de Moucler, que portait peut-être Amile dans un poème que nous n'avons pas, on a cru devoir substituer Clermont en Auvergne. Parfois d'ailleurs la chose est renversée, c'est Amile qui devient berrichon et l'ami qui est auvergnat. Certaines versions font de l'ami un allemand ; c'est une manière rationaliste d'expliquer qu'il appartient à l'autre monde. Il est né, disent-elles, au château de Berican. Est-ce là que le poème français a pris l'idée d'en faire un berrichon ; Berican au contraire a-t-il été calqué par l'auteur latin sur Berri ? Ce château est situé, dit un autre, en Bourgogne près de Cluni ; la Bourgogne est là, comme en beaucoup d'endroits, pour la

---

Moniage Renoart, laisse 21, *Gui de Bourgogne*, v. 1063, 1086, etc., *Aioul*, v. 4439, *Esclarmonde*, v. 6823, *Doon de Nanteuil*, v. 59, *Doon de Maience*, v. 5773, 10.963, *Gaufrei*, v. 2208, *Parise*, v. 17.

Bretagne, et Cluni figure à tort pour donner de la précision au récit.

Les deux personnages ne conservent pas d'ailleurs longtemps cette nationalité. Amile reçoit la terre de Rivier, pays vague qui désigne à la fois les pays frontières, comme la marche franco-bretonne, ou ceux qui sont situés aux limites de notre monde. Il reçoit, dit une variante, la Normandie, c'est-à-dire le pays du nord, la Bourgogne (lisez encore une fois la Bretagne). L'ami habite le pays mystérieux au-delà des flots, la région située au-delà de la mer, puisqu'il s'embarque pour aller rejoindre Amile, la contrée au-delà du fleuve Océan, remplacé par un de nos grands fleuves, la Garonne, limite de la France et de la Gascogne ; ainsi est il seigneur de Blaie, et, rattaché à la famille de ce nom, devient il père de Girard de Blaie. Le pays d'Amile, Rivier, en ce cas, devrait être Bordeaux. Point. Le poème a ici la même idée que la légende latine. C'est un pays voisin de la Bretagne. Il serait dans le vrai s'il disait Nantes. Il préfère y voir la Normandie ; pour y arriver il faut côtoyer toute la Bretagne le long de la mer jusqu'au mont S. Michel ; et, comme ce pays a conservé son caractère mythologique, c'est un pays de cocagne.

« Là trouverez un bon temps si plénier
Que quatre pains a-t-on pour un denier. »

Ce pays de Rivier, nous dit-on encore, est situé sur la Dunne. Ne cherchez pas cette rivière sur les cartes ou plutôt cherchez-la partout où les Indo-Européens ont pénétré, partout où les cours d'eau ont été pour eux la barrière, la protection, la forteresse, le *dunos* par excellence, en Angleterre avec la Tyne, en Allemagne avec le Danube, en Russie avec le Düna, le Tanaïs, aujourd'hui le Don, le Borus-thenes, auj. par inversion Dni-epr. On voit tout ce que le conte a gardé de mythologique.

La légende latine d'Amile a conservé un souvenir du comte-évêque de Nantes dans l'union étroite qu'elle établit entre lui et le pasteur d'une cité voisine, Aubin, évêque d'Angers au VI⁰ siècle. C'est en conduisant à la guerre le contingent de celui-ci qu'Amile, dit-elle, trouva la mort. Il est vrai qu'il ne s'agit plus de la guerre contre Agoland ; il s'agit ici, comme dans *Ogier* qui raconte le fait avec quelques variantes, de la guerre historique d'Italie contre le lombard Désier (1). Il faut bien, pour que tant de légendes se soient accumulées sur sa tête, qu'Amile ait été un prélat guerrier (2).

Ajoutons que le breton Amile a dans le poème pour fils deux héros de la marche franco-bretonne, Moran et Gasselin.

XV

Je n'ai trouvé aucun personnage historique qui put être identifié avec Amaugis ou Maugis ; mais le rôle important et identique qu'il joue dans *Aie* et dans *Renaud* me fait

---

(1) S. Aubin est rarement invoqué dans notre épopée, je ne le trouve que dans *Auberi*, éd. Tobler, p. 124 et 250. Le même poème mentionne parmi les ennemis de son héros, mais sans doute pour la rime, p. 201, un chevalier qui eut à nom Aubin.

(2) On trouve parfois Amelon pour Nevelon, et réciproquement ; de même c'est à l'influence d'Amelon qu'il faut attribuer la forme Namelon, sous laquelle se présente souvent Naimon.

On trouve parfois aussi ce nom employé comme celui d'un païen; le saxon Enmelon, la *Violette*, v. 2875 v. g., ce peut être un legs de l'épopée germanique, où Amelung joue un rôle important, parfois désavantageux. Mais ce peut être notre Milon, car la *Violette* qui a Girard pour héros, lui donne pour ennemis des adversaires du rebelle Girard de l'épopée, Galeran v. g. Emelon, duc de Bavière

juger que c'était un royaliste qui combattit avec Sanson et Renaud les ennemis de Charles le Chauve et fut plus tard comme eux transformé à tort en rebelle. *Gaidon* (v. 1038, 4901, 6970, 9236) lui a rendu son caractère de royaliste (1).

Maugis n'est pas un poème ancien. L'hostilité contre la monarchie, l'influence des contes populaires et des théories sur l'amour mises en circulation par les auteurs arturiens, le prouvent assez.

Maugis était vaguement indiqué dans *Renaud* comme parent du héros; il a reçu de notre auteur une généalogie et des enfances qu'il a empruntées à des poèmes antérieurs sur d'autres personnages plutôt qu'il ne les a tirées de son imagination ; les *Enfances Vivien*, *Mainet*, *Lancelot*, *Tristan*, *Gui de Nanteuil*, les romans sur la Sicile, comme *Ipomédon*, *Floriant*, *Guillaume de Palerne*, les récits troyens, les uns à l'état de souvenir vague, les autres plus précis, voilà, semble-t-il, avec quoi il a composé son poème.

Renaud, tel qu'il nous est parvenu, se compose, on le sait, de deux poèmes très imparfaitement fondus sur Bovon d'Aigremont et son neveu Renaud. Notre auteur, faisant

---

dans *Floovant*, v. 945, etc. peut de même au choix être pris pour l'un ou pour l'autre ; si c'est notre Amilon, *Floovant* d'ailleurs ne lui a emprunté que son nom.

(1) *Parise* (v. 182), la *Reine Sibile* (f° 291) et *Elias* (v. 2078) ont subi l'influence d'*Aie* et lui font jouer un vilain rôle. Le Maugis de *Gaufrei* (v. 95) est le cousin de Renaud, et l'enchanteur Maugis, constructeur du château d'Aufaïs dans *Auberi* (éd. Tobler, p. 134), comme le célèbre larron Maugis de *Foucon* (p. 9), viennent directement de là. S'il faut lire Amaugis l'Amulgis de *Fierabras* (v. 1548), on pourra dire que sa mauvaise réputation a été jusqu'à le faire habiller en musulman. Amaugis est parfois amené par la rime (*Roncevaux*, laisse 361) ou est une bévue de scribe pour Amauri (*Auberi*, f° 70).

de Maugis le cousin de Renaud, en a fait le fils de son oncle et lui a donné pour père Bovon d'Aigremont.

Il lui a donné de plus un frère, dont le nom et presque toute la légende sont empruntés au Vivien du cycle narbonnois. Comme celui-ci, Vivien d'Aigremont est volé tout enfant par les sarrasins, devient le champion du christianisme, est assiégé par les ennemis et secouru, après une certaine résistance, par le roi. Le seul trait que l'auteur ait ajouté, c'est que Vivien d'Aigremont a été élevé dans la foi musulmane, et avant de se convertir, guerroie contre son père, tandis que Vivien d'Anséune reste toujours chrétien. Il semble bien y avoir là l'influence d'un vieux conte populaire, celtique ou germanique, mais antérieur à l'épopée romane, issu d'un état social à base plus ou moins matriarcale, qui permettait au père et au fils de combattre dans des camps opposés.

C'est encore un vieux conte populaire qui fait élever l'enfant par une fée. Notre épopée romane ne sépare l'enfant persécuté de sa mère que lorsqu'il a déjà un certain âge. Le conte vient peut être du cycle d'Artus, comme semblerait l'indiquer le nom d'Oriande que porte la fée dans le texte français (elle est innommée dans l'italien).

L'influence des romans arturiens, *Lancelot* et *Tristan*, est d'ailleurs manifeste dans l'épisode des amours de Maugis avec la reine de Tolède et dans celui du cerf.

La conquête du cheval merveilleux, que gardent dans une île un serpent et un diable, vient encore d'un conte populaire, et remonte à l'épopée ancienne, celtique ou germanique. Cuchulain et Sigurd ont des chevaux merveilleux, Roland, Ogier, Guillaume, n'ont que de bons chevaux. La conquête du cheval et de l'épée, que l'on trouve dans *Maugis* comme dans l'épopée primitive, se trouve réduite dans l'épopée romane à la conquête de l'épée, Joyeuse, Durendal ou Courtain ; encore pour Floovant, Guillaume, Olivier, la chose se passe-t-elle beaucoup plus simplement (1).

Le caractère du poème ainsi établi, il reste à étudier les trois épisodes dont il se compose : 1° éducation chez la fée, conquête du cheval et de l'épée, 2° aide prêtée aux rois musulmans les uns contre les autres, 3° guerre du roi contre les barons rebelles du midi.

Le pays d'Oriande est la Sicile, sa résidence est le mont Gibel, nom arabe de l'Etna, celle du diable Raanas, Roenars ou Roenel, gardien du fameux cheval bai appelé baiard, est Bocan ou Volcano, une des îles Lipari. Maugis séjourne à Palerme, et c'est à Rise (Reggio) que se réunissent l'émir de Palerme, Corbon de Naples, Fabur de Messine, Amandon de Rise, etc. Un des maîtres de Maugis est Aufares de Rise (la var. Pise du ms. C est certainement mauvaise). Dans le nord de la péninsule il ne connaît guère que Milan, où règne un amustant sarrasin que Maugis secourt, et Aquilée. En Espagne, il connaît les localités chères aux romanciers, Balaguer, Alméria, Cordoue, la Castille, le comté de Morele, Tolède, Majorque.

Quant à la France, géographiquement il la connaît assez mal. Sa campagne du roi contre les barons du midi ne reçoit pas une seule localisation précise. Sa connaissance des seigneuries pourrait bien faire partie du répertoire courant des trouvères. Ham, Roie et Nesle (qu'un scribe brabançon a écrit Nivele comme il a interpolé la mention du Brabant et du Hainau), Pontoise, Etampes, Moret, Château-Landon, Blois, Tours, le Mans, Laval, Monmorentin, s'il s'agit de Romorentin, et Châtellerault, deux villes empruntées à *Aioul*, Thouars et Limoges, attribués correctement chacune

---

(1) Dans *Bovon de Hanstonne* le héros reçoit en même temps un cheval et une épée, Arondel et Murglei, mais il ne les conquiert ni l'un ni l'autre.

à un vicomte, Beaucaire, le placeraient, si l'on pouvait en tirer une conclusion, dans la France du centre. Il est le seul trouvère à ma connaissance qui mentionne le pèlerinage de Rocamadour en Quercy près de ceux de S. Jacques et de S. Michel.

Les noms sarrasins ne me retiendront pas longtemps, Maugis fait dans leurs rangs deux campagnes, l'une pour l'amustant de Milan contre Sorgalan de Monbran, l'autre pour Marsile de Tolède contre Aquilan de Majorque, Brandoine, son fils, et Escorfaut. Ajoutons une première campagne où il a défendu sa bienfaitrice contre l'attaque d'Atenor.

Dans ce dernier nom je vois un souvenir du troyen Anténor, popularisé par les légendes antiques. Un nom païen convient bien à un sarrasin. Les autres sont des noms courants dans notre épopée et n'ont par conséquent rien de démonstratif.

Il a près de lui tantôt des royalistes, Amilon et Galeran, tantôt des rebelles, Guinemer (lis. Guiemer) et Joceran, ou des personnages de fantaisie, comme Anséis ; son principal ennemi est un rebelle, Landri, qui devient, sans doute pour la rime, frère du royaliste Amauri ; ceux qu'il défend sont des rebelles, le roi Othes de Police (lisez le roi Yon d'Aquitaine) et le comte Ernaud de Moncler, sans doute emprunté au roman de *Gui de Nanteuil*, où je reconnais en lui le roi Hunaud, fils du roi Yon ; Gaifier de Bordeaux et Desier de Pavie, dont on a complètement oublié le rôle réel, paraissent en bons termes avec le roi Charles ; les guerriers qui combattent dans le camp royal sont, tantôt les vieux fidèles du roi, Ogier, Naimon, flanqué des bretons Salomon et Hoël, et accompagné, comme dans *Aquin* et dans *Aspremont*, de son ami Fagon, tantôt ses auxiliaires réels contre les rebelles, Sanson qui, par un souvenir du *Roland*, a entraîné après lui Anséis, Milon d'Aiglent, Garin, Galeran, Tiéri, tantôt ses adversaires,

Lambert, Gilemer (lis. Guiemer), Robert (lis. Ripes), Huon, Gondebeuf et Hombaud, Ermenfroi, Guion, Joceran et Jocelin, Foucon, Olon, Clarenbaud (1), ou des seigneurs féodaux qui accompagnent toujours Hoël de Nantes, je veux dire Jofroi d'Anjou, Huon du Mans, Richard de Normandie, des héros de l'épopée franco-bretonne, comme Baudoin et Gautier, le dieu celtique Elinan ou Belinais tout indiqué pour servir de geôlier et pour figurer aux côtés du rebelle Girard dans le camp des ennemis du héros, Otran, l'énigmatique Otoé (2), le comte Alain dont on trouve cette

(1) Clarenbaud est très rare dans notre épopée. C'était sans doute un rebelle, car, outre cette mention de *Maugis* (v. 6242), il est mal vu de poèmes royalistes comme *Aioul* (v. 6670) et les *Lorrains* (p. 61 et seq. ; il faut bien dire d'ailleurs qu'en ce dernier poème il s'agit peut-être de Clarenbaud de Vendeuil, croisé en 1096, et qui combat naturellement à côté des sires de Couci, de Marle, de Ribemont, etc.), sympathique aux poèmes anti-royalistes de la *Violette* et de *Parise*, mal vu à tort de *Gaidon* (v. 2059) qui a pris souvent des rebelles mal famés pour des royalistes et d'ailleurs l'associe au rebelle Foucon, recueilli enfin par *Anséis* (v. 2430 c, 2505, 7890), toujours en quête de nouveaux noms propres, et par *Roncevaux* (laisse 406), où il figure comme l'ancien propriétaire du heaume de Ganelon.

(2) On retrouve ce personnage pour la rime dans *Renaud* (laisses 61 et 72, avec Sanson, laisse 91, avec Naimon), dans le *Siège de Barbastre* (f° 149), où il est père de la sarrasine Blanchandine, dans *Roncevaux*, laisse 402 (sous les formes Otoier et Archoier), dans *Anséis*, v. 967, où il est père du roi sarrasin Sinagon, dans *Girard de Roussillon* (sous la forme Otoer, par. 547, avec Bertelai), dans *Ogier* (sous la même forme, p. 225, 253, 385, avec Salomon).

L'Otoès que je trouve, par. 143, dans *Girard de Roussillon* pour la rime, fait que je me demande si l'Ataïn ou Estaïs du même poème (par. 123, 547, 586), le Johan Chatuis du par. 144 et le fort Chapoïs du par. 143 ne sont pas des variantes du même personnage. Y a-t-il un rapport entre ces personnages, l'Hodoin de *Doon de Nanteuil*

fois seulement le nom dans notre épopée, un pêle-mêle dont on ne distingue pas toujours la raison d'être et dont il faut le contrôle des autres récits pour éclaircir le fouillis.

XVI

Garnier fut, disent les trouvères, le père de Guion.

Guion est une forme hypocoristique de Guichard, et ce pourrait bien être pour cette raison qu'il y a un Guion dans le cycle narbonnois. C'est aussi une forme hypocoristique du nom breton Guiomar, porté par un roi breton insurgé contre le roi Louis et tué en 825, et la plupart des Guion épiques ne sont autres que ce Guiomar. Ajoutons qu'il a pu y avoir une certaine influence de Guion de Spolète, roi d'Italie (889-894).

Guiomar ne figure qu'une fois dans notre épopée sous son véritable nom : c'est dans *Girard de Roussillon* (par.

(v. 59) et les sarrasins Rodoé ou Rodoïn de notre épopée ? Otoé et ses variantes sont-elles un allongement d'Oton, qui serait à ce dernier ce que Grimoard est à Grimaud, ou Renoard à Renaud, car, v. 5003, on voit figurer Oton et Otoé comme on voit dans *Roland*, Ivon et Ivorie, Gérin et Gérier, Basan et Basilie. Il faut ajouter en ce qui concerne *Maugis*, qu'il n'y a pas à tenir compte de Beraud, v. 6247, Baugentin de Blois (v. 6081), Pierre de S. Martin (v. 8729), Renaud de Moret (v. 8760) ; ce sont des variantes fautives. Ansel, v. 6136, est amené par la rime.

De même l'association de Tiéri l'Ardenois et de Huon de Melan, v. 6968, paraît bizarre. Il a dû oublier la véritable situation de ces deux personnages, mettre là Tiéri parce qu'il y mettait Baudoin. Il faut remarquer d'ailleurs qu'il distingue Huon du Mans (v. 8595 et 8729), non seulement de Huon de Melan, mais de Huon d'Etampois (v. 6080). On voit par là le rôle que la rime a joué pour multiplier les énumérations successives d'un même personnage épique.

381 et 398) où il commande les Bretons ; et, comme dans beaucoup de chansons, les Bretons sont les plus fermes soutiens de la royauté, il est représenté comme un royaliste. Mais on trouve des allusions dans *Aie* (v. 1223) à la révolte de Guimar, et c'est notre Guiomar ; on voit dans *Roland*, Rabel et Guineman commander le premier corps de l'armée chrétienne (v. 3014), et il faut lire Ripes et Guiomar ; on voit dans le *Charles* du poète allemand le Stricker, Rapot et Guineman faire la guerre au roi Charles, et il faut encore lire Ripes et Guiomar ; on voit dans *Aioul* Gilebert ou Gilemer faire la guerre au roi Louis, et ici encore il faut lire Guiomar ; dans *Renaud* Guimar est un des plus acharnés adversaires de Renaud de Poitiers, qui fut dans l'histoire un royaliste et dans l'épopée un rebelle, et c'est encore notre Guiomar ; Guinemer est l'oncle de Ganelon dans *Roland*, le beau-père du rebelle *Ogier*, et là, il faut peut-être lire Guinemer, meurtrier de l'évêque rémois Foucon en 900, mais il faut peut-être aussi lire Guiomar. Ainsi donc, la plupart du temps, quand on trouve Guion (en dehors du cycle narbonnois), Gilemer, Guibert, Guillemer, Guinemer, Guineman, Guimar, Guimer, il faut lire Guiomar, parfois aussi quand on trouve Guinard ou Quinard ; mais souvent, v. g. dans *les Saisnes*, le trouvère a écrit Gilemer et il faut lire Gilebert, Guinard ou Quinard et même Guimar ou Guiman doivent être lus Guinan qui est le dieu celtique Gwynwas, et dans *Esclarmonde* (v. 7317), le neveu du roi Désier, le beau-père de Croissant, pendant les malheurs et la déchéance duquel il possède son royaume, est Guion de Spolète, roi d'Italie, et non Guimar.

Pour le roi Gui du *Couronnement*, on peut hésiter également entre Guion de Spolète et Guiomar de Bretagne.

C'est encore Guion de Bretagne, mais combien altéré et défiguré, que Guion de Bourgogne, roi ou vice-roi de France, d'Italie ou d'Espagne dans *Gui de Bourgogne*, *Fierabras*,

Anséis ; c'est sans doute lui le roi Guion de Danemark auquel Isenbard va réclamer le tribut (Mousket, v. 14.079). C'est lui qui, confondu avec Guillamurius le scot, placé par Gaufroi de Monmouth parmi les compagnons du roi Artus, devient Gilemer le scot, un des douze pairs dans *Galien* (p. 126), dans *Fierabras* (v. 1724, 1746), dans *Gui de Bourgogne* (v. 620, 648), et combat les royalistes que notre épopée habille à tort en rebelles (*Doon de Nanteuil*, v. 128, *Maugis*, v. 4650).

---

(1) Dans *Maugis*, à côté de ce Gilemer, il y a un Guinemer dans le camp opposé, v. 6032 ; mais ce qui prouve leur identité, c'est qu'il est tué par Amauri, qui fut réellement un royaliste. On trouve encore Guimer ou Guillemer dans les *Enfances Ogier*, v. 509, *Bovon de Comarcis*, v. 328, *Gaufrei*, v. 4963, *Gaidon*, v. 573, *Aie*, v. 207, *Doon de Maience*, v. 7355. Guilemer l'escot figure dans *Esclarmonde*, v. 6822, et je crois que dans *Vivien de Monbran*, v. 714, Audemer l'escot doit être lu Guiemer. Il y a un Guimener de Ponti dans *Foucon*, p. 59, et un Gilemer le pohier dans *Raoul* (v. 3366 et 5411). Quant à S. Guilemer (*Doon de Maience*, v. 8225), S. Guinemer (id. v. 10. 574), S. Guimer (id. v. 7109), S. Wimer (*Elioxe*, v. 3177), ce ne sont pas plus que le S. Guineman de *Huon Capet*, v. 2271, de véritables saints de France, à moins que ce ne soit une bévue de scribe qui aurait mal lu le nom de S. Omer. Il y a des Guimer dans *Auberi*, f° 7 et 80, *Gaidon*, v. 1153, 7036, *Fierabras*, v. 4284, *Gui de Nanteuil*, v. 2381, *Elie*, v. 1476, *Floovant*, v. 1674. Au lieu d'Hermer il faut parfois lire Guimer.

Je relève Guinemer dans *Auberi*, f° 100, *Bovon de Hanstonne*, Bibl. nat. ms. fr. 22.516, f° 40, *Gaidon*, v. 6848, 7582, *Renaud*, laisses 16, 125, 144, *Aioul*, v. 4389, Guilemer dans *Ogier*, p. 385, *Girart de Roussillon*, par. 666, Guiguemer dans *Elias*, v. 4797, Guispenart (lisez Guigemar) dans *Gaidon*, v. 2689, Guinemart dans *Girart de Roussillon*, par. 506, et *Renaud*, laisse 94, Quinemart dans *Foucon*, p. 24.

V. Guimart, *Ogier*, p. 302; *Aliscans*, v. 2358; *Floovant*, v. 2282; *Vivien de Monbran*, v. 706; *Galien*, p. 125; *Charles le Chauve*, f° 34,

— 264 —

Ce n'est pas tout : sous le nom de *Gui de Nanteuil* les trouvères ont composé un poème dont le sujet est emprunté à la fois à la révolte du roi Guiomar contre le souverain de

---

Aioul, v. 8684 ; *Gaidon*, v. 3512, etc. Dans les trois premiers cas c'est un chrétien, dans les deux suivants un païen, dans les deux autres un rebelle ; dans le dernier, influencé par *Renaud*, un royaliste antipathique. V. l'hôte Guiman dans *Mainet*, p. 329, dans *Auberi*, éd. Tobler, p. 28, le mythologique Guiman ou Guinan, ennemi de *Galeran*, le Guinan précepteur des sœurs du roi dans la saga de *Charlemagne*, le Guinan de *Girart de Roussillon*, (par. 133, etc.) de *Gaufrei* (v. 2184, etc.), de *Foucon* (f° 96), du *Covenant Vivien* (v. 862), la Guinande ou Guinarde, femme de *Galien*. Certains Herman doivent être lus Guinan.

Pour Guineman, v. *Otinel*, v. 1594, *Foucon*, p. 26, *Floovant*, qui en fait un des douze pairs, v. 1433, etc., certains manuscrits d'*Aliscans*, qui en font un des sept cousins de Vivien, *Gaidon*, v. 5258, etc., *Bovon de Hanstonne*, Bibl. nat. ms. fr. 12.548, f° 80, 22. 516, f° 1, *Girbert*, v. 441, *Renaud*, laisses 19 et 26; *Guibert*, f° 160, *Auberi*, éd. Tobler, p. 147 (écrit Huneman), *Ogier*, p. 125 et 224, *Charlemagne*, f° 30, *les Lorrains*, p. 300.

De nombreux Guion n'ont aucune signification : *Elias*, v. 29, 2738, *Aioul*, v. 2784, *Esclarmonde*, v. 5648, la *Violette*, p. 113, *Girbert*, v. 159 (Guiot Malefoi), *Auberi*, f° 105, *Jean et Blonde*, v. 5038, etc., où l'on a affaire à des bourgeois, à des roturiers, *Esclarmonde*, v. 5839, *Huon Capet*, v. 3923, *Aliscans*, v. 3960, *Elias*, v. 6191, *Godefroi*, v. 322, *Auberi*, éd. Tobler, p. 178 et 227, éd. Tarbé, p. 74, *Ogier*, où il est le frère de l'écuyer Benoit, p. 284 et suiv., *Elias*, v. 1799, où il est l'adversaire de Godefroi, *le Comte de Poitiers*, v. 1236, où Gui est le nom du fils du comte Girard, et 1332, où il est le beau-frère de Lorette de Bologne, *Ciperis*, qui appelle ainsi son roi de Danemark et son comte de Provence, deux ennemis de ses héros. L'évêque de Beauvais Guion de *Raoul*, v. 57, est un personnage historique, mort en 1087, à moins que ce ne soit un nom de fantaisie. De nombreux Guion portent des noms de terres.

Aspremont, *Beton* ; Aubefort, *Anséis*, v. 11.476, *Renaud*, laisse 11 ;

la France et aux luttes infructueuses de Charles le Chauve et de son général, le comte Hervi, tué en 844, contre les Bretons. La première confusion a été celle des époques,

---

Aminois, *Roncevaux* V. et Ch., laisse 408 ; Autefoille, *Gaidon*, v. 7576 ; Auvergne, *Aliscans*, v. 4286 ; Aumarin, *Maugis*, v. 8729 c ; Aurenée, *Anséis*, v. 7794 ; Alemagne, *Aioul*, v. 8441, etc., *Ogier*, p. 261 ; Beaupré, *Fierabras*, v. 5641 ; Beauvais, *Girbert*, v. 524 ; Bourges, *Foucon*, p. 59, *Ogier*, p. 302 ; Beaufort, *Renaud*, laisse 12, *Gaidon* ; Bovinal ou Portingal, *Anséis*, v. 10. 428 ; Beaucler, *Anséis*, *Girart de Roussillon* ; Blois, *Ogier*, p. 253 ; Dunois, *Roncevaux* T, laisse 408 ; Belin, *Gaidon*, v. 8160 ; Esture, *Galien*, p. 244 ; Falise, *Elias*, v. 5153 ; Gascogne, *Ogier*, laisses 3 et 9 B., *Roncevaux* ; la Charité, *Doon de Maience*, v. 6634 ; la Valée, *Fierabras*, v. 4701 ; Laval, *Doon de Nanteuil*, v. 190, *Maugis*, v. 8595 ; Maantes, les *Saisnes*, laisse 22 ; Montaigu, *Ogier*, p. 265 ; Montpellier, *Renaud*, laisse 11 ; Montmorenci, *Girart de Roussillon* remanié ; Montpensier, id., *Aimeri*, *Renaud*, laisse 109 ; Montsenis, *Anséis*, v. 7889 ; Montanis, Mefelis ou Montcenis, *Roncevaux*, laisse 361 ; Montascart et Monsecret, *Girart de Roussillon* ; le mansel, *Elias*, v. 6874 ; de Mirabel, *Galien*, p. 332 ; de la Marche, *Auberi*, éd. Tobler, p. 221, *Ogier*, laisse 542 A. ; de Morillon, *Renaud*, laisse 11 ; de Marne, *Ogier* ; de la Montagne, *Foucon* ; de Mellent ou Meléun, *Auberi*, éd. Tarbé, p. 136, *C. Vivien*, v. 1621 ; de Montbendel, *Gaidon*, v. 9425, *Auberi*, f° 73 ; de Namur, *Girbert*, v. 464 ; de Nantes, *Anseis*, v. 2447 ; de Nevers, *Roncevaux*, l. 338 ; d'Otteriche, *Huon Capet*, v. 1477 ; d'Orléans, *Ogier*, p. 292 ; de Rochepie, *Gaidon*, v. 7073 ; de Rocheanglée, *Gaidon*, v. 7922 ; de Risnel et de Ravaine, *Girart de Roussillon* ; de Rivier, *Ogier*, laisses 3 et 9 ; de S. Just, *Girbert*, v. 530 ; de Sellentois, *Auberi*, f° 68 ; de Senlin, *Auberi*, f° 5 ; de S. Omer, *Mainet*, p. 316, *Roncevaux*, laisse 337, *Foucon*, f° 89, *Enfances Ogier*, v. 515, etc. ; le tiois, *Foucon*, f° 80 ; de Valelie ou Pontelie, *Anséis* ; de Valbetun, *Auberi*, éd. Tobler, p. 146 ; de Verneuil, *Charlemagne*, f° 25.

Le père de *Doon de Maience* (v. 31), le fils d'*Anséis* (v. 11.422), le père et le fils de *Bovon de Hanstonne* (v. 11, 2395) s'appellent Guion, et c'est aussi le nom de baptême de l'achopard dans ce dernier

elle a consisté à placer en antagonisme Guion et Hervé, ne faisant qu'une brève allusion au véritable ennemi de Guiomar, Lambert (v. 334), qu'ici comme partout on transforme à tort en berrichon.

La seconde a été de confondre les luttes des Carlingiens contre les Bretons avec celles qu'ils soutinrent contre les méridionaux, et de faire de la querelle une guerre entre les Français d'entre la Loire et le Rhin (v. 204) et les Gascons, habitant le pays qui s'étend de Poitiers aux défilés des monts d'Espagne (v. 541, 542). Gui s'est donc trouvé épouser l'héritière du pays, la fille du roi Yon (v. 422), la nièce du roi Gaifier (v. 566), la sœur d'un Hernaud (v. 779) qui n'est sans doute pas distinct de son vaillant défenseur appelé Hernaud d'Aiglent (v. 503 et 507), Hernaud d'Agenois (v. 525 et 754), Hue d'Agenois (v. 646) et qui est le très historique Hunaud, fils du roi Yon d'Aquitaine. C'est pour cela que l'on trouve de temps en temps dans l'épopée un personnage appelé Guion de Gascogne.

Une troisième confusion a eu pour résultat, étant donnée la célèbre guerre menée par le roi Charles en 870 contre le comte Girard sur les rives du bas Rhône, de placer sur ce fleuve la querelle de Guion, devenu seigneur de Valence et d'Avignon, et d'Hervi, qui reçut alors en partage Lyon et Mâcon. Dès lors il était tout naturel d'introduire dans le poème l'abbé de Cluni et le comte de Nevers.

Le rebelle Guion eut naturellement pour protecteurs les

---

poème (v. 1967). Les *Narbonnois* citent Guion de Valcaire (v. 939) et Guion de Gerberoi (v. 2543), dont le *Guillaume* en prose a fait Guion de Champagne (c'est le nom du grand-père de l'*Aioul* italien).

Certains de ces surnoms sont historiques : ainsi Guion de Laval ; mais ce n'est pas parce que Guion de Laval était un personnage épique qu'il figure là, c'est parce qu'il y avait un Guion épique qu'un jongleur manceau ou voisin du Maine l'a surnommé de Laval.

saints défenseurs de Girard, transformés ici, comme dans *Aspremont*, en hommes et considérés comme ses frères utérins, Antoine et Richier, le rebelle Huon, un Tibaud d'Aspremont, qui vient d'une erreur de l'auteur d'*Aie*, enfin des sarrasins qui nous sont déjà connus, Ganor et Sadoine ; il a pour adversaires Naimon et Ogier, les deux conseillers ordinaires du roi Charles, Salomon de Bretagne, représenté ici encore comme le fidèle allié du roi (on voit que le trouvère a tout à fait oublié que son héros était originairement un Breton), les royalistes Tibaud ou Tibert, Garin, Amaugis et Sanson, dont les deux derniers viennent d'*Aie*, des personnages du XIe siècle, comme les frères Hue (lisez Heudes) de Troies et Etienne de Blois. Il a fréquemment cité les personnages mal famés de notre épopée, Macaire qu'il fait père de Hervi, Ganelon qui est son oncle maternel, Pinabel dont il est le neveu, Hardré, fils d'Amaugis, etc.

C'est enfin pour corser son affaire qu'il a imaginé de faire tuer par Guion un jeune parent du roi Charles qu'il appelle Florian, d'un nom qui est, comme je l'ai dit, une forme de Clovis.

Hervi n'a pas toujours été aussi mal traité par nos poètes et si *Gaidon* (v. 4610, 5086), *Parise* (v. 18), *Gaufrei* (v. 4002) lui conservent sa physionomie, les poèmes royalistes comme *Aioul* (v. 8815, etc.) et les *Lorrains*, (p. 1, 12, etc.) en font un personnage sympathique. Pour ce dernier roman qui a cependant, par suite de l'influence de *Gui de Nanteuil*, placé parmi les rebelles, à cause de sa mauvaise réputation, Hervi de Lyon (p. 72), Hervi est l'ancêtre des héros, le père de Garin et de Begon, tous deux d'ailleurs fidèles royalistes, et son frère, le vilain Hervi, est l'ancêtre des roturiers qui se dévouent au service des prétendus Lorrains. De même *Girbert* donne à l'un des fils du fidèle Guirré le nom bien porté dans la geste lorraine d'Hervi (v. 450). C'est la mauvaise réputation d'Hervi qui a poussé l'auteur de *Renaud* (laisses 20 et 21) à en faire un traître, car logiquement Renaud et Hervi auraient dû combattre sous la même bannière. *Bovon de Hanstonne* (Bibl. nat. ms. fr. 22.516, f° 37) en fait tout naturellement le gonfalonier du traître Doon ; mais je ne sais pourquoi *Charlemagne* fait d'Hervi de Ponterlie (f° 62) le messager qui fait ouvrir au roi les portes de Soissons. Peut-être y a-t il là une faute de scribe, et, au rebours de ce qui se passe dans un vers de *Gaidon*, faut-il lire Tiéri ? (1)

XVII

L'insurrection de Guiomar contre le roi-empereur Louis forme la base d'un autre poème, celui d'*Aioul*. Sans doute son nom et sa nationalité sont également défigurés ; il est tantôt seigneur de Bourges et tantôt réside en Pontieu (v. 1397 et 1400), il porte tantôt le nom de Gilebert, tantôt celui de Gilemer l'escot (v. 334 et 1399) ; mais son antagoniste où je vois Audulf ou Adulf, chargé en 786 de réduire les Bretons, n'a pas été moins singulièrement identifié avec Aigulf, abbé de Lérins, d'origine blésoise, d'abord moine à Fleuri sur Loire, et inhumé à Provins en Brie, où ses reliques étaient l'objet d'un culte (v. 73).

Il faut noter d'abord qu'Aioul a pour père le dieu celtique Eli, appelé Elie, par confusion avec le prophète juif ; il a pour auxiliaire Hervé (v. 8970 et suiv.) représenté ici comme un breton, mais qui fut en réalité un nantais, à une époque où Nantes ne faisait encore pas partie de la Bretagne, et qui même trouva la mort en combattant les Bretons, en 844.

---

(1) Dans *Girart de Viane*, p. 69, Hervé est un simple nom. De même dans *Girart de Roussillon*, où c'est tantôt un archevêque (par. 292), tantôt un hôtelier (par. 536 et suiv.)

Aioul et Hervé ont à lutter contre Macaire, comme Auberi, un autre héros, légendaire celui-là et non historique, de la marche de Bretagne ; et Hervé se mesure avec un certain Guinehot (v. 8784, etc.) représenté comme un lombard, mais qui est, soit comme Guineman, etc. une mauvaise graphie pour Guiomar, soit un nom forgé sur celui du dieu celtique Gwynwas.

Le poème, tel qu'il nous est parvenu, a d'ailleurs subi de profondes modifications. Aioul, fils d'un dieu, sortait comme tel de l'autre monde ; on en a conclu que son père avait été banni aux extrémités de la France, dans les landes de Gascogne ; on a placé à Poitiers, au sud de la Loire, dans un pays voisin et ennemi de la Bretagne, la résidence de son ancien sénéchal. Quant au siège d'Orléans par Guiomar, remplacé d'ailleurs dans la version italienne par le siège de Paris, cela peut tenir à la transformation de Guiomar en comte de Bourges, ou à l'influence de quelque poème sur la résidence des rois d'Aquitaine à Orléans qui fut parfois au IXe siècle considéré comme la capitale de cette province.

Dans la seconde partie du roman, la scène a été transportée (on en a déjà vu et on en verra encore des exemples) de Bretagne en Bourgogne. Aioul qui a demandé (v. 8091 et suiv.) le duché de France, l'avouerie de S. Denis et le titre de sénéchal, a obtenu les villes de Langres, où est célébré son mariage (1), Nevers et Besançon dont on le voit prendre possession (2) ; et Macaire, soutenu par les Italiens, devient seigneur de Lausanne.

---

(1) Dans le texte italien, son père Elie, époux d'Elise, forme féminine de son nom, est duc d'Orlino (Orléans), i. e. duc de France et par suite marquis de Bretagne. C'est sous les murs d'Orléans et non de Langres qu'Aioul est fait prisonnier par Macaire. La mention d'Angiers (v. 8087, 5999) appartient, je crois, au poème primitif.

(2) Je lis au v. 8086 Nevers, Langres et Besançon et non Dijon,

Là-dessus on a encore brodé mille inventions romanesques : Aioul épouse Mirabel ou Léonide, fille de l'émir de Pampelune Mibrien ou Adrien ; fait prisonnier par Macaire et conduit à Tornebrie, il rend service au roi de ce pays, qui se trouve être le duc de Venise, Grasien, en luttant contre son ennemi Florien, roi de Salonique. On voit que nous sommes en plein à l'époque de la quatrième croisade, où les barons de France aident les Vénitiens à faire des conquêtes en Grèce ; si Florien porte un nom germanique, que j'ai signalé déjà comme une forme de Clovis, et que notre épopée donne volontiers aux souverains étrangers, Gratien n'est autre que la forme d'allure latine que nos chroniqueurs donnent au nom de l'émir musulman d'Antioche en 1098, Akisian ou Bagisian.

Joignez à tout cela des luttes contre les voleurs, les traîtres, les musulmans, dont on va puiser les noms dans le répertoire courant, Nivard, Aleaume, Fouchard, Sanson, Feran, Agenon, Garin, Richard ou Richier, Hugon, Jofroi, Goutard, Guillaume, Renard ou Renier, Bernard, Robaud, Estoul, Arpin, Pinel, Magegos, Henri, Soran (lis. Morau), Ingernard, Ingran, Ingresan, Haston, Nustan, Tabor (lis. Fabur), Tabrin (lis. Mabrin), etc. etc.

---

car cette ville ne reparaît plus. Les v. 8089 (qui lui attribue Meaux, Provins, Reims et Châlons), 8090 (qui lui donne Amiens, S. Quentin, Laon et Soissons), 8088 (où il reçoit Trèves, Plaisance, lis. Maience, et Cremoine, lis. Trémoigne) sont interpolés.

(1) Mibrien est un nom forgé sur Mabrun, comme Florien sur Flovence, Madien sur Maderan, etc.

XVIII

Moran nous est représenté par *Gaufrei* (v. 111) comme l'un des fils de Doon de Maience, et *Aimeri*, donnant le catalogue des descendants du héros, nous dit (v. 4656) que l'une de ses filles fut mère de S. Moran. Le Moran épique fut donc canonisé ; c'est à n'en pas douter l'évêque de Rennes contemporain du roi de Neustrée Chilpéric II (715-720), donc contemporain de Charles Martel et du comte-évêque Amilon de Nantes.

Or, comme nous l'allons voir, le poème de *Mainet* a pour sujet la lutte de Charles Martel contre ce même roi Chilpéric, et parmi les protecteurs épiques du jeune héros, nous trouvons justement, avec nombre de héros bretons ou chers à l'épopée franco-bretonne, les deux évêques Moran et Milon.

Son surnom de Moran de Rivier ne contredit pas notre hypothèse. La marche de Bretagne était bien en effet un pays frontière, un *ripuarium*.

Moran a donc été considéré comme un héros dans *Ogier*, où il se mesure avec Bréhier, dans les *Saisnes* (laisse 195, pour la rime), dans *Aspremont* (f°75, id.), dans *Aimeri* (v. 1500 c), dans *Anséis* (v. 2759, etc.), dans *Gaidon* (v. 5182, etc.). Ce protecteur du jeune roi est devenu dans *Aie* un ennemi de Garnier, ce qui était tout naturel (v. 3911), un ennemi de *Gaidon* (v. 4521), ce qui ne l'était pas moins ; de là il est devenu dans *Aioul*, ce qui est beaucoup moins naturel, un nom de voleur, sous la forme Moran (v. 6667) et sous la forme Soran (v. 5808). Il faut sans doute lire Borel et non Morand le roi sarrasin de la *Prise d'Orange* (v. 599). Son caractère ecclésiastique se retrouve dans *Foucon*, p. 98, dans *Girart de Viane*, p. 11, dans *Raoul* (v. 6838) qui cite également (v. 2673), peut-être pour la rime, un comte Moran parmi les Cambraisins, dans *Aimeri* (v. 1938) où il est dit frère de Savari. Dans ce même poème (v. 1030) deux ingénieurs s'appellent Savari et son frère Moran (on voit que là encore le nom arrive juste pour la rime). Moran ou Morandin est tout naturellement dans les *Lorrains* (p. 219) le fils du vilain Hervi, c'est-à-dire un royaliste, et le sergent qui épargne les jours de la reine *Berte* qu'on l'avait chargé de tuer (v. 587) a également droit à ce nom. Dans *Elias*, v. 5864, Moran est dépeint comme un adversaire du héros ; mais on le trouve également dans ce poème comme appartenant au parti contraire ; d'ailleurs il est fils du duc Renier, qui en général est représenté comme un royaliste. Citons enfin le messager Moran (*Foucon*, f° 16) et nous en aurons fini avec le personnage (1).

Gaufrei en fait le père de Raimon de S. Gilles (v. 112) ; c'est une manière de faire rentrer le roman de *Parise* dans le cycle mayençais.

Raimon en effet n'est pas un personnage épique. Au cours du vers c'est généralement une erreur de scribe pour Ripes (*Ogier*, p. 125, *Aspremont*), pour Radbod (*Charlemagne*, f° 65), pour Aimon (*Aspremont*). A la rime, c'est un personnage sans importance, ou une erreur de scribe pour Naimon ou pour Aimon (Raimon, conseilller de Lambert, *Auberi*, f° 83, le messager Raimon, *Enf. Ogier*, v. 473, *Elias*, v. 4081, Raimon l'espagnois, *Aie*, v. 2423, Manesier fils Ramon, *Girart de Roussillon*, par. 66.). Le Raimon de Valpré du *Guillaume* en prose, le Raimon de Navarre d'*Anséis*, v. 130 et suiv., sont des personnages importants, mais de pure invention.

---

(1) Moran est un nom d'évêque dans *Bovon de Hanstonne*, v. 3666, etc., dans les *Narbonnois*, v. 2324, 4578, 7736. Je lis dans *Roland*, v. 3469, Moran et non Loran.

Quant à Raimon de S. Gilles, ce n'est pas un héros épique, c'est un personnage récent, comte de Toulouse de 1088 à 1105, un des chefs de la première croisade, que les jongleurs ont introduit délibérément dans des passages où sa présence leur paraissait indiquée. *Ogier* en fait le chef d'une bataille française, *Parise* le mari d'une châtelaine du bas Rhône, *Aimeri* (v. 4496) le fait assister aux noces du seigneur de Narbonne, *Girbert* (v. 473) qui le dit fils de Mauvoisin, le place parmi les barons gascons alliés de ses héros, le chroniqueur Aubri en fait le père de son Belinus qui est notre Elie de S. Gilles, certains manuscrits de *Renaud* en font le conseiller du roi d'Aquitaine.

Deux autres Raimon historiques figurent pour les mêmes raisons dans *Girart de Roussillon* ; ce sont les comtes de Barcelone, Raimon Borel (992-1018) et Raimon Bérengier (1035-1076) ; l'un des deux figure encore (par 137) comme chef des Catalans (1). Ce qui est plus bizarre, c'est que Raimon Bérengier figure dans les *Lorrains* (p. 48), mais Raimon est là de trop ; et en réalité, il s'agit simplement du Bérengier épique, le royaliste fidèle auquel le rebelle Fromond est accusé d'avoir enlevé la ville de Soissons.

Revenons maintenant à *Parise*. C'est un pur roman d'aventures sur le thème bien connu de l'épouse injustement accusée, exilée par son mari et vengée par son fils. Il ne s'est guère mis en peine pour les noms propres. Il s'est presque uniquement inspiré d'*Aie* et de *Gaidon* ; son héroïne est fille de Garnier et d'Aie, elle a pour défenseurs les amis de Garnier, Girard, ou les fils du second mariage d'Aie, Antoine, aux miracles duquel il est fait une allusion formelle (v. 2830), et Richier ; pour ennemis les ennemis de

---

(1) *Girart* connaît encore un Raimon fils de Guigue, par. 596. Sur Raimon *Bovon de Comarcis* a forgé le nom de femme Raimondine (v. 365).

Garnier, Milon, Bérengier, auquel le poème attribue à tort le meurtre de Garnier (v. 2860), Sanson, Amaugis, de Gui, Hervi, de Gaidon, Tibaud, puis les traîtres classiques, Hardré, l'ennemi d'Amile, Pinabel, le champion de Ganelon, Pinel, Rogier, Roer (lire probablement Roard), Hoton (ou Foucon) qui forment un groupe de douze traîtres, antithèse vivante du collège des douze pairs, et auquel répond en pays étranger le traître Gontagle qui porte un nom également mal famé. Le seul nom pour lequel Parise nous donne un éclaircissement original, c'est celui de Clarenbaud, généralement mal vu de notre épopée où il est d'ailleurs assez rare. En nous montrant en lui l'ennemi des royalistes Bérengier, Sanson, Amaugis, etc., elle accuse nettement son caractère de baron rebelle que les autres documents permettaient de soupçonner.

Le roi Hugon de Hongrie qui se fait le parrain du fils de Parise provient directement de l'empereur de Constantinople Hugon du *Pélerinage*, et le comte Tiéri de Cologne est un décalque de Tieri d'Ardenne. L'idée de placer la scène du roman dans les pays à l'est de la France, la mention de Valenciennes, de Namur et du Quesnoi indiquent suffisamment la nationalité wallonne du trouvère qui composa le roman (1).

---

(1) Je ne sais ce qu'est Vavenice ou Valvenice, apanage de Parise. *Tristan de Nanteuil* la dit fille de Renier de Valvenice. Serait-ce Vantamise ?...

XIX

J'arrive à l'étude de *Mainet*.

C'est une étude assez difficile. Du poème du XIIe siècle il ne reste que des fragments ; il en faut rechercher la trame dans des rédactions étrangères, deux italiennes, l'une en vers, le *Carleto* (XIIIe s.), l'autre en prose, les *Reali* (vers 1400), une espagnole, la *Conquête d'outremer* (XIIIe s.), une allemande, le *Charles Mainet* (1300-25), dans une compilation française du début du XIVe s., le *Charlemagne* de Girard d'Amiens, dans la saga de *Charlemagne*, dans la mise en prose du roman de *Charles Martel*, dans le poème allemand du Stricker sur Roland. Joignez-y que toute la partie de *Renaud* où celui-ci est accueilli par le roi Yon d'Aquitaine, puis abandonné par lui, ne convient nullement à ce personnage, qui est en réalité un royaliste, mais est l'histoire exacte du roi Chilpéric II, l'adversaire de Charles Martel.

C'est que *Mainet* est le récit de la lutte dirigée par Charles Martel, appelé ici Charles Mainet, par une erreur de trouvère qui n'a pas compris le sens du nom Charlemaine (Charlemagne) contre le roi de Neustrie Chilpéric II, qui par suite d'une confusion entre Chilpéric et Childéric est appelé ici Heudri (Hoderich en allemand, Landri en italien, Eldoïs en espagnol), et son maire du palais Rainfroi ou Hainfroi (Haenfrait en allemand, Leufroi et Lanfroi en italien, Mainfroi en espagnol), lutte commencée en 715 et terminée en 720 par la prise de Chilpéric et en 723 par la défaite de Rainfroi (1).

---

(1) Le chroniqueur Aubri distingue la guerre contre Rainfroi en 722 de la guerre contre Lanfroi en 725. Outre l'allusion à Heudri et Rainfroi dans *Doon de Maience*, v. 6612, et leur présence dans *Auberi*,

Certains traits historiques ont été maintenus; ainsi Girard d'Amiens a conservé le souvenir de la bataille de Soissons (720). il sait que Chilpéric fut pris sans combat peu après et que Rainfroi continua la lutte après cette capture ; les *Reali* savent que Chilpéric était le roi et Rainfroi le sénéchal, lisez le maire du palais. *Charles Martel* connaît le roi Tiéri (673-691), le vaincu de Textry, qu'il appelle Theodorus (pour Theodoric), et le roi Chilpéric (715-720) qu'il appelle Ydrich (c'est notre Heudri) et qu'il fait fils de Tiéri, dont en réalité il était le neveu. Pour lui Charles, après avoir battu Heudri et son allié Yon d'Aquitaine qu'il dédouble en Oton de Pavie et en un roi d'Aquitaine auquel il donne le nom du grand saint poitevin Hilaire, est devenu roi en épousant la fille de Tiéri, l'héritière du royaume (1).

Mais l'esprit général des faits a été complètement faussé, et tandis que dans l'histoire Charles combat avec les Français de l'est contre ceux de l'ouest et du midi, nous allons voir que ceux-ci sont ses alliés et ceux-là ses adversaires dans tous nos récits épiques.

Etudions maintenant les différents personnages du récit.

Disons d'abord que le jeune Charles est forcé de fuir la France, et après avoir cherché un asile à Angers, à S. Omer, en Bourgogne, suivant les différentes versions, de se réfugier

---

éd. Tarbé, p. 127 et 134, on trouve encore dans *Gaidon*, les traîtres Heudré (v. 6977) et Rainfroi (v. 6912), dans *Aioul* le bourgeois Eldré (v.2583), dans *Elias* le clerc Heudri (v. 6333) et Heudré, adversaire en champ clos du héros (v.2036), dans *Godefroi* l'hôte Rainfroi (v. 2611), dans *Bovon de Comarcis* (v. 367), le narbonnois Rainfroi, dans *Huon de Bordeaux*, Rainfroi ou Hainfroi (et non Godefroi).

Le roi Heldin de *Partenopeus*, v. 2175, est plutôt calqué sur Holdin, i. e. sur Oudin.

(1) Du moins il a utilisé, sans l'amener jusqu'à la conclusion, une légende qui racontait ainsi les choses.

en Espagne où un conte qui a peut-être existé à l'état indépendant (du moins on le retrouve tel dans les chroniques espagnoles) lui faisait conquérir l'amour de Galienne, fille de l'émir de Tolède Galafre, la bonne épée Joyeuse que lui donnait la princesse, et Durandal, qu'il enlevait au sarrasin Braiman.

Nos deux poèmes français font jouer dans le sauvetage du jeune prince un rôle important au cuisinier David. C'est là sans doute un personnage imaginaire, inventé par le romancier. Le poème allemand y fait également allusion, mais la version italienne l'ignore.

C'est en Espagne qu'il rencontre Moran qui figure dans toutes les versions, mais qui chez les Italiens, les Allemands et les Espagnols se trouve dès le début aux côtés de Charles et joue le rôle de David ; après la rentrée de Charles en France, il disparaît dans la version française, il est tué en Espagne dans le récit allemand.

Près du jeune prince, *Mainet* mentionne Beraud d'Orlenois, Aimar le mansel et Gui de S. Olmer, Tiéri, Maiengot, enfin Hugues et Henri. Trois de ces personnages reparaissent dans Girard d'Amiens, Hugon et Henri, transformés en comtes d'Auvergne et de Berri, suivant un procédé que j'ai déjà signalé dans la légende d'Amile et qu'on retrouve dans celle d'Amauri. Leur rôle y est capital ; ce sont eux qui en réalité rétablissent le jeune prince. Ils sont inconnus des autres versions. Tiéri reparaît dans l'allemand, et Maiengot ou Maingot dans l'espagnol.

Béraud reparaît dans Girard d'Amiens (f°s 24, 30, 62, 65), mais ni Aïmar ni Gui ne reparaissent. Béraud manque à toutes les autres versions. Au lieu d'Aïmar et de Gui, Girard fait figurer Erchenbaud (f°s 25, 30, 65) et un comte de Senlis (f°s 24, 61, 65) qui est sans doute l'Ernaud de Senlis de la version allemande. Je ne compte pas en effet Esmeré (f°s 24,

25, 30) qui ne figure que comme surnom de David ou dans des énumérations certainement interpolées.

Mainet connaît encore d'autres personnages sympathiques à la cause du jeune Charles ; ce sont Milon le comte-évêque de Nantes contemporain de Moran, Bernard qui fut en 830 le protecteur du jeune Charles le Chauve, et les Bretons rebelles, toujours placés au rebours de leur rôle historique, Ripes, notre Erispoé (851-857), et un Gomer l'angevin qui n'est autre que le roi breton Guimar ou Guimer, le fameux rebelle tué en 825 (1).

Le récit allemand analysé par M. Gaston Pâris n'est pas en tout conforme au récit français. Sans doute il connaît David et l'échanson Tiéri et fait disparaître Moran avant la rentrée du jeune prince en France, mais il fait de Moran un français et non un musulman converti. Il ignore Hugon, Henri, Beraud, etc., et les remplace par Evrard, qui accompagne le jeune Charles en Espagne, Ernaud de Senlis, Belin d'Arles (le dieu Beli de la mythologie celtique), Godin et un certain Gerfin de Termes qui est peut-être le Tiéri de Termes du *roi Louis*, enfin Hoël de Nantes qui joue tout naturellement le rôle de notre Erispoé.

Tiéri est plutôt un personnage de la légende de Charles le Chauve, un ennemi de Girard de Roussillon ; il joue un grand rôle dans la saga de *Charlemagne* qui correspond au *Mainet* ; c'est lui qui met à mort Heudri et Rainfroi dans Girard d'Amiens, et je suis très disposé à croire qu'ici comme cela arrive souvent, Hervi de Ponterlie doit être Terri ou Tiéri.

Tiéri aurait donc été dédoublé dans la version allemande. De plus si l'on se souvient que Godin est représenté ailleurs

---

(1) Ils sont réduits à deux dans Girard d'Amiens ; son Milon duc d'Anjou est à la fois Milon et Gomer, et son duc de Dijon Bernard et Ripes.

comme le fils de Huon de Bordeaux et que dans Girard d'Amiens Huon et Henri ont les allures de deux frères, ce qui ferait de Godin le neveu de Henri, comme il l'est de Gerfin de Termes dans le récit allemand, on est tenté de croire qu'il y a eu dans l'esprit de l'auteur une certaine confusion entre les personnages de Tiéri et d'Henri.

Son Ernaud de Senlis, le comte de Senlis de Girard d'Amiens, n'est pas distinct du Bernard de Moncler de *Mainet* ; c'est encore là une bévue de scribe. On va retrouver en effet dans les *Reali* ce personnage de Bernard.

Evrard est le plus difficile à identifier. Ce n'est pas qu'on ne le retrouve de temps en temps dans notre épopée, mal famé dans le poème royaliste d'*Auberi* (f° 69), mal famé également dans *Doon de Maience*, v. 2041 (la mise en prose de Jean des Preis fait jouer son rôle à un nommé Henri). C'est peu, car cela ne nous avance guère d'entendre qualifier, dans *Girart de Roussillon*, Garin d'Escarabele de père d'Evrard (par. 230), ou de voir l'anglais Evrard dans le chroniqueur Mousket donner à son souverain le conseil d'expulser Isenbard (v. 14.125).

La saga de *Charlemagne* a emprunté à l'histoire son Evrard, beau-frère du roi Charles (en réalité Charles le Chauve, dont Evrard de Frioul épousa la sœur) ; elle lui donne d'ailleurs pour fils un autre Evrard, et, je crois, un Alard. Peut-être existe-t-il quelques rapports entre l'Evrard et l'Evroïn épiques (1).

Le chroniqueur Aubri nous a laissé un résumé de *Mainet* où l'on retrouve : le dieu celtique Beli, fils d'un Raimond de S. Gilles qui est tout indiqué pour être le père d'Elie, puis le Milon des poèmes français, dédoublé pour la circonstance en un Milon d'Anglers et un Milon de Bourgogne

---

(1) Je ne parle pas bien entendu d'Evrard de Granai, (lisez de Tournai), croisé en 1096, *Godefroi*, p. 276.

fils de Garnier, le duc de Dijon de Girard ; c'est une erreur d'avoir mis là ce rebelle, mais le trouvère qui faisait jouer ce rôle à Ripes ne se trompait pas moins ; puis Sanson et son fils Renier, qui figurent également dans le *Carleto*, mais sont absents des autres versions, et qui sont tout indiqués par leur dévouement réel à la cause royaliste pour figurer près du jeune roi, quoiqu'ils soient en étrange compagnie auprès du rebelle Garnier. David, Moran, Tiéri n'y figurent pas.

Je ne connais le *Charles Martel* que par les rubriques publiées par M. Paul Meyer dans sa traduction de *Girart de Roussillon*, j'y vois que le principal allié de Charles est un certain Reinbaud (c'est encore notre roi breton Erispoé) et qu'il se mesure en champ clos avec un certain Guion ou Guimar. C'est encore le roi breton Guiomar. A-t-on oublié qu'ils furent tous deux des rebelles, n'a-t-on conservé souvenir que de l'alliance d'Erispoé avec le roi Charles à la fin de sa vie, a-t-on voulu expliquer ainsi qu'Erispoé ait obtenu après Guiomar la couronne de Bretagne, je n'oserais me prononcer entre toutes ces suppositions.

Le récit du Stricker est beaucoup plus simple ; c'est une allusion aux luttes des Français contre Guiomar et Ripes, appelés ici Guineman et Rabel, et à l'appui prêté en 841 à Charles le Chauve par le comte Tibaud. La version espagnole ne connaît que Moran, Maiugot (1), le duc de Bourgogne

---

(1) Ce Maiengot ou Maiugot (le nom a trois syllabes ; il faut donc lire Maiugot et non Maingot) est cité à deux reprises dans *Mainet* (p. 315 et 316), toujours associé à Tiéri. Outre le *Mainet* espagnol, on retrouve dans *Maurin* (v. 67) Manigos l'espanois comme un royaliste. Jean des Preis, racontant les victoires de Jules César, dit qu'il conquit la petite Bretagne sur le roi Hanigos, qui avait vaincu et tué son oncle, le roi Theodogus de Barbastre. Enfin *Aioul*, v. 5808, parle du voleur Magegos. Comme pour Maelgut, Malaquin, Malatan, il s'agit sans doute encore ici du dieu celtique Maelwas.

et un certain Garnier qui figure là comme personnage très accessoire.

Le récit de la saga de *Charlemagne* est beaucoup plus compliqué. Charles a bien toujours Rainfroi pour adversaire, c'est chez Tiéri qu'il reçoit l'hospitalité, mais son principal champion est ici Basin, le général de Charles le Chauve (mort en 887). De plus, si c'est toujours d'Anjou et de Bretagne que viennent les renforts, les chefs de ces deux provinces portent les noms très récents dans l'épopée de Geddon (Gaidon) de Bretagne et de Jofroi d'Anjou. Il faut ajouter enfin que, malgré ce renseignement qui place la scène dans l'ouest de la France, malgré la mention du séjour de Tiéri à Peituborg, qui paraît bien être Poitiers, comme dans la saga d'*Elie*, la mention de l'évêque de Trèves, la localisation du séjour de Rainfroi à Tongres, et une tendance à identifier avec Ratisbone (Regensborg) la Rome (Rumensborg) où le jeune Charles fait la rencontre de Naimon, comme dans les *Reali* il y rencontre son fidèle allié Bernard, semblent indiquer qu'un intermédiaire allemand s'est placé entre le poète français et le compilateur scandinave. Ajoutons que la mention de Girard comme auxiliaire de Charles est une interpolation contraire à toutes les données historiques et légendaires (sauf dans *Charles Martel* et le passage de *Girart de Roussillon* où il est dit que Girard a battu Radbod de Frise); il en est des renforts que celui-ci va chercher dans la France du nord comme de ceux que Basin va lever dans l'ouest, ils ont pour chefs des personnages récents, le comte Baudoin de Flandre et un certain Gautier d'Arras qui paraît avoir été inventé par l'auteur de *Raoul* (1).

---

(1) Dans les poèmes français qui font allusion à Basin, le chef des conspirateurs ne s'appelle plus Rainfroi, mais Gerin, par suite d'une confusion que j'expliquerai tout à l'heure en parlant du *Mainet* italien.

Notre épopée parle peu des auxiliaires de Heudri et de Rainfroi ; seul *Charlemagne* mentionne un Engeran de Beaufort. La saga a rangé dans ce groupe un royaliste mal famé, Isenbard, un rebelle, Guiomar (dédoublé en Tangemar et Tamir), Fouchard, Soibaud (Segbert), Ansel (Andeal ou Anzeal), Engeran, Rogier (dédoublé en Rozer et Rezer), et Gacelin (Valan, Vadalin, Valalin et Vazalin).

Le compilateur scandinave a ajouté à ce récit une suite qui n'est pas sans rapports avec ce que j'ai cité de *Charles Martel*. Ce roman fait lutter en champ clos Reinbaud, i. e. Ripes, et Guiomar. Ici Reinbaud (il faut toujours lire Ripes) a reçu les biens des traîtres Tamer et Tangemar (il faut lire Guimer et Guiomar, c'est un doublet de Guiomar), ce qui veut dire qu'il a remplacé sur le trône de Bretagne ce Guiomar auquel *Mainet* l'associait sous le nom de Gui de S. Olmer. Reinbaud va avoir maintenant à lutter contre Garnier. L'auteur a tout à fait oublié que Garnier et Ripes ont fait ensemble campagne contre Charles le Chauve, ou le rôle de Reinbaud a été partiellement altéré par l'influence de Renaud, fils d'Aimon et ennemi de Guimar. Or ce Reinbaud a un ami, Aïmer de Galice, le mansel Aimar de *Mainet*, qui, comme Olivier et Otes par rapport à Roland, a commencé par être son adversaire, et qui n'est autre que le mythologique Hama.

J'arrive enfin au récit italien des *Reali*. Comme dans le *Mainet* allemand, il semble bien que la bataille a lieu entre Orléans, où est Charles, et Paris, où est Heudri (1). Les deux

---

(1) Dans *Charlemagne* ou plutôt dans son original la bataille devait se livrer entre Troies et Soissons (f° 61 et 62) ; le compilateur *amiénois* en a reporté le théâtre jusqu'à Montdidier, et par l'hostilité d'un contemporain de Philippe le Bel contre les Flamands et leur comte Gui de Dampierre, il a transporté à Dinant et à Namur le foyer de la résistance et transformé Radbod, l'allié de Rainfroi, en Raimond de Dampierre.

— 283 —

fidèles compagnons de Charles, Ogier et Naimon, inconnus aux autres versions, mais dont le dernier avait déjà fait son apparition dans la saga, sont près de lui. Moran, qui dès le début a veillé sur sa vie, n'est pas mort en Espagne. Le fidèle Bernard, qui paraît dans la suite remplacé par un Guillaume de Bordeaux, calqué sur le fidèle Guillaume du *Couronnement*, ne manque pas à l'appel. Il y a d'ailleurs dans l'autre camp un Bernard, qui représente Bernard de Septimonie (mort en 844), msis qui en même temps obtient grâce du roi, car il a certains traits de Bernard d'Auvergne (1). De même il y a deux Milon, Milon d'Anglant, et un Milon de Bourgogne, qui joue le rôle du Milon de Pouille de notre épopée. Le roi a encore comme adversaires le rebelle Girard de Frete, le dieu Gwynwas (Guinan), le rebelle Grifon, Lionel et Denis, fils de Richier, le protecteur des rebelles de la vallée du Rhône, Gui et Girard. Près du roi sont les héros franco-bretons, Salomon, Anquetin, Bérengier, Lambert, parent de Naimon, Gui de Gascogne, et c'est parce que certains de ceux-ci, Gui par exemple, et surtout Lambert, figurent parmi les royalistes que leur ennemi Garin, le royaliste de 840, figure aux côtés de Girard parmi les rebelles et sera dans les allusions de *Renaud*, d'*Elie* et d'*Elias* au poème perdu de *Basin*, le chef des conspirateurs. (2)

---

(1) Il est frère de Girard qui, irrité de son pardon, lui fait la guerre et le dépouille, malgré l'appui d'Elimo ; on retrouve ici le dieu Beli, qu'on retrouverait encore dans le Belinas de Grèce au service duquel se met *Charles Martel* dans son exil. C'est tout à fait l'idée de la saga de *Charlemagne* sur Girard de Vienne ; celui-ci a parmi les siens un Bernard qui est pris, pardonné et créé comte d'Auvergne.

(2) Ou plutôt parce que Basin, ayant commandé après Garin dans la vallée du Rhône, a été considéré comme son remplaçant, et par suite, comme son ennemi.

Il me reste à dire un mot des chefs sarrasins avec lesquels Charles se trouve en rapports. Quand il délivre Rome et le pape Milon (que les *Reali* ont remplacé par l'historique Léon III, devenu par une confusion de Léon III et de Léon IV, successeur du pape Serge) de *Carleto*, de *Charlemagne* et de *Renaud*, son adversaire porte les noms courants de Brunor dans l'italien et de Corsuble dans le français. En Espagne, il se réfugie chez le roi de Tolède ; c'est une allusion au petit royaume musulman dont cette ville fut la capitale de 1031 à 1085, sous l'émir Hixem de Cordoue (1076-1081), ajoute avec précision le texte espagnol qui le fait lutter contre deux personnages historiques du XIIe s., Abdalla, émir de Cordoue et Abrahim (lisez Ibrahim), émir de Séville. Baligand et Marsile étant représentés ici comme les fils de l'émir de Tolède, on fait également régner ce prince sur Saragosse. Son nom est Galafre, personnage que l'on retrouve, soit sous cette forme, soit sous la forme Galafer dans *Roland* (v. 1663), le *Couronnement* (v. 301 b et c, etc.), la *Mort Aimeri* (v. 673, etc.), *Auberi* (f° 8 et éd. Tobler, p. 100), *Huon de Bordeaux* (v. 6886, etc.), le *Siège de Barbastre* (f° 147), *Elie* (v. 655, où d'après la saga je corrige Pilate en Galafre), et qui me paraît forgé sur Galan, le divin forgeron de la mythologie scandinave (1), comme Corsuble sur Corsolt et Agolafre (qu'on trouve dans *Aliscans*, v. 373, et dans *Fierabras*, v. 4290) sur Agoland. (2) Voilà pour

---

(1) Galan ne joue aucun rôle dans notre épopée, mais il y est fait souvent allusion en tant que forgeron dans *Ogier*, laisse 48 et p. 402 ; *Doon de Maience*, v 5031, 6698, 8758 ; *Elioxe*, v. 3098 ; *Godefroi*, v. 1711 ; *Fierabras*, v. 644; *Raoul*, v. 489 ; *Gui de Nanteuil*, v. 951 ; *Foucon*; *Huon de Bordeaux* ; dans *Maugis* Murgalan le sarrasin est dit fils de Galan.

(2) Le Galadre de Norvège de *Ciperis*, le Balifre ou Galifre d'*Anséis*, v. 6524, sont imités de Galafre. Quant à celui qui figure dans

son protecteur. Quant à ses ennemis, ce sont, défalcation faite du Polinoro des *Reali*, emprunté au cycle d'Artus, Braiman, Braiban ou Braman, dont le nom a une physionomie germanique très caractérisée, Caïman, qui est dans le même cas, Caïfer qu'il faut probablement lire Caïfas, et qui est un nom juif, tout à fait analogue à ceux de Golias et de Faraon que l'on rencontre de temps en temps dans notre épopée (1), enfin Bruant ou Bruyant que j'ai déjà étudié à propos de *Fierabras*.

XX

A la légende mérovingienne sur les fils de Clotaire, qu'il a complètement défigurée (il faut ajouter à ce que j'ai dit que le Marcus d'Orléans de *Ciperis* est devenu Hilaire de Hongrie), aux récits hagiographiques qui assimilent Dieudonné à S. Honoré et Supplante à S. Foi, aux fantaisies purement jougleresques qui ont amené là Balan, Corsabrine, Josué, etc., *Charles le Chauve* joint quelques souvenirs de l'épopée carlingienne qui sont précieux à recueillir. Le nom de Guillaume lui était antipathique, ce qui est rare dans notre épopée; Guillaume de Montfort est le rival de Melsiau, Guillaume d'Esturgon le persécuteur de Dieudonné. Sans doute le premier, candidat des purs Français qui ne veulent

---

Maugis, et auquel fait allusion *Doon de Maience*, v. 6611 etc., c'est notre Galafre de Tolède.

(1) On trouve des allusions à notre Braiman ou Bremon dans *Doon de Maience*, v. 6610, et *Gaufrei*, v. 1124. Le nom reparaît dans *Galien,* p. 7, et les *Enfances Ogier*, v. 4829 et 5880. Il y a un Caïman dans *Anséis*, v. 2753. On retrouve Caifas dans *Aliscans* (v. 3158 et 3172), *Anséis* (v. 3522), *Elie* (v. 1512, etc.), *Floovant*, (v. 1492), le *comte de Poitiers* (v. 792).

pas du roi infidèle, n'était pas à l'origine distinct du grand Guillaume qui repoussa dans la légende Oton de Germanie ; les sympathies du trouvère ayant tourné et s'étant portées vers le prince étranger, le héros est devenu un personnage antipathique. Goubaud et son fils Nivelard (dont le nom est forgé sur celui de Nevelon) appartiennent bien réellement à l'épopée de Charles le Chauve ; nous les avons déjà vus dans *Amile* lutter contre ce souverain. *Huon de Bordeaux* considérait qu'Amauri, comte de Nantes en 850, était responsable, par les mauvais conseils qu'il lui avait donnés, du meurtre du jeune roi Charles d'Aquitaine ; notre trouvère en fait l'auteur et non plus seulement la cause occasionnelle de cette mort. Il confond lui aussi la Bretagne et la Bourgogne, son Amauri, très logiquement qualifié de Bretagne, étant, tout comme Hervé, transformé en comte de Lyon.

Quant aux comparses de l'une et l'autre armée, ce sont les personnages traditionnels que leur nom voue à un rôle désormais classique : rebelles ennemis du héros, Foucon et Guiomar, associés par la transformation que leur a fait subir *Renaud* aux royalistes ennemis des rebelles, Achard, Alori, Asselin, Ertaud, Evroïn, Gontier, Sanson, Tiéri, Tibaud, jetés pêle-mêle avec le celtique Perceval dans le camp des ennemis de la royauté. Ce sont d'autre part S. Antoine, le protecteur de *Gui de Nanteuil* et du fils de *Parise*, le bon sarrasin appelé ici Garsile, le bon hôte Joseran de la *Reine Sibile*, le fidèle Richard (et non Guichard) de Normandie de *Renaud*, de la *Reine Sibile*, de *Bovon d'Aigremont*, etc.

L'auteur était sans doute un Brabançon ; le rôle qu'il fait jouer dès le début (f° 1) au duc de Braban et de Louvain, comme à Valeran de Limbourg (et non de Limoges, comme porte le manuscrit), que la *Rose* et la *Violette* avaient déjà signalé à l'attention des trouvères, le prouve assez. Il n'aimait pas les Bretons, ni les héros celtiques ; son Guillaume de Montfort est un baron de Bretagne, son Amauri un Breton, son Perceval un Celte.

Il est fort possible qu'il y ait là un reflet de l'histoire, et pour quelqu'un qui connaissait un peu Charles le Chauve, il était beaucup plus naturel de lui donner les Bretons pour adversaires que pour soutiens, comme s'acharnent à le faire tant d'auteurs des XIIe et XIIIe siècles (*Bovon d'Aigremont*, *Girart de Roussillon*, etc.) Derrière eux il a placé, comme au temps de Charles Martel, tous les barons du sud-ouest, les successeurs des anciens fidèles des rois Yon ou Hunaud d'Aquitaine, le comte d'Auvergne, le comte d'Agignois (lisez Agénois), etc.

Peut-être enfin n'a-t-il si bien accueilli la candidature épique du roi étranger à la couronne de France que parce que ses sympathies le portaient, en ce XIVe siècle où il écrivait sans doute, vers les prétentions analogues du roi Edouard d'Angleterre.

CHAPITRE V

LE Xe SIÈCLE

J'ai déjà fait allusion dans le premier chapitre de cette étude aux évènements et aux personnages du Xe siècle qui sont devenus matière ou ornement épique. J'ai parlé de Baudoin de Flandre (896-917), d'Erluin de Pontieu (926-946), d'Haguenon, d'Herman de Souabe (926-948) ; il reste à étudier un groupe, celui des trois barons de l'ouest, Hoël de Nantes (960-981), Jofroi d'Anjou (958-987), Richard de Normandie (943-996), un fait, la conquête de la Bretagne par les Norois et leur expulsion au Xe siècle.

I

Les trois barons hérupés, pour leur donner le titre qu'ils portent dans l'épopée romane, y font une figure fort dissemblable. Richard est celui dont le rôle est le plus étendu, celui qu'on retrouve le plus souvent et dans la plus brillante posture ; mais il n'est jamais qu'un héros épisodique. Jofroi, moins favorisé par les trouvères, est, aux yeux des chroniqueurs latins de son pays qui traduisent des poèmes perdus ou qui en démarquent pour les lui appliquer, un héros épique de premier plan. Hoël enfin, à cheval sur les cycles d'Artus et de Charlemagne, membre d'une famille épique qui comprend son père Alain, son frère Erec et son ennemi Conan, atteste qu'en ce siècle encore la production romanesque a en Bretagne son maximum d'intensité.

Le rôle épique de Richard de Normandie est très considérable. Dans *Roland* (v. 3050) il commande les Normands, il figure déjà (v. 171) parmi les conseillers du monarque, il est tué par l'émir (v. 3470). Il n'est pour ainsi dire pas un poème qui l'omette : *Floovant* (v. 1429), *Fierabras* (v. 112, etc.), *Gui de Bourgogne* (v. 74 et suiv.), *Anséis*, (v. 9346, etc.), *Galien* (p. 126 et 336), *Simon de Pouille* (f° 142, etc.), *Doon de Maience* (v. 7354, etc.), *Aimeri* (v. 358, etc.), le *Moniage Guillaume* (f° 272), le *roi Louis* (v. 136), les *Saisnes* (laisse 30, etc.), *Ogier* (p. 211, 221), les *Enfances Ogier* (v. 512, etc.), *Doon de Nanteuil* (v. 154), *Bovon d'Aigremont* (p. 26), *Maugis* (v. 5227, 6683, 8537, 8599), *Renaud* (laisse 12, etc.), *Girart de Viane* (p. 161), *Girart de Roussillon* (par. 230, 231, 248, 398), la *Reine Sibile* (f°ˢ 280, 282, 372) lui font jouer un rôle important. Le chroniqueur Jean des Preis en fait le petit-fils de Doon, le chroniqueur Aubri de Troisfontaines le petit-fils d'Aimeri. Dans les cinq premiers de ces poèmes et dans *Renaud*, il est un des douze pairs : dans *Doon de Nanteuil*, il porte l'étendard royal, et dans *Doon de Maience* il supplée dans cette charge l'évêque Turpin. Dans *Girart de Viane*, il propose l'ouverture des négociations. Dans *Renaud*, où il est tombé aux mains des rebelles, les barons obligent l'empereur à faire la paix pour lui sauver la vie. Dans la première version des *Narbonnois* (v. 583, etc.), il va au secours d'Aimeri ; dans la seconde (II, p. 38), il est chargé de faire tête aux Saxons, tandis que les Bretons et les Angevins marchent contre les Sarrasins d'Espagne. Dans *Fierabras*, c'est lui qui traverse les lignes ennemies pour aller chercher au camp royal l'armée de secours destinée à délivrer ses compagnons assiégés. Dans *Gui de Bourgogne*, c'est lui qui rabaisse l'orgueil du roi en lui montrant combien est imparfaite sa conquête de l'Espagne. Dans la *Reine Sibile*, il fait partie de l'ambassade envoyée à Constantinople pour demander la main de la jeune princesse ; plus tard, il se prononce énergiquement contre la continuation de la guerre.

La fondation par ses soins du monastère de Fécamp est rappelée dans le *roi Louis*, v. 138, dans *Gui de Bourgogne*, v. 75. Le *Couronnement* qui en veut aux Normands, sans doute par confusion avec les Norois, peut-être aussi par animosité locale, lui attribue un vilain rôle (v. 1574, etc.). Comme les autres barons de l'ouest, il aide toujours le roi contre les rebelles, contre Bovon et Girard, contre Ogier et Renaud, et son contingent, dans *Bovon d'Aigremont*, est évalué à vingt mille hommes.

Son rôle est, on le voit, fort important, mais de pure convention ; et, sauf la fondation de Fécamp, que l'on rappelle en passant, aucun trait de son histoire réelle n'a survécu dans sa physionomie épique (1).

---

(1) Outre le Richard frère de *Renaud* dont j'ai parlé, mentionné par ce poème et par *Gaufrei* (v. 92), outre différents Richard de pure fantaisie (le héros de *Richard le Beau* et son père adoptif, le ribaud ivre qui insulte Bertran et est tué par lui, *Ogier*, le Richard de Duras, de *Galien*, p. 279, il y a dans l'épopée certains Richard sur l'identité desquels il est assez difficile d'être fixé. Il est très évident que le Richard de Poisi, de *Galien*, le Richard de Comborn, de *Girard de Roussillon*, le Richier de Normandie, d'*Aimeri*, le Robert de Normandie, de *Doon de Maience*, ne sont que des variantes ou des erreurs de scribe ; on peut penser de même et lire dans le *Siège de Barbastre* Richard (et non Achard) le normand, f° 150, et Richard le duc de Normandie (et non le courtois de Pavie), f° 146 ; ou dans *Charles le Chauve*, f° 34, Richard le normand et non Guichard comme défenseur de Paris contre les rebelles. Par contre, dans *Otinel*, v. 1225, il faut lire Milon d'Eglent et non Richard d'Eglent, dans *Ogier* (laisse 3 et p. 125), Hue du Mans, et non Richard ou Richier du Mans, dans *Foucon*, p. 60, Girard le lorrain et non Richard. De même le Richard de Chaumont, de *Godefroi*, v. 5190, etc.), quoique appelé Richard le normand (p. 271), en est certainement distinct.

Mais que dire du Richard l'inglois de *Foucon*, f° 17, du Gui de Beorges et Richard d'Auvilers de *Foucon*, p. 59, du Gui de Nevers

Jofroi, comte d'Anjou de 958 à 987, a été introduit dans notre épopée au même titre que ses contemporains et proches voisins, Hoël de Nantes et Richard de Normandie. Ce ne sont pas des héros épiques, ce sont des seigneurs féodaux, qu'un interpolateur intercale, dans un vieux poème où ils n'ont que faire, en un ou deux vers, v. g. dans *Roland*, et où d'autres trouvères plus récents viennent le chercher, soit pour lui faire jouer un rôle, soit pour l'associer à un normand, à un breton, à un manceau authentique (*Fierabras*, les *Narbonnois*, v. 2542, etc., *Girart de Viane*, *Raoul*, les *Lorrains*, *Renaud*, *Simon*, la *Reine Sibile*, f° 373). Quand on le trouve associé à Huon ou à Hunaud (*Siège de Barbastre*, *Aimeri*, *Otinel*, *Gaidon*, *Ogier*), il faut bien se dire qu'il y a un écho d'un vers associant Huon du Mans ou H. (lisez Hoël) de Nantes et Jofroi l'angevin, et qui s'est en partie substitué à un vers où figurait le Hunaud ou Huon épique. Lorsqu'on voit Jofroi d'Anjou figurer comme messager dans *Guibert*, il faut se dire que primitivement il n'y avait là qu'un Jofroi sans seigneurie ; mais on était si habitué à voir toujours le surnom d'angevin accolé au nom de Jofroi qu'un remanieur irréfléchi l'aura mis là, croyant bien faire. Lorsque dans les *Lorrains* et dans *Ogier* on trouve Jofroi de Lusignan, il s'agit du fils de Hugues VIII introduit là, comme Savari de Mauléon, pour rajeunir un héros ancien ou pour vieillir les ancêtres d'un seigneur moderne. Lorsqu'il est question de Jofroi le breton, il faut toujours lire Jofroi le baron. Quand *Foucon*, la *Mort Aimeri*, *Galien*, la version italienne des *Enfances Ogier*, *Girart de Viane*, *Aspremont*, les *Saisnes* parlent de Jofroi de Paris, il faut lire Josse de

---

et Richard, Richier ou Girard d'Orion ou de Rion, *Ronceveaux*, laisse 338, du Richard mon parent et Fouchier le barbé de *Gui de Bourgogne* (p. 136). La saga de Charlemagne (I, 37) cite un Richard fils de Richard de Normandie.

Paris, diminutif de Josseran, ou Jofroi d'Anjou dont on a modifié le nom pour la rime, car Jofroi l'angevin assonait, mais ne rimait pas, dans les laisses en i. Nulle importance à attacher au Jofroi fils Rogier de *Foucon*, au Jofroi fils Gaudin des *Lorrains*. Godfrid de Danemark reste donc le seul Jofroi épique, à moins que dans l'allusion aux guerres de Renier et de Jofroi l'Aleman que raconte *Girart de Viane*, il faille voir un souvenir du comte Renier de Hainau et du pirate scandinave Godfrid, devenu duc de Frise, et assassiné en 885, avec lequel en effet Renier put se mesurer. Mais Danois et Allemand sont souvent synonymes dans notre épopée, et il se pourrait qu'il ne s'agit là encore que du plus ancien des deux (1).

On m'objectera peut-être qu'il a existé des épopées perdues dont Jofroi d'Anjou était le héros et dont on retrouve le squelette dans la chronique latine d'Eudes de Marmoutier (XIIe s.). J'en doute fort, et je me demande si ce n'est pas le chroniqueur qui, à l'imitation des vieilles chansons, du *Moniage Guillaume* notamment, a composé de toutes pièces son récit, où il a intercalé le nom de Jofroi.

Deux épisodes le composent : le premier est relatif au siège de Paris de 978 ; Jofroi d'Anjou tue le géant Hethelwulf qui insultait quotidiennement les Français, il est le gonfalonier du roi et prend une large part à la défaite près de Soissons des ennemis qui, ayant levé le siège(1), ravageaient le Soissonnois et le Sellentois jusqu'aux environs de Laon. Dans ce géant je suis porté à voir l'Aerofle de notre épopée ; mais les assiégeants ne sont pas l'empereur Oton, duc de Saxe et roi de Germanie, ce sont le danois Huasten ou Haustuin, sans doute le fameux Hasting ou Alstagn du IXe siècle, et les comtes de Flandre Edouard et Hilduin, appuyés d'un contingent saxon ou souabe. Or Edouard et Hilduin ne

---

(1) Il les fait camper à Montmorenci, il faut lire Montmartre.

sont ni des flamands historiques, ni des personnages épiques. Je ne connais d'Edouard que parmi les rois saxons d'Angleterre, et l'intervention des Flamands dans la guerre de Foucon d'Anjou et d'Odon de Chartres en 992 ne me paraît avoir aucun rapport avec notre récit.

Le second met en scène le roi Huon ; c'est évidemment Hugues Capet, et il y a là déjà une erreur, puisque Jofroi mourut l'année où ce prince ceignit la couronne. Près de lui se trouvent Jofroi et Richard, puis Henri de Lorraine, il faut lire probablement son frère Henri, duc de Bourgogne. Un teuton de Suesia, Edelthed (c'est probablement Ethelred, d'où notre épopée a fait Aelrot) (1), réclame la couronne de France comme descendant de Pharamond et de Clovis ; on sait que c'est dans notre épopée la prétention de ces princes saxons plus ou moins historiques, ancêtres de Guitequin, qui s'appellent Brunamond, Bréhier, Justamond. Ethelred a l'appui du roi d'Italie Oton ; est-ce l'empereur Oton, qui fut en effet roi d'Italie et qui combattit le duc de France Huon, père du roi Huon Capet ; c'est possible. Les deux Oton et les deux Huon auraient été confondus, car on voit Huon assez disposé à se contenter du duché de France. Toujours est-il que Jofroi se mesure en champ clos avec le frère du duc de Saxe, Berthold, et par sa victoire assure la couronne sur la tête du roi Huon (2).

(1) On remarquera qu'Ethelwulf, Edouard, Ethelred, sont des noms portés par les rois saxons d'Angleterre.

(2) La *Chronique de Nantes* attribue la défaite et la mort de l'insolent géant saxon sous les murs de Paris au duc Alain Barbetorte (938-952). M. Jeanroy a fait remarquer dans la *Romania* le caractère épique de ce récit complètement fabuleux. C'est donc à tort que M. de la Borderie le rattache aux évènements de 946 afin de lui conserver son historicité. Si l'épisode se passe sous le roi Louis, c'est parce qu'il a été emprunté au *Moniage Guillaume*. Le duc Alain est d'ailleurs le moins épique des trois princes de la

Hoël n'a pas cette riche biographie épique. Il ne paraît que pour commander les Bretons ou pour figurer dans une énumération de barons et de seigneurs. Tel est son rôle, dans *Aspremont* (f°s 26, 27, etc.), *Foucon* (f° 14 et p. 60), *Girart de Viane* (p. 33 et 64), *Girart de Roussillon* (par. 147), le *Couronnement* (v. 169 d.), *Fierabras* (v. 4701, etc.), *Gui de Nanteuil* (v. 796), *Aimeri* (v. 380), *Doon de Maience* (v. 8078), *Gaidon* (v. 1237 etc.), les *Lorrains* (p. 20, etc.), *Maugis* (v. 4547). Il est cependant plus ancien dans l'épopée que Jofroi d'Anjou et Richard de Normandie, puisque *Turpin*, qui ignore ces deux personnages, mentionne Hoël à deux reprises, parmi les adversaires de Fernagu et parmi les morts de Roncevaux. Les *Enfances Ogier* (v. 514, 575, 5097, 5102, 5524), qui l'ont emprunté à *Ogier* (p. 107, etc.), lui confient la garde de l'étendard royal et ajoutent qu'il portait pour armes le propre blason de Gauvain, le neveu d'Artus. La plupart du temps, il est désigné dans nos poèmes sous les noms d'Hoël de Nantes ou d'Hoël le Breton ; *Aimeri* l'appelle pour la rime Hoël de Cotentin. Un manuscrit de *Girart de Viane* donne la forme Noël. Il est bien évident que dans *Ogier* (p. 4, etc.) et dans les *Lorrains* (p. 207) il ne faut pas lire Hue ou Hunaud, mais Hoël de Nantes, en ce sens que Hunaud est l'œuvre d'un scribe et non d'un trouvère. Faut-il agir de même pour Hunaud le breton d'*Aimeri* (v. 1545, 2782, 4201) et du *Siège de Barbastre* (f° 110 etc) ? Y avait-il dans le poème primitif Hoël le breton, et Hunaud est-il une erreur de scribe ? Y avait-il Hunaud et quelque trouvère, influencé par Hoël le breton, a-t-il jugé à propos de fondre en un seul ces deux personnages ? Si cela était, Hoël atteindrait presque la réputation épique de Richard, et il la dépasserait sur d'autres points.

---

dynastie nantaise ; ses fils Hoël et Erec figurent dans le cycle d'Artus ; il n'est mentionné que dans Gaufroi de Monmouth.

En effet, *Ille*, qui n'est plus aujourd'hui, dans la forme où nous le possédons, qu'un roman d'aventures, a pour fondement historique les luttes d'Hoël de Nantes contre le comte de Rennes Conan (970-992). Même on a supposé avec raison que Galeron, qui dans le roman est la femme d'Ille, était un souvenir du Galuron qui en 981 assassina le comte Hoël ; dans l'original dont s'est inspiré Gautier d'Arras auquel nous devons la rédaction actuelle de ce roman, Galeron aurait joué le rôle d'Ille ; persécuté par son suzerain le comte Hoël, il se serait réfugié près de Conan, qui lui aurait donné les moyens de se venger de leur commun ennemi. Le roman en effet est très hostile à Hoël ; mais, sous l'influence des évènements contemporains, il fait de l'énergique comte de Rennes du X⁰ siècle, à l'image du faible Conan IV (1156-66), (1) un souverain sans influence, et c'est à la cour de France, parmi les héros carlingiens, Estoul, Gérin, Lancelin, que son héros va chercher appui. Des personnages des divers cycles se heurtent d'ailleurs dans ses vers ; à côté de ceux-ci l'on voit paraître des personnages particuliers au cycle d'Artus, Brun, Dinos, Eliduc, Lot, Nu, Ris, des noms de l'épopée antique, comme Paris, ou de l'histoire des croisades, comme Estatin.

Hoël joue un grand rôle dans le cycle d'Artus. Gaufroi de Monmouth nous le montre (liv. IX, chap. 2, 11, 12, 17, liv. X, chap. 9 et 10) se signalant près du roi breton dans ses campagnes d'Angleterre, de France et de Bourgogne, à la tête des Armoricains. Il est le beau-père de Tristan, le père de la seconde Iseut. S'il manque dans Chrétien de Troies et dans Raoul de Houdan (*Cligès, Erec, Ivain, Méraugis*), du moins son frère et successeur au comté de Nantes, Erec

---

(1) M. G. Pâris date *Ille* de 1157. Il faudrait donc abaisser un peu cette date, car il me semble difficile que Conan III ait été le prototype de l'impuissant prince dont parle le roman.

(981-990), remplace-t il dans les romans français le Gereint des contes celtiques. Il figure d'ailleurs dans trois des cinq *mabinogi* gallois consacrés aux exploits d'Artus, *Geraint*, *Peredur* et *Rhonabwy*, et les triades (tr. 94 de Loth) le signalent parmi les trois chevaliers royaux de la cour. Nul d'ailleurs n'a gardé le souvenir d'Alain son père ; il y a bien dans Gaufroi de Monmouth (liv. XII, ch. 6) un Hoël fils d'Alain et père de Salomon, mais c'est un personnage généalogique dont le rôle est nul, tout comme celui du prétendu Hoël II, fils du grand Hoël, gendre de Run et aieul de ce troisième Hoël dont je viens de parler. Pour Gaufroi, Hoël est le fils de Dubricius, nom porté par un évêque réel du VIIe siècle, prédécesseur de Teliau sur le siège de Landaf, et par le grand évêque légendaire de la cour d'Artus, consécrateur prétendu du saint armoricain Sanson et contemporain légendaire de S. Iltud.

Pour les Gallois, Hoël est le fils d'un certain Emyr, ancêtre mythologique où je retrouve l'Eber ou Emer des récits gaéliques, l'Ivor de Gaufroi, l'Ivoire ou Ivorin des romans carlingiens (1).

Ainsi ont été introduits dans l'épopée celtique tous les héros des Amoricains, Salomon dans la légende de Cadwalla, Alain qui est à la fois Alain le Grand (877-907) et Alain Barbetorte (937-952) dans celle de Cadwallader, Hoël et Erec dans celle d'Artus, Conan enfin dans celle de Maxime où le fondateur de la Bretagne féodale devient six siècles plus tôt le créateur du royaume breton.

---

(1) Je me demande si Cuil ou Hueil fils de Cau, Caun, Can ou Nau, cité par le mabinogi de *Kuhlwch* et la vie de Gildas, un des trois porte-diadème, dit une variante de la tr. 29, n'est pas identique à notre Hoël. Quant à Emys à l'œil rouge, oncle d'Artus dans *Kuhlwch*, je lis plutôt Emrys (Ambrosius) qu'Emys (étalon).

II

De 919 à 937 la Bretagne fut au pouvoir des pirates scandinaves. Telle est la base historique d'*Aquin*, où l'on a vu à tort une allusion aux guerres de Charlemagne contre les Bretons.

Aquin, où l'on peut voir, soit le scandinave Ingco, qui régna réellement en Bretagne en 931, soit le personnage mythologique que les Allemands appellent Hagen, a été couronné à Nantes ; les gens de son lignage occupent le pays de la Mé (la Mée), lui-même s'est installé à Quidallet (S. Servan), ville bâtie par Darius, ce qui prouve que l'auteur connaissait le roman d'*Alexandre*, ses neveux occupent Dinard et Gardoine ou Gordaine, nom mythologique (1) de Dorlet, aujourd'hui Dollet sur le Budon ou Bief - Jean, commandant le passage des marais S. Coulman ou Coaquin, et les Bretons ne conservent plus que Vannes (lisez Rennes) et Dol, dont l'archevêque, appelé Isoré, comme beaucoup d'ecclésiastiques épiques, joue le rôle de principal maître et capitaine des Bretons qu'il tint en effet dans la seconde moitié du Xe siècle.

Ce qui a facilité la conquête scandinave, c'est l'absence des principaux barons de Bretagne qui (le fait est constant dans notre épopée) ont été obligés d'aller en Saxe pour aider le roi Charles à terminer cette guerre. Le roi leur doit de les réintégrer dans leurs terres, d'autant qu'Aquin menace de passer le Coesnon, de prendre Orléans et Leion (Laon et

---

(1) Je rapprocherais plutôt en effet Gardoine du Garden ou Garadin allemand (Lummert de Garden dans un chant populaire allemand sur Théodoric, et Garadin ou Garadé, pays mythologique dans *Gudrun*) que de l'actuel Rigourdaine.

non Lyon), Paris et Chartres, S. Denis et Saison (lis. Soissons) (1), et d'emprisonner Charles dans la tour d'Oreilghe où Oreigle où l'éditeur du poème voit la forteresse appelée aujourd'hui tour Solidor.

Après avoir fait ses dévotions à S. Gervais d'Avranches, au mont S. Michel et à S. Sanson de Dol, et franchi la Seune (la Sélune) et le Coesnon, Charles bat les païens sur l'emplacement actuel de la chapelle S. Etienne, à 3 kil. de S. Servan, et va camper à Château-Malo, à 5 kil. de la ville, pendant que les Bretons s'installent à Bise. Dinard est pris, les chrétiens vaincus à Césembre finissent par entrer dans Quidalet, où le roi fonde l'église de S. Pierre, et voient Dollet s'écrouler miraculeusement devant eux. Aquin se jette dans un navire, cotoie Terzon (peut-être Cesson), débarque à S. Mahé, entre à Brons (lisez Brest) et va livrer bataille à Carhaix au roi de France qui, après avoir traversé la Rance, venait au-devant de lui par Corseul. Il est battu, se sauve au Mans (le Mené), dans la forêt de Nyvet (Nevet), et, chassé de ce dernier asile, il est tué par les chrétiens près de l'ermitage de S. Corentin, aujourd'hui le Menescop en Plomodiern (2).

Autour d'Aquin, le poète place des personnages qui nous sont connus, Noiron, l'empereur romain Néron persécuteur des chrétiens, Clarion (écrit à tort Cherion), Florian ou Flour variante de Clovis, Corpssabron ou Corsaliun (lis. Corsabrin) Grimoard qui est sans doute mythologique, Grihard (écrit

---

(1) L'auteur paraît affectionner Soissons. Il appelle Charles le roi de Soissons. Il dit que le culte de S. Gervais fut apporté à Avranches par l'évêque Tiéri, qui était de Soissons.

(2) Ici comme dans *Anséis* le roi Charles se fait porter dans un char. On sait que, sans doute parce qu'on a voulu retrouver char dans Charles, certaines traditions le font naître dans un char. La grande Ourse a été parfois appelé le char de Charles.

à tort Girard) qu'il faut rapprocher de Frohard, Avisard (1), Acrochard (2), Alard qui ne doit figurer que pour la rime Seguin (3) qui doit être interpolé, car sauf une confusion possible avec Sanguin, il n'y a pas de raison d'en faire un musulman, Doret ou Dorlet, Chales ou Chaliart qui sont des noms de lieux transformés en noms d'hommes.

Parmi les chrétiens, on trouve Naimon et Fagon, deux personnages d'*Aspremont*, bretons sans doute l'un et l'autre, Garnier, chef du contingent pontifical, qui est, comme je l'ai déjà dit, le frère de Lambert, l'allié de Nominoë, mort en 852, le roi breton Erispoé, appelé ici Ripes de Dol, Tiori de Vannes, représenté comme le père de Roland, et dont Salomon, le célèbre roi breton, est ici, comme dans *Aspremont*, le neveu, Baudoin de Nantes, le frère épique de Roland, auquel par suite de l'influence des *Chétifs* et du souvenir de Baudoin de Flandre, on associe de temps en temps Ernoul, Guineman, le vassal de l'évêque, qui est le roi breton Guiomar, Richier (et non Richard) qui vient sans doute aussi d'*Aspremont*, puis des personnages inventés, mais qui ont une physionomie bretonne, Conain ou Conein (Conan) de Léon, Hamon de Montrelès ou Mourellès,

---

(1) On trouve dans *Fierabras* le forgeron Hanisars ou Aurisas, frère de Galan (v. 646), dont il faut rapprocher le forgeron Hauri... de *Mainet* (p. 328), le breton Anisent ou Alisent qui apporte au roi dans *Aspremont* (f° 55) l'épée qu'il doit ceindre à Milon, le breton Enissans dans *Girart de Roussillon* (par. 550).

(3) On ne retrouve Apréhan, Aprochan ou Asperant que dans *Aspremont*.

(4) V. 3076-77. M. Pâris a proposé de lire le nom propre Aliafin, parfaitement inconnu d'ailleurs. Je lirais plutôt

Par la bataille ès vous... Akin,
Nies fut... et frère fut Seguin.

Car Seguin et Aquin sont frères.

Theart (1) de Rennes, Merien (2) ou Memerien de Brest, Excomar de S. Pabu, Yves de Seison, remplacé plus loin par Hubaut de la Fierté, et Morin (3) de Dolas par Tourgis, nom emprunté à *Roland*, et qui vient là à tort, puisque c'est celui d'un sarrasin, auxquels on ajoute Aray de Cornouaille, Richardel et Guion de Léon, qui sont de doubles emplois évidents (4). D'autres noms sont dus à une fantaisie étymologique ; les monts d'Aré (Mené Aré) ont donné le sire Aray de Mené, Carhaix (Caroès), Hoès de Carahès, l'ile Agot près Dinard, le sire Agot, Châteauserin en Plévenon, parfois traduit le château de la sirène, ou le châtillon de Servan, ou enfin le château de sire Aion ou Eion, écrit une fois à tort Nynet. On se trouve en présence d'un homme qui connaît bien le littoral nord de la Bretagne et qui cherche à faire entrer dans le poème, d'une manière ou de l'autre, la série de ses connaissances (5).

(1) Theart se retrouve comme nom de voleur dans le *Moniage Renoart*, laisse 18.

(2) Le breton Merian figure dans *Girart de Roussillon*, par. 493.

(3) Morin se retrouve dans *Aspremont*, fos 23 et 27, *Elie*, v. 1489 (interpolé), *Aioul*, v. 9033 (lombard), *Ille*, v. 6577 (fils du héros) Maurin est le héros d'un poème provençal.

(4) Hue duc Nesmes (lis. Huon du Mans) et Geffroy l'Engevin sont interpolés, v. 988. De même Ernoul de Flandre et Guarins, v. 456, de même Bernard intercalé entre Ernoul et Baudoin, v. 290. De même Guinemer, associé, v. 2730, pour la rime à Aion.

(5) Il faut remarquer que la vieille Ahès, la déesse éponyme de Carhaix, est représentée comme la fille de Corsolt. Les deux capitales gallo-romaines des *Osismii* et des *Curiosolites* sont ainsi réunies par un lien de filiation.

CHAPITRE VI

BERTE ET SIBILE

Avec les récits épiques qui ont pour base des faits réels et les romans composés à leur imitation, l'épopée française comprend des contes mythologiques qui se sont attachés à ses héros comme aux personnages des légendes indoues, éraniennes, helléniques, celtiques. Tel est notamment le conte qui montre le héros naissant dans la misère et l'adversité, conte dont l'origine est probablement un mythe solaire et qui, appliqué successivement au roi Charles et au roi Louis, a fourni le sujet de *Berte* et de *Sibile*.

Il est certain que Charlemagne était fils du roi Pépin et de la reine Berte, mais il n'y a pas autre chose d'historique dans le roman. Ce qui a pu contribuer à donner à Berte un caractère mythologique, c'est qu'il semble bien avoir existé dans la mythologie germanique une déesse Berthe (1), qui n'était pas sans analogie avec la célèbre Ertha, la Terre. Les traditions qui font naître Charlemaine sur un char ou dans la forêt du Maine sont des fantaisies étymologiques de trouvères qui ne comprenaient plus le sens du mot ; la seconde n'a guère pu venir cependant à l'idée que d'un habitant de la France occidentale ; ainsi s'explique d'ailleurs le grand rôle que joue la ville de Tours dans la *Berte* d'Adenet.

Ce poème, de la fin du XIII° siècle, est le seul récit français développé qui nous ait conservé la légende, dont il

---

(1) Le surnom de Berte *au grand pied* paraît bien d'origine mythologique.

existe des résumés dans la *Chronique saintongeoise*, dans celle de Mousket, dans celle du ms. Bibl. nat. fr. 5003, et dont on possède une version espagnole et deux versions italiennes. Si l'on réunit les différents traits communs à toutes ces versions, et dont Adenet a altéré quelques-uns pour atténuer la crudité de son modèle, on arrive au thème suivant.

Pépin a épousé Berte, fille du roi Flore. Cela équivaut à dire qu'il est devenu le gendre de Clovis, mais d'un Clovis que les trouvères modernes ne reconnaissent plus dans Flore, puisqu'ils le font roi de Hongrie (1). Ainsi s'expliquait à l'origine le remplacement des Mérovingiens par les Carlingiens. Le soir de la nuit de noces, Berte fait coucher à sa place une meschine qu'elle a amenée avec elle, mais, lorsque le matin venu, elle veut reprendre sa place, la meschine affirme être la véritable reine, et Berte, condamnée à mort, abandonnée dans une forêt par la pitié de ses bourreaux, est recueillie par un bon vilain, voyer, vacher ou forestier. Plus tard, Pépin, s'étant égaré à la chasse, est hébergé par le vilain, passe la nuit avec Berte sans la reconnaître, et en a Charlemagne. L'imposture finit par être

---

(1) La version espagnole le fait régner en Espagne. Les versions italiennes l'appellent Eviec ou Alfari (Flore ou Flori) ou Philippe. Elles modifient d'ailleurs presque tous les noms ; le bon vilain Simon est Sinibaldo ou Lambert, le traître Tibert est Belençar (Bérengier) ou Guillaume, la reine Blanchefleur est Belissent. La version espagnole ne nomme aucun autre personnage que Flore et Blanchefleur. Les *Reali* ont conservé à la fausse Berte le nom d'Aliste et parlent de la forêt du Maine (Magno). Partout la mère de la fausse reine est innommée. Les ambassadeurs sont dans le poème italien Bernard de Clermont, Grifon, Moran et Aquilon : les *Reali* remplacent ces deux derniers par Girard de Frete et Raimond de Trèves et nomment Grifon et Pinard les mauvais conseillers de la fausse reine.

découverte, grâce à la reine de Hongrie, et tout est remis dans l'ordre.

Adenet ne s'est pas donné beaucoup de peine pour ses noms propres, les traîtres sont Tibert, nom mal famé depuis que Tibaud ou Tibert avait lutté en 841 pour le roi Charles, Margiste, Aliste (Elisetta ou Falisetta en italien) ; *Mainet* a fourni le type du bon sergent Moran, et le bon vilain a reçu le nom de Simon, nom d'origine chrétienne, réservé, comme la plupart de ceux de cette catégorie, aux roturiers et aux clercs, les noms d'origine germanique étant généralement l'apanage des nobles (1).

---

(1) On trouve ainsi Simon dans *Gaidon*, v. 8449, *Huon Capet*, v. 91, 2597, *Renaud*. laisse 12, *Gaufrei*, v. 4523, 4938, *Elioxe*, v. 28, *Elias*, v. 5641, *Raoul*, v. 7318. Le nom est appliqué à des nobles dans *Gaidon*, v. 2049, etc. (un peu à tort et à travers), *Raoul*, v. 786 (Simon de Pérone), 2506, les *Lorrains*, p. 126 (Simon de la Roche), 169, 188 (fils Amauri de Nevers), 207 (fils de Gui de Surgières), *Ogier*, p. 302 (fils de Guion de Turges), *Enfances Ogier*, v. 805 (Simon de Meulent), *Elias*, v. 2717, 3204 (le duc de Lorraine), *Simon de Pouille*. S. Simon est invoqué dans *Huon Capet*, v. 4669, *Amis*, v. 1179, *Anséis*, *Gaufrei* (v. 2827), *Berte* (v. 663), *Elias*, (v. 1355), *Galien* (f° 209), *Esclarmonde* (v. 521), *Gui de Bourgogne* (v. 1132), *Gaidon* (v. 1630), *Gui de Nanteuil* (v. 1826), *Girart de Roussillon*, *Auberi*, éd. Tobler (p. 8, 18, 59). Le moutier S. Simon est mentionné dans *Aie* (v. 2522, 2683) ; l'autel S. Simon au moutier de Cambrai dans *Godefroi* (v. 311). S. Siméon est invoqué dans *Gaufrei* (v. 2807), *Galien* (f° 169), *Esclarmonde* (v. 4243), *Gaidon* (v. 4618), *Aie*, *Gui de Nanteuil*, v. 666.

Ainsi Etienne, Estève, Estevenon se trouve comme nom de clerc ou de roturier dans *Aliscans* (v. 1911), les *Enfances Vivien* (v. 790 b), comme nom de chevalier dans *Gaidon* (v. 2319), *Covenant Vivien* (v. 660, Etienne de Valpré) ; *Girart de Roussillon* (par. 252), *Anséis* (v. 10.391 d, Etienne de Normandie). Des poèmes sur la croisade Etienne de Blois, mort en 1102, a passé dans *Gui de Nanteuil* (v. 1483 et 1595). Nicolas généralement écrit Nicolai, est un clerc dans

II

Sibile met en jeu un nombre plus considérable de personnages, mais la vérité historique y est encore moins grande ; on n'a pas donné à la mère du roi Louis son nom réel, on l'a remplacé par un nom de fantaisie.

Bovon de Comarcis (v. 14) et les *Enfances Ogier* (v. 47), un ingénieur dans *Elioxe* (v. 875), un duc de Saxe dans *Berte* (v. 199), un sénéchal dans la *Violette* (v. 5760), un chef nègre dans *Elias* (v. 2696), un chevalier (id. v. 2161). S. Nicolas est invoqué dans *Auberi* (f° 91), *Elias* (v. 1153), *Godefroi* (v. 1845), *Esclarmonde* (v. 5041), *Gaidon* (v. 8025), *Aliscans* (v. 3156), *Gui de Nanteuil*, v. 914, *Huon Capet* (v. 2017), *Blanchandin* (v. 2333). S. Nicolas de Bari est mentionné par *Aioul* (v. 10.598).

Pierre est un nom de roturier dans *Aioul* (v. 967, etc.), de messager dans *Guibert*, de chevalier dans *Elias* (v. 2170), *Esclarmonde* (v. 800, Pierre de Roceviès, 3892, Pierre d'Aragon, 6963, Pierron de Bus), *Ogier* (Pierron d'Eufrate), *Gui de Nanteuil* (v. 477, Perron de Monbise), *Girart de Roussillon* (par. 233, Pierre de Montrabei), *Huon Capet* (v. 3543), la saga de *Charlemagne* (I, 37, Pierre, fils Robert de Sermi). *Gaufrei* (v. 104) appelle le père d'Orian le roi Peron. C'est surtout Pierre d'Artois que citent *Ogier*, p. 289, les *Lorrains*, p. 61, *Raoul* (v. 325), et sans doute aussi *Auberi* (éd. Tobler, p. 227) et *Gui de Nanteuil* (v. 1482) qui l'appellent Pierre d'Ausi et d'Aminois. Soit sous son nom, soit comme l'apôtre qu'on quiert au pré Neron, S. Pierre est invoqué et l'église qui lui était dédiée à Rome est citée dans *Aioul* (v. 2749), *Fierabras*, *Auberi* (éd. Tobler, p. 55), *Aimeri* (v. 1371), *Berte* (v. 617), *Esclarmonde* (v. 468), *Doon de Maience* (v. 7324), *Elioxe* (v. 617), *Guillaume de Palerne* (v. 3445). Dans *Elias* (v. 3265), un moutier de Nimaie possède deux autels, l'un dédié à S. Pierre, l'autre à S. Remi. Dans le même poème, le saxon Enor est appelé tantôt de la Pierre, tantôt de S. **Pierre** (v. 4297).

Le roi Charles épouse la fille de l'empereur de Constantinople ; c'est là un fait commun à toutes les versions, (1)

Le comte Johan ou Jehan de Ponti (et non de Pontoise comme écrit *Fierabras*, v. 5636), mort en 1191, figure dans le *Moniage Guillaume* (f° 272) et *Raoul* (v. 2736). Les *Chétifs* citent Johan d'Alis (*Godefroi*, v. 5189), le *Covenant Vivieu* Johan d'Averne (v. 628), *Raoul* Jehan (lire Jofroi) de Paris (v. 4242), *Galien* Jehan de Montagu (p. 336). Ce nom est appliqué à un danois (*Auberi*, éd. Tobler, p. 33), à des chevaliers (*Elias*, v. 2158, 1805), à un valet (*Elias*, v. 2050). La S. Jean d'été est mentionnée dans *Aimeri* (v. 3632), *Doon de Maience* (v. 1162), *Gaufrei* (v. 3957) ; S. Jean est invoqué dans *Elias* (v. 2744), *Esclarmonde* (v. 2914), *Huon Capet* (v. 1382). Une allusion à son histoire se trouve dans *Doon* (v. 7969).

On trouve encore Tumas ou Thomas de Marle ou de la Fère (les *Lorrains*, p. 61, *Godefroi*, p. 276), Thomas (*Aioul*, v. 9353), Thomassin (*Guillaume de Palerne*, v. 598) S. Thomas (*Doon de Maience*, v. 2414, *Aliscans*, v. 3150, *Esclarmonde*, v. 4005, *Galien*, f° 175, le *comte de Poitiers*, v. 776, *Girart de Roussillon*, par. 98, *Anséis*) ; Julien, père d'*Elie*, fils de Bernier dans *Raoul*, la servante Juliane (cf. Suliane), *Raoul*, v. 7352, S. Julian, *Berte*, v. 730, *Aliscans*, v. 3249, ; Lienard (*Girbert*, v. 524, la *Violette*, p. 16, écrit parfois Lisiard), S. Lienard (*Gaufrei*, v. 3354, *Floovant*, v. 1104, *Foucon*, ms. 778, f° 205, *Galien*, f° 222) ; Andreus ou André de Hongrie (*Aimeri*, v. 2470), le roi Andrieu (*Ciperis*), le vassal André (*Doon de Maience*, v. 6613), S. André de Patras (*Prise de Cordres*, v. 1165) : Hilaire ou Ylaire (*Aioul*, v. 4513 et 9118), S. Hilaire (*Fierabras*, p. 70, *Gaidon*, v. 7917, *Elias*, v. 1541, écrit à tort, la mesure du vers le prouve, S. Claire) et Bec de S. Hilaire (*Maurin*, v. 1255) ; le prêtre Morice (*Bovon de Hanstonne*, Bibl. nat. ms. fr. 25.516, *Aspremont*, f° 53), S. Morice ou Meurisse (*Prise d'Orange*, v. 321, qui ajoute à tort qu'on quiert en Aminois, *Auberi*, f° 7, *Esclarmonde*, v. 5114, *Gaufrei*, v. 1389, *Elioxe*, v. 3182), le moutier S. Morice de Vienne (*Girart de Viane*, p. 43), transporté à tort à Narbonne (*Siège de Barbastre*, f° 157), et sur le Rhin (*Elias*, v. 3871).

(1) Ce sont : une version en prose française, une version

et, sauf *Charles Martel* qui lui fait épouser la fille du roi de Hongrie, tous les Charles de notre épopée, même le Charles Martel de *Girart de Roussillon*, sont dans ce cas. Dans ce dernier poème comme dans *Sibile*, c'est d'ailleurs le comte Girard qui va à Constantinople demander la main de la princesse (1). Grâce à la complicité d'un nain (2) qui, à son insu, s'est glissé dans son lit pendant son sommeil, la reine est accusée d'adultère par le traître Macaire et condamnée à mort ; mais, eu égard à son état de grossesse, on se borne à la renvoyer à son père sous la conduite du chevalier Auberi (3). Macaire les poursuit et tue Auberi, mais la

---

italienne, plus courte, un résumé d'Aubri de Trois fontaines et un autre de Jean des Preis, une version espagnole et une version néerlandaise. Les *Nerbonesi* ont conservé une autre version, où il n'y a pas de duel judiciaire entre le traître et le chien de la victime, et où tous les noms sont changés, la reine s'appelle Belissent, le traître Renier, le bon chevalier Almieri, le bon vilain Pinard. La *Chronique* espagnole *d'outre-mer* parle simplement d'une accusation portée contre la reine, sans exil, et d'un duel entre Moran et l'accusateur Rohard.

(1) La femme du Charles Martel épique s'appelle Elissant. C'est la Belissent des *Nerbonesi*.

(2) Le nain s'appelle Segonçon dans le roman français, Halbadu dans Jean des Preis.

(3) Macaire a conservé sa physionomie antipathique dans *Aioul*, v. 47, etc., *Gaidon*, v. 4167, etc., les *Lorrains*, p. 333, *Huon de Bordeaux*, v. 3877, etc., *Florence*, etc. Je serais assez porté à y voir un nom mythologique quelque peu déformé par l'influence du nom des célèbres solitaires égyptiens du IVe siècles. En ce cas Auberi serait, non le personnage plus ou moins historique, héros d'un poème dont j'ai parlé, mais le mythologique Alberic, qui sous le nom d'Auberon, protège Huon de Bordeaux.

Il faut remarquer que, d'après la saga de *Charlemagne*, les deux sœurs du roi ont pour précepteurs Macaire et Guinan, dont le second est le dieu celtique Gwynwas.

reine lui échappe ; un bon vilain, un ânier, Varochier ou Varothier, la prend sous sa protection, et la conduit à Armoise (Worms), où elle donnne le jour à un fils : de là ils gagnent la Hongrie et Constantinople, qui ne paraissent pas former deux pays très distincts dans l'idée du trouvère, et sur le territoire desquels il parait bien que l'on se trouve dès que l'on a passé le Rhin. A la suite d'un duel entre Macaire et le chien d'Auberi, qui venge son maître assassiné, l'innocence de la reine est reconnue, on la retrouve et encore une fois, après de nombreuses péripéties, tout finit par rentrer dans l'ordre.

Ces péripéties, c'est dans la version française qu'il faut les chercher. Elles ont consisté à placer près du jeune Louis un ermite, du nom de Lucaire (1), et un bon sorcier, appelé

---

(1) Lucaire me paraît, à l'imitation d'Ancaire, Forcaire, Macaire, Sicaire, forgé sur Lucan ou Lugan, nom celtique dérivé de celui du dieu Lug (peut-être Lugwas comme Guinan est Gwynwas), qui figure dans le cycle d'Artus et dans *Partenopeus* (v. 2235, 8111). Je trouve un Lucon dans *Foucon*, f° 32. *Ogier*, p. 477, parle d'un épieu qui fut au roi Lucaire. Sur Lucan ont encore été forgés Lucabel (*Godefroi*, v. 2471, *Anseis*, v. 2510, *Foucon*, p. 49) comme Canabel sur Canard, Lucian (*Godefroi*, v. 4218), Lucien (*Ogier*, p. 145, *Elias*, v. 5210), Lucion (*Elias*, v. 5638, *Anséis*, v. 3478, *Vivien de Monbran*, v. 884, *Galien*, p. 240, *Foucon*, p. 43), comme Florian sur Floran, Luciabel (*Foucon*, p. 8, *Esclarmonde*, v. 2712, *Anséis*, v. 2474). Lucanor, cité dans *Roncevaux* (laisse 144) est devenu le héros d'un roman espagnol. Le Lucafer de la *Prise de Rome* (v. 237) et de *Fierabras* (v. 2242) et du *Bovon de Hanstonne* italien est encore forgé sur Lucan, car je crois cette forme préférable au Lucifer de *Fierabras*, v. 2839, d'*Anséis*, v. 3174, du *Moniage Renoart* (laisse 144), des *Enfances Guillaume* (ms. 24369, f° 46) et d'*Aimeri* (v. 3610), dont le Luchibus d'*Elie* (v. 2309, Letifer dans la saga) n'est qu'une variante. Il faut dire pourtant que dans certains cas, dans *Esclarmonde* v. g, Luciabel désigne le diable. Loquifer, héros

Grimoard(2), puis à grouper autour de Macaire un certain nombre de personnages que leur hostilité aux héros épiques faisait mal voir des trouvères, et que nous avons déjà rencontrés, Amaugis et Galeran, dont parle Aubri, Alori et Sanson, puis Fouchard qui n'est autre que Foucon, l'ennemi de *Renaud*, Gombert, Mancion et Jofroi de Clarvant. A Ogier et à Naimon, qui étaient à l'origine les seuls protagonistes du drame, avec le comte Girard qui servait d'ambassadeur, on a de même ajouté toute la famille d'Aimeri, puis Gaufrei le danois, père d'Ogier, Tiéri et Bérard, Richard de Normandie, Salomon de Bretagne et Jofroi d'Anjou, puis les grands seigneurs anonymes, les comtes de Dreux, de Chartres, d'Etampes, de Blois, du Maine et le duc d'Orléans qui, par un procédé que j'ai déjà signalé plusieurs fois, tendent de plus en plus à remplacer les vieux héros épiques. Près du roi se groupent les Flamands, les Artésiens, les Boulenois, les Picards et les Hérupés. Il n'est pas question des barons du midi.

Les détails géographiques trahissent la main d'un Champenois. La scène se passe à l'est de Paris, dans la forêt de Bondi, puis à Château-Tiéri, à Lagni, à Meaux, à Troies, à Moymer (Montwimer), le Hautefeuille près Rosoi de *Gaufrei*,

---

d'un poème, doit être également rapproché de Lucan, on du dieu scandinave Loki ; il a été influencé par le nom commun *loque*.

(2) Grimoard ne se retrouve que dans *Aquin*, v. 112, etc., où il est un des deux neveux du chef sarrasin, et dans *Gaufrei*, v. 3018, sous la forme Grimolard. La saga de *Charlemagne* parle d'un géant peureux sous les armes duquel Guillaume, retiré du monde, livre son dernier combat, et l'appelle Grimaldus, ce qui accentue son caractère mythologique, déjà très accusé dans *Sibile*. Les romances espagnols ont fait de Grimaltos un comte de Lyon, gendre de Charles, persécuté par Tomile et père de Montesinos. Les variantes Guiomar et Girimard sont certainement fautives.

et le Montmirail près Epernai ou Monmirail en Brie de *Huon Capet*. L'œuvre est intéressante, bien écrite, dans le genre de *Garin de Montglane*, où l'on retrouve le bon vilain Varochier dans Robastre et le bon sorcier Grimoard dans Perdigon, avec de jolis détails de style. Elle mériterait une étude littéraire, car en ce sujet rebattu, il me semble que l'auteur a fait un effort méritoire pour échapper à la banalité.

CHAPITRE VII

LA LÉGENDE D'ÉLIE

J'ai déjà rencontré, au cours de ce travail, différents personnages de la mythologie celtique que l'on a habillés de noms courants pour les faire figurer dans nos poèmes, Gwyn ou Ganelon, Eber ou Ivor. En voici encore un, Heli ou Beli (1), le Bile des Gaëls (2), que l'on a déguisé sous les formes hébraïque ou germanique d'Elie et d'Elinan pour l'introduire parmi nous, où il est le héros de deux romans, *Elie* et *Elias*, paraît fréquemment de ci de là dans notre épopée, et joue, sous des noms multiples, un rôle considérable dans les romans du cycle d'Artus.

I

Elie n'est pas un poème épique, c'est un roman. C'est l'histoire, déjà bien des fois redite, du fils d'un seigneur

---

(1) Les deux noms sont identiques puisque Gaufroi de Monmouth (III, 28) donne au père de Lud, appelé Beli par les textes gallois, le nom d'Heli. La transcription latine du nom est généralement Belinus.

(2) Beli est encore Mel, qui a donné son nom à la Bretagne, Mel inis, île de Mel et non de Miel, et que Gaufroi de Monmouth appelle Malin ; les Gaëls qui ont Bile et son fils Mile, ont aussi Fail inis, l'île de Lumière. Les Scandinaves connaissent également Bile, l'ennemi des dieux, Vile, fils de Loki, Meila, frère de Thor, Ali, ennemi d'Adils et de Rolf, Vili, frère d'Odin, Vali, son fils.

français, fait prisonnier dans un débarquement de pirates, conduit en pays étranger où il se fait aimer de la fille de son geôlier, et échappant en fin de compte avec elle aux embûches de leurs ennemis. Le jongleur a eu évidemment le dessein de rattacher son histoire aux luttes soutenues par les chrétiens du midi contre les pirates maures qui infestaient la Méditerranée.

1° Elie est fils du seigneur de Saint-Gilles, célèbre monastère et pélerinage fréquenté du pays nîmois.

2° Il est parent des fils d'Aimeri de Narbonne, car c'est en essayant de délivrer Bernard, Guillaume, Ernaud et Bertran, qu'il se fait capturer. Un autre membre de la famille, Aïmer, figure au v. 66 comme ayant été en rapports (on ne dit pas s'ils étaient amicaux ou hostiles) avec le père d'Elie, Julien. Ce même Julien est dans un passage du *Couronnement de Louis*, l'adversaire de Guillaume, fils Aimeri (1). Enfin, dans le dernier état de la légende, tel qu'il nous est représenté par le chroniqueur Aubri de Trois-Fontaines (ann. 779), Julien est le gendre d'Aimeri

3° Elie a une sœur, mariée à Garin (v. 41) de Pierre plate (2) qu'il faut lire je crois Pierrelate, position très importante et champ de bataille dans la vallée du Rhône, entre Orange et Montélimar.

---

(1) Dans ce passage, où Guillaume me semble être un Guillaume de Poitiers, Julien de Saint-Gilles représente les comtes de Toulouse de la maison de Saint-Gilles en lutte contre les comtes de Poitiers, transportés à l'époque légendaire de Charlemagne. Du moment qu'il y avait un Saint-Gilles à cette époque, on ne pouvait pas ne pas en faire l'ennemi des Poitevins.

(2) La saga dans le passage correspondant porte Forfrettisborg. Il y a là, je crois, un nom mal lu, et une confusion de Garin de Pierrelate et de Girard de Frete. De même, quand elle lui donne Blevisborg, c'est-à-dire Blaie, pour résidence, il y a là, pour moi, une confusion avec Girard de Blaie.

4° Le combat a été livré dans cette même région.

« Je fus pris desous Arles en l'estor communal, »

dit Elie (v. 2205) ; et, quoique la version scandinave ne reproduise pas ce trait, ellle nous en donne l'équivalent en nous montrant (ch. 24) les chrétiens délivrés passant près d'Arles pour arriver à Saint-Gilles. Dans un passage qui ne se trouve que dans la saga, le nom de la grande ville, objectif principal de l'ennemi, est tout aussi bien, à consulter les variantes (*Pelliers, Nunpellies, Montfellies, Monfellus*) Montpellier que Poitiers. (1).

5° Dans le combat dont le récit figure au début du poème (v. 220), on nous représente les chrétiens repoussés jusqu'à la Roche de Clin. C'est, dit le poète, une localité qui se trouve près de la Loire ; en réalité, il faut lire près du Rhône, c'est la Roche de Glun en Dauphiné.

Cela semble démonstratif, mais regardons de près la narration de cette bataille, de ce débarquement des pirates. Il s'est produit en Bretagne (v. 211) ; le roi, qui se trouvait à Paris lorsqu'il en a été prévenu, s'achemine vers le camp de ses ennemis (v. 210) par le Maine et l'Anjou (2). Le choc a lieu sur les bords de la Loire (v. 220) et les chrétiens sont

---

(1) Si la dernière laisse n'était pas manifestement l'œuvre d'un remanieur, la mention de Valence comme patrie du pèlerin qui retrouve Elie, celle de Brandis (Brindisi) comme port d'embarquement de l'armée libératrice, indiqueraient très nettement la Méditerranée comme théâtre des évènements.

(2) Notre poème porte :

Il trépasse le Maine et Auvergne et Berri.

La mention de l'Auvergne et du Berri est fausse comme provinces contiguës au Maine, et comme se trouvant sur la route d'Angers ; de plus, pour aller vers le Rhône, il traverserait le Berri avant l'Auvergne. Heureusement la saga nous donne : « Il passe le Maine, l'Anjou et le Berri ». Le copiste avait sous les yeux un texte qui ne portait que les initiales des noms propres, comme cela

repoussés jusqu'à Angers (v. 229). L'énumération des royaumes que possède le roi païen est un mélange de pays celtiques, l'Irlande et l'Ecosse, avec l'Afrique, la Syrie, Alexandrie ou Bagdad (1).

Ce roman, si peu breton dans ses confusions mêmes, a du moins l'avantage de nous montrer comment on s'y prenait pour rajeunir les matières qui tendaient à s'épuiser. Le dieu celtique transformé en baron du moyen-âge est représenté comme fils d'un saint Julien, qui subit lui aussi la même transformation (2). Sa femme, ou du moins, celle qu'à l'origine il devait épouser (3), Rosamonde, porte un

---

arrive souvent, et A... et B... Il aurait dû lire Anjou et Bretrgne, à moins que la rime n'eût déjà entraîné Berri. Il a mis Auvergne et Berri, ce qui est absurde.

Ce fait n'est pas d'ailleurs un fait isolé. Dans le *Siège de Barbastre* nous voyons (Bibl. nat. ms fr. 1448, fº 138) le roi de France quittant Orléans pour se rendre en Espagne, s'y acheminer par Tours et Angers, d'où brusquement il se trouve transporté à Narbonne, itinéraire évidemment fantaisiste si on ne le suppose pas emprunté à quelque expédition contre les Normands de la Loire.

(1) On pourrait trouver des renseignements dans l'itinéraire suivi par les vainqueurs d'Elie. Mais quand on suit leur trace de Bagdad à Sorbrie en Hongrie (probablement le pays sorabe) en laissant à gauche la Romanie et la Femenie, c'est-à-dire l'Asie Mineure, à droite la Russie, on voit que l'on a affaire à un fragment d'itinéraire menant des bouches de l'Euphrate à celles du Danube en remontant le cours de ce premier fleuve et en traversant la mer Noire, nullement à une expédition revenant d'Arles ou de Nantes.

(2) Il n'est pas possible, étant donné le v. 9 sur Julien « qui fit bons ponts faire et grande hôtellerie », de ne pas identifier ce prétendu seigneur avec saint Julien, si connu au moyen âge sous le nom de saint Julien l'Hospitalier ; saint Antoine, saint Vivien ont de même été transformés en barons féodaux.

(3) Le dénouement a été modifié, et Avisse substituée à Rosamonde pour permettre la soudure des poèmes d'*Aioul* et d'*Elie*.

nom chrétien d'origine germanique, et a pour père Macabré, le Machabée de la Bible qui, étant juif, est devenu tout naturellement sarrasin. Le compagnon d'Elie, Galopin, nom commun dont je n'ai pas besoin d'expliquer la signification, a été rattaché à la famille de Tiéri et de Bérard, très connue grâce au beau poème des *Saisnes*. Les six rois païens contre lesquels lutte Elie, Corsaus, Rodoant, Grandoine, Triacre, Salatré et Malpriant, son fils Caifas, son lieutenant Josué et les compagnons de celui-ci, Hector et Gontier, son ennemi Lubien, avec les siens, Gontable, Tornebran, Garlan et Malvergié, appartiennent à la Bible, comme Macabré (Caïfas, Josué), à l'antiquité (Hector), au cycle de Roland (Grandoine), de Guillaume (Corsaus, pour Corsolt), à l'histoire des Croisades (Rodoant), où se retrouvent fréquemment deci delà dans les différents poèmes qui nous ont été conservés, tantôt purs, tantôt légèrement altérés, comme Lubien, qui est Jubien dans la saga, et doit avoir été calqué sur un Rubien ou Rubin qui figure très souvent dans nos romans. Les jongleurs avaient ainsi dans leurs souvenirs un trésor de noms propres où ils n'avaient qu'à puiser pour les adapter tant bien que mal au nouveau sujet qu'ils entreprenaient (1).

---

(1) Je compte six rois païens et non dix, et je lis par conséquent *sisme* et non *disme* au v. 258. En effet : 1° la saga n'énumère que six rois ; 2° le texte français en connaît sept, mais il a pris Orable pour un nom d'homme, tandis que c'est un nom de lieu ; les deux textes racontent huit duels, mais pour l'un ils dédoublent Salatré en Salatré et Malatré et pour l'autre ils supposent l'existence de deux Josué dans l'armée païenne, car Josias, Jossé, Gossé, Jossian, ne sont, quand on y regarde de près, que des variantes fautives de Josué Il suffit donc de lire Grandoine au lieu de Gaidonnet, Gambon ou Granduse, et cela d'après le v. 561, de remplacer Aitropé et Josué (au v. 257) par Corsaut et Salatré, que donne la saga. Codroé, Baligand sont certainement interpolés ; Ataignant

II

Le dieu celtique Eli est encore le héros du roman d'*Elias*.
J'ai dit que la première croisade avait inspiré les trouvères.
Ils composèrent d'abord des poèmes historiques, *Antioche*
et *Jérusalem*, dont la première rédaction paraît antérieure à

---

est un nom commun dont on a fait à tort un nom propre. Je n'ose me prononcer entre Salatrin et Tanabré (v. 666), Beraut et Jodoan (v. 2075', Murgale et Maldras (v. 2074). Les deux derniers d'ailleurs figurent à l'état de *souvenir* et non d'acteurs. Les plus difficiles à identifier sont les quatre guerriers de Lubien (v. 2236-37 et 2306-07). On trouve en effet 1° Gontable, Gondracle, Jonacle ou Jonatre ; 2 Tornebrans, Onebras, Tanabras et Selebran, ces deux derniers distincts, mais n'en faisant qu'un en réalité ; 3 Malvergiés, Malingé ou Turfier ; 4 Garlan (Careld ou Scibras).

Gontable me paraît forgé sur Gontard, Tornebran ne doit pas différer de Danebrun. Tiacre ne se trouve que dans le *Charroi de Nîmes* (v. 1122), encore y a-t-il une variante, Fiacre, et dans *Huon de Bordeaux*, v. 6076. Malpriant est une des nombreuses formes que revêt le nom d'origine germanique Maubrun. On le retrouve dans *Floovant* (v. 598), *Aspremont* (Bibl. nat. ms. fr. 25.529, f° 20), *Barbastre* (Bibl. nat. ms. fr. 1448, f. 150), *Anséis* (v. 2468, etc.), *Aliscans* (v. 5447 L.). Gontier est encore un nom d'origine germanique, souvent porté par des personnages antipathiques. Rubien se trouve dans *Ogier*, p. 87, *Aliscans*, v. 374, *Fierabras*, v. 7555, *la Prise de Cordres*, v. 596, le *Siège de Barbastre*, f. 147, la *Prise d'Orange*, v. 664, *Anséis*, v. 3612, etc., *Blanchandin* (sous la forme Rubion, v. 1088, Rubien, v. 2236, Subien, v. 4599, Ruban, v. 2340), *Gaufrei*, v. 4203 (Rubian), *Galien*, p. 125, *Bovon de Comarcis*, v. 2570 et 3322 (Rubion), *Maugis* (Rubion), v. 7164. Le Nubian de *Méliacin* est encore calqué sur Rubien. Rubam et Rubien sont donc comme Floram et Florien. Faut-il y voir un

la croisade de Louis VII (1146) ; ils s'inspiraient, comme l'a établi M. Gaston Pâris, de la chronique du prêtre Tuebeuf de Civrai, l'arrangeur des *Gesta,* telle qu'elle avait été remaniée par Robert de Reims, un peu de Foucher de Chartres et de Raimond d'Aguilles, dont ils mélangeaient les récits avec ceux de Robert, sans s'apercevoir qu'ils étaient parfois contradictoires. Ils y avaient joint des récits oraux sur Gontier d'Aire, sur Thomas de Marle, sur le flamand Renaud Porquet, sur le cambrésin Reinbaud Creton, ils y avaient introduit leurs confusions habituelles, mêlant la bataille de Ramla en 1102, tantôt avec la bataille de Civetot en 1097 (où ils font prendre Arpin de Bourges), tantôt avec les combats livrés sous Jérusalem en 1099 (où ils montrent Baudoin près de périr suffoqué par les flammes), faisant venir au siège de Jérusalem des personnages demeurés à Edesse, réduisant à un seul évènement les trois faits de guerre qui jetèrent dans les prisons musulmanes Richard, cousin de Boémond (1100), appelé Richard de Caumont, Arpin (1102) et Baudoin du Bourg, transformé en Baudoin de Beauvais (1104). Il ne leur suffit pas de raconter au gré de leur fantaisie l'enfance de Godefroi de Bouillon, que le trouvère Renaud, remaniant tout le cycle, enrichit entre 1190 et 1200 de nouveaux épisodes. Il leur parut indispensable de rattacher à ces récits le conte mythologique du chevalier qui arrive un beau jour sur un bateau traîné par un cygne et qui doit, dès que sa naissance est connue, retourner dans le pays mystérieux dont il est venu. La première partie de sa légende, en nous le montrant susceptible, dans certaines conditions, de se métamorphoser en cygne, nous rappelle le dieu hellénique Zeus, se transformant en cygne pour séduire Léda. Le cygne était chez les Hellènes l'oiseau consacré à Apollon. Les Germains en avaient fait le compagnon de

---

nom germanique ou un nom celtique, Ruvaun (Romanus). Le géographe Philémon parle d'un cap Rubeas dans la mer des Morts.

leur Thingsus, assimilé par eux au Mars des Romains, i. e. au dieu de la guerre (1).

Toutefois le Beli ou Eli celtique, devenant l'ancêtre de la famille de Bouillon, a dû quitter les rives de la Loire (2) pour celles du Rhin. C'est sur le bord de ce fleuve, à Maience dans certaines versions, à Anvers dans d'autres (3) à Nimaie (i. e. Nimègue) dans la plupart de celles qui nous sont parvenues (4), qu'a lieu le duel d'Elias et de Renier ; l'auteur connaît Coblentz, Cologne, Worms ; la scène se passe à la cour d'Oton, roi de Germanie et empereur, l'un des trois princes de ce nom qui portèrent la couronne

---

(1) Du moins a-t-on trouvé en 1883 à Househead dans l'Angleterre du nord un bas-relief et deux autels qui lui sont dédiés sous cette forme, et qui auraient été élevés par des Germains (sans doute des mercenaires au service de Rome) citoyens Tuihanti (où l'on reconnaît Twanthe sur le Zuidersee).

(2) Il est cependant resté des traces de cet état primitif du récit. Le texte de l'épisode des *Enfants-cygnes* publié par Todd se réfère à un texte conservé dans l'abbaye de S. Fagon ; or, si l'auteur place ce monastère près de Roncevaux, d'autres le mettent en Bretagne. Le texte édité par Hippeau (v. 18, 20, 381) se rapporte à un original poitevin rédigé à Orange ; c'est la confusion que j'ai signalée à propos d'*Elie* entre la Loire et le Rhône. Le ms. Bibl. nat. fr. 795, f° 50, attribue l'histoire d'Elias à des jongleurs bretons. Enfin les grands monastères où sont censés se passer les principaux épisodes d'*Elias*, S. Sanson, S. Florent, S. Martin se trouvent beaucoup plus facilement en Bretagne, en Anjou et en Tourraine que sur les rives du Rhône.

(3) C'est la version de Wolfram d'Eschenbach, trouvère allemand du XIII° s. dans son *Parzival* ; Maience figure dans l'*Elias* du manuscrit de Berne, le poème allemand de *Lohengrin* et la chronique de l'abbaye de Brogne, rédigée en 1211.

(4) C'est à Nimaie, dit *Elioxe*, que l'abbé de S. Fagon trouva le manuscrit de la légende. C'est à Nimaie que l'auteur de l'*Elias* du ms. Bibl. nat. fr. 12.558 (f° 20) a trouvé l'original de son histoire.

de 936 à 1002 ; le duché de Basse-Lorraine, de Bouillon, comme disent les poètes français, de Braban, comme dit le poète allemand Wolfram d'Eschenbach, est vacant par la mort du dernier duc Godefroi ou Josselin (1), et le duc de Saxe, vassal du roi de Germanie, s'apprête à dépouiller la sœur du duc par la raison qu'une femme ne peut remplir les conditions nécessaires pour posséder un fief et que l'empereur lui en a promis l'investiture au cas d'extinction de la ligne masculine (2). Ce personnage porte le nom de Renier, probablement en souvenir des démêlés de Renier de Hainau avec Godefroi, duc de Basse-Lorraine, oncle du défunt.

Elias arrive, prend en main la cause du faible, tue Renier, épouse l'héritière, après lui avoir fait promettre de ne jamais le questionner sur son origine, part avec le neveu de l'em-

---

(1) Le trouvère a commis ici une confusion. Gothelon ou Josselin, duc de Basse-Lorraine, laissa deux enfants : Godefroi le bossu, qui lui succéda, et Ide, mariée à Vitasse ou Eustache de Boulogne, mère de Godefroi de Bouillon, héritier du duché par la mort de son oncle. Or d'une part ce n'est pas Ide qui est censée sœur de Godefroi, c'est sa mère Béatris ; de l'autre celle-ci est représentée comme ayant épousé un Josselin ou Josseaume de Moson qui est le père historique d'Ide. Ce qui a sans doute occasionné la confusion, c'est qu'Ide, sœur de Godefroi le bossu, était nièce de Godefroi le barbu, frère aîné et prédécesseur de Josselin. On peut conclure de là qu'à l'origine Eli n'était pas le père d'Ide, mais seulement le second mari de sa mère, protecteur pour un temps de la veuve et de l'orpheline.

(2) Dans l'*Elias* remanié au XIVe s. il ne s'agit plus d'une question de droit féodal ; la duchesse de Bouillon est injustement accusée par son beau-frère le comte de Blanquebourc d'avoir empoisonné le duc son mari.

Dans *Antioche* (Bibl. nat. ms. fr. 12.558, f° 100) il n'est question ni du duel, ni de l'incognito. L'empereur a donné au chevalier au cygne le duché de Bouillon et la main d'une de ses parentes, fille à ce qu'il semble d'un certain Begon ou Fagon. Le cygne vient à la sainte saison rechercher le chevalier.

pereur, le mythologique Galien, pour se mettre en possession de son duché, se heurte à sept comtes saxons, les rebelles Garnier(1), Fouchard ou Fouchier de Rivier, Josseran, Segard, les musulmans Espaulard et Mirabel et un adversaire tout nouveau, Enor ou Ainor (appelé à tort une fois Ernos) de la Pierre ou de Spire, qui tue le neveu de l'empereur, et dont le héros ne triomphe qu'avec l'aide de S. Pons, devenu ici, comme dans *Ogier*, *Girard de Roussillon*, etc , un baron féodal, combat les fils, Acarin, Malprian, Moran, après les pères ; quitte notre monde pour n'y plus revenir, lorsque sa trop curieuse épouse lui a adressé la fatale question, à laquelle d'ailleurs il ne répond pas : il lui laisse pourtant son cor, mais elle en prend si peu de soin que dans un incendie le précieux talisman serait consumé si un cygne ne venait au milieu des flammes le ressaisir et l'emporter (2).

Elias fut encore muni d'un avant propos que M. Gaston Paris a très judicieusement proposé d'intituler les *Enfants Cygnes* et dont il a très habilement étudié les différentes versions. Il s'agit d'expliquer l'origine du cygne qui traîne le bateau d'Eli. On y pourvoit au moyen d'un conte populaire. Un roi, dit on, ayant épousé une fée (c'est la version du *Dolopathos* et avec certaines modification celle d'*Elioxe*), (3) la vieille reine, jalouse de sa belle-fille, profite de ce qu'elle est morte en couches pendant une absence du roi, pour faire

---

(1) La forme Graner, que revêt ce nom dans l'espagnol, atteste que Garnier est la vraie forme, et non, comme le disent certains vers Renier.

(2) La version espagnole fait jouer à Galeran, et à Gaudin (ou Guillem) de Roche aiguë, parmi les ennemis d'Eli, et à Hugon, parmi ses partisans, un rôle plus important que le poème français. Dans celui-ci Espaulard, Garnier et Malprian sont les trois personnages principaux. Parmi les fils, la version espagnole connait surtout Acarin.

(3) Il rencontre sa femme auprès d'une fontaine.

disparaître les sept enfants, six garçons et une fille, auxquels elle a donné le jour. (1). Naturellement le serviteur chargé de la commission se borne à exposer les enfants dans la forêt, où ils sont recueillis et élevés par un ermite. Un beau jour, un courrier de la reine-mère, traversant la forêt, aperçoit les six jeunes princes qui se baignaient, transformés en cygnes : il les voit aborder au rivage, reprendre les chaînes d'or qu'ils y avaient laissées et, se les étant passées au cou, revenir à la forme humaine. Prévenue, la reine-mère les fait guetter, et ses agents, les surprenant au bain, enlèvent les chaînes d'or et leur rendent impossible tout retour à leur première forme. La fille seule a échappé : c'est elle qui, après mainte péripétie, fait connaître au roi la vérité. On recherche les chaînes ; on les retrouve toutes, à l'exception d'une seule, que l'orfèvre de la cour avait fait fondre, sur l'ordre de la reine-mère, pour en fabriquer un vase de métal. Un des frères est donc condamné à ne pouvoir se dépouiller de la forme animale ; c'est lui qui sera désormais le conducteur de son frère.

L'autre version, tout en conservant mainte circonstance commune, a surtout innové en ce que la jeune reine ne meurt pas : victime d'une fausse accusation, elle triomphe en champ clos par la main du seul de ses enfants (ici c'est un fils) qui ait conservé la forme humaine.

Tous les noms diffèrent d'une version à l'autre, le mari est tantôt Lothaire, fils de Philippe, tantôt Eustache, tantôt Orian (2), fils de Pierre ; la femme est Elioxe, Isomberte, Béatris ; la belle mère Matroselie, Ginesa ou Matabrune ; la scène se passe à Lesbon, à Portemise ou à l'Ilefort.

---

(1) Elle lui fait croire que sa femme a mis au monde un monstre.
(2) Orian est tantôt un nom d'homme, tantôt un nom de lieu. Ainsi dans *Elias,* v. 38,1802, *Gaufrei,* v. 105, il est nom d'homme, dans *Elias,* v. 1902, *Gaufrei,* v. 1791, *Doon de Maience,* v. 10.240, nom

On dirait que les deux poèmes français se sont inspirés d'un original où les noms n'étaient désignés que par des initiales, les noms du père du roi et de sa mère commençant dans l'un et l'autre cas par un P et par un M. *Elioxe* d'ailleurs se rattache au cycle mérovingien, où Philippe, comme je l'ai dit, frère de Dagobert à l'origine, est devenu son grand-père (1), où il est le beau-père et l'oncle de Florence, à l'histoire de laquelle *Elioxe* fait allusion (2). La forme Lothaire, nom tout indiqué pour celui d'un roi de Lotharingie, est d'ailleurs beaucoup plus voisine du mérovingien Clotaire que du carlingien Lohier.

On ne retrouve pas ailleurs le Gordoce ou Gadroce, le Plantol, le Faburon baptisé sous le nom de Patris, la Matroselie d'*Elioxe* ; la Matabrume d'*Elias* est forgée sur Machabré par un intermédiaire Macabrun, et son Malquarré ou Mauquarré tient à la fois de Macaire, de Machabré et de Malquidant (3).

---

de lieu. De même Orion, nom d'homme, *Elias*, v. 1803, nom de lieu, *Parise*, v. 19, *Gui de Nanteuil*, v. 261, *Girard de Roussillon*, par. 551, etc., *Auberi* (écrit parfois Auridon ou Oridon dans *Auberi*, Orevant, Orivent, Oirevan, Olivant dans *Girard de Roussillon*). De même Oriande, nom de personne dans *Esclarmonde*, v. 3208, nom de lieu dans *Elie*, v. 1826, dans *Floovant*, v. 1406. Ce nom a-t-il quelque chose à voir avec le nom Oriaut ou Euriaut, héroïne de la *Violette*. Faut-il voir dans Elias fils d'Oriant une allusion au soleil qui se lève à l'Orient ? Faut-il y voir un mot forgé sur Florie, Gloriande, etc. ? Dans le *Mainet* allemand Orias, notre Oriant, se voit enlever par Godin sa sœur Orie et sa forteresse Oriette.

(1) Il est roi de Hongrie dans *Charles le Chauve* ; son royaume est limitrophe de la Hongrie dans *Elioxe*.

(2) Seulement tandis qu'*Elioxe* fait de Milon, vainqueur de Garsile, l'époux de Florence, *Florence* fait de ce même Milon, également vainqueur du même Garsile, le beau-frère et le persécuteur de Florence.

(3) La gaucherie avec laquelle *Elias* a été composé se remarque

III

En dehors de ces poèmes, il arrive fréquemment qu'Elie ou Elinan figure dans notre épopée.

Dans *Otinel* (v. 1760) Hellin ou Elie conduit les Bretons au combat. Dans le *Charles Mainet* allemand et dans celui

---

encore dans la trame du récit. Les évènements sont mal expliqués C'est un ange qui ordonne à Elias de partir pour Bouillon, mais sans lui expliquer dans quel but. On ne comprend guère un ermite qui ne puisse pas dire à l'enfant qu'il a recueilli si un cheval ressemble à un lion ou à un loup, et qui l'ait élevé dans une telle ignorance que l'enfant lui demande si une mère est un oiseau ou une bête que l'on mange. Le merveilleux chrétien y abonde d'ailleurs. C'est un ange qui ordonne à l'ermite d'envoyer Elias au secours de sa mère, qui souffle à l'enfant tout ce qu'il doit dire, qui l'envoie à Bouillon, etc. Malquarré ayant frappé par mépris la croix de l'écu d'Elias, il en sort un serpent qui l'aveugle. Dans la salle du conseil de l'empereur, il y a une image ouvrée à argent qui tend le doigt vers quiconque rend un faux jugement. Dans le combat contre les Sarrasins, les saints viennent au secours d'Elias. Dans le combat contre les Saxons, une hirondelle envoyée par la Vierge vient se poser sur le casque d'Elias et l'encourage.

Quant au cygne, il a conservé tous les sentiments humains et paraît fort peu utile au héros. Quand ils sont attaqués par les Sarrasins, il est aussi effrayé que son frère, et se lamente en se déchirant la poitrine à coups de bec.

L'auteur a bien eu l'intention de faire venir Elias d'un pays fabuleux ; dans la guerre contre Matabrune il a pour auxiliaires des géants et des nègres en braies, sans cottes ni chemises, armés seulement de massues.

Il a d'ailleurs conservé soigneusement la vieille rudesse des mœurs judiciaires. Tous les otages de Renier qui sont cependant des chrétiens sont décapités après la défaite de celui-ci.

qu'a analysé Aubri de Troisfontaines, Beli d'Arles ou de S. Gilles protège le jeune roi Charles. Le charbonnier Hélie est le protecteur de *Ciperis*, Elinan de Metz celui de *Galeran*, Elymo est impuissant dans les *Reali* à protéger Bernard contre le rebelle Girard. *Garin de Montglone* (Bibl. nat. ms. fr. 1460, f° 12) parle de l'évêque Belin dont la mort fut cause d'une grande guerre. C'est un nom mal famé dans *Auberi* (f° 84) où Elinan, neveu de Lambert, est tué par Gacelin, *Elias* (v. 2079, Elinan), *Charles le Chauve* (Elinan, comte de Limoge), *Doon de Maïence* (v. 905, Helye), *Gui de Nanteuil* (v. 1491, Elinan), *Girart de Viane* (p. 116, Elyon), les *Lorrains* (p. 169, Elinan), *Maugis* (v. 5196, Elinan, et v. 8575, Belinais), les *Enfances Vivien* (v. 2782, Elias, Elinan ou Elyot), un païen dans *Aie* (v. 3245, Delias), *Anséis* (v. 3525, Helias), le *Siège de Barbastre* (f° 144, Elyon), un géolier dans *Aie* (v. 2764, Belin). *Huon Capet*, v. 4082, et *Gaufrei*, v. 1018, invoquent S. Helye, et *Doon de Maience*, v. 11.484, parle d'un moutier S. Helie à Paris. *Girard de Roussillon* (par. 550) place le breton Elinan parmi les ennemis de Girard, Elin est son ami (par. 133), son messager (par. 136). La *Violette* cite un Elie fils Turgis ; *Girart de Viane* fait combattre sous Troie Enée et Elinan (p. 129). *Bovon d'Aigremont* fait tuer par son héros Elie (p. 41) et Elinan (p. 43) (1).

---

(1) Voir encore *Auberi*, f° 80 (Elinan), 85 (Elie) ; *Elias*, v. 6180, 4858 (Elinan, Elinan de Mes) ; *Godefroi*, v. 1330 (Elinan), 1565 (Elie) ; *Sibile* (Elinan), *Gaidon*, Elinant, v. 2535, 2545, Elye, v. 2201 ; *Raoul*, Elier, v. 3367, Elye, v. 8184 ; *Ogier*, Elinan, p. 225 et 404 ; *Guibert*, Elinant, f° 159, Elie, f° 160 ; *Aliscans*, v. 1766 ; les *Saisnes*, laisse 195 ; *Gui de Bourgogne*, Elye, v. 111 ; *Aspremont*, f° 19 ; *Aimeri*, v. 3655 ; *Siège de Barbastre*, Elinant, f°s 110 et 150 ; *Foucon*, Elinant, f°s 4 et 14, Elie, p. 109, les *Narbonnois*, v. 7545 et 7990 [Elinan].

APPENDICE

I.

L'épopée romane a exercé son influence sur les poèmes anglo-saxons, allemands, scandinaves, dont se compose l'épopée germanique ou sur les récits pseudo-historiques qui en dérivent. On peut en effet y relever trois éléments.

1° Des récits purement mythologiques, surtout nombreux chez les Scandinaves (1).

---

(1) On ne trouve guère à citer chez les Allemands que le poème d'*Orendel* et les deux premières parties de *Gudrun*. Chez les Scandinaves, nul ne refuse le caractère mythologique aux poèmes sur Odin, Loki, Bald ou Balder, Horand, Fro ou Frodi. Il faut également considérer comme des êtres mythologiques Auni, Anund ou Ano, Angatyr, qui n'est qu'un surnom d'Odin, Ammi ou Hamdi, Asmund, Amal, Camalo, Imelot, Athal, Ethel, Fitela, Hetel, Witla, Sinfiotli, qui n'est pas distinct d'Odin, Beaw, Bjar, Bo ou Beowulf, Dag, Egil, Eylimi ou Olimarus, Fridlev, Freawin, Freovit ou Frowin, Friothigar ou Froger, Gaut, Geat ou Gapt, Helgi, Loft, Lopt ou Ropt, analogue à Loki, Svipdag et Geigad, Red, Redmar ou Fradmar, Starcad ou Starcather, Skiold, Skilf, Wolf, ou les personnages féminins Gudrun, Ollrun, Sigrun, Alvilde, Brunhilde, Grimhilde, Ulvilde, Drott, Grith ou Gurithe, Gotwara, Herwor, Swafa, Suanhuita, Erda, Gerda, Hiordis.

Certains personnages qui paraissent différents sont en réalité identiques : ainsi Od, Hother, Odin, Hithin, Ohter, Wate.

Par suite, soit d'emprunts réciproques, soit d'une lointaine communauté d'origine, certains personnages de la mythologie germanique ressemblent à certains autres de la mythologie celtique. Je rapprocherais ainsi volontiers Lud de Hlod et Lother, Lug de Loki, Find de Finn, qu'un poème anglo-saxon met aux prises

2° Les récits relatifs à des personnages historiques, le roi northumbre-Oswald, le roi lombard Rotharis, qui, sauf le nom du héros, sont de purs romans ;

3° Les récits proprement épiques, parmi lesquels on peut distinguer un groupe scandinave (défaite et mort du pirate danois Hygelac ou Huglet, VI° s., défaite et mort du roi danois Harald Hilditan à Bravic, VIII° s., guerres de Regner

---

avec Hengest, le conquérant plus ou moins réel de la Bretagne au V° s., et avec Hnaef, que nous retrouvons sous la forme Cnui dans un poème scandinave sur la mort de Frodi, le gallois Esni et le Snio de Saxo, Gwythyr et Vidar, l'Emer gaélique et l'Ymner de Gaufroi de Monmouth avec Hymi on Ymir, le dieu Céros, éponyme du comté de Kerry, et le scandinave Ciar, l'Ingcel gaélique et l'Ingo, Ingvi ou Ingel scandinave, le Guitol celtique et le Witolt ou Widolf allemand, le Gevis de Gaufroi de Monmouth et le Gevis de la généalogie west-falienne, les gaulois Belovesos et Segovesos des fils d'Odin Beldeg et Sig, le Bile gaélique et le Beli celtique du Beli ou Vile scandinave, le Mile gaélique, le Mel ou Malin breton du Meila, de l'Ali, du Vali scandinave ; Tiolet me paraît être le Dietleib allemand, Aldrian père de Hagen de Troie dans les *Nibelungen* l'Aldroen d'Armorique, frère de Constantin dans Gaufroi de Monmouth et l'Audean de Byzance grand père de Sagremor dans *Merlin* ; le comte Agrippe ou Grip de *Tristan* le Gripir de l'*Edda* et le Grep de Saxo ; Bor ou Boor, frère de Ban dans *Merlin*, le dieu Bor, père d'Odin.

On sait que M. Rhys a rapproché Odin de Gwydion.

Il arrive fréquemment que ces personnages ont, suivant les peuples, une physionomie différente, à ce point que l'on serait tenté de croire (comme cela se passe entre Indous et Éraniens) que le dieu bon des uns est le dieu mauvais des autres. Beli, Lud, Lug ne sont nulle part vus avec défaveur chez les Celtes ; or Beli est l'ennemi des dieux, Hlod l'ennemi des héros, Loki le dieu méchant chez les Scandinaves. Gevis est un héros national des Germains ; pour Gaufroi de Monmouth ce nom est synonyme d'étranger.

Lodbrog, qui paraît appartenir à la famille de Sigfrid, contre Harald, IX⁰ s.), et un groupe où se mélangent des légendes burgondes (défaite de Gunther par les Huns, V⁰ s.), franques (guerre de Theodoric d'Ostrasie contre Ermanfroi de Thuringe, l'Irnfrid des *Nibelungen*, VI⁰ siècle) et surtout ostrogothiques (défaite d'Ermanaric par les Huns, IV⁰ siècle, éducation de Théodoric à l'étranger, sa conquête de l'Italie sur d'autres Germains, V⁰ s.). (1) Je serais fort tenté de croire que c'est en Gaule que s'est opérée la fusion de ces différentes légendes, car c'est dans la vallée du Rhône que les Ostrogoths de Provence et les Burgondes du Dauphiné se sont trouvés le plus intimement en contact, et la confusion des deux Théodoric, le franc et l'ostrogoth, ne se comprendrait pas si les récits relatifs à ce dernier avaient gagné directement l'Allemagne sans traverser notre pays.

Dans ce cycle épique figurent des personnages qui furent sans doute contemporains de ces grands événements, Giselher, Witico dont parle Jordanes (ch. 5), Rodulf roi des Ranii que le même auteur nous montre réfugié à la cour de Théodoric (ch. 3) et qui a passé sous la forme Rolf dans l'épopée saxonne et l'épopée scandinave, avec son oncle mythologique Ruediger, Froger, Rodgar ou Roe, Hildebrand, dont l'historien danois Saxo a reproduit en partie l'histoire en l'appelant Hildiger ; — puis des personnages mythologiques, Sigfrid l'auxiliaire des héros (de Gunther dans les *Nibelungen*, de Hervi dans *Gudrun*) (2), Hagen, le dieu de la mort

---

(1) Théodoric fut élevé dans l'histoire à Byzance, dans l'épopée chez les Huns ; de même c'est Odoacre et non Ermanaric qu'il a vaincu. Les poètes ont oublié les noms des chefs huns vainqueurs de Gunther et d'Ermanaric et les ont remplacés par Attila et Bléda.

(2) Presque tous les noms formés du radical Sig, Sigtrug ou Siric, Sigeband, Sigher et Sigemond (le Simo de Saxo), les deux frères qui se disputent la main de leur sœur Signi, Sigestap, Sigestraf, Sintram, sont mythologiques.

(appelé Haki ou Hogni, Haquin ou Unguin par les Scandinaves, et parfois remplacé chez eux par un autre personnage mythologique, Guttorm), surnommé de Troie, à cause des récits d'origine classique, qui plaçaient à Troie le séjour d'Odin et des autres dieux, Ilsan ou Elsung, le Volsung scandinave, Alf et ses dérivés Alfher, Alfhart, Alpfrik, que l'on retrouve dans l'Aufar de notre épopée, comme on retrouve Volund dans Galan, Hama ou Hamund dans Aimon, et peut-être Alric ou Alaric (de l'*Ynglinga-tal*, du poème d'*Angatyr* et de Saxo, l'Alevih de *Vidsid*) dans Alori, ce qui est tout simple, les Francs étant eux aussi des Germains, Irinc ou Irolt, Herebyrth, Herbort, Hereward, Harbard, Hiartwar et Gerbart ou Gerbrat, Hagbarth, Harvart et Hadavard pour Hagabard, Wolfbran, Wolfwin, Wolfrat, Wolfhart, Hartmut qui est à Hermod ce que Alfhart est à Alfhere, — enfin des héros de notre épopée romane.

Ceux-ci ont pénétré de deux façons dans l'épopée germanique. Tantôt il s'agit d'un personnage divin, Froco, Hlod, Regin, Alfrik, qui devient Rogier, Louis ou Lohier, Renier, Chilpéric. Ainsi dans le *Nibelungen* Gunther combat Liudwig et Liudgast, que d'autres poèmes allemands remplacent par Liudger, et dont il fait un Saxon et un Danois, parce que ces deux peuples ont été parmi les adversaires païens de Charlemagne. Mais ces deux noms sont des allongements du nom divin Hlod, et si on les appelle parfois Louis et Lohier, c'est parce qu'on les confond avec les deux fils épiques de Charlemagne. De même, si Alpfrik des *Nibelungen* devient Hialprek chez les Scandinaves, c'est qu'on a pris le nain Auberon pour un roi de France et que, cherchant dans la liste de ceux-ci le nom qui s'en rapprochait le plus, on a trouvé qu'il n'y en avait pas qui convint mieux que Chilpéric.

Pour d'autres, il y a pu y avoir une substitution du même genre ; mais aussi ils ont pu être ajoutés purement et simplement par les poètes allemands. Le Volker d'Alzeye, le Dankrat, le Hunolt, le Rìtschart et le Witschart des *Nibelungen* sont notre Fouchier d'Ausai (d'Alsace), notre Tancré (Tancrède), notre Hunaud, notre Richard, notre Guichard.

Hervig, le héros de la dernière partie de *Gudrun*, est notre Hervi, Gautier d'Aquitaine et son beau-père Herric ou Henri sont des héros carlingiens, comme le Trodgunt de Strasbourg (Drogon), et le Wermhard (Bernard) avec lesquels il se mesure. Le Renaud de Milan de la saga de *Théodoric* est notre Renaud de Montauban, et le Gaudefer du même récit est notre Gadifer. Qu'ils aient été introduits de toutes pièces, ou qu'ils aient remplacé un plus ancien personnage dont le nom offrait avec le leur un certain rapport, ils sont dans l'un et l'autre cas les témoins irrécusables de la popularité de notre épopée.

II

Les emprunts directs faits par l'épopée carlingienne aux légendes du cycle d'Artus sont assez rares. On compare un héros au roi Artu (*Elie*, v. 654, *Huon Capet*, v. 2908) ; on parle d'une épée (*Doon de Maience*, v. 8756) ou d'un épieu (*Girart de Roussillon*, par. 593) qui lui auraient appartenu; on mentionne sa richesse, son avoir (*Renaud*, p. 441), son royaume (*Auberi*, éd. Tobler, p. 141, *Gaufrei*, v. 8483, *Aie*, v. 3776), son époque (*Ogier*, p. 474 et 553, les *Enfances Vivien*, v. 2791, *Doon de Maience*, v. 10.675, *Anséis*, v. 4155), on fait allusion à l'attente de son retour par les Bretons (les *Lorrains*, p. 100), on demande à un chevalier errant s'il est à sa recherche (*Doon de Maience*, v. 2668), on appelle un cheval le roi Artu des chevaux (*Aioul*, v. 936), on taxe son histoire de fable (*Elioxe*, v. 3293, 3296), on la montre chantée par les jongleurs (*Doon de Nanteuil*, v. 96) ; on confond Artu et Ercu (Hercule) et on appelle souvent les colonnes d'Hercule ou bornes Ercu les bornes Artu (*Guibert*, f° 166, la *Bataille Loquifer*, laisse 29, *Gaufrei*, v. 8417, *Huon Capet*, v. 5534, *Auberi*, éd. Tarbé, p. 89, *Ogier*, p. 505) (1). On fait allusion à Gavain (*Elie*, v. 654, *Elioxe*, v. 3294), le roi Loth figure près de Charlemagne dans *Gaidon*, v. 4791, et j'ai cité certaines allusions à la fée Morgue ou Morgain qui en proviennent. Mais on donne rarement ce nom à des personnages de l'épopée ; dans *Huon Capet*, v. 3738, il faut sans doute lire Guillaume de Vertus et non Guillaume et Artus ; dans *Ogier* (p. 513) il faut lire Hertaus l'Hertu ou Hertéus qui y est mentionné. Seul *Charles le Chauve* (f° 34) donne à un de ses personnages le nom de Perceval d'Orion. Il ne joue de rôle que dans la *Bataille Loquifer*, où il accueille dans Avalon, avec Ivain, Gavain et Roland, Renoard enlevé par les fées Morgue et Marsie, et où il le fait combattre contre Chapalu, le chat Paluc des contes gallois (mentionné déjà laisse 29 du même poème et dans *Huon Capet*, v. 3743). Là, dans une suite d'*Ogier*, et dans un épisode d'*Esclarmonde*, où il habite Mongibel, autrement dit le mont Boucan (v. 3049), et où il en veut à Huon de Bordeaux de lui avoir enlevé l'héritage d'Auberon (v. 2911 etc.), se trouvent les seuls points de contact des deux cycles.

Cette mystérieuse cité d'Avalon a d'ailleurs été de temps en temps mentionnée par les trouvères (*Couronnement*, v. 1796, 1827, *Huon Capet*, v. 3149, *Raoul*, v. 1061, 3966), parfois écrite Valon (*Couronnement* c, v. 1598), attribuée à Florient (*Gui de Nanteuil*, v. 661), parfois confondue avec la ville d'Avalon en Bourgogne, avec le pays d'Avalois, avec la ville de Valence (2). *Gui de Nanteuil* parle (v. 1903) de

---

(1) On trouve les mêmes allusions au roi Artus de Gales dans la *Violette*, v. 6589, à sa cour et à son temps dans la *Rose*, v. 4605, 4667, au roi Artus dans l'*Escoufle*, v. 786, 988.

(2) *Gaidon* invoque S. Pol d'Avalon (v. 2056, 5341). Avalon,

la Calidoine, qui est la Calédonie (1), et mentionne (v. 1114) un duc de Cornouaille, *Vivien de Monbran* parle (v. 691) d'un soudoyer né en Cornouaille, *Girart de Roussillon* (par. 344) d'un abbé breton de Cornouaille (2), et dans la variante Carfanaon du nom de lieu appelé généralement Cafarnaou, je me demande s'il n'y a pas trace de l'influence des noms bretons en caer ou car, Carbonec, Caradigan, Carduel, etc. De même lorsque Mahom ou Maubrun se trouve écrit Mabon, il y a là une bévue de scribe qui est imputable à l'influence des romans du cycle d'Artus.

L'influence directe des romans carlingiens sur les romans bretons n'est pas beaucoup plus considérable. Ce n'est guère que dans les œuvres de pure imagination, étrangères à toute conception ancienne, qu'apparaissent les héros dont les noms nous sont connus ; dans *Cligès* un Bertran (v. 6439 et suiv.) et un Pinabel (v. 1288), dans *Claris* un Amauri (v. 1053, etc.), un Baraton (v. 28.385, etc.), un Corsabrin (v. 6274, etc.), un Danemon (v. 20.023, etc.), etc. ; dans *Beaudous* un Madoine (v. 701, etc.) et son neveu Moran (v. 2800, etc.) ; dans *Alexandre*, (je cite d'après la

---

l'enseigne de Bavier, est le cri de guerre d'*Auberi* (éd. Tobler, p. 178, 186).

Il est évident que le cuens d'Avalon associé dans *Auberi* (éd. Tarbé, p. 127) au cuens du Perce (le comte du Perche) est un seigneur français.

Gautier d'Avalon dans *Gaidon*, v. 9715, Gautier l'Avalois dans *Aie*, v. 2645.

Abilant, Abilande, Avalence, Avilence, s'ils ne sont pas des déformations d'Avalon en vue de la rime, attestent du moins son influence.

(1) Dans *Blanchandin* (v. 593) on trouve Calidoine comme variante à Calcédoine, et la deuxième partie du roman distingue Calidoine et Cassidoine.

(2) *Blanchandin*, v. 620, cite le fils au roi de Cornouaille.

version de Malory) un Baudoin (X, 32), un Bérengier (X, 33), un Rainier, un Gérin ou Guérin (IX, 37), un autre Bérengier (X, 40), un Naïmer, un Henri, un Sanson (X, 41), un Anséis (X, 48, 49), un autre Garin ou Gérin (X, 47), (1) etc. Des noms celtiques, mal lus par les trouvères, sont devenus sous leur plume des noms français qui leur paraissaient s'en rapprocher ; il y a dans *Perceval* un Tibaut dont la forme allemande Lippaot nous aide à remonter jusqu'à un original Galaot (en gallois Gwalchaved), le fameux Lancelot n'est autre, suivant M. Rhys, que l'épithète Lautivro, mal déchiffrée et rapprochée du français Lancelin. Le sénéchal Anteaume, Antoine ou Aliaume, qui trahit le roi Ban dans *Lancelot*, me semble le dieu celtique Andriu transformé sous l'influence d'un nom français. Jusque dans les contes gallois, pareille contamination s'est produite, et il y a dans *Geraint*, parmi les chevaliers d'Artus, un certain Ogier le franc dont *Kuhlwch* nous donne la véritable forme, Odgar fils d'Aedd, roi d'Irlande. L'auteur de *Merlin*, ayant à dénommer les saxons vaincus par ses héros, emploie sans hésiter les noms carlingiens de Balant, p. 160, Baitramé ou Baufumé, p. 250, Boidas ou Moidas, p. 392, Pincenard ou Kinkenard, p. 171, 182, Cahanin, saxon, p. 250, irois, p. 435), Maloré (pour Caloré), p. 164, Caudemart, p. 161 (pour Baudamas), Malabré pour Salatré, p. 194, Maltaillé (pour Maltriblé), p. 250, Clarion (passim), Cordan, p. 161 (pour Jordan), Baraman, p. 182 (pour Faramon), Servagat (lisez Tervagant), p. 142, Sinagloire, p. 187, Faraon (p. 444), Isoré, p. 363, Safarin, p. 152 (pour Safadin), Salebron, p. 171 (pour Valebron), Sanebron, p. 188 (pour Danebron), Moras (pour Moran), p. 164, Segrain, p. 164 (pour Seguin), Senebaut ou Sinelant, p. 164, Sorbaré, p. 171, Murgalan de Trebehan, p..

---

(1) Anscrus ou Rencerf (x, 38) est Anséis ou Rainier ; on peut hésiter entre Aimon et Simon (x, 41).

208, 427, Solunas (pour Soliman), p. 194, Sortibran, p. 164, Alipantin, p. 435, Cornican, p. 427, Frenicas (que je lis Cornicas), p. 250, Gondebeuf ou Gondefle, p. 422, Floriant, p. 245, Napin (pour Herpin), p. 427 (1).

On trouve également dans *Lancelot* un Geffroi ou Grifon de Maupas (V, 229), Glohier et Glohos, rois de Sorelois (III, 279, 281), dans *Merlin*, Ace de Beaumont (p. 207), Sansadone, châtelain de Sorhaut (p. 188), dans *Méraugis* Glodoin de Handiton, dans Malory Gérard ou Férant (Gérant) tué par Golias (V, 9), Gérard le brun tué par Gareth (VII, 14 et 25), Guichard (V, 9), Gui ou Bor de Carmelid (X, 36), Gautier ou Gontier, Gilmer (Gilbert ou Guimer) et Renaud vaincus par Lancelot (VI, 12), Gilbert le batard (VI, 12), Pinel (I, 15, XVIII, 3), Golias (V, 9), Naïmer ou Flaïmer (X, 41), Bernard d'Astolat (XVIII, 9), Arislan ou Arestan (X, 49, XIX, 11), Bérengier l'orgueilleux, vaincu par Lamorac (XIX, 14), Corsabrin (X, 46) sur lequel a pu être forgé le Corsapias du *Grand S. Graal*, Herman et son frère Hermin, Hermin de ou Herminide (X, 59, 63, XIX, 11, XX, 8), dont le premier est tué par Eli et vengé par Palomides, Ernaud, tué par Gareth (VII, 14), représenté (VII, 27) comme un ennemi d'Artus, Ernous, comte de Carchelois, assassiné par ses propres enfants, dit la *Quête du S. Graal*, Grandoine, cheva-

---

(1) Parfois on peut hésiter : Gauvain a de la sœur de Brandalis Florent et Lovel (Malory, XIX, 2) ; le premier a l'air roman, mais le second me parait le celtique Houel. Il n'y a pas d'Edouard dans l'épopée romane. Faut-il lire Edouard les trois personnages que Malory appelle Edouard du château rouge, frère Hue (IV, 27), tué par Ivain, Edouard d'Orcanie, X, 28, chevalier d'Artus, frère de Sadoc, Edouard de Canarvan, frère de Dinas et de Priamus, XIX, 11. Les deux derniers en effet sont associés à des personnages de la légende celtique. Au lieu du saxon Ertaud, *Merlin*, p. 186, il faut lire Orians. Escam de Cambenic est parfois écrit Eustache.

lier de la Table ronde (*Merlin*, p. 344), Grifonnet, chevalier breton dans *Merlin* (p. 327) et *Lancelot* (Pâris, III, 286), Morades dans *Floriant*, Marados le brun qui héberge Bohor dans *Lancelot* et devient Maragos, le traitre sénéchal, dans *Floriant*, Mauduis (*Erec*, v. 1699) qui emprisonne Ivain et est vaincu par Lancelot (Pâris, V, 315), Malabron fils de Vangor, qui veut tuer Lionel (Pâris, V, 318), Maudras ou Maduras qui aide Mériadoc contre Agravadain (*Merlin*, p. 472).

Le saxon Mathamas (*Merlin*, p. 187) emprisonne dans *Lancelot* Calogrenan, puis Sagremor, Rahier de Hautmur (Malory, t. III, 43) est un des chevaliers laissés à la garde de l'Armorique, Maaglan devient Margari (*Merlin*, p. 185). Les femmes s'appellent Anglidis ou Anglide (lisez Aiglente, Malory, X, 42), Aélis (X, 38), Elisabeth (VIII, 1), Eglente (*Merlin*, p. 181), Brimesent (lisez Brunisent, *Merlin*, p. 172) (1).

Ces noms ont été empruntés par l'épopée celtique à l'épopée romane. D'autres paraissent venir à l'une et à l'autre d'un fond commun dans lequel elles ont puisé indépendamment. Je citerai comme exemples, Morgan, Adragant, Agramar, Sinagon, Guirré, Baligan, Brandoine (Brendan), Malaquin, Lion et Lionel, Ascanard et Ganor, Garlan, Marsile, Clarion, Gorhan, (2) Margon. Le premier surtout est démonstratif. Dans les récits bretons et gallois, c'est un homme. Dans les œuvres françaises sur Artus, c'est une femme, Morgue, par suite d'une confusion avec le gaélique Morgen, fille de la mer, sirène. Les poèmes

---

(1) Dans Malory, x, 39, j'hésite à lire Huon.

(2) Ce dernier nom se trouve dans *Aspremont*, f° 76, les *Saisnes*, *Aioul*, v. 5247, *Galien*, p. 337, *Aliscans*, v. 80, 126, 4326. Il est parfois écrit Gorhault. *Gaufrei* donne, v. 4717 et 7969, Morhant ou Morhier, ce qui le rapproche du Morhout arturien. L'influence de Frohard a produit la variante Grohan ou Groon (*Aspremont*, *Galien*, *Fierabras*, v. 4196, *Enfances Ogier*, v. 4817.

carlingiens qui lui ont conservé sa physionomie masculine, n'ont donc pu emprunter ce nom à des sources romanes. Cela ne doit-il pas nous induire à rechercher le berceau de beaucoup d'entre eux dans la marche franco-bretonne, près des seuls habitants de la Gaule qui eussent été reconquis par la langue, les coutumes et les traditions celtiques ?

Additions & Corrections

P. viii, ligne 7, après « *Raoul* », ajoutez « *les Narbonnois* ».
— — 8, au lieu de 1896, lisez 1898.
P. ix, — 2, ajoutez 1885.
— — 7, ajoutez « et pour la lacune de ce manuscrit, par le ms. Bibl. nat. fr. 778. »
— — 12, ajoutez « éd. Castets, 1886 ».
— — 18, ajoutez « éd. Castets ».
— — 19, ajoutez « complété par le ms. Bibl. nat. fr. 24.368. »
— — 30, ajoutez 1888.
— — 34, effacez *les Narbonnois*.
P. x, — 2, après 25.516, ajoutez « complété par l'éd. Stimming, 1899. »
P. 2, — 29, ajoutez « Haveloc et Adelsi paraissent d'ailleurs résulter d'une confusion d'Anlaf et d'Athelstan avec le dieu celtique Avaloc et l'Adils des légendes scandinaves sur Rolf. »
P. 5, — 28, après « *Mainet* », ajoutez « p. 336. »
— — 32, ajoutez « sarrasin dans les *Narbonnois*, v. 4589, et dans *Ille*, v. 2656. »
P 8, — 14, au lieu de 845, lisez 844.
P. 9, — 19 et 20, effacez depuis « Quand Acelin » jusqu'à « Achard. »
— — 25 à 30, remplacez cette phrase par celle-ci « Il y a aussi des noms bibliques, Abel, Absalon, Astarot, Josué, Judas, Matusalé, Faraon, Golias, et des sobriquets français, Abime, Gateblé, Tempesté, Tenebré. »
P. 11, — 11, ajoutez en note cette phrase « Corbaran figure dans *Ogier*, p. 121, *Anséis*, v. 4575, Sorbarré, qui est forgé sur Corbaran, comme le montre le Corbaré de *Foucon*, p. 119 et 139, figure dans *Ogier*, p. 513, *Garin de Montglane*, f° 83, *Anséis*, v. 2834, *Maugis*, v.

4500 c. où il faut lire Désier, *Simon*, f° 149, et *Esclarmonde*, v. 5307, deux poèmes où il se convertit, Sorbastre dans la *Mort Aimeri*, v. 1585 c, et je lirais volontiers Sorbarré le Colfané des *Enfances Guillaume*, ms. 24.369, f° 46, et le Safaré de *Fierabras*, v. 3427 ; Dodecin figure dans *Foucon*, p. 27, Salahadin dans *Foucon*, p. 73 et 85, Safadin dans le *Siège de Barbastre*, f° 152, *Anséis*, v. 7261, et le *Renaud* du ms. de Montpellier. Il y faut ajouter le Bugladan de la *Mort Aimeri*, v. 3600, qui est il Gazi d'Alep, appelé Bugladas dans le *Jérusalem* du ms. Bibl. nat. fr. 12.569, et noter que la variante Rodoan pour Roboan dénote l'influence de Rodoan d'Alep. »

P. 12, 1. 9, après « Mainet », ajoutez « p. 316 ».

P. 14, — 33, ajoutez « *Huon Capet*, v. 1939, parle de S. Florent de Roie ».

P. 20, — 30, ajoutez « la Floriane de *Jourdain*, v. 3157, la Florette de *Fierabras*, v. 2170, la Florence de *Foucon*, p. 10, la Flore de *Huon Capet*, p. 45, et de *Theseus*, la Florie du *Godefroi* remanié, le Floridas de *Theseus*, le Gloriant de *Baudoin de Sebour*, le Florent de *Charles le Chauve*, f° 82, le Flore d'*Hervi*, le Florent beau-père d'Ernaud de Beaulande dans le *Girart de Viane* en prose. L'Afloan ou Affloraice de *Girart de Viane*, p. 105, doit sans doute être lu Floran. »

P. 21, — 15 à 18, effacez depuis « Dès lors » jusqu'à « Dagobert »

— — 31, « localisé » lisez « transporté ».

P. 27, — 12 à 16, effacez depuis « Louis » jusqu'à « Acelin. »

P. 28, — 20 à 22, remplacez ces trois lignes par cette phrase « Au cycle de Charles le Chauve on emprunta un autre Guillaume, tué en 850. »

P. 29, — 6 à 10, remplacez ces cinq lignes après « Amauri » par cette phrase, « Anquetil, fils de Rioul, Moran, Ripes, transformé en Rabel, Soibaud ou Soef ou Sohier, Estourmi, Malard, Savari, Sanson, Engelier ».

— — 20, après « ce nom, » ajoutez « Guillaume d'Omélas, fils de Guillaume de Montpellier, seigneur d'Orange par son mariage avec Tibour, qui en était héritière. »

P. 29, l. 21, après « de Narbonne » ajoutez « mort en 1134 et dont la femme s'appelait Ermenjart ».

P. 32, — 16, après « *Aigremont* », ajoutez « p. 24 ».

P. 34, — 26, au lieu de 22.516, lisez 25.516.

— — 29, après « Guillemin » ajoutez « *Mainet*, p. 317 (Guillerme) ».

P. 35, — 33, ajoutez « La saga de *Charlemagne* (I, 37) fait figurer parmi les héros carlingiens Guillaume, fils du roi Dreu de Poitiers ».

P. 36, — 23, après « *Monbran* » ajoutez « v. 713 ».

L'appel de la note 2 doit être placé après le mot « héros », l. 9, celui de la note 3 apres le mot « traîtres », l. 10.

P. 37, — 22-23, effacez depuis « parfois » jusqu'à « Guimar ».

— — 26, après « *Viane* », ajoutez « p. 65 et 110 ».

— — 26, après « *Mainet* » ajoutez « p. 316, et qui n'est autre que Guiemer ou Guimar ».

— — 29, après « *Aigremont* » ajoutez « p. 24 ».

P. 38, — 7-11, remplacer ces cinq lignes depuis « Je crois » jusqu'à « certain » par cette phrase. « Je crois qu'il faut lire ici Aimon et non Aimer ».

— — 12 et 13, effacez « et deux Aïmer. »

L'appel de la note 1 doit être placé à la page précécédente, l. 22, après le mot « textes ».

P. 37, L'appel de la note 1 doit être placé l. 6, après le mot « physionomie ».

P. 38, — 25, après « *Monbran* », ajoutez « v. 715 ».

— — 22, et 39, l. 1, effacez depuis « Il a eu maille » jusqu'à « Louis », et remplacez cette phrase par celle-ci « L'astronome limousin nous apprend, dans sa biographie du roi Louis, qu'Ernaud fut le tuteur du jeune roi d'Aquitaine ; Guillaume ayant occupé cette fonction après lui, le chroniqueur Aubri a supposé qu'il l'en avait évincé par la force ».

P. 39, — 26, effacez (1).

P. 40, — 5, « Hernaud » lisez « Hunaud ».

P. 40, l. 5, L'appel de la note 1 doit être placé l. 1, après le mot Clarvant.

P. 41, — 3, au lieu de 840 lisez 841.

P. 42, — 20, ajoutez « Guérin de Mellent, *Foucon*, ms, 778, f° 200.

P. 47, — 7, effacez « ou ».

— — 9, effacez « lis. Cornicant », et ajoutez en note « Il en faut rapprocher le prétendu dieu sarrasin Tervagan de *Roland*, v. 611, *Aie*, v. 1520, *Aioul*, v. 9996, *Doon de Maience*, v. 7502, *Anseis*, v. 995, *Gaufrei*, v. 980, *Elie*, v. 1261, *Auberi*, éd. Tobler, p. 137, *Mort Aimeri*, v. 1308, *Raoul*, v. 8054, les *Narbonnois*, v. 280, la *Prise de Cordres*, v. 873, *Bovon de Hanstonne*, v. 916, les *Enfances Vivien*, v. 57, *Aquin*, v. 134, *Floovant* (sous la forme Tavergan), v. 560, et le Cornicas de *Galien*, p. 119, du *Siège de Barbastre*, f° 120, d'*Otinel*, v. 579, de *Vivien de Monbran*, v. 912, de *Charles Martel* et de *Theseus*.

— — 10, effacez « nous sont déjà connus, où ».

— — 13, effacez depuis « n'ont » jusqu'à « où ».

P. 48, — 18, au lieu de 22.516, lisez 25.516.

— — 20, « Gaifer », lisez « Gaifier ».

— — 34, ajoutez « *Foucon* (ms. 778, f° 199) met Fromond parmi les chrétiens, *Aimeri* (v. 303) met Dromond parmi les musulmans ».

P. 50, — 25, après (« v. 1112 »), ajoutez « l'hôte Begon et la porte Begon de *Foucon* (ms. 778, f°s 200 et 204), le Begon (et non Fegon) père de la duchesse de Bouillon (Bibl. nat. ms. fr. 12.558, f° 100) ».

P. 52, — 14, « de ce poème », lisez « des *Enfances Vivien* ».

P. 54, — 33, ajoutez « Etant donné que Guichard est seul, parmi les anciens héros du cycle, où Girard et Gui sont récents, à être fait prisonnier à la fois dans *Aliscans* et dans *Foucon*, et que dans ce dernier poème l'abstention originelle de Bertran et de Gautier est assez bizarre, j'imagine que dans le *Vivien* primitif Guillaume n'avait pour neveux que Vivien et Guichard, et qu'en revanche Guichard ou Guielin ne figurait à l'origine ni dans le *Charroi de Nîmes*, ni dans la *Prise d'Orange* ».

P. 55, l. 20, « (1) lisez (3) ».

P. 56, — 8, après « *Foucon* », ajoutez « p. 103 ».

— — 24, après « *Aigremont* », ajoutez « p. 15 ».

— — 26, « (1) » lisez « (3) » et reportez cette note à la page précédente.

— — 33, ajoutez « Un Gautier est tué dans *Vivien de Monbran*, v. 712, un autre dans *Fierabras*, v. 1720, un autre, gonfalonier de Nanteuil, dans *Aie*, v. 2798, qui mentionne encore, v. 2645, Gautier l'Avalois. Florian est fils de Gautier dans *Gui de Nanteuil*, v. 595, un autre Gautier figure, v. 1238. Dans les *Narbonnois,* v. 3701, etc., Gaudin de Palerme est représenté comme le fondateur de Narbonne. Il est assassiné et Jules César, pour le venger, fait la guerre à Salomon de Bretagne. Il faut rapprocher ce récit de celui où Jean des Preis nous montre Jules César faisant la guerre aux Bretons pour venger la mort de son oncle Theodogus, roi de Barbastre ; il s'agit, on le voit, dans les deux cas, d'une ville sarrasine du sud de la France ou du nord de l'Espagne. Par suite d'une confusion inverse à celle qui de Godfrid a fait Gaufrei, Gaudin est parfois appelé Godin (*Godin* de Bordeaux, Godin, neveu de Gerfin de Termes dans le *Charles Mainet* allemand) ».

P. 57, — 13, effacez « à la fois ».

— — 14-15, effacez depuis « et l'identité » jusqu'à « 4656 ».

P. 59, — , L'appel de la note 1 doit être placé après le mot « possession », l. 29.

P. 60, — 32, après « Valterne » ajoutez « v. 7164, un Ronflart ».

— — 33, au lieu de 146, lisez 46.

P. 61, — 2-4, remplacez ces lignes par cette phrase « Ethelred, l'Aelrot de *Roland*, v. 1188, l'Edelted du récit d'Odon de Marmoutiers sur Jofroi d'Anjou ».

— — 28, effacez depuis « Ahenri » jusqu'à « v. 3303 ».

P. 62, — 26, après « *Renoart* » ajoutez « laisse 180 ».

P. 63, — 25, après « 840 » ajoutez « le Marsamin de *Foucon*, ms.

778, f° 201, le Marsaçon du *Siège de Barbastre*, f° 153, le Parsagan, Persagon, Persamant d'*Anséis*, v. 8746, et de la *Prise de Rome*, v. 162 (écrit Persagué dans *Aliscans*, v. 4392, 5844), le Sarsapon de *Godin* ».

P. 64, l. 30, au lieu de 69, lire 180.

P. 65, — 15, après « 7162 », ajoutez « dans *Bovon de Hanstonne*, v. 3302, dans *Foucon*, ms 778, f° 203. »

— — 26, après « p. 147 », ajoutez « les *Narbonnois*, v. 6963 ».

P. 66, — 1-2, effacez « et Marsile sur Garsile ».

— — 13, après « 157 », ajoutez « *Vivien de Monbran*, v. 706 ».

— — 15, après « *Guillaume* », ajoutez « les *Narbonnois*, v. 7381 ».

— — 28, après « 4974 », ajoutez « Malatart dans *Vivien de Monbran*, v. 706 ».

P. 68, — 27, ajoutez « les *Narbonnois*, v. 3825 ».

— — 33, au lieu de « f° 73 », lisez « v. 7157 ».

P. 71, — 34, ajoutez « C'est le nom celtique Conor ».

P. 73, — L'appel de la note 1 doit être placé l. 2, après le mot « Nîmes ».

— — 15, effacez « un personnage de la vallée du Rhône ».

P. 72, — 4, effacez « lorsque je vois ».

— — 8-10, effacez depuis « j'en conclus » jusqu'à « d'où il »

P. 75, — 13, après « 4003 », ajoutez « le traître Tibert d'Orion des *Narbonnois*, v. 2517 ».

— — 18, effacez « plus exactement ».

P. 87, — 14, après « scribe », ajoutez « pour Moran ».

— — 14-15, effacez « le personnage n'existe pas »,

— — 18, effacez « l'imaginaire ».

— — 18, « Lorant », lisez « Morant ».

P. 91, — 4, après « (v. 4691) » ajoutez « un Aristant dans les *Narbonnais*, v. 4882 ».

— — 6, « trois », lisez « quatre ».

P. 93, — 17, effacez « le ».

— — 18, effacez « dont j'ai parlé ».

— — 30, ajoutez « les *Narbonnois*, v. 3647, 4401 ».

P. 94, — 25, au lieu de « p. » lisez « f° ».

— — 29, ajoutez « Marsile me paraît avoir été à l'origine le dieu celtique de la Mort, Marth ou Marc, allongé en Marsile par confusion avec le nom propre Garsire. L'historien breton le Baud fait lutter le comte Budic de Cornouaille contre un certain Marchil. »

P. 94, l. 34, au lieu de « p. » lisez « f° ».

P. 95, — 22, après « (v. 3745) » ajoutez « les *Narbonnois*, v. 7518 ».

— — 23, ajoutez « Baligan est sans doute, comme Malaquin et le Méléagan du cycle d'Artus, une variante du celtique Maelwas ».

— — 26-27, effacez ces deux lignes.

— — 31, après « Gemalfin », ajoutez « Malprian et non Mal palin ».

— — 32, après « Esclabarin », ajoutez « Dapamor est peut être Danemon ».

P. 96, — 1-2, effacez ces deux lignes.

— — 9, au lieu de 15, lisez 12.

— — 10, effacez « Aelrot ».

— — 11, effacez « Dapamor (Clapanor, Capanor) ».

— — 13, effacez « Malpalin ».

— — 26, après « v. 1526, etc. » ajoutez « sous la forme Aufarion dans les *Narbonnois*, v. 3452 ».

P. 97, — 22, ajoutez « Coustin (lis. Justin) dans *Foucon*, ms. 778, f° 206 ».

— — 28, après « 342 », ajoutez « *Fierabras*, qui écrit Tempier ou Taufer, v. 3276 ».

— — 32, ajoutez « Durgant, *Vivien de Monbran*, v. 982 ; Durgault, *Galien*, p. 258 ».

P. 98, — 27, effacez « dans ».

— — 28, ajoutez « Il en faut rapprocher Alibran, père de *Galeran*, et Salibran, oncle maternel d'*Esclarmonde*, v. 494, etc. ».

P. 99, — 21, « tableau », lisez « fableau ».

— — 30, au lieu de « f° 73 » lisez « II, p. 87 ».

— — 31, ajoutez « Le bon vilain Ispinardo des *Nerbonesi*, le traître Spinardo des *Reali*, sont calqués sur Pinard ».

P. 102, — 7, « Galerant », lisez « Galeant ».

P. 103, — 5, ajoutez « que l'on retrouve dans *Aliscans* (var., p. 67, 77), dans *Foucon* (p. 38). Je le rapprocherais volontiers du mythologique Talas, comme je rapprocherais Galien du Saleon du *Clovis* italien ; le Sénéchaul de *Floovant* est Salard dans la version italienne et Saluard dans la version néerlandaise ».

P. 113, l. 25, au lieu de 22.516, lisez 25.516.

P. 114, — 6-7, effacez depuis « Je ne veux » jusqu'à « compatriote ».

P. 116, — 30, au lieu de « autour lui », lisez autour de lui. ».

P. 126, — 34, au lieu de « très-syllabique », lisez « trisyllabique ».

P. 127, — 22, après « passim », ajoutez « *Enfances Ogier*, v. 593, 2672, *Gaufrei*, v. 10.470, *Godefroi*, v. 4891 ».

— — 34, ajoutez « *Ille* a Madan, v. 5975, Madien, v. 5976, et Madone, v. 2654, *Fierabras* a le nom de femme Madoire, v. 2170.

P. 136, — 18, après « Carloman », ajoutez « confondu avec le Grep ou Gripir de la mythologie celto-germanique ».

P. 142, — 21, après « *Aigremont* », ajoutez « p. 39 ».

P. 153, — 3, au lieu de « dont on ne s'explique pas la présence, » lisez « le mythologique Regner, l'ennemi des héros ».

P. 154, — 1-2, effacez ces deux lignes.

— — 22, après « *Foucon* », ajoutez « p. 55 ».

P. 160, — 31, après « v. 665 » ajoutez « (2) ».

P. 161, — 19, effacez « (1) ».

P. 164, — 32, au lieu de « (1) », lisez « (2) ».

— — 25, ajoutez « Esclarmonde est dans *Huon de Bordeaux*, Claramonde dans *Fierabras*, v. 2170, et la *Violette*, v. 877. Clarimondès est dans *Esclarmonde*, v. 2853. Claramond est le nom de l'empereur grec dans les *Nerbonesi*, et je serais porté à lire Claramond le Closamond de *Girart de Viane*, p. 144. L'Esclarabin d'*Anséis*, v. 2933, est encore forgé sur Clarin, et je lirais volontiers dans la *Mort Aimeri* Clarabin avec le v. 1373 et non Clabarin avec le v. 2755, s'il n'y avait dans *Esclarmonde* un Cleveran, v. 8170, et si je ne lisais Esclavari et Esclaveli l'Esperveri et l'Espaneli de *Roland*. L'Escababi de *Roland* est sans doute Esclarabin. »

P. 164, l. 32, au lieu de 22.516, lisez 25.516.

— — 34, après « p. 51, » ajoutez « Brohard, *Esclarmonde*, v. 3541, *Guillaume* en prose. Bochar, *Moniage Renoart*, laisse 180 ».

L'appel de la note 1 doit être placé p. 163, l. 34, après le mot « radical », celui de la note 2 p. 164, l. 3, après le mot « douteux ».

P. 165, — 23, au lieu de « est un personnage à part », lisez « combattit à Bouvines (1214) ».

P. 166, — 25, ajoutez « Les *Narbonnois* citent deux Droon, v. 1002 et 7546 ».

P. 169, — 20, au lieu de f° 72, lisez v. 7216.

P. 170, — 15, au lieu de 22.516, lisez 25.516.

P. 172, L'appel de la note 1 (lis. note 2) est à transporter p. 171, l. 23, après le mot « Naimon ».

P. 173. L'appel de la note 1 est à transporter p. 172, l. 17, après le mot « merveilleuse ».

P. 174, — 19, après « p. 117 », ajoutez « croisé en 1096 ».

P. 176, — 30, ajoutez « A l'origine Renier était sans doute le Regin de la mythologie scandinave, appelé souvent Regner dans les transcriptions latines du chroniqueur danois Saxo ; on l'a donné pour père à Olivier lorsque ce héros, pour les raisons que j'ai données, a été considéré comme appartenant au monde des ténèbres ».

P. 185, — 23, au lieu de 765, lisez 775.

P. 187, — 28, après « Dalus » ajoutez « (*Floovant*, v. 1614), Calos (*Ogier*, p. 500, *Foucon*, p. 28 et 92), Males (*Bataille Loquifer*, laisse 12), Malos, (*Siège de Barbastre*, f° 149), Talot (*Otinel*, v. 1162) ».

— — 28, après « Salot », ajoutez « (*Siège de Barbastre*, f° 132, *Bovon de Comarcis*, v. 3318) ».

P. 189, — 11, au lieu de 286 lisez 289 et au lieu de 303 lisez 302.

— — 32, au lieu de p. 69 et p. 76, lisez f° 69 et 76.

P. 190, — 13, au lieu de 180 lisez 280.

P. 190, l. 29, au lieu de « mée », lisez « même ».
L'appel de la note 1 doit être placé l. 5 après le mot « Beduer ».

P. 192, — 30, au lieu de 9351, lisez 9341.

P. 193, — 24, au lieu de 256, lisez 305.

— — 30, au lieu de 22.516, lisez 25.516,
L'appel de la note 1 doit être placé p. 192, l. 33, après le mot « (v. 6968, etc.) ».

P. 194, — 1, au lieu de « combattre », lisez « combatte ».

— — 31, au lieu de 158, lisez 258.

P. 195, — 1, après « Foucon », ajoutez « p. 60 ».

P 197, — 18, au lieu de 22.516, lisez 25.516.

— — 35, ajoutez « S. Ligier est invoqué dans *Auberi*, éd. Tobler, p. 74, qui mentionne encore, p. 186, Dreves de S. Ligier, *Elias*, v. 6148, *Doon de Maience*, v. 3281, *Gaufrei*, v. 5273, *Gaidon*, v. 3022, qui mentionne encore ses reliques, v. 6519 ».

P. 200, — 16, au lieu de 2519, lisez 2159, au lieu de 7064, lisez 7074.
L'appel de la note 1 doit figurer à la l. 4, après le mot « v. 285 ».

P. 201, — 27, au lieu de 22.516, lisez 25.516.

P. 202, — 8, au lieu de f° 67, lisez v. 6010, et ajoutez « *Octavien*, v. 3448 ».

— — 34, après « v. 972 », ajoutez « *Foucon*, ms. 778, f° 204, *Moniage Renoart*, laisse 180 (écrit Danfors) et *Partenopeus*, v. 7356 (écrit Aufor ou Ansor) ».

P. 203, — 12-13, effacez depuis « et je suis » jusqu'à « Aufart ».

— — 18, au lieu de « du *Guillaume* italien », lisez « des *Nerbonesi* ».

— — 29, au lieu de 22.516, lisez 25.516, et ajoutez « Corbel, Corbaut ou Corbin se trouve dans *Aliscans*, v. 502, *Maugis*, v. 7761 et 7787, *Galien*, p. 336, *Anseïs*, v. 1938, *Enfances Vivien* d, v. 2526, *Godefroi* ms. fr. 12.558, f° 172, *Bataille Loquifer*, où il est fils de Renoart et de la fée Morgue, le *Guillaume* en prose où il remplace Corsolt ».

P. 204, — 7, au lieu de 3269, lisez 1269.

P. 205, l. 10, au lieu de « les noms », lisez « le nom ».
— — 24, effacez « dans ».
P. 206, — 18, au lieu de 22.516, lisez 25.516.
P. 207, — 8, au lieu de 6068, lisez 5068.
— — 9, au lieu de « seigneurs », lisez « seigneur ».
— — 33, ajoutez « Fagos est un nom sarrasin dans *Foucon*, p. 94 ».
P. 208, — 27, au lieu de 36, lisez 361.
P. 209, — 10, après « Toul », ajoutez « croisé en 1096 ».
— — 16, au lieu de « ici », lisez « il ».
— — 27, effacez « (1) »,
— — 39, au lieu de 5073, lisez 6073.
P. 211, — 4, au lieu de « v. » lisez « p. ».
— — 15, au lieu de « avce », lisez « avec ».
— — 30, au lieu de 262, lisez 272.
    L'appel de la note 1 doit être placé l. 9 après le mot « *Nanteuil* ».
P. 213,   L'appel de la note 1 doit être placé l. 2, après le mot « Fouchier ».
P. 214, — 8, au lieu de 22.516, lisez 25.516.
— — 32, au lieu de 189, lisez 289.
P. 215, — 17, au lieu de 3, lisez 111.
— — 20, effacez « (1) ».
— — 34, au lieu de 114 lisez 113.
P. 216, — 29, au lieu de 2242, lisez 2442.
P. 220, — 5, au lieu de « et » lisez « ce ».
P. 222, — 5, après « p. 302 », ajoutez « *Aioul*, v. 3302 ».
P. 224, — 3, au lieu de 4602 lisez 4702.
P. 225, — 33, ajoutez « Un Lambert est tué dans *Vivien de Monbran*, v. 713 ».
P. 226, — 15, effacez « (f° 1) ».
— — 26, au lieu de 691 lisez 2691.
P. 228, — 3, au lieu de 4927, lisez 4297.
— — 28, au lieu de « (2) », lisez « (1) ».
— — 30, effacez « (2) ».
P. 229, — 11, au lieu de 4207, lisez 4297.
P. 230, — 14, au lieu de 6287, lisez 6587.

L'appel de la note 1 doit être placé l. 18 après le mot « Henri ».

P. 230, l. 22, au lieu de « (1) », lisez « (2) ».

— — 28, avant « Ou » ajoutez « (2) ».

P. 232, — 26, ajoutez « *Foucon* (ms 778, f° 204) mentionne à Candie la tour Alori. Dans *Aioul*, v. 3303 et 4390, je lis Alouri ou Aulori et non Ahenri ou Amori ».

P. 234, — 19, après « *Elias* », ajoutez « v. ».

— — 22, au lieu de 22.516, lisez 25.516.

P. 236, — 33, ajoutez « et que le voleur Allivin d'*Aioul*, v. 6667, doit être lu Alboïn ».

P. 237, — 25, au lieu de 1 lisez 110.

— — 32, ajoutez « *Foucon*, ms 778, f° 204 ».

P. 238, — 16, au lieu de 2914 lisez 2944.

P. 239, — 9, au lieu de 254 lisez 554.

— — 10, après « v. 1402 », ajoutez « dans *Vivien de Monbran*, v. 712, dans *Ille*, v. 2723 ».

— — 29, au lieu de 1, lisez 110.

P. 242, — 14, au lieu de 1885, lisez 1685.

P. 243, — 20, au lieu de 22.516, lisez 25.516.

P. 244, effacez la note.

P. 246, — 30, au lieu de 1878 lisez 1818.

— — 32, au lieu de « p. 160 », lisez « v. 160 ».

P. 250, — 33, ajoutez « p. 45 ».

P. 262, — 32, « Bretagne, » lisez « Spolète. »

P. 272, — 33, ajoutez « Je lis de même Moran et non Jorant dans *Foucon*, ms 778, f° 204, Moran et non Corant dans le *Siège de Barbastre*, f° 147, les *Saisnes* et la *Mort Aimeri*, v. 1212, quoiqu'en ce dernier cas le mot *corant* soit peut-être le participe présent du verbe courir. Moran dans les noms sarrasins doit parfois être lu Morgan. Un Moran est tué dans *Vivien de Monbran*, v. 713. Moran est fils d'*Amile*, v. 2912, fils de Barré, neveu de Fromond, dans *Jordain*, v. 200.

P. 264, — 18, au lieu de 22.516, lis. 25.516.

P. 292, — 24, ajoutez après le mot « du roi » cette note « Les comtes d'Anjou prétendaient au titre de sénéchaux ou gonfaloniers héréditaires des ducs, plus tard rois de France. L'écho s'en retrouve dans l'attribution de ce titre à Jofroi (*Roland*, les *Narbonnois*). »

P. 303, l. 35, ajoutez après « 1595 » ceci « Il y a un moutier S. Etienne de Sens dans *Girart de Viane* et un autre moutier du même nom dans *Mainet*, p. 315 ».

P. 305, — 34, ajoutez « Le prêtre Vincent figure dans *Elioxe*, v. 1455. S. Vincent est invoqué dans *Auberi*, éd. Tobler, p. 91, *Aimeri*, v. 1341, *Berte*, v. 1220, *Esclarmonde*, v. 4627, *Ille*, v. 5940, *Gaidon*, v. 3710, les *Narbonnois*, v. 4352, *Anséis*, *Elias*. La S. Vincent est mentionnée dans la *Prise de Rome*, v. 393, *Elias*, v. 3166, *Gaufrei*, v. 5119. Le moutier S. Vincent de Laon est cité dans *Floovant*, v. 874, transporté à Ostesin dans *Auberi*, éd. Tobler, p. 212, à l'Ilefort dans *Elias*, v. 90, à Narbonne dans la *Mort Aimeri*, v. 319, à Paris dans *Girart de Roussillon*, par. 291, à Angers et à Orléans dans *Gaidon*, v. 5824, 6380, il y a un autel dédié à S. Vincent au moutier S. Martin de Ninaie (*Elias*, v. 4020). Le cap S. Vincent est cité dans les *Lorrains*, p. 184.

Clément est un bourgeois dans *Octavien*, un comte de Touraine et de Beauvais dans *Huon Capet*, v. 1209, un duc dans *Elias*, v. 1613, un marchand dans *Esclarmonde*, v. 1521, un prétendu vavasseur dont l'héroïne se dit fille dans *Berte*, v. 1193, un traître dans *Gaidon*, v. 7285. S. Clément est invoqué dans *Aimeri*, v. 761, *Berte*, v. 257, *Elias*, v. 2737, *Esclarmonde*, v. 161, *Gaidon*, v. 6374. Le pape Clément de *Guillaume de Palerme* (v. 9355) est Clément III (1187-1191).

Un fils de Richier dans les *Reali*, un fils de Guibert dans les *Nerbonesi*, uu maréchal dans le *Siège de Barbastre*, fº 129, s'appellent Denis (je ne compte pas celui d'*Auberi*, fº 69, erreur de scribe pour Amauri). S. Denis est invoqué et l'abbaye de ce nom citée dans *Aimeri*, v. 458, *Doon de Maience*, v. 7157, *Gaufrei*, v. 1127, la *Prise de Rome*, v. 522, *Elie*, v. 2621, *Berte*, v. 810, *Elias*, v. 1898, *Gaidon*, v. 189, *Floovant*, v. 245, *Aioul*, v. 1994, *Auberi*, éd. Tobler, p. 16, *Esclarmonde*, v. 613, *Fierabras*, v. 6198, *Huon Capet*, v. 1407, *Anseis*, *Gui de Nanteuil*. Le roi de France est souvent appelé le roi de S. Denis. La porte S. Denis à Paris est mentionnée dans *Huon Capet*, v. 2384. *Aioul* cite, v. 1082, un Gautier de S. Denis, *Fierabras*, v. 5795, un Flairard de S. Denis, *Raoul*, v. 6525, un Dos de S. Denis.

Il y a un Marceau dans *Ille*, v. 766. S. Marcel ou Marceau est invoqué dans *Gaidon*, v. 4497, *Berte*, v. 2059, *Elias*, v. 1921, *Gaufrei*, v. 4388, *Auberi*, éd. Tobler, p. 115, *Huon Capet*, v. 144, *Gui de Nanteuil* ; *Aioul*, v. 4514, parle de l'église S. Marcel.

Gervais est un nom de valet dans *Huon Capet*, v. 2027. S. Gervais est invoqué dans *Doon de Maience*, v. 7129, et dans *Gaidon*, v. 4222. L'église S. Gervais d'Avranches est citée dans *Aquin*, v. 20.

Un païen est appelé Faron dans *Gaufrei*, v. 615. S. Faron est invoqué dans *Auberi*, f° 98.

Germain est fils d'*Ille* (v. 6577). S. Germain est invoqué et l'abbaye parisienne de ce nom cité dans *Aioul*, v. 8945, *Berte*, v. 1261, *Elias*, v. 6731, *Raoul*, v. 7439, *Gaufrei*, v. 3501, *Huon Capet*, v. 975, *Bovon d'Aigremont*, p. 22.

P. 327, — 21, « saxonne » lisez « anglo-saxonne ».
P. 330, — 6, après « v. 4791, » ajoutez « Claudas figure dans *Ogier*, p. 500, le *Siège de Barbastre*, f° 150, et le *Guillaume* en prose, Esclaudoine et non Esplandoine dans les *Narbonnbis*, v. 3390, Calogrenan, écrit Calorbrivant, dans *Foucon*, f° 100. »

TABLE DES NOMS DE PERSONNES

Abilan, p. 62.
Ace, Acelin, p. 221, 247-248, 333.
Achard, p. 239-241, 348.
Acrochard, p. 299.
Adam, p. 201.
Adelsi, p. 2, 337.
Adrogan, p. 74, 164-166.
Aenré, p. 60-61.
Aérofle, p. 60.
Agolafre, p. 284.
Agolan, p. 62.
Agramar, p. 161.
Aïmer, p. 37-38, 332, 333.
Aimeri, p. 30-32, 339.
Aimon, p. 210, 212, 332.
Aioul, p. 268-270.
Alain, p. 293, 296.
Alard, p. 210.
Aleaume, p. 45, 247.
Alepantin, p. 202, 333, 346.
Alori, p. 230-231, 328, 348.
Amaufroi, p. 197.
Amauri, p. 222-223, 331, 347.
Amile, p. 248-256.
André, p. 305.
Anlaf, p. 2, 337.
Anquetin, p. 196-197.
Anséis, p. 131-132, 332.
Anteaume, p. 45, 245-247, 332.

Anténor, p. 160.
Antoine, p. 245-47.
Aquilan, p. 62.
Aquin, p. 46, 61-62.
Arestan, p. 91-92, 333, 342.
Arpin, p. 73-74, 333.
Artus, p. 329-330.
Auberi, p. 219-221.
Aubin, p. 255.
Auboïn, p. 236, 348.
Aucebier, p. 60.
Aude, p. 92.
Audefroi, p. 170.
Aufar, p. 96, 202, 328, 343, 346.
Avisart, p. 299.
Balan, p. 119, 332.
Baligan, p. 95, 343.
Bancelin, p. 225-226.
Barré, p. 45, 64.
Basin, p. 217-218.
Baudamas, p. 201, 332.
Baudoin, p. 188-190, 332.
Baudus, p. 61, 334.
Baufumé, p. 63, 332.
Begon, p. 50-51, 340.
Bérard, p. 44, 190-191.
Bérengier, p. 243-245, 332, 333.
Bernard, p. 35-37, 44, 329, 333.
Bertelai, p. 216.

Bertran, p. 52-53, 331.
Blanchandin, p. 96.
Boidan, p. 125, 126, 332.
Borel, p. 67-68, 342.
Bovon, p. 177-181.
Braiman, p. 285.
Brandoine, p. 96.
Bruant, p. 120.
Bruncoste, p. 201.
Brunor, p. 153
Bugladan, p. 338.
Butor, p. 68.
Cador, p. 69-70.
Caïfas, p. 285.
Cahanin, p. 201, 332.
Calogrenan, p. 350.
Calore, p. 202, 332.
Canabel, p. 63, 96.
Canard, p. 70-71.
Chapalu, p. 330.
Chilpéric, p. 21, 22, 328.
Clarenbaud, p. 260.
Claudas, p. 350.
Claris, p. 163-164, 332, 344.
Clément, p. 349.
Cliboïn, p. 95-96.
Clovis, p. 13-20, 333.
Conan, p. 295-296.
Corbaran, p. 11, 332, 337-338.
Corbel, p. 72, 163, 203, 346.
Corsolt, p. 71-72.
Corsuble, p. 71-72, 331, 333.
Crucados, p. 68.
Danebrun, p. 63, 96, 332.
Danemon, p. 126, 331, 343.
Darmades, p. 117.
Denis, p. 349-350.

Desramé, p. 59-60.
Dodequin, p. 11, 338.
Doon, p. 138-140.
Dragoland, p. 126.
Droon, p. 74, 164-166, 329, 345.
Edouard, p. 292, 333
Elie, p. 310-323.
Embron, p. 64.
Engelier, p. 90-91.
Engeran, p. 90-91.
Erchenbaud, p. 141.
Ernaud, p. 38-40, 45, 333.
Ernéis, p. 32-33.
Ernoul, p. 39-40, 333.
Ertaud, p. 170, 330, 333.
Escorfaut, p. 163, 203, 346.
Estorgan, p. 96.
Estormi, p. 55-56.
Estoul, p. 112-114.
Estramarin, p. 97.
Etienne, p. 303, 349.
Evrard, p. 45, 279.
Evroïn, p. 168.
Fabur, p. 64-65, 342.
Fagon, p. 206-208, 347.
Falsarun, p. 96-97.
Faron, p. 350.
Fernagu, p. 104-105.
Fierabras, p. 117-123.
Florant, Florient, p. 13-20, 333, 338.
Foucon, p. 212-215, 329.
Fourré, p. 103-104.
Fromond, p. 48, 340.
Gace, Gacelin, p. 221, 247-248.
Gadifer, p. 5, 337.
Gaifier, p. 4-5.

Galafre, p. 284.
Galan, p. 284.
Galeran, p. 45, 185-187.
Galeron, p. 295.
Galien, p. 100-102.
Ganelon, p. 89-90.
Ganor, p. 70-71.
Garin, p. 41-44, 332, 340.
Garlan, p. 96.
Garnier, p. 231-236.
Garsile, p. 94-95.
Caufrei, p. 143.
Gautier, p. 45, 54-56, 152-153, 329, 333, 341.
Gauvain, p. 330.
Germain, p. 350.
Gervais, p. 350.
Geté, p. 20.
Giboé, p. 45, 92-93, 342.
Gilbert, p. 21, 181-185, 333.
Girard, p. 45, 172-175, 333.
Glorian, p. 13, 19-20.
Godin, p. 54-56, 152-153.
Gondebeuf, Gonbaud, p. 199-200, 333.
Gontard, Gontier, p. 241-243, 333.
Gorhan, p 334.
Gormon, p. 69-70.
Grandoine, p. 96, 333.
Gratien, p. 270.
Grifon, p. 142, 333, 334, 344.
Grimoard, p. 308.
Guibert, p. 183-185.
Guichard, p. 53-54, 329, 333.
Guillaume, p. 32-35, 44, 338-339.

Guinan, p. 71, 264.
Guiomar, p. 261-264.
Guintran, p. 73.
Guion, p. 2, 45, 123-125, 261-267.
Guirré, p. 151-152.
Haguenon, p. 236.
Hardoin, p. 117.
Hardré, p. 252-253.
Haveloc, p. 2.
Henri, p. 229-230, 329, 332.
Herman, p. 88, 333.
Hervi, p. 267-268, 329.
Heudri, p. 276.
Hilaire, p. 305.
Hoël, p. 294-296.
Horn, p. 2.
Hunaud, Huon, p. 45, 154-157, 329.
Isenbard, p. 169.
Isoré, p. 133-134, 332.
Ivain, p. 330.
Jean, p. 305.
Jérome, p. 152.
Jocelin, Joceran, p. 226-229.
Jofroi, p. 45, 143-145, 291-293, 348-349.
Julien, p. 305.
Justin, p. 97, 343.
Justamond, p. 202.
Lambert, p. 224-225, 347.
Landri, p. 171-172.
Lienard, p. 305.
Ligier, p. 197, 346.
Lionel, p. 143.
Lohier, p. 58, 328, 333.
Lohot, p. 200.

Loth, p. 330.
Lucaire, p. 307.
Macaire, p. 306.
Madoine, p. 127, 331.
Maiugos, p. 280.
Malabron, p. 97.
Malaquin, p. 65-66, 342.
Malart, p. 102-103, 343-344.
Malatan, p. 65-67, 331, 332, 342.
Manesier, p. 171-172.
Marados, p. 69-70, 334.
Marceau, p. 350.
Margari, p. 97, 334.
Margot, p. 67.
Marsile, p. 94, 342.
Martamar, p. 62-63, 187-188, 334, 341-342.
Maubrun, p. 64, 142-143, 315.
Maudran p. 126-127, 334, 344.
Maugis, p. 255-256.
Mauquidant, p. 97.
Maupriant, p. 97, 142-143, 315, 343.
Mérien, p. 300.
Milon, p. 45, 248-256.
Moradas, p. 69-70, 334.
Moran, p. 271-272, 331, 332, 348.
Morgan, p. 64-65, 334, 342.
Morin, p. 300.
Morice, p. 305.
Murgafier, Murgalan, p. 202, 332.
Naimon, p. 194-196.
Nicolas, p. 303-304.
Odilon, p. 125-126.

Odon, p. 109-111.
Ogier, p. 145-149, 332.
Orian, p. 320-321.
Otoé, p. 260.
Oton, p. 109-111.
Otran, p. 74.
Oudin, p. 170-171.
Perceval, p. 330.
Pierre, p. 45, 304.
Pinabel, Pinard, Pinel, p. 98-99, 331, 333, 343.
Pons, p. 171.
Quinzepaumes, p. 64.
Raimon, p. 272-274.
Raoul, p 223-224.
Reinbaud, p. 203-205.
Reinfroi, p. 275-276.
Renaud, p. 208-209, 329, 333.
Renier, p. 175-177, 328, 332, 345.
Richard, p. 210, 288-291, 329.
Richier, p. 16-17, 45.
Rigaud, p. 50.
Rioul, p. 223-224.
Ripes, p. 203-207.
Robaud, Robert, p. 204-207.
Roboé, p. 206-207.
Rodoan, p. 207.
Rogier, p. 46, 164-166, 328.
Rohard, p. 45, 164-165, 345.
Rosiane, p. 17.
Rubion, p. 207, 315.
Sadoine, p. 127.
Safadin, p. 11, 332, 338.
Saladin, p. 11, 338.
Salomon, p. 197-198.
Sanguin, p. 11, 151.

Sanson, p. 236-239, 332, 348.
Savari, p. 56-58.
Seguin, p. 151, 332.
Simon, p. 303.
Sinagon p. 72-73.
Soibaud, p. 58, 198-199, 332.
Sorbarré, p. 11, 45, 337-338.
Sortibran, p. 120, 333.
Suliane, p. 17.
Talot, p. 187, 345.
Tervagan, p. 332, 333, 340.
Théart, p. 300.

Thomas, p. 305.
Tiacre, p. 315.
Tibaud p. 74-76, 332, 342.
Tiéri, p. 45, 192-194.
Triamodes, p. 46.
Turfier et Turles, p. 97, 343.
Turgis, p. 97, 300, 343.
Valabron, p. 97-98, 332, 334, 343.
Vincent, p. 349.
Vivien, p. 51-52.

TABLE

Préface	Page	VII.
Index bibliographique	—	VIII.
Introduction	—	1.
Chapitre I. L'épopée mérovingienne	—	13.
Chapitre II. Le cycle de Guillaume	—	27.
Chapitre III. La légende de Roland	—	77.
Chapitre IV. Les fils de Doon	—	136.
Chapitre V. Le X° siècle	—	288.
Chapitre VI. Berte et Sibile	—	301.
Chapitre VII. La légende d'Elie	—	310.
Appendice	—	325.
Additions et corrections	—	337.
Table des noms de personnes	—	351.

Imprimeries Réunies, A. BOUTELOUP, rue Victor-Hugo, Redon, — 1-01